한 문 불 전 의 조 각 보

『대승기신론』 성립 문제 연구

한문불전의 조각보

『대승기신론』 성립 문제 연구

오오타케 스스무(大竹晋) 저
이상민 역

씨아이알

※ 일러두기

1. 본서는 大竹晋.『大乘起信論成立問題の研究』-『大乘起信論』は漢文仏教文献からのパッチワ-ク』(国書刊行会, 2017)의 전체 번역이다.
2. 학술서의 성격을 살리기 위해서 원전 번역의 경우 번역 또한 직역투를 사용하였고, 특수한 경우에만 별도의 주기를 달았다.
3. 제1부 제2장의 경우, 불교용어에 한하여 한자를 그대로 사용하였다.
4. ( ) 안의 ‘ ’로 묶인 내용은 원저자가 해당 용어의 뜻을 풀이한 것이다.
5. [ ] 안의 내용은 원전 번역 시 의미를 명확하기 위해 원저자가 추가한 구절이다.
6. 〔 〕 안의 내용은 풀이한 어구의 원어를 제시한 것이다.
7. 「 」는 논문명이나 품명을 표기하는 경우 외에, 경문을 인용한 구절을 표기할 때에도 사용하였다.

책머리에

인도로부터 불교를 받아들였던 중국이나 티베트에서는 수용의 과정에서 적지 않은 위경僞經이나 위론僞論이 나타났다. 이러한 것들 중에는 일찍부터 위경이나 위론으로 밝혀진 것도 있으며 최근에 와서야 그 정체가 밝혀진 것들도 있다. 또한 오늘날까지 명확하게 밝혀지지 않은 것들도 있을 것이다. 그중 동서 인적 교류의 확대에 따라 동서의 인물들이 난립하였던 중국 남북조부터 초당初唐 시기까지에는 인도인 혹은 서역西域인들이 관여했다고 전해지지만 그 사실 여부를 알 수 없는 한문불교문헌이 적지 않다. 그처럼 성립 문제를 안고 있는 문헌 중에는 위경이나 위론이라는 것이 언젠가 밝혀질 것도 포함되어 있는 것으로 생각된다.

다만 학자에게 있어서는 성립 문제를 안고 있는 문헌만큼 연구의 보람이 있는 것도 없다. 중국 남북조부터 초당 시기까지 나타났던, 인도의 것이라고도 중국의 것이라고도 볼 수 없는, 소위 '인도불교와 중국불교의 경계선상에 위치한' 문헌의 성립 문제를 논하기 위해서는 5~7세기 인도불교와 중국불교 양쪽에 대한 광범위한 지식 및 그러한 지식을 종합하여 진실을 발견할 수 있는 공정한 힘을 필요로 한다. 성립 문제를 논하는 범위에 의해 그 학자의 지식량이나 역량을 파악할 수 있다. 이 정도로 작업의 보람이 있는 대상이 또 있을까.

본 연구는 이와 같이 성립 문제를 지니고 있는 문헌 중 아마 가장 유명한 『대승기신론大乘起信論』을 주제로 삼았다. 인도불교와 중국불교 양쪽의 측면으로부터 성립 문제를 둘러싼 모든 가능성의 폭을 점점 좁혀 들어가 최종적으로 『대승기신론』이 인도불교와 중국불교의 경계선에서 어느 쪽에 있는 것인지를 확정짓고자 한다.

본서는 새롭게 써내려간 것이지만 내용의 일부는 예전에 쓴 이하의 졸고에 기반하고 있다.

「瑜伽行派文獻と『大乘起信論』」, 『哲學・思想論叢』 20, 츠쿠바, 筑波大學哲學・思想學會, 2002년.

「『入楞伽經』の唯識說と『大乘起信論』」, 『哲學・思想論叢』 21, 츠쿠바, 筑波大學哲學・思想學會, 2003년.

「『大乘起信論』の引用文獻」, 『哲學・思想論叢』 22, 츠쿠바, 筑波大學哲學・思想學會, 2004년.

「『大乘起信論』の止觀とその素材」, 『禪學研究』 특별호, 교토, 禪學研究會, 2005년.

「『大乘起信論』成立問題に關する近年の動向をめぐって」, 『불교학리뷰』 12, 논산, 금강대학교 불교문화연구소(대한민국), 2012년.

다만 기존의 원고를 본서에서 활용할 경우 기존의 원고를 완전히 해체하고 대대적으로 증보 및 수정을 가하였다. 그 결과 기존의 원고와 본서 간에는 논지 전개나 문장 표현이라는 점에서 상당한 차이가 생겼는데, 그 차이에 대해서는 하나하나 설명하지 않았다. 독자제현께서 기존의 원고와 본서를 비교해 읽으실 때, 기존 원고에서 삭제된 부분이나 바뀐 부분을 보신 경우에는 그러한 부분에 대해 필자가 의견을 바꾸었다고 판단해 주셨으면 한다. 독자제현께서 『대승기신론』에 대한 필자의 견해를 언급해 주실 경우에는 앞으로 본서를 정본으로 여겨주시면 좋겠다.

또한 본서는 필자가 졸고 『元魏漢譯ヴァスバンドゥ釋經論群の研究(원위한역 바수반두 석경론군의 연구)』(大藏出版, 2013년)의 서문에서 예고하였던 원위元魏 시대 한역불교연구 3부작 중 하나이다.

『元魏漢譯ヴァスバンドゥ釋經論群の研究』 (간행)

『菩提流支の研究(보리유지의 연구)』 (간행되지 않음)

『大乘起信論成立門題の研究』 (본서)

남북조 시대 북조에서 활약한 인도인 보리유지는 본서의 관건이 되는 인물(key person)이자 오늘날의 일본불교와 직접적으로 결부되어 있는 수당불교의 탄생에 결정적인 영향을 준 인물이기도 하다. 그의 역할은 다각도에서 입체적으로 해명되어야 할 필요가 있다. 그 해명에 대해서는 속간될『菩提流支の硏究』를 기약한다.

『대승기신론』 성립 문제는 은사 다케무라 마키오竹村牧男 선생께서 힘을 기울이셨던 문제로, 선생에게는『大乘起信論讀釋(대승기신론독석)』(山喜房佛書林, 1985년, 개정판 1993년)이라는 대저도 있다. 필자는 일찍이 츠쿠바 대학의 대학원생이었을 무렵 다케무라 선생에 의해 이 흥미로운 문제에 눈을 떴고, 이후 이 문제를 해결하기 위해 4~7세기 인도불교와 중국불교의 쌍방의 연구에 일념으로 정진하였다. 이제 저 대저가 출판된 지 어언 30년이 경과하여 이 문제를 해결할 때를 만나 본서를 간행하게 된 것에 참으로 즐거움을 감출 수 없다. 필자가 예전 저 대저를 읽고 맛보았던 지적 흥분을, 본서를 읽는 모든 독자분에게 조금이라도 맛보게 해 드릴 수 있다면 필자의 기쁨이 이를 뛰어넘을 것이 없겠다.

이번 간행은 國書刊行會의 여러분들의 이해와 협력이 없었다면 절대로 이룰 수 없었다. 특히 본서의 프로듀서로서 항상 심절한 수고를 아끼지 않았던 편집부의 콘노 미치타가今野道隆 씨에게 가슴 속 깊이 감사를 올린다.

2017년 9월 길일

교토 히가시야마東山 이마쿠마노今熊野에서

오오타케 스스무

역자 서문

오오타케 스스무大竹晉 선생의 『大乘起信論成立問題の研究』가 출간되었을 때, 역자는 6세기 북조 불교사상을 주제로 한창 박사논문을 작성 중이었다. 다행히 논문을 마무리하기 직전 본서를 입수하였고, 본서의 엄밀한 연구에 힘입어 논문의 많은 부분을 보완할 수 있었다. 본서의 내용을 우리나라에 소개하고 싶다는 생각은 그때부터였을 것이다. 다소 시간이 걸렸지만, 마침내 한국 불교학계에 본서를 소개할 수 있는 기회를 얻게 되어 대단히 영광스럽고 감사하게 생각한다.

동아시아 불교 사상사에 있어 『대승기신론大乘起信論』이 지니는 상징성과 중요성에 대해서는 재론할 필요가 없을 것이다. 그리고 그 사상적 중요성과는 별개로, 이 논서가 근대 이전부터 위찬 문제에 시달렸다는 것 또한 잘 알려져 있다. 근대 불교학계에서는 20세기 초 모치즈키 신코望月信亨가 『대승기신론』이 중국에서 찬술된 문헌일 가능성을 제기한 이래, 한 세기에 걸쳐 수많은 연구자들이 다양한 방향에서 이 문제의 답을 모색해 왔다.

본서는 난마처럼 얽혀 있는 『대승기신론』의 찬술 문제에 관한 "최종결론"을 제시한다. 본서의 저자인 오오타케 선생은 한문불전뿐 아니라 인도와 티베트의 불교문헌을 넘나드는 풍부한 지식과 정합적인 논증, 그리고 이를 통해 도출되는 새로운 관점으로 항상 주류학계에 커다란 반향을 불러온 학자이다. 본서 또한 예외는 아니다. 일본학계에서는 본서를 통해서 『대승기신론』의 성립 문제가 불가역적인 지점에 이르렀다고 평한다. 즉 『대승기신론』은 6세기 초중엽 북지에서 찬술된 문헌이라는 것이다.

특히 제1부 제2장 "북조시대 한문불교문헌 대조 『대승기신론』"은 본서의 백미이다. 이 장에서 오오타케 선생은 『기신론』의 문구를 완전히 해체하여 각 구절이 근거하고 있거나 적어도 내용상 대응되는 한역 불전, 그리고 가능할 경우 그에 대한 범문과 티베트역 또한 제시하고 있다. 마치 인체의 해부도나 기계의 설계도면처럼, 본서는 『대승기신론』이라는 하나의 글이 사실은 다양한 기원을 가지고 있는 모듈의 조합으로서 성립하였음을 보여준다.

동아시아 불교의 사상적 특징 중 하나는 그것이 가지고 있는 간間 문화적 성격이다. 특히 인도불교적 맥락을 충분히 숙지한 상태에서 한문불교문헌을 해석할 때에야 비로소 동아시아 불교 사상의 특징을 선명하게 구분해낼 수 있기에, 동아시아 특정 시대와 지역의 불교 사상을 올바르게 이해하기 위해서는 당대에 한역되어 있는 불전들과 그 원전 및 티베트역뿐 아니라 동아시아에서 성립한 불전 및 그에 대한 논사들의 해석을 종합적으로 아우르는 작업이 요청된다. "『대승기신론』의 성립 문제"라는 다분히 문헌학적 관심을 가지고 있는 본서 또한, 실제로는 문헌 간의 비교나 텍스트 교정을 넘어 인도불교와 동아시아 불교 양면을 모두 아우를 때 어떠한 작업이 가능한지를 보여주고 있다. 그렇기 때문에 본서는 『대승기신론』 성립 문제라는 본래의 주제뿐 아니라 연구방법론적인 측면에서도 국내학계에 시사하는 바가 크다고 할 수 있을 것이다.

돌이켜 보면 역자가 남북조시대 불교 사상에 흥미를 가지고 본격적으로 연구를 진행하게 된 이래 오오타케 선생의 연구는 항상 시금석이 되어 왔다. 한문 문헌을 고찰하는 데 있어 인도불교의 중요성을 알려준 것도 오오타케 선생이었다. 이번 번역 때도 끊임없이 질문하는 불초한 후학에게 하나하나 세세하게 답변해 주셔서 다소나마 오류를 줄일 수 있었다. 또한 번역 과정에서 본서에 있었던 아주 사소한 오류 몇 가지를 교정할 수 있었는데, 오오타케 선생의 양해를 받아 번역본에는 따로 주기는 하지 않고 반영할 수 있었다. 물론, 모든 오역의 책임은 본 역자에게 있다.

아울러 본서의 출간을 권유해주신 김천학 선생님과 최연식 선생님, 이케다 마사노리 선생님, 원문의 교정을 도와준 고려대학교 후배 장슈하오張書豪 선생님께도 깊이 감사드린다. 또한 일정에 맞추지 못하고 늘어지는 원고를 차근히 기다려 주시고 꼼꼼히 교정하고 편집해주신 도서출판 씨아이알의 신은미 팀장님께도 감사 인사를 올린다. 마지막으로 항상 방에 틀어박혀서 컴퓨터를 붙잡고 씨름하는 남편을 기다려 준 나의 아내 재영 씨, 그리고 찬희, 재희에게 사랑을 전한다.

2022년 11월

이 상 민

한국어판 간행에 즈음하여

이번에 이상민 씨의 헌신적인 노력에 의해 졸저『대승기신론 성립 문제 연구』의 한국어판이 간행되게 되었습니다. 실로 감사한 일입니다.

본서의 말미에서 언급한 것처럼 필자는 중국, 한국, 일본의 불교가 각각 기반으로 하는 논論에 대해, 중국은『성실론成實論』, 한국은『대승기신론大乘起信論』, 일본은『성유식론成唯識論』이라고 생각합니다. 한국의 불교는 일본의 불교에 비하여『대승기신론』과의 관계가 깊고, 한국의 승속僧俗 또한 일본의 승속에 비교하여『대승기신론』에 관심이 강하다고 생각합니다. 그와 같은 상황에서, 저의 졸저를 한국에 소개하는 것은 필자에게 있어 큰 기쁨이 아닐 수 없습니다.

졸저의 출간으로부터 5년이 지났습니다. 현시점에서 보면 고치고 싶은 부분이 전혀 없지는 않습니다만, 양국 간에 동일한 지식을 공유하기 위해 한국어판은 기본적으로 일본어판과 같은 내용을 담고 있습니다. 본서의 한국어판 간행을 통해『대승기신론』성립에 대한 지식이 양국에 공유되고, 나아가 더 많은 지식을 교환할 수 있기를 바라 마지않습니다.

마지막으로 본서의 출판 이후부터 한국어판 출판에 대단한 열의를 가지고 작업해 주셨고, 마침내 실현해주신 이상민 씨에게 깊은 감사의 말씀을 드립니다.

2022년 9월 말

일본 교토 히가시야마의 거처에서

오오타케 스스무

차례

서론

서론

1. 시작하며

『대승기신론』은 6세기 전반 남북조시대 말기의 중국에서 한문의 형태로 등장했던 불전佛典이다. 남조 섭론종攝論宗의 종조인 인도 출신 승려 진제眞諦(499~569)가 한역한 것으로 알려졌고 인도인 마명馬鳴의 찬술이라고 주장되고 있지만, 남북조시대 통일 후 수隋 법경法經이 작성한 『중경목록衆經目錄』(594)에서는 진제의 번역이라는 점이 의문시되고 있으며[1] 백제의 혜균慧均이 지은 『대승사론현의기大乘四論玄義記』(7세기 초엽[2])에는 북조 지론종地論宗에서 만든 위작이라는 설이 전해지고 있다.[3] 다만, 당唐 이후에는 이것이 거의 등한시되어, 『대승기신론』은 마치 인도 대승불교에 대한 용이한 입문서처럼 취급되어 왔다.

『대승기신론』 성립 문제가 본격적으로 논의된 것은 근대 일본에서 모치즈키 신코望月信亨(1869~1948)가 당론의 내용에 의문을 품고 중국찬술설을 제시했을 때부터이다(1918년 이후[4]). 그 후 이 문제는 20세기 내내 학계에 속한 많은 사람들에 의해 다루어져 왔다. 모치즈키에 의해 이 문제에 관심을 가지게 된 일본 밖의 사람들도 포함되어 있다.

당론의 성립에 관해서는 우선 다음과 도표와 같이 선택지를 고려할 수 있다(이때 "인도"는 넓은 의미의 인도문화권을 포함한다).

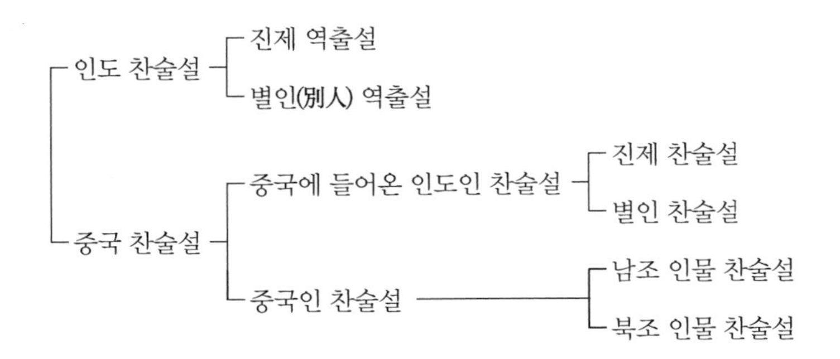

이 도표에서 상단의 "인도 찬술설"과 "진제 역출설"은 전통적인 설이며, 하단의 "중국인 찬술설"과 "북조 인물 찬술설"은 혜균이 전한 설이다. 학계에 속한 이들이 20세기 중에 제기하였던 다양한 설은 이 양단 사이 어딘가에 해당한다.

2. 연구사의 개관

『대승기신론』의 성립 문제를 다룬 사람들은 많다. 그러나 엄밀히 말해 이 문제의 해결에 참으로 기여한 사람들은 적다. 이는『대승기신론』 성립 문제를 다룬 많은 사람들이 산스크리트어나 티베트역에 지식이 없는 채로 그저 한문불전문헌에 기반하여 억측을 개진하였기 때문이다. 그러나 어떤 불전이 인도찬술인가 중국찬술인가를 결정하고자 하는 사람이 산스크리트어나 티베트역에 지식을 가지고 있지 않다는 것은 학적 성실성에 의심이 드는 것도 어쩔 수 없지 않을까.

대저『대승기신론』이 인도찬술인지 아닌지를 논하기 위해서는 당론의 한어漢語 – 남북조시대 북조의 한역에 준거한 한어 – 하나하나가 어떠한 산스크리트어에 대응하는지를 북조의 한역과 그에 대응하는 산스크리트어 혹은 티베트역에 의거해 확인한 다음, 당론의 내용이 인도불교의 문맥에 부합하는지 아닌지를 논해야만 한다. 그와 같은 문헌학적 절차를 밟을 수 없는 이는 본래 중국불교와 인도불교를 변별할 수 있는 능력을 결여하고 있기에『대승기신론』의 성립 문제에 참가할 자격을 결여하고 있는 것이다.

이러한 점에서, 설령 많은 사람들이 『대승기신론』 성립 문제를 다루어 왔다고 해도 이 문제를 해결하는 데 정말로 기여한 사람은 한문, 범문, 티베트어를 구사하여 문헌학적인 절차에 의해 논증을 행한 극소수의 일본학자 몇몇에 지나지 않는다.[5]

이하에서는 그러한 극소수의 학자에 한하여, 연구사를 개관해 본다.

근대 일본에서 『대승기신론』 찬술문제 논쟁은 제2차 세계대전으로 인해 1930년 후반에 일단 종식되었다. 그 성과는 최종적으로 도쿄대학(당시 제국대학)의 우이 하쿠주宇井伯壽(1882~1963)와 다이쇼대학 모치즈키 신코(전술)가 각각 발표하였던 아래의 저작에 담겨 있다.

宇井伯壽 [1936] 『大乘起信論』, 東京: 岩波書店, 岩波文庫.

望月信亨 [1938] 『講述 大乘起信論』, 東京: 富山房, 富山房百科文庫.

우이가 인도 찬술설을 주장한 반면, 모치즈키는 중국찬술설을 주장하였다. 모치즈키는 다년간에 걸쳐 다양한 형태로 중국찬술설을 전개하였는데, 이 책에서는 최종적인 견해로 지론종의 남도파와 북도파 중 지론종 남도파 찬술설을 주장하는 데 이르고 있다. 모치즈키는 다음과 같이 말한다.

> 중국찬술이라는 입장은 지금도 견고하게 지니고 있으나 앞서 이것을 지론과 섭론 양파의 절충, 조화로 보았던 것이 다소 미흡하다는 생각이 들어, 근래 남도 지론사 가작설을 세웠고 이번에 다시 이것을 제창한다. (望月信亨 [1938: 제2편 6])

『대승기신론』 찬술문제 논쟁은 결론을 내리지 못한 채 끝나버리지만, 우이 하쿠주의 인도찬술설은 전후戰後 같은 도쿄대학 소속 히라카와 아키라平川彰(1915~ 2002)와 히라카와의 고제高弟인 가시와기 히로오柏木弘雄(1933~2008)에게 계승되었다.

平川彰 [1973] 『大乘起信論』, 東京: 大藏出版, 佛典講座.

柏木弘雄 [1981]『大乘起信論の研究 大乘起信論の成立に關する資料論的研究』, 東京: 春秋社.

그런데 가시와기의 저서가 출판된 시기, 서평書評으로 조심스럽게 모치즈키의 중국찬술설에 대한 재평가를 주장한 인물이 있었으니, 같은 도쿄대학 출신인 다케무라 마키오竹村牧男이다. 그의 견해는 아래와 같이 서평 중에 나타난다.

竹村牧男 [1982]「柏木弘雄著『大乘起信論の研究』- 大乘起信論の成立に關する資料論的研究」,『宗教研究』56・2, 東京, 日本宗教學會.

다케무라는 다음과 같이 말한다.

다만 하나 신경 쓰이는 것을 이야기하면, 저자가 모치즈키 씨의 중국찬술설을 부정하는 입장에서 그가 제시한 여러 자료들에 대한 취급도 약간 냉담해지는 것을 피할 수 없었던 것이 아닌가 하는 것이다. 예를 들어 삼대三大 설에『금강선론金剛仙論』의 영향이 있다는 것은 모치즈키 씨가 지적한 것인데, 이에 대해서는 전혀 고려하지 않고 있다. 대개 인도 원자료와의 비교, 그리고 진제眞諦가 번역한 경론들과의 비교가 주체로, 보리유지-지론종 문헌과의 조응照應은 소홀한 감이 있다. 물론『기신론』에 얽힌 문제들은 저자의 연구에 의해 충분히 논급되고 있기에 지론계 등에 관한 연구가 없다 해도 일정한 견해를 도출할 수 있겠으나, 본 연구에 덧붙일 것이 있다면 그러한 면일 것이다. (竹村牧男 [1982])6)

그리하여 모치즈키의 중국찬술설은 그 후 다케무라에 의해 계승되었다. 그 성과는 다케무라가 발표한 이하의 저작에 담겨 있다.

竹村牧男 [1985],『大乘起信論讀釋』, 東京: 山喜房佛書林.

竹村牧男 [1990],「地論宗と『大乘起信論』」, 平川彰(編)『如來藏と大乘起信論』, 東京: 春秋社.

竹村牧男 [1993], 「大乘起信論讀釋改訂版』, 東京: 山喜房佛書林.

다케무라는 『대승기신론』의 어법이나 내용이 지론종의 종조로서 중국에서 활동한 인도인 늑나마제勒那摩提(?-498-508-?)나 보리유지菩提流支(?-508-535-?)에 의한 한역의 어법이나 내용을 답습하고 있다는 것을 지적하고, 최종적인 견해로서는 모치즈키의 지론종 남도파 찬술설에서 한 걸음 더 나아가 초기 지론종 찬술설을 주장하는 데에 이르렀다. 다케무라는 다음과 같이 말한다.

어쨌든, 나는 『기신론』의 사상적 계보는 지론계(인도로 소급하는)에서 찾으며, 또한 그 출처에 대해서도 그 강설자 등의 상황에서, 중국의 초기 지론종 몇몇의 관계자를 찾지 않으면 안 된다. (竹村牧男 [1990])

또한 가시와기의 저서가 발표되기 전부터, 인도찬술설에 부정적인 견해를 보였던 인물이 있다. 같은 도쿄대학 출신이었던 다카사키 지키도高崎直道(1926~2013)이다. 그의 견해는 이하와 같은 저작에 나타난다.

高崎直道 [1974] 『如來藏思想の形成』, 東京: 春秋社

다카사키는 다음과 같이 서술한다.

『대승기신론』은 진제의 번역으로 표 중에서도 나타나 있는데, 필자로서는 진제 역출은 물론, 인도찬술에 관해서도 부정적이다. 그러나 아직 논증이 완료되지 않았다. (高崎直道 [1974: 774(note 4)])

『구경일승보성론究竟一乘寶性論』이나 『입능가경入楞伽經』 등 여래장사상 문헌의 전문가였던 다카사키는 그 후 다케무라의 연구에 의해 『대승기신론』의 어법이나 내용이 늑나마제 『구경일승보성론』 및 보리유지역 『입능가경』 등의 어법과 내용을 답습하고 있다는 것에 흥미를 가지게 된 듯하며, 다케무라의 저작이 발표된 이듬해부터 『대승기신론』 찬술문제에 참여하였다. 그 성과는 아래와 같은 저작에 담겨 있다.

> 高崎直道 [1991] 『「大乘起信論」を讀む』, 東京: 岩波書店, 岩波セミナーブックス.
> 宇井伯壽・高崎直道 [1994] 『大乘起信論』, 東京: 岩波書店, 岩波文庫.
> 高崎直道 [2009] 『高崎直道著作集第八卷 大乘起信論・楞伽經』, 東京: 春秋社.※

※ 高崎直道 [1991] 외에도 다음의 논문을 수록.

> 高崎直道 [1986] 「起信論研究の問題点 實叉難陀譯の性格をめぐって」, 『印度學佛教學研究』 35-1, 東京: 日本印度學佛教學會.
> 高崎直道 [1987a] 「『大乘起信論』歸敬偈考」, 『東方學會創立四十周年記念 東方學論集』, 東京: 東方學會.
> 高崎直道 [1987b] 「『大乘起信論』における〈念〉について」, 『東方學』 73, 東京: 東方學會.
> 高崎直道 [1990a] 「『大乘起信論』の素材」, 平川彰(編) 『如來藏と大乘起信論』 東京: 春秋社.
> 高崎直道 [1990b] 「『大乘起信論』の眞如」, 『佛教學』 29, 東京: 佛教思想學會.
> 高崎直道 [1993a] 「魏譯「入楞伽經」の「如實修行」」と『起信論』」, 『塚本啓祥教授還曆記念論文集 知と邂逅—佛教と科學』, 東京: 佼成出版社.
> 高崎直道 [1993b] 「『大乘起信論』」の語法「「依」「以」「故」等の用法をめぐって」, 『早稲田大學大學院文學研究科紀要』 37, 東京: 早稲田大學大學院文學研究科.

다만 『대승기신론』의 어법 및 내용이 늑나마제와 보리유지에 의한 한역 어법 및 내용을 답습하고 있다는 것을 스스로 확인함에 따라, 다카사키는 오히려 『대승기신론』이 범어로부터의 직역이라는 것을 부정할 수 없다고 느끼고, 최종적인 견해로는 중국찬술설에 기울어 있으면서도 지론종 주변의 인도인을 포함한 형태로, 중국으로 건너온 인도인 찬술설을 제시하기에 이르렀다. 다카사키는 다음과 같이 서술한다.

> 『기신론』은 말의 완전한 의미에서 인도원전의 번역은 아니지만, 번역자三藏 – 진제로 한정할 수는 없다 – 가 구술한 인도 언어로 표현되었던 것을 핵核으로 하여 중국어로 번역된 것이 아니었을까 생각해볼 수 있다. (宇井伯壽・高崎直道 [1994: 295])

나아가 다케무라와 다카사키의 성과에 비추어, 가시와기 히오로柏木弘雄 또한 기존의 진제역출설을 답습하면서도 하나의 가능성으로서 늑나마제나 보리유지와 같은 지론종 주변의 인도인을 포함하는 방식으로 중국으로 건너온 인도인의 찬술설을 용인하는 데에 이르렀다. 가시와기는 다음과 같이 서술한다.

> 또한, 기신론의 전파 흔적이 인도불교의 후대 교리에 전혀 보이지 않는다는 것을 고려한다면, 논의 성립 그 자체가 이미 인도를 떠난 지역에서 이루어졌을 가능성도 있을 것이다. 예를 들어, 중국에서 진제 혹은 그와 거의 동시대의 다른 인도 불교인의 손에서 이루어졌다는 사고방식도 그중 하나일 것이다. 그 경우, 가능한 작자로는 진제 – 그 가능성은 매우 적다고 생각되지만 – 혹은 그 주변일 수도 있으며, 또한 지론계통일 수도 있을 것이다. 한편 중국찬술설, 즉 중국불교인의 손에서 성립되었다고 상정한다면, 그 경우 종래 인도찬술설 측에서 제시되었던 상황판단을 상반된 결론에 맞추어 받아들일 필요가 있으므로, 그 경우에도 역시 어떠한 방식으로든 인도 불교인들이 끼어 있었음을 상정해야 할 수밖에 없다고 생각한다. (柏木弘雄[1991b: 15])

이리하여 『대승기신론』에 대해서는 다케무라의 작업에 의해 중국찬술설이 무시할 수 없게 되었지만, 1990년대 전반기부터는 다카사키나 가시와기의 작업에 의해 중국으로 건너 온 인도인 찬술설이 힘을 받고 있는 것이다.

또한 덧붙여 모치즈키의 중국찬술설 중 현대의 학계에서 이미 완전히 보정된 부분을 두 가지 들고자 한다.

1) 실차난타實叉難陀 역 『대승기신론』이 위작이라는 것의 확정

『대승기신론』의 이역본으로 당唐의 실차난타 역 『대승기신론』이 있다. 만약 실차난타 역 『대승기신론』이 범문의 번역이라면 『대승기신론』 중국찬술설은 성립하지 않는다. 그러므로 실차난타 역 『대승기신론』의 진위를 확정하는 것은 『대승기신론』 성립 문제에 있어 중요한 관건이 된다.

실차난타 역 『대승기신론』의 역출시기를 전하는 자료는 당서에 첨부되어 있는 서문뿐이지만, 모치즈키는 그 역출시기의 간지干支가 크게 잘못되어 있음을 지적하고, 실차난타 역 『대승기신론』이 위작임을 주장하였다.

그 후 다카사키는 소위 진제역 『대승기신론』이 늑나마제역 『구경일승보성론』의 역문을 답습하고 있으며 그 때문에 범문 『구경일승보성론』과도 어긋나지 않는 반면, 실차난타 역 『대승기신론』은 범문 『구경일승보성론』과 어긋난다는 것을 지적하고 실차난타 역 『대승기신론』이 위작임을 확정하였다(高崎直道 [1986][1987a][1987b]). 다카사키는 또한 실차난타 역 『대승기신론』이 종종 담연曇延 『대승기신론의소大乘起信論義疏』와 유사하다는 것도 지적하고 있다(高崎直道 [1987b]).

이에 따라 실차난타 역 『대승기신론』을 근거로 『대승기신론』 인도찬술설을 주장하는 것은 불가능하다.

2) 보리등菩提燈 역 『점찰선악업보경占察善惡業報經』이 『대승기신론』보다 후에 성립되었다는 것의 확정

『대승기신론』과 극히 유사한 문헌으로서 보리등 역이라고 칭해지는 위경 『점찰선악업보경』이 있다. 신라의 진숭珍嵩은 만약 『대승기신론』이 『점찰선악업보경』에 의거해 지어진 것이라면 『대승기신론』은 위론僞論이 됨을 지적하였다.7)

진숭의 주장에 찬성했던 모치즈키는 『점찰선악업보경』이 『대승기신론』보다 전에 성립하였다고 주장하였다.

그런데 이케히라 노리코池平紀子는 『점찰선악업보경』에 지의智顗(538~596)의 참법懺法에 영향을 받았음을 지적하고, 『점찰선악업보경』이 『대승기신론』보다 후에 성립되었음을 확정하였다(池平紀子 [2000]).

이에 의해, 『점찰선악업보경』을 근거로 『대승기신론』 중국찬술설을 주장하는 것은 불가능하다.

본 연구에서도 실차난타 역 『대승기신론』과 보리등 역 『점찰선악업보경』 두 가지에 대해서는 『대승기신론』 성립 문제의 해결에도 역시 관여되지 않는 것으로 간주하고 언급하지 않는다.

3. 본 연구의 구성

필자는 다케무라를 사사하고 만년의 가시와기, 다카사키와도 가까이 지냈다. 가시와기, 다케무라, 다카사기 등이 일정의 성과를 내놓은 1990년대 전반부터 20년을 지나 이번에 필자가 본 연구를 출간하게 된 것은 『대승기신론』 성립 문제의 해결을 목표로 완전히 새로운 국면이 열렸기 때문이다. 단적으로 말하자면, 그것은 한문대장경의 전자화와 돈황출토 북조불교문헌의 번각출판이라는 두 가지에 기인한다.[8)]

한문대장경의 전자화는 『대승기신론』의 한문 표현 하나하나를 선행하는 한문불전문헌 중에서 정밀하게 검색할 수 있게 만들었다. 그에 따라 『대승기신론』에 북조시대 한문불교문헌이 대거 이용되었다는 것을 알 수 있었다.

돈황출토 북조불교문헌의 번각출판은 이제까지 애매하게밖에 알 수 없었던 북조의 불교사상을 상세하게 파악할 수 있게 해 주었다. 그에 의해 『대승기신론』에 북조의 독자적인 불교사상이 대거 활용되었음을 알 수 있었다.

이러한 두 가지에 의해 『대승기신론』 성립 문제의 최종적 해결의 전망을 세울 수 있게 되었다. 본 연구에서 필자는 중국찬술설을 보강하면서도 입중 인도인 찬술설을 부정하고, 북조인 찬술설을 확정함에 의해 『대승기신론』 출현 이후 천오백 년의 장구한 세월을 이어왔던 성립 문제에 최종해결을 부여할 수 있기를 희망한다.

본 연구는 다음과 같은 구성을 가진다.

서론

1. 시작하며
2. 연구사의 개관
3. 본 연구의 구성
4. 마치며

제1부 자료편

제1장 돈황사본 계통 『대승기신론』

제2장 북조기 한문불교문헌 대조 『대승기신론』

제2부 연구편

제1장 『대승기신론』의 소재

1. 시작하며
2. 원위(元魏)시대 한역에 선행하는 번역경론
3. 원위(元魏)시대 한역에 선행하는 위경(僞經)
4. 원위(元魏)시대 한역경론
5. 원위(元魏) 보리유지(菩提流支)의 저작과 강의록
6. 마치며

제2장 『대승기신론』에 나타난 북조불교설

1. 시작하며
2. 오온(五蘊)을 색심(色心)으로 보는 설
3. 심(心)을 무명(無明)으로 보는 설
4. 쌍운도(雙運道)에서 지(止)와 관(觀)의 대상을 별개로 보는 설

5. 대승(大乘)의 말뜻을 삼대(三大)로 보는 설
6. 마치며

제3장 『대승기신론』에 나타난 독특한 설
1. 시작하며
2. 일체법을 진여(眞如)로 보는 설
3. 의(意)를 다섯 가지로 보는 설
4. 훈습(熏習)을 훈(熏)으로 보는 설
5. 전세의 업장(業障)이 현생에도 남아 있다고 보는 설
6. 아유월치(阿惟越致)를 믿음에서 물러나지 않는 것으로 보는 설
7. 정정취(正定聚)를 믿음에서 물러나지 않는 자로 보는 설
8. 마치며

제4장 『대승기신론』의 성립과 전파
1. 시작하며
2. 북조(北朝)에서의 성립과 마명(馬鳴)에의 가탁
3. 남조(南朝)에서의 전파와 진제(眞諦)에의 가탁
4. 마치며

결론
1. 시작하며
2. 중국불교사에서 『대승기신론』의 위치
3. 통불교사에서 『대승기신론』의 위치
4. 마치며

제1부에서는, 먼저 제1장에서 돈황사본을 사용하여 『대승기신론』의 본문을 교

정하고 『대승기신론』의 고형古形을 밝힌다.

다음으로 제2장에서 교정된 『대승기신론』의 본문과 북조시기 한문불교문헌을 현대어역과 함께 대조하고 『대승기신론』이 북조시대의 한문불교문헌을 소재로 하고 있다는 것, 혹은 적어도 그것과 병행하고 있다는 것을 밝힌다.

이 제1부의 작업은 다케무라나 다카사키가 예전부터 해 온 작업을 한문대장경의 전자화를 기연機緣으로 하여 철저화시킨 것이다. 독자는 『대승기신론』이 한문불교문헌으로 만들어진 일종의 패치워크라는 것을 분명히 알 수 있을 것이다.

제2부에서는, 우선 제1장에서 제1부를 발판으로 삼아 『대승기신론』의 소재가 되는 북조시대의 여러 한문불교문헌 – 위경, 위론, 외국인 강의록을 포함한 – 을 정리한다. 『대승기신론』에 위경 『불설인왕반야바라밀경佛說仁王般若波羅蜜經』, 외국인 강의록 『금강선론金剛仙論』이 사용되고 있다는 것은 이미 모치즈키에 의해 지적되었지만, 약간의 사례를 지적하는 데에서 그쳤기 때문에 그다지 큰 문제로 여겨지지는 않았다. 본 장에서는 『불설인왕반야바라밀경』, 『금강선론』 외에도 위경, 위론, 외국인 강의록에 대해서 구체적으로 열거하고, 그에 근거하여 『대승기신론』이 중국에 들어온 인도인에 의해 지어졌다는 주장을 비판하고 북조인 찬술설을 제시한다.

다음으로 제2장에서는 『대승기신론』에 포함되어 있는 불교불교설 – 『대승기신론』 성립 이전의 북위낙양기로 소급되는 – 을 정리한다. 종래 『대승기신론』에 북조불교의 교설이 포함되어 있다는 것은 전혀 지적되지 않았다. 본 장에서는 돈황출토 북조불교문헌을 사용하여 북조불교의 교설을 구체적으로 열거하고, 그에 근거해 『대승기신론』이 중국에 들어온 인도인에 의해 지어졌다는 주장을 비판하고 북조인 찬술설을 보강한다.

다음으로 제3장에서는 『대승기신론』에 포함되어 있는 북조시대의 갖가지 고유한 교설 – 인도불교에 대한 오해이다 – 을 정리한다. 종래 『대승기신론』에 인도불교에 대한 오해가 포함되어 있다는 것은 거의 지적되지 않았다. 한자문화권에서는 오랜 기간 인도불교의 개론으로서 당론이 학습되어 왔다. 때문에 한자문화권의 불교도는 불교학자를 포함해, 무의식적으로 당론을 인도불교의 표준으로 간주하는 경향이 있으며 당론과 인도불교의 차이를 눈치채지 못하였다. 본 장에서는 인도불교문헌을 사용하여 독특한 교설에 대해서 구체적으로 열거하고 그에 근거해 『대승기신론』이 중국에 들어온 인도인에 의해 지어졌다는 주장을 비판하고 북조인 찬술설을 보강한다.

이 장 제2부의 작업은 다케무라와 다카사키가 예전부터 해 왔던 작업을 돈황출토 북조불교문헌의 번각출판을 기연機緣으로 하여 철저화시킨 것이다. 독자는 『대승기신론』이 중국에 들어온 인도인에 의해 지어졌다는 주장이 환상에 지나지 않는다는 것, 북조인 찬술설 쪽이 사실에 부합한다는 것을 분명하게 이해할 수 있을 것이다.

4. 마치며

생각해보면 『대승기신론』 성립 문제는 20세기 초 일본인에 의해 본격적으로 제기되어 20세기를 경유하는 동안 많은 일본인에 의해 다루어진, 일본의 불교학계의 가예家藝였다. 21세기에 이르러 인구수가 감소함에 따라 일본의 불교학계는 축소되고 있으며 『대승기신론』 성립 문제를 다루는 일본인도 감소하고 있다. 그러나 다행히도 문제제기로부터 백 년이 지난 지금에 이르러 한문대장경의 전산화와 돈황출토 북조불교문헌의 번각출판에 의해 비로소 성립 문제의 최종해결을 도모할 수 있게 되었다. 일본인이 문제를 제시한 책임상, 일본인의 손으로 최종해결을 제시하고 싶다는 것이 본 연구에 대한 필자의 일념이었다. 이러한 기회를 가지게 된 것을 필자는 마음 깊이 기쁘게 생각하고 있다.

본 연구는 물론 필자의 단정丹精을 가한 것이지만 근본적으로 보면 멀리는 모치즈키, 가까이는 다카사키, 가시와기, 다케무라 선생에게 받은 효모가 발효된 것이다. 특히 필자가 직접 뵈었던 다카사키, 가시와기, 다케무라 선생께는 이 문제를 해결하기 위한 올바른 방향으로 이끌어주셨던 것에 감사의 마음을 금할 수 없다. 일본의 불교학계가 축소된 후에도 난제를 해결하기 위해 세대를 거듭하여 연찬하는 우리 학계의 좋은 전통이 언제까지나 이어질 수 있기를 바라며, 서론의 맺음을 대신할까 한다.

주

1) 法經 『衆經目錄』에는 다음과 같이 되어 있다.

   『大乘起信論』 1권〈사람은 眞諦 역이라고 말하지만, 眞諦錄을 검토해보면 이 논서는 없다. 그러므로 疑惑錄에 넣는다〉.

   > 『大乘起信論』一卷〈人云眞諦譯. 勘眞諦錄, 無此論. 故入疑〉. (권5. T55, 142a)

   여기에서 언급하고 있는 "疑惑錄"에 대해서, 모치즈키 신코는 다음과 같이 서술하고 있다.

   續高僧傳 제1 法泰傳의 附傳에 智敫(601년 寂)가 眞諦의 번역기록을 찬술하였다는 것을 기록하고 唐圓測의 解深密經疏 제1에도 眞諦의 번역목록을 인용하고 있으므로, 隋代에 그 목록이 존재했음은 사실일 것이다. (望月信亨[1938: 第二篇 16])

2) 『大乘四論玄義記』가 7세기 초두에 백제에서 찬술되었음에 대해서는 최연식[2010]을 보라.

3) 珍海 『三論玄疏文義要』에는 다음과 같이 되어 있다.

   『大乘四論玄義記』 권5는 "둘째로, 胡(북서이민족)의 승려는 사람들이 믿도록 하게끔 종종 天親菩薩의 이름을 빌려 자신이 지은 논서에 [天親菩薩의 이름을] 붙였다. 『大乘起信論』은 蠻族인 魯(북중국)의 사람이 만든 것이다. 馬鳴菩薩의 이름을 빌린 ○ 〈云云〉."이라고 말하고 있다. 慧均 논사의 『大乘四論玄義記』 권 10은 "『大乘起信論』을, 어떤 이는 北地의 地論師가 지었다고 말한다. 아직 옳은지 여부는 알 수 없다."라고 말하고 있다. 〈取意〉 [취의가 아닌] 정확한 문구는 "北地의 여러 논사들은 '[『大乘起信論』은] 馬鳴이 론을 지은 것이 아니다. 과거 地論師가 론을 짓고 [馬鳴]菩薩의 이름을 빌려 거기에 [馬鳴菩薩의 이름을] 붙였다.'고 말한다. 그러므로 [譯經錄을] 뒤져도 찾을 수 없다. 譯經錄 가운데 없는 것이다. 아직 확정적으로 옳은지 여부는 알 수 없다." 〈文. 지금 고찰해보면 후대의 목록에는 그것(『大乘起信論』)이 있다.〉

   > 『四論玄』第五云"二胡道人令人信故好假借天親菩薩名, 安置已(己?)作論中. 『起信』是虜魯人作. 借馬鳴菩薩名○"〈云云〉. 均師『四論玄』第十云"『起信』, 有云是北土地論師造也. 而未知見(甲本作"是")非"〈取意〉. 正文云"北(甲本加地)諸論師云"〈『起信論』〉非馬鳴造論, 昔日地論(甲本加"師")造論, 借菩薩名目之". 故尋不見. 飜經論目錄中, 無有也. 未知定是不(否?)"〈文. 今考, 後代目錄有之〉. (권2. T70, 228c)

   『大乘四論玄義記』 권10은 『大乘起信論』에 대해 상세하게 "北地의 여러 논사는 '馬鳴이 지은 것이 아니다. 과거 地論師가 짓고 [馬鳴]菩薩의 이름을 빌려 거기에 [馬鳴菩薩의 이름을] 붙였다.'고 말한다. 그러므로 [譯經錄을] 뒤져도 찾을 수 없는 것이다. 譯經錄 가운데 없다. 아직 확정적으로 옳은지 여부는 알 수 없다."고 말한다.

   > 『四論玄』第十詳『起信論』云"北地諸論師云"非馬鳴造, 昔日地論師造, 借菩薩名目之". 故尋覓飜經論目錄中, 無有也. 未知定是不(否?)也". (권7. T70, 320a)

4) 또한 하야시야 토모지로(林屋友次郎)[1926]는 『대승기신론』 중국찬술설의 최초 주장자가 아마 후나하시 스이사이(舟橋水哉)[1906]라는 것을 지적하고 있다. 후나하시는 다음과 같이 서술하고 있다.

   다만 이상하게 여겨야 할 것은 世親이 어째서 『起信論』을 인용하지 않는가, 龍樹의 『中論』을 인용하고, 提婆의 偈文을 소개했음에도 불구하고, 『起信論』을 가져온 흔적이 보이지 않으니, 『起信論』이 과연 인도에서 생겨난 것인지를 의심하지 않을 수 없다. 世親뿐 아니라 다른 이들도 『起信論』을 인용하지 않으며, 또한 그것을 註解한 것을 볼 수 없으니, 『起信論』과 같이 뛰어난 저작이 어째서 주해 또는 인용되지 않았는가. 나는 이것을 크게 의심하고 있다. 法相家가 전하는 바에 따르면 『起信論』은 중국에서 생겨난 저술이며, 그것을 후에 인도에 전한 자가 있었다 하는데, 法相家의 근거없는 주장이라는 생각이 들었지만, 의심해 보면 혹 이것이 사실일지도 모르겠다. 『成實論』과 『順正理論』에 馬鳴의 말을 인용하고 있는데, 그것은 小乘의 馬鳴이지 『起信論』의 馬鳴은 아니다. 『起信論』이 龍樹의 뒤인가 앞인가, 그것보다도 『起信論』의 馬鳴이 있었는가 아닌가, 이것이 의심의 출발점이다. (舟橋水哉[1906: 255-256])

이에 의하면, 후나하시는 『大乘起信論』의 내용에 의심을 품고 중국찬술설을 주장한 것이 아니라 『大乘起信論』의 내용에 의심을 품지 않은 채로 그저 동론의 흔적이 인도에 없다는 사실만을 토대로 중국찬술설을 주장한 것이다. 『大乘起信論』의 내용에 의심을 품고 중국찬술설을 주장한 것은 어디까지나 모치즈키 신코가 처음이다.

5) 『大乘起信論』의 성립 문제를 해결하는 데 참으로 기여한 이들은 일본의 소수 학자에 지나지 않는다는 것에 대해서, 여기에서 굳이 대만의 지도적인 승려이자 학자였던 인슌(印順, 1906~2005)을 들고 싶다. 만년의 인슌은 한문불교문헌만을 사용하여 『大乘起信論』에 眞諦 역뿐 아니라 僧伽婆羅 역 『文殊師利所說摩訶般若波羅蜜經』, 『解脫道論』 및 曼陀羅仙 역 『法界體性無分別經』을 포함한 扶南불교의 영향이 있다고 주장하였다(印順[1995]). 특히나 그는 『大乘起信論』에서 本覺과 始覺의 평등을 설하고 있는 것이 『法界體性無分別經』에서 설해지는 "是心如實解本始平等"에서 유래한다고 추측하였다. 이 경전에 다음과 같이 되어 있다. (번역은 티베트역에서)

또한 저것의, 일체지자성(一切智者性, *sarvajñatā. "모든 것을 아는 자라는 것")의 마음을 다른 유정(有情)들, 다른 보특가라(補特伽羅)들에게 말하고 또한 그 마음을, 실제(實際, *bhūtakoṭi. "존재의 극한")를 자성(自性, *svabhāva. "독자적인 본연의 상태")으로 하는 것으로 관찰하니 (……).

thams cad mkhyen pa nyid kyi sems de yang sems can gzhan rnams dang gang zag gzhan dag la brjod par byed la | sems de yang yang dag pa'i mtha'i ngo bo nyid du rtogs par gyur te | (P no. 760 [8], Dzi 165a1-2)

爲他人說一切智心, 是心如實解本始平等. (『大寶積經』 권26, 「法界體性體性無分別會」. T11, 145a)

인슌은 "是心如實解本始平等"을 본각과 시각의 평등이라 읽었지만, 한문으로서는 "是心如實解本始平等"은 "이 마음을 본래(本)부터 애초(始)에 평등하다고 여실히 이해함"이라고 읽어야 한다. "是心如實解本始平等"을 本覺과 始覺의 평등이라 읽는 것은 견강부회의 영역을 벗어나지 않는다.

결국 한문불교문헌에만 입각해서는 어떻게 해도 억측을 말할 수밖에 없으니, 『大乘起信論』 성립 문제에서 사실은 기여할 수가 없는 것이다. 인슌조차도 기여할 수 없기 때문에, 다른 이들에 대해서는 말할 것도 없다. 다른 이들에 대해서는 그것들을 다루지 않고 비판도 하지 않는다.

또한 本覺과 始覺의 평등에 대해, 필자는 그 소재가 되는 문헌을 아직 발견할 수 없었지만 굳이 말하자면 오히려 중국 남북조시대의 成實論師가 설한 것으로 전해지는 本有涅槃과 始有涅槃의 體一에 유사하다고 생각하고 있다. 吉藏 『大乘玄論』에 다음과 같이 되어 있다.

成實論師는 "本有涅槃("본래 존재하는 열반")과 始有涅槃("시작이 있는 열반")은 그 體("본연의 상태")로서 하나이다"라고 말한다.

> 成實師云"本有始有涅槃體一". (권3, 「涅槃義」. T45, 46c)

成實[論師]는 本有("본래 존재하는 것[이라는 涅槃]")과 始有("시작이 있는 것[인 涅槃]")을 밝혔다.

> 成實明本有始有. (권3, 「涅槃義」. T45, 47a)

本有涅槃과 始有涅槃에 대해서는 吉藏『中觀論疏』(권10本. T42, 155a) 또한 참조하라.

6) 모치즈키의 지적을 가시와기가 다소 냉담하게 취급하고 있다는 이 서평의 지적에 대해, 가시와기는 이후의 강연에서 다음과 같이 언급하였다. (문구 가운데 "저의 논문"은 柏木弘雄[1981]를 가리키는 것이므로 "저의 저서"라 하는 것이 적절하다. "하야시야 토모지로 씨에 의한 모치즈키 설 비판"에 대해서는 林屋友次郎[1926]을 보라.)

> 그러한 것을 다케무라 씨는 이전『宗教研究』(253호)에 저의 논문에 대한 서평 기사에서도 지적하고 계신데, 저의 입으로 말하기에는 참으로 민망하지만 다케무라 씨가 말씀하신 대로입니다. 무슨 바람이 불어서 그렇게 되었는지를 해명해야 하겠지만, 어쨌든 저는『起信論』의 찬술에 관한 모치즈키 설을 그다지 좋아하지 않았습니다.
> 대학원생 시절이라고 생각하는데,『기신론』의 찬술에 관해 여러 잡지에 발표된 논문을 모으고, 그것들을 연대순으로 읽은 일이 있었습니다. 거기에서 저는 한때 모치즈키설의 저 강인한 논증의 에너지에 끌려 그것은 이미 중국찬술임에 틀림없다고 생각하였습니다. 그런데 종종 논지가 너무 좌우로 역동적으로 전개되다보니 의문시되는 점도 없지 않았다. 그럴 때에, 우연히 하야시야 토모지로 씨에 의한 모치즈키 설 비판 – 저것은『宗教研究』였다고 기억하는데, 배포해 드린 자료에는 싣지 않았습니다. 오늘은 학생분이 이야기를 들으러 오실지도 모른다고 들었기 때문에, 저런 논문은 그다지 권하지 않는 게 좋을 것 같아서 드리지 않았습니다만 –을 읽어 보면 서두부터 이런 시시하고 터무니없는 논증은 없다는 것을 논문의 내내 그런 매도적 언사로 채우고 있는 겁니다.
> 일반적으로 타인의 논문을 비평할 때에는 전체적으로도 부분적으로도 그것에 대한 자신의 의견을 어떠한 형태로든 제시해야 한다고 생각합니다만, 실은, 모치즈키 설에 대한 이 하야시야 씨의 평가가, 제가 모치즈키 설에 대해 가지고 있었던 뭔가 석연치 않은 느낌을 건드렸던 것 같습니다.[……]
> 그러한 것이 있었기에, 저는 모치즈키 설을 제 논문에서는 애써 비판하고 – 지금은 그렇지 않습니다만 – 제가 납득할 수 있었던 논거만으로 논의하고자 했기에 당장 인도찬술의 필연성이라는 것을 내용이라는 측면에서 대충 써버렸습니다. 발표해버리면 돌릴 수가 없기 때문에 나중에는 식은땀만 흘리고 있었습니다. 이 점에 관해서는 다케무라 씨가 보리유지 역출경론의 주변을 좀 더 고려해야 한다고 말씀하신 것은 지당한 의견입니다. (柏木弘雄[1991a])

7) 杲寶『寶册鈔』에 다음과 같은 내용이 있다. (문구의 "漸刹經"은 "『占察[善悪業報]經』"의 音借)

> 『探玄記第三私記』〈靑丘의 釋珍嵩의 찬술〉은 "馬鳴『大乘起信論』1권에 대해 말하자면『漸刹經』2권에 기반하여 이 논서가 지어진 것이다. 그런데 道迹師의 목록에서는 "이 경은 위경이다"라고 말한다. 그러므로 이 경전에 기반하여 지어진『大乘起信論』은 위론이다"라고 말한다.〈文〉

『探玄記第三私記』〈青丘釋珍嵩撰〉云"馬鳴『起信論』一卷依『漸刹經』二卷造此『論』. 而道迹師目錄中云"此經是僞經". 故依此『經』造『起信論』是僞論也"〈文〉. (권8. T77, 826b)

8) 한문대장경의 전자화가 『大乘起信論』 성립 문제의 해결에 기여한 바를 일찍부터 간파하고 필자에게 그 중요성을 가르쳐주신 것은 이시이 코세이(石井公成)이며, 돈황출토 북조불교문헌의 번각출판을 정력적으로 견인하고, 필자에게 그 중요성을 알려준 것은 이케다 마사노리(池田將則)이다. 본 연구는 두 분과의 개인적 교류에 크게 고무받았다. 기록하여 감사를 올릴 따름이다.

제1부

자료편

제1장

돈황사본 계통 『대승기신론』

제1장

돈황사본 계통 『대승기신론』

제1부는 자료편으로서 『대승기신론』의 고형古形과 그 소재 혹은 적어도 그것과 병행하고 있는 북조기 여러 한문불교문헌을 제시하고자 한다.

제1부는 두 장으로 나뉜다. 제1장에서는 돈황사본을 사용하여 『대승기신론』의 본문을 교정하고, 『대승기신론』의 고형을 밝히고자 한다.

사본	대정신수대장경 수록 『대승기신론』(T1666)
Pelliot chinois 5581(1)	T31, 575a1-17
Pelliot chinois 2200	T31, 575a6-583b17
Pelliot chinois 2120	T31, 575a22-583b17
Stein 5289	T31, 575b8-29
Stein 890	T31, 575c25-583b17
Pelliot tibétain 982	T31, 576a13-b8
BD15692	T31, 576a24-b11
Дx5473	T31, 576b1-14
BD15219	T31, 576b16-c16
Pelliot chinois 5588(5)	T31, 577c28-578a5
Φ141	T31, 577c29-583b17
Дx887	T31, 578a2-27
Stein 316	T31, 578b12-583b17

국제불교학대학원대학 부속 도서관[2015: 232-233]에 의거한 표. 그 외, 현재 행방을 알 수 없지만 나이토 코난(內藤湖南) 구장(舊藏) 돈황사본이 있었던 듯 한데, 나카가와 센교(中川善教) 편(編)[1956]에 교감이 게재되어 있다. 이에 대해서는 직접 눈으로 사본을 확인할 수 없기 때문에 금번 교정에 사용하지 않기로 결정하였다. 이상은 이케다 마사노리의 교시(教示)에 의함.

국제불교학대학원대학國際佛教學大學院大學 부속 도서관의 조사에 의하면, 현재 돈황 사본 중에는 위의 표와 같이 『대승기신론』의 사본이 13점 확인된다.

필자는 이러한 13점을 사진을 통해 모두 볼 수 있었는데, 본 장에서는 이 중 이하의 네 점을 교정에 사용하지 않기로 결정하였다.

Pelliot chinois 5581(1).
Stein 5289.
BD15692.
Дx5473.

Pelliot chinois 5581(1)은 위작 지개智愷 『기신론서起信論序』의 단간으로, 『대승기신론』의 본문을 포함하고 있지 않다.

Stein 5289는 『대승기신론』의 서두에서 I. **因緣分** 도중까지의 단간, BD15692와 Дx5473는 Ⅲ. **解釋分** 중 거의 동일 부분의 단간으로 모두 서체가 당말오대唐末五代의 것이라고 생각된다. BD15692에 대해서는 이미 『**國家圖書館藏敦煌遺書**(국가도서관장돈황유서)』가 "9~10**世紀. 歸義軍時期寫本**"이라 말한 것과 같다(**中國國家圖書館 編** [2012: 41 L]). BD15692와 Дx5473은 "**阿梨耶識**"을 "**阿黎耶識**"으로 쓰고 있는데, 당말오대唐末五代의 사본으로 추정되는 Stein 890(후술)도 역시 "**阿梨耶識**"을 "**阿黎耶識**"으로 쓰고 있기에, 그를 통해 보았을 때도 이것들이 동 시기의 사본이라는 것을 추측할 수 있다. Stein 5289는 서두에 "**陳世眞諦譯**"이라는 전승을 가지고 있지만, 이 전승은 초당初唐의 사본으로 추정되는 Pelliot chinois 2200(후술)이나 당말오대唐末五代의 사본으로 추정되는 Pelliot chinois 2120(후술)의 서두에서는 확인되지 않고(다른 사본들은 모두 이 부분이 결손되어 있다) 그를 통해 보았을 때도 Stein 5289가 계통상 이들보다 이후의 사본이라고 추측할 수 있다.

이상의 세 점은 서체가 새롭고 너무 단편적이어서 사본의 계통을 판단할 수 없기에 다루기 어렵다.

그러므로 이하의 9점을 교정에 사용하기로 결정하였다.

Φ141.

Pelliot chinois 2200.

Pelliot tibétain 982.

BD15219.

Stein 316.

Pelliot chinois 5588(5).

Дx887.

Stein 890.

Pelliot chinois 2120.

Φ141은 앞부분은 결락되었지만 뒷부분은 보존되어 있다. Ⅲ解釋分, 顯示正義 도중부터 시작하며 서체는 고풍古風으로 당 이전의 것으로 추정된다.

Pelliot chinois 2200는 앞뒤가 모두 보존되어 있다. 서체는 고풍으로 초당初唐의 것이라고 생각된다. 이 점에 대해서는 아라마키 노리토시荒牧典俊가 "초당初唐 내지 성당盛唐 정도의 사본이라고 생각된다"고 쓰고 있는 것과 같다(荒牧典俊[2000: 76]).

Pelliot tibétain 982은 앞부분과 뒷부분이 결락되어 있다. Ⅲ解釋分, 顯示正義의 단간이지만 서체가 고풍이어서 초당의 것이라고 추정된다. 『대승기신론』 사본의 뒷면을 재사용하여 토번점령기吐蕃占領期(678~851)에 티베트어가 쓰여 있어 본래의 사본은 이보다 오래되었음이 확실하다.

BD15219는 앞부분과 뒷부분이 결락되어 있다. Ⅲ解釋分, 顯示正義의 단간이지만 서체가 고풍이어서 초당의 것이라고 추정된다. 이 점에 대해서는 이미 『國家圖書館藏敦煌遺書』가 "7~8世紀. 唐寫本"이라고 쓰고 있는 것과 같다(中國國家圖書館編[2011: 19 L]). 서체로 판단하는 한, 필자에게는 Pelliot tibétain 982와 BD15219가 본래 동일한 사본이었을 것으로 보인다.

Stein 316은 앞부분이 결락되어 있다. Ⅲ解釋分, 顯示正義의 도중부터 시작하며 말미에 붙은 오서奧書에서 당唐의 천보天寶 2년(743)에 서사되었음을 알 수 있다.

Pelliot chinois 5588(5)은 앞부분과 뒷부분이 결락되어 있다. Ⅲ 解釋分, 現示正義의 극히 적은 부분에 불과하지만, 서체로 판단하는 한 필자에게는 Stein 316과 Pelliot chinois 5588(5), Дx887이 본래 동일한 사본이었을 것으로 보인다.

Дx887은 앞부분과 뒷부분이 결락되어 있다. Ⅲ解釋分, 顯示正義의 극히 적은 단편에 불과하지만 앞서 언급한 것처럼 서체로 판단할 때, 필자에게는 Stein 316과 Pelliot chinois 5588(5), Дx887이 본래 동일한 사본이었을 것으로 보인다. 또한 Pelliot chinois 5588(5)과 Дx887는 문장이 이어지고 있다.

Stein 890은 앞부분은 결락되었지만 뒷부분은 보존되어 있다. Ⅱ立義分의 도중부터 시작하며, 서체는 당말오대唐末五代의 것으로 추정된다. 이 점에 대해서는 이미 『英國國家圖書館藏敦煌遺書』가 "9~10世紀. 歸義軍時期寫本"이라 쓰고 있는 것과 같다(方廣錩, 吳芳思 主編[2013: 7 L]).

Pelliot chinois 2120는 완본이다. 서체는 당말오대唐末五代의 것이라고 추정된다.

이미 서론에서 소개한 대로, 과거 우이 하쿠주는 다음과 같은 저작을 간행하였고, 거기에서 『대승기신론』 본문을 교정하였다.

宇井伯壽[1936] 『大乘起信論』, 岩波書店, 岩波文庫.
(개정판: 宇井伯壽・高崎直道[1994], 『大乘起信論』, 岩波書店, 岩波文庫.)

교정할 때 우이가 사용한 『대승기신론』의 고사본은 일본의 덴표쇼호天平勝宝 6년(754)의 사본(교토 카나지인觀智院 소장)과 일본의 진고케이운神護景雲 원년(767)의 사본(도쿄 네츠시根津氏 소장)의 두 가지이다. 그러므로 이번에 필자가 사용한 사본 모두는 우이가 사용한 사본보다도 더욱 『대승기신론』의 성립지역에 가까우며, 필자가 사용한 사본 대부분은 우이가 사용한 사본보다도 더욱 『대승기신론』의 성립연대에 가까운 것이 된다.

더욱이 우이가 사용한 일본의 두 사본은 완본이 아니며, 모두 큰 파손부분을 포함하고 있다. 그 때문에 교정할 때에 우이는 고려대장경을 저본으로 할 수밖에 없었다. 그러나 고려대장경에 쓰여진 문자는 돈황사본에 쓰여진 문자와 비교했을 때 그다지 고형을 보존하고 있다고 생각할 수 없다. 몇 가지 예를 들어보겠다.

돈황사본 계통『대승기신론』에 다음과 같이 되어 있다(Pelliot chinois 2200, Stein 890, Pelliot chinois 2120. 나머지 사본은 해당 부분이 결락되어 있다).

> **是故『修多羅』中, 依於此義, 說「一切衆生本來常住入於涅槃」.** (Ⅲ解釋分, 顯示正義)

고려대장경은 "**依於此義**"를 "**依於此眞如義故**"라 쓰고 있다. 그런데 북주北周의 담연曇延(516~588)이나 북제北齊의 혜원慧遠(523~592)이 『대승기신론』을 주석할 때에 참조한 텍스트는 "**依於此義**"로 되어 있다.

> **「依於此義」者, 依前同相義.** (曇延, 『大乘起信論義疏』 권上. Z1.71.3, 275c)
>
> **「是故『修多羅』中, 依此義說」者, 取彼『經』說, 釋成此義也.** (慧遠, 『大乘起信論義疏』 권上之下. T44, 186b)

또한 돈황사본 계통『대승기신론』에 다음과 같이 되어 있다(Φ141, Pelliot chinois 2200, Stein 890, Pelliot chinois 2120. 나머지 사본은 이 부분이 결락되어 있다)

> **如風依水而有動相, 若水滅者, 則風斷絕, 無所依止.** (Ⅲ解釋分, 顯示正義)

고려대장경은 "**則風斷絕**"을 "**則風相斷絕**"이라 쓰고 있다. 그런데 혜원이『대승기신론』을 주석할 때 참조한 텍스트는 "**則風斷絕**"이라 되어 있다(또한 담연은 이 부분을 인용하지 않는다).

> **「若水滅者, 則風斷絕, 無依止」者, 是作設喩. 非無水也.** (慧遠, 『大乘起信論義疏』 권下之上. T44, 192a)

또한 돈황사본 계통『대승기신론』에 다음과 같이 되어 있다(Φ141, Pelliot chinois 2200, Stein 316, Stein 890, Pelliot chinois 2120. 나머지 사본은 해당 부분이 결락되어 있다).

謂如實知一切衆生及與己身眞如平等. (Ⅲ解釋分, 顯示正義)

고려대장경은 "**眞如平等**"의 직후에 "**無別異故**"가 추가되어 있다. 그러나 담연이나 혜원이 『대승기신론』을 주석할 때에 참조한 텍스트는 "**無別異故**"가 없다.

故下『論』云「諸佛如來本在因地, 發大慈悲, 修諸波羅蜜」乃至「知一切衆生及與己身眞如平等」. 見本法身故. (曇延, 『大乘起信論義疏』 권上. Z1.71.3, 268c)

「一切衆生及與己身眞如平等」者, 體無異故也. (慧遠, 『大乘起信論義疏』 권下之上. T44, 195b)

혹시 여기에서 혜원이 "**體無異故也**"라고 설명하고 있음에 입각해서 후대의 사람들이 『대승기신론』 본문에 "**無別異故**"를 추가한 것은 아닐까.

이상, 한때 북조에서 유통되었던 것은 고려대장경에 수록된 텍스트가 아니라 이러한 돈황사본에 나타나 있는 텍스트일 것이라고 생각된다.

돈황사본에 나타난 텍스트는 오자誤字 등으로 인해 서로 약간씩 다르지만, 고려대장경에 포함된 텍스트와 비교하면 역시 서로 비슷하게 통한다. 흥미로운 것은, 우이가 사용한 일본의 두 사본이 종종 고려대장경이 아닌 돈황사본에 합치되고 있다는 점이다. 자세한 내용은 우이가 교정한 본문에 주석으로 들어가 있는 일본의 두 사본에서의 차이를 필자가 교정한 본문과 비교해보기 바란다. 고려대장경이 도래하기 이전에는 일본에서도 이들 돈황사본에 나타난 것과 같은 텍스트가 유통되었던 것이다.

우이는 자신이 교정한 본문에 대해, 「서언」의 말미에서 "지금 여기에서 교정출판한 것은 주로 750년 이전의 논본論本을 방불케 시도한 것이다"고 말하고 있는데, 그러한 시도는 고려대장경을 사용할 수 밖에 없었던 시대적 제한 탓으로 반드시 성공했다고 말할 수는 없다. 본고는 우이의 뜻을 이어받아 바로 750년 이전의 본문에 가까운 형태를 복원하는 것을 시도해 보았다.

세계 각지에 분산되어 있는 돈황사본은 현재 International Dunhuang Project(IDP)에 의해 포괄적으로 전자화되고 있으며, IDP의 웹사이트를 통해 무료로 공개되고 있다. 본 장에서는, 아직까지 전자화되지 않은 BD15219와 Stein 890에 대해서는 차례로 『**國家圖書館藏敦煌遺書** 140』(**中國國家圖書館**〔**編**〕[2011: 329-330]), 그리고 『**英國國家圖書館藏敦煌遺書** 15』(**方廣錩, 吳芳思** 〔**主編**〕[2013: 148-152])를 참조하고, 이미 전자화된 사본에 대해서는 IDP 웹사이트를 참조하였다. 표기에는 정자正字를 사용하였지만 각각의 사본에 나타난 이체자異體字, 속자俗字, 통가자通假字에 대해서는 각 사본의 개성을 보존할 필요에 따라 그것들을 가능한 한 재현한다.

◆◆◆

底校本

底本：Pelliot chinois 2200.

甲本：Φ141.

乙本：Pelliot tibétain 982.

丙本：BD15219.

丁本：Stein 316.

戊本：Pelliot chinois 5588(5).

己本：Дx887.

庚本：Stein 890.

辛本：Pelliot chinois 2120.

◆◆◆

大乘起信論一卷 馬鳴菩薩作

歸命盡十方 最勝業遍知 色无礙自在 救世大悲者[1)]

及彼身體相 法性眞如海 无量功德藏 如實脩行等[2)]

爲欲令衆生 除疑捨耶[3)]執 起大乘正信 佛種不斷故

論曰. 有法能起摩訶衍信根. 是故應說. 說有五分. 云何爲五. 一者因緣分, 二者立義分, 三者解釋分, 四者脩行信心分, 五者勸脩[4)]利益分.

初說因緣分第一.

問曰. 有何因緣而造此論.

答曰. 是因緣有八種. 云何爲八.

一者因緣揔相. 所謂爲令衆生離一切苦得究竟樂, 非求世間名利恭敬故.

二者爲欲解釋如來根本之義令諸衆生正解不謬故.

三者爲令善根成熟衆生於摩訶衍法堪任不退信故.

四者爲令善根微少衆生脩[5)]習信心故[6)].

五者爲示方便消惡業鄣[7)]善護其心遠離癡慢出耶[8)]網故.

六者爲示脩[9)]習止觀對治[10)]凡夫二乘心過故.

---

1) "者", 辛本殘.
2) "等", 辛本殘.
3) "耶", 辛本作"邪".
4) "脩", 辛本作"修".
5) "脩", 辛本作"修".
6) "故", 底本最初無, 後補.
7) "鄣", 辛本作"障".
8) "耶", 辛本作"邪".
9) "脩", 辛本作"修".
10) "治", 底本作"法", 據辛本改.

七者爲示專念方便生於佛前必定不退信心故.

八者爲示利益勸脩[11]行故.

有如是等因緣. 所以造論.

問曰. 脩多羅中具有此法. 何須重說.

答曰. 脩多羅中雖有此法, 以衆生根行不等受解緣別. 所謂如來在世, 衆生利根, 能說之人色心業勝, 圓音一演, 異類等解, 則不須論. 若如來滅後, 或有衆生, 能以自力廣聞而取[12]解者. 或有衆生, 亦以自力少聞而多解者. 或有衆生, 无[13]自心力, 因於廣論而得解者. 自有衆生, 復以廣論文多爲煩, 心樂揔持少文而攝多義, 能取解者. 如是此論爲欲揔攝如來廣大深法无[14]邊義故. 應說此論.

已說因緣分. 次說立義分第二.

摩訶衍者, 揔說有二種. 云何爲[15]二.

一者法,

二者義.

所言法者, 謂衆生心. 是心[16]則攝一切世間法[17]出世間法. 依於此心, 顯示摩訶衍[18]義. 何以故. 是心眞如相卽示摩訶衍體[19]故. 是心生滅因緣相能示摩訶衍自體相用故.

所[20]言義者, 則有三種. 云何爲三.

一者體大. 謂一切法眞如平等不增減故.

二者相大. 謂[21]如來[22]藏具足无[23]量性功德故.

---

11) "脩", 辛本作"修".

12) "取", 辛本作"多".

13) "无", 辛本作"無".

14) "无", 辛本作"無".

15) "爲", 此上庚本首殘.

16) "心", 底本最初無, 後補.

17) "法", 辛本無.

18) "一者法, 二者義. 所言法者, 謂衆生心. 是心則攝一切世間法出世間法. 依於此心, 顯示摩訶衍", 庚本殘.

19) "體", 辛本作"義".

20) "相卽示摩訶衍體故. 是心生滅因緣相能示摩訶衍自體相用故. 所", 庚本殘.

三者用大. 能生一切世間出世間善因果故.

一切諸佛本所乘故. 一切菩薩皆乘[24]此法到如來地故.

已說立義分. 次說解釋分第三.

解釋有三種. 云何爲三. 一者顯示正義, 二者[25]對治耶[26]執, 三者分別發趣道相.

顯示正義者, 依一心法, 有二種門. 云何爲二.

一者心眞如門,

二者心生滅門[27].

是二種門皆各摠攝一切法. 此義云何. 以是二門不相離故.

心眞如者, 卽是一法界大摠相法門體. 所謂心性不生[28]不滅. 一切諸法唯[29]依妄念而有差別. 若離心念, 則无[30]一切境界之相. 是[31]故一切法從本已來離言說相, 離名[32]字相, 離心緣相, 畢竟平等, 无[33]有變異, 不可破壞, 唯是一心, 故名眞[34]如. 以[35]一[36]切言說假名无[37]實但隨妄念不可得故. 言眞如者, 亦无[38]有相. 謂言說之極, 因言遣言. 此眞如體无[39]有可遣. 以一切法

21) "謂", 辛本作"爲".
22) "一切法眞如平等不增減故. 二者相大. 謂如來", 庚本殘.
23) "无", 庚本辛本作"無".
24) "出世間善因果故. 一切諸佛本所乘故. 一切菩薩皆乘", 庚本殘.
25) "三. 解釋有三種. 云何爲三. 一者顯示正義, 二者", 庚本殘.
26) "耶", 辛本作"邪".
27) "法, 有二種門. 云何爲二. 一者心眞如門, 二者心生滅門", 庚本殘.
28) "眞如者, 卽是一法界大摠相法門體. 所謂心性不生", 庚本殘.
29) "唯", 辛本作"皆".
30) "无", 庚本作"無".
31) "切境界之相. 是", 庚本殘.
32) "離名", 庚本殘.
33) "无", 庚本辛本作"無".
34) "心, 故名眞", 庚本殘.
35) "以", 辛本無.
36) "一", 此上乙本首殘.
37) "无", 乙本庚本作"無".
38) "无", 乙本庚本作"無".
39) "无", 乙本作"無". "如體无", 庚本殘.

悉皆眞故. 亦无[40]可立. 以一切法皆同如故. 當知一切法不可說不可念故[41]名爲眞如.

問[42]曰. 若如[43]是義者, 諸衆生等云何隨順而能得入.

答曰. 若知一切法雖說无[44]有能說可說[45]雖念亦无[46]能念可念, 是名隨順. 若離於念, 名爲得入.

復次眞如者, 依言[47]說, 分別有二種義. 云何爲二.

一者如實空. 以能究竟顯實故.

二者如實不空. 以有自體具足无[48]漏性功德故.

所言空者, 從本已來一切染法不相應故. 謂離一切法差別之相. 以无[49]虛妄心念故. 當知眞如自性非有相, 非无[50]相, 非非[51]有相, 非[52]非[53]无[54]相, 非有无[55]俱相, 非一相, 非異相, 非非[56]一相, 非非[57]異相, 非一異俱相. 乃至摠說, 依一切衆生, 以有妄[58]心念念[59]分別皆不相應, 故說爲空. 若離妄心, 實无[60]可空故[61].

所言不空者, 已顯法體空无[62]妄故, 卽是眞心常恆[63]不變淨法滿足, 則名不空. 亦无[64]有相

40) "无", 乙本庚本作"無".
41) "故", 辛本無.
42) "問", 辛本作"門".
43) "如", 庚本無.
44) "无", 乙本庚本作"無".
45) "可說", 庚本無.
46) "无", 乙本庚本作"無".
47) "者, 依言", 庚本殘.
48) "无", 乙本庚本作"無".
49) "无", 乙本庚本作"無".
50) "无", 乙本庚本作"無".
51) "非", 庚本作"々".
52) "相, 非", 庚本最初作"非相", 後修正.
53) "非", 庚本作"々".
54) "无", 乙本庚本作"無".
55) "无", 乙本庚本作"無".
56) "非", 庚本作"々".
57) "非", 庚本作"々".
58) "妄", 庚本殘.
59) "念", 庚本作"々".
60) "无", 乙本庚本作"無".
61) "故", 底本原有, 後以朱筆刪. 據乙本庚本辛本補.

可取. 以離念境界唯證相應故.

心生滅者, 依如來藏故有生滅心. 所謂[65]不生[66]不滅與生滅和合, 非一非異, 名爲阿梨[67]耶識. 此識有二種義, 能攝一切法生一切法. 云何爲二[68].

一者覺義,

二者不覺義.

所言覺義者, 謂心體離念. 離念相者, 等虛空界, 无[69]所不遍, 法界一相, 卽是如來平等法身. 依此法[70]身, 說名本覺. 何以故. 本覺義者對始覺[71]義說, 以始覺者卽同本覺, 始覺義者依本覺故. 而有不覺, 依[72]不覺故, 說有始覺. 又以覺心原故, 名究竟覺. 不覺心原故[73], 非究竟覺. 此義云何. 如凡夫人[74]覺知前念起惡故[75]能止後念令其不起, 雖復名覺, 卽是不覺故[76]. 如二乘觀智初發意菩薩等覺於念異念[77]无[78]異相. 以捨麤分別執著相故, 名相似覺. 如法身菩薩等覺於念住念无[79]住相以離分別麤念相故, 名隨分覺. 如菩薩地[80]盡滿足方便一念相應覺心初起心无[81]初相, 以遠[82]離微細念故, 得見心性, 心卽常住, 名究竟覺. 是故『脩多羅』說「若有衆生能觀

62) "无", 乙本庚本作"無".
63) "常恆", 庚本殘.
64) "无", 乙本庚本作"無".
65) "心. 所謂", 庚本殘.
66) "生", 此下乙本尾殘.
67) "梨", 庚本辛本作"黎".
68) "二", 庚本最初無, 後補.
69) "无", 庚本作"無".
70) "法", 底本最初無, 後補.
71) "覺", 底本最初無, 後補.
72) "依", 此上丙本首殘.
73) "故", 庚本最初無, 後補.
74) "人", 庚本最初無, 後補.
75) "故", 辛本無.
76) "故", 辛本無.
77) "異念", 底本最初無, 後補.
78) "无", 丙本庚本作"無".
79) "无", 丙本庚本作"無".
80) "地", 庚本無.
81) "无", 丙本庚本作"無".
82) "遠", 庚本最初無, 後補.

无[83]念[84]者, 則爲向佛智」故. 又心起者, 无[85]有初相可知. 而言知[86]初相者, 卽謂无[87]念. 是故一切衆生不名爲覺. 以從本來念念[88]相續未曾離念, 故說无[89]始无[90]明. 若得无[91]念者[92], 則知心相生住異滅. 以无[93]念等故. 而實无[94]有始覺之異. 以四相俱時而有皆无[95]自立本來平等同一覺故.

復次本覺隨染[96], 分別生二種相, 與彼本覺不相捨離. 云何爲二.

一者智淨相,

二者不思議業相.

智淨相者, 謂依法力薰習, 如實脩行, 滿足方便, 故[97]破和合識相, 滅相[98]續心相, 顯現法身智淳淨故. 此義云何. 以一切心識之相[99]皆是[100]无[101]明, 无[102]明[103]之相不離覺性, 非可壞, 非不可壞. 如大海水因風波動, 水相風相不相捨離, 而水非動性, 若風止滅, 動相則滅, 濕性不壞故, 如是衆生自性淸淨心因无[104]明風動, 心與无[105]明俱无[106]形相不相捨離, 而心非動性, 若

---

83) "无", 丙本庚本作"無".
84) "念", 底本此下以朱筆補"性", 據丙本庚本辛本刪.
85) "无", 丙本庚本作"無".
86) "而言知", 庚本最初無, 後補.
87) "无", 丙本庚本作"無".
88) "念", 庚本作"々".
89) "无", 丙本庚本作"無".
90) "无", 丙本庚本作"無".
91) "无", 丙本庚本作"無".
92) "者", 辛本無.
93) "无", 丙本庚本作"無".
94) "无", 丙本庚本作"無".
95) "无", 丙本庚本作"無".
96) "隨染", 辛本最初此下有"隨染", 後被塗抹.
97) "故", 底本最初無, 後補, 後以朱筆刪. 據丙本庚本辛本補.
98) "滅相", 庚本最初無, 後補.
99) "相", 庚本最初無, 後補.
100) "是", 庚本最初無, 後補.
101) "无", 丙本作"無".
102) "无", 丙本作"無".
103) "无明. 无明", 庚本作"無々明々".
104) "无", 丙本庚本辛本作"無".

无[107]明滅, 相續則滅, 智性不壞故.

不思議業相者, 以[108]依智淨, 能作一切勝妙境界. 所謂无[109]量功德之相常无[110]斷絶, 隨衆生根, 自然相應, 種種[111]而現, 得利益故.

復次覺體相者, 有四種大義, 與虛空等, 猶如淨鏡. 云何爲四.

一者如實空鏡. 遠離一切心境界相, 无[112]法可現. 非覺照義故.

二者因薰習鏡. 謂如實不空. 一切世間境界悉於中現, 不出不入, 不失不壞[113], 常住一心. 以一切法卽眞實性故. 又一切染法所不能染. 智體不動具足无[114]漏薰衆生故.

三者法出離鏡. 謂不空法出煩惱礙智礙[115], 離和合相, 淳淨明故.

四者緣薰習鏡. 謂依法出離故, 遍照衆生之心, 令脩善根, 隨念示現故.

所言不覺義者, 謂不如實知眞如法一[116]故, 不覺心起而有其念. 念[117]无[118]自相, 不離本覺. 猶如迷人依方故迷, 若離於方, 則无[119]有迷, 衆生亦尒, 依覺故迷, 若離覺性, 則无[120]不覺. 以有不覺妄想[121]心故, 能知名義, 爲說眞覺. 若離不覺之心, 則无眞覺[122]自相可說.

復次依不覺故, 生三種相, 與彼不覺相應不離. 云何爲三.

一者无[123]明業相. 以依不覺故心動, 說名爲業. 覺則不動. 動[124]則有苦. 果不離因故.

---

105) "无", 丙本庚本作"無".
106) "无", 丙本庚本作"無".
107) "无", 丙本庚本作"無".
108) "以", 此下丙本尾殘.
109) "无", 庚本作"無".
110) "无", 庚本作"無".
111) "種", 庚本作"々".
112) "无", 庚本作"無".
113) "不失不壞", 庚本作"不壞不失".
114) "无", 庚本作"無".
115) "智礙", 庚本最初無, 後補.
116) "法一", 庚本殘.
117) "念", 庚本作"々".
118) "无", 庚本作"無".
119) "无", 庚本作"無".
120) "无", 庚本作"無".
121) "想", 底本作"相", 據庚本辛本改.
122) "无眞覺", 庚本作"無眞觀".

二者能見相. 以依動故能見. 不動則无[125]見[126].

三者境界相. 以依能見故境界妄現. 離見則无[127]境界.

以有境界[128]緣故, 復生六種相. 云何爲六.

一者智相. 依於境界, 心起分別愛與不愛故.

二者相續相. 依於智故, 生其苦樂, 覺心起念, 相應不斷故.

三者執取相. 依於相續, 緣念境界, 住持苦樂, 心起著故.

四者計名字相. 依於妄執, 分別假名言相故.

五者起業相. 依於名字, 尋名取著, 造種種[129]業故.

六者業繫苦相. 以依業受果不自在故.

當知无[130]明能生一切染法. 以一切染法皆是不覺相故.

復次覺與不覺有二種相. 云何爲二.

一[131]者同相,

二者異相.

同相者, 譬如種種[132]瓦器皆同[133]微塵性相, 如是无[134]漏无[135]明種種[136]業幻皆同眞如性相. 是故『脩多羅』中, 依於此義, 說「一切衆生本來常住入於涅槃」. 菩提之法非可脩相, 非可作相, 畢竟无[137]得, 亦无[138]色相可見. 而有見[139]色相者, 唯是隨[140]染業幻[141]所作[142], 非是

---

123) "无", 庚本作"無".
124) "動", 庚本作"々".
125) "无", 庚本作"無".
126) "見", 庚本此下有"故".
127) "无", 庚本作"無".
128) "以有境界", 底本最初無, 後補.
129) "種", 庚本作"々".
130) "无", 庚本作"無".
131) "一", 庚本最初無, 後補.
132) "種", 庚本作"々".
133) "同", 底本最初無, 後補.
134) "无", 庚本作"無".
135) "无", 庚本作"無".
136) "種", 庚本作"々".
137) "无", 庚本作"無".

智色不空之性. 以智相不[143]可見故.

異相者, 如[144]種種[145]瓦器各各[146]不同, 如是无[147]漏无[148]明隨染幻差[149]別性. 染幻差別[150]故.

復次生滅因緣者[151], 所謂衆生依心, 意意[152]識轉故. 此義[153]云何. 以依阿梨[154]耶識[155]說有无[156]明不覺而起[157]能見能現[158]能取境界起念相續, 故說爲意. 此意復有五種名. 云何爲五.

一者名爲業識. 謂无[159]明力, 不覺心動故.

二者名爲轉識. 依於動心, 能[160]見相[161]故.

---

138) "无", 庚本作"無".
139) "見", 底本最初無, 後補.
140) "隨", 底本無, 據庚本辛本補.
141) "業幻", 底本殘, 後補"幻", 據庚本辛本改.
Cf. 釋此難故, 「而有見色者, 唯隨染業幻所作」也. (慧遠. 『大乘起信論義疏』 권上之下. T44, 186b)
「唯是隨染業幻所作」者, 此幻起色, 隨彼染業, 衆生自分別作也. (曇延, 『大乘起信論義疏』 권上. Z1.71.3, 275c)
142) "所作", 底本殘, 後補.
143) "不", 庚本作"無", 辛本作"无"
144) "不可見故. 異相者, 如", 底本殘, 後補.
145) "種", 庚本作"々".
146) "各", 庚本作"々".
147) "无", 庚本作"無".
148) "无", 庚本作"無".
149) "是无漏无明隨染幻差", 底本殘, 後補"是無漏無明隨染幻差".
150) "別", 庚本最初此下有一字, 後被塗抹.
151) "復次生滅因緣者", 底本殘, 後補.
152) "意", 庚本作"々".
153) "故. 此義", 底本殘, 後補.
154) "梨", 庚本辛本作"黎".
155) "識", 庚本最初無, 後補.
156) "无", 庚本作"無".
157) "而起", 底本殘, 後補.
158) "現", 底本最初此下有"能現", 後刪.
159) "无", 庚本作"無".
160) "能", 庚本最初作"能", 後補一字. 無法辨別.
161) "相", 庚本無.

三者名爲現識. 所謂能現一切境界. 猶如明鏡現於色像, 現識亦尒, 隨[162]其五塵[163], 對至卽現, 无[164]有前後. 以一切時任運而起常在前故.

四者名爲智識. 謂分別染淨法故.

五者名爲相續識. 以念[165]相應不斷故, 住持過去无[166]量世等善惡之業令不失故, 復能成熟現在未來苦樂等報无[167]差[168]違故. 能令現在已逕之事忽然而念, 未來之事不覺妄慮.

是故三界虛僞, 唯心所作. 離心則无[169]六塵境界. 此義云何. 以一切法皆從心起, 妄念而生. 一切分別卽[170]分別自心. 心[171]不見心, 无[172]相可得. 當知世間一切境界皆依衆生无[173]明妄心而得住[174]持[175]. 是故一切法如鏡中[176]像无[177]體可得, 唯心虛妄. 以心生則種種[178]法生, 心滅則種種[179]法滅故.

復次言意識者, 卽此相續識, 依諸凡夫取著轉深, 計我我[180]所, 種種[181]妄執, 隨事攀緣, 分別六塵, 名爲意識. 亦名分離識. 又復說名分別事識. 此識[182]依見愛煩惱增長義故.

依[183]无[184]明薰習所起識者, 非凡夫能知, 亦非二乘智慧[185]所覺. 謂依菩薩從初正信發心

---

162) "隨", 底本最初此上有"隨", 後刪.
163) "塵", 庚本最初作其他字, 後修正.
164) "无", 庚本作"無".
165) "念", 辛本此下有"念".
166) "无", 庚本作"無".
167) "无", 庚本作"無".
168) "差", 庚本最初無, 後補.
169) "无", 庚本作"無".
170) "卽", 辛本作"則".
171) "心", 庚本作"〻".
172) "无", 庚本作"無".
173) "无", 庚本作"無".
174) "住", 庚本此右有"染".
175) "持", 庚本最初無, 後補.
176) "中", 底本最初無, 後補.
177) "无", 庚本作"無".
178) "種", 庚本作"〻".
179) "種", 庚本作"〻".
180) "我", 庚本作"〻".
181) "種", 庚本作"〻".
182) "此識", 庚本最初無, 後補.

觀察, 若證法身, 得少分知, 乃至菩薩究竟地不能知盡, 唯佛窮了. 何以故. 是心從本已來自性淸淨而有无[186]明. 爲无[187]明所染, 有其染心. 雖有染心[188], 而常恆不變. 是故此義唯佛能知. 所謂心[189]性常无[190]念故名爲不變. 以不達一法界故, 心不相應, 忽然念起, 名爲无[191]明. 染心者有六種. 云何爲六.

一者執相應染. 依[192]二乘解脫及信相應地能[193]遠離故.

二者不斷相應染. 依[194]信相應地脩[195]學方便漸漸[196]能捨, 得淨心地究竟離故.

三者分別智相應染. 依具戒地漸離, 乃至无[197]相方便地究竟離故.

四者現色不相應染. 依色自在地能離故.

五者能見心不相應染. 依心自在地能離故.

六者根本業不相應染. 依菩薩盡地[198]得入如來地能離故.

不了一法義者, 從信相應地觀察學斷, 入淨心地隨分得離, 乃至如來地能究竟離故[199].

言相應義者, 謂心念法異, 依染淨差別而知相緣相同故.

不相應義者, 謂卽心不覺常无[200]別異, 不同知相緣相故.

又染心義者, 名爲煩惱礙. 能鄣眞如根本智[201]故. 无[202]明義者, 名爲智礙. 能鄣[203]世

---

183) "依", 辛本此上有"復次".
184) "无", 庚本作"無".
185) "慧", 辛本作"惠".
186) "无", 庚本作"無".
187) "无", 庚本作"無".
188) "雖有染心", 庚本最初無, 後補.
189) "心", 庚本最初無, 後補.
190) "无", 庚本作"無".
191) "无", 庚本作"無".
192) "依", 辛本無.
193) "能", 底本原無, 據朱筆補. 辛本無.
194) "依", 底本最初無, 後補.
195) "脩", 辛本作"修".
196) "漸", 庚本作"々".
197) "无", 庚本作"無".
198) "盡地", 辛本作"地盡".
199) "故", 底本原無, 據朱筆補. 庚本最初無, 後補.
200) "无", 庚本作"無".

閒[204]自然業智故. 此義云何. 以依染心能見能現妄取境界違平等性故. 以一切法常靜无[205]有起相无[206]明不覺妄與法違故, 不能得隨順世閒一切境界種種[207]知故.

復次分別生滅相者, 有二種. 云何爲二.

一者[208]麤. 與心相應故.

二者細. 與心不相應故.

又[209]麤中之麤凡夫境界. 麤[210]中之細及[211]細中之麤菩[212]薩境界. 細中之細是佛境界.

此二種生滅[213]依於无[214]明薰[215]習而有. 所謂依因依緣. 依[216]因者, 不覺義故[217]. 依緣者, 妄作境[218]界義故. 若因滅則緣滅. 因滅故不[219]相應心滅. 緣滅故相應心滅[220].

問曰[221]. 若心滅者, 云[222]何相續. 若相續者, 云何說究竟[223]滅.

答曰. 所言滅者, 唯心[224]相滅, 非心體[225]滅. 如風依水而有動相, 若水滅者, 則風斷絶,

---

201) "智", 辛本作"義".
202) "无", 庚本作"無".
203) "鄣", 辛本作"障".
204) "閒", 底本最初此下有二字, 後被塗抹.
205) "无", 庚本作"無".
206) "无", 庚本作"無".
207) "種", 庚本作"々".
208) "一者", 庚本最初作"者一", 後修正.
209) "又", 此上戊本首殘.
210) "境界. 麤", 戊本殘.
211) "及", 戊本殘.
212) "菩", 此上甲本首殘.
213) "佛境界. 此二種生滅", 戊本殘.
214) "无", 庚本作"無".
215) "薰", 戊本作"勳".
216) "依", 庚本無.
217) "故", 此上己本首殘.
218) "依因者, 不覺義故. 依緣者, 妄作境", 戊本殘.
219) "界義故. 若因滅則緣滅. 因滅故不", 己本殘.
220) "滅. 因滅故不相應心滅. 緣滅故相應心滅", 戊本殘.
221) "曰", 此下戊本尾殘.
222) "問曰. 若心滅者, 云", 己本殘.
223) "竟", 甲本作"境".
224) "言滅者, 唯心", 己本殘.

无[226][227]所依止. 以水不滅, 風相相[228]續, 唯風滅故[229], 動相隨滅, 非是[230]水滅, 无[231]明亦尒, 依心體而動, 若心體滅, 則衆生斷絶, 无[232]所依[233]止, 以體[234]不滅[235], 心得相續, 唯癡滅故, 心相隨滅, 非心智滅.

復次有[236]四種法薰[237]習義故, 染法淨法起不斷絶. 云何爲四.

一者淨法[238], 名爲眞如.

二者一切染因, 名爲无[239]明.

三者妄心, 名爲業識.

四者妄境界[240]. 所謂六塵.

薰[241]習[242]義者, 如世間衣服實无[243]於香[244], 若人以香而薰[245]習故則有香氣, 此亦如是, 眞如淨法實无[246]於染[247], 但以无[248]明而薰[249]習[250]故則有染相. 无[251]明染[252]法實

---

225) "體", 己本作"躰".
226) "无", 庚本作"無".
227) "則風斷絶, 无", 己本殘.
228) "相", 庚本作"々".
229) "故", 己本殘.
230) "動相隨滅, 非是", 己本殘.
231) "无", 庚本作"無".
232) "无", 庚本作"無".
233) "斷絶, 无所依", 己本殘.
234) "體", 己本作"躰".
235) "滅", 己本此下有"故".
236) "心智滅. 復次有", 己本殘.
237) "薰", 己本作"勳".
238) "何爲四. 一者淨法", 己本殘.
239) "无", 庚本作"無".
240) "名爲業識. 四者妄境界", 己本殘.
241) "薰", 己本作"勳".
242) "習", 己本殘.
243) "无", 庚本作"無".
244) "服實无於香", 己本殘.
245) "薰", 己本作"勳".
246) "无", 庚本作"無".
247) "如淨法實无於染", 己本殘.
248) "无", 庚本作"無".

无[253]淨業, 但以眞如[254]而薰[255]習[256]故則有淨用.

云何薰[257]習起染法不斷. 所謂以依[258]眞如法故, 有於无[259]明. 以有无[260]明染法因故[261], 卽薰[262]習眞如. 以薰習故[263], 則有[264]妄心. 以有妄心[265], 卽薰[266]習无[267]明. 不了眞如法故, 不覺念起, 現妄境[268]界. 以有妄[269]境界染法緣故, 卽薰[270]習妄心, 令其念著造種種[271][272]業受於一切身心等苦.

此妄境界[273]薰習義則[274]有二種. 云何爲二.

一者增長念薰習,

二者增長取薰習.

---

249) "薰", 己本作"勳".
250) "習", 庚本最初無, 後補.
251) "无", 庚本作"無".
252) "染", 己本殘.
253) "无", 庚本作"無".
254) "淨業, 但以眞如", 己本殘.
255) "薰", 己本作"勳".
256) "習", 庚本無.
257) "薰", 己本作"勳".
258) "法不斷. 所謂以依", 己本殘.
259) "无", 庚本作"無".
260) "无", 庚本作"無".
261) "故", 庚本無.
262) "薰", 己本作"勳".
263) "故", 底本最初此下有"則有妄心. 以有妄心, 卽薰習故", 後刪.
264) "習眞如. 以薰習故, 則有", 己本殘.
265) "以有妄心", 辛本最初無, 後補.
266) "薰", 己本作"勳".
267) "无", 庚本作"無".
268) "故, 不覺念起, 現妄境", 己本殘.
269) "妄", 甲本無.
270) "薰", 己本作"勳".
271) "種", 庚本作"々".
272) "妄心, 令其念著造種種", 己本殘.
273) "界", 此下己本尾殘.
274) "則", 底本原有, 後以朱筆刪. 據甲本庚本辛本補.

妄心薰習義[275]有二種. 云何爲二.

一者業識根本薰習. 能受阿羅漢辟支佛一切菩薩生滅苦故.

二者增長分別事識薰習. 能受凡夫業繫苦故.

无[276]明薰習[277]義有二種[278]. 云何爲二[279].

一者根本薰習[280]. 以能成就業識義故.

二者所起見愛薰習. 以能成就分別事識義故.

云何薰習起淨法不斷. 所謂[281]以有眞如法故, 能薰習无[282]明. 以薰習因緣力故, 則令妄心猒生死苦樂求涅槃. 以此妄心有猒求緣[283]故, 卽薰習眞如. 自信己性, 知心妄動无[284]前境界[285], 脩遠離法. 以如實知无[286]前境界故, 種種[287]方便起隨[288]順[289]行, 不取不念. 乃[290]至久遠薰[291]習力故, 无[292]明則[293]滅. 以无[294]明滅故[295], 心无[296]有起. 以无[297]起故, 境界

---

275) "義", 庚本此下後補"則".
276) "无", 庚本作"無".
277) "習", 底本最初無, 後補.
278) "種", 甲本無.
279) "種. 云何爲二", 甲本無.
280) "習", 底本最初此下有"根本薰習", 後刪.
281) "謂", 辛本無.
282) "无", 庚本作"無".
283) "緣", 辛本此上有"因".
284) "无", 庚本作"無".
285) "界", 此上丁本首殘.
286) "无", 庚本作"無".
287) "種", 庚本作"々".
288) "脩遠離法. 以如實知无前境界故, 種種方便起隨", 丁本殘.
289) "順", 辛本無.
290) "乃", 庚本最初作"力", 後修正.
291) "薰", 丁本作"勳".
292) "无", 庚本作"無".
293) "則", 丁本最初無, 後補"卽".
294) "无", 庚本作"無".
295) "以无明滅故", 丁本殘.
296) "无", 庚本作"無".
297) "无", 庚本最初作"無", 後補"有".

隨滅. 以因緣俱滅故, 心相[298]皆盡. 名得涅槃, 成自然業.

妄心薰[299]習義有二種. 云何爲二.

一者分別事識薰[300]習. 依諸凡夫二乘人等猒生死苦, 隨力所能, 以漸趣[301]向无[302]上道故.

二者意薰[303]習. 謂諸菩薩[304]發心勇猛, 速趣涅槃[305].

眞如薰[306]習義有二種. 云何爲二.

一者自體[307]相薰[308]習,

二[309]者用薰[310]習.

自體[311]相薰[312]習者[313], 從无[314]始世來具无[315]漏法, 備有不[316]思議業作境界之性, 依此二義, 恆常薰[317]習. 以有[318]力故, 能令衆生猒生死苦樂求涅槃. 自信己身有眞如法, 發心脩行.

問曰. 若如是義者, 一切衆生悉有眞如, 等皆薰[319]習. 云何有信无[320]信无[321]量前後差別.

---

298) "相", 庚本作"想".
299) "薰", 丁本作"勳".
300) "薰", 丁本作"勳".
301) "趣", 甲本作"起".
302) "无", 庚本作"無".
303) "薰", 丁本作"勳".
304) "薩", 甲本最初無, 後補.
305) "槃", 丁本辛本此下有"故".
306) "薰", 丁本作"勳".
307) "體", 丁本作"躰".
308) "薰", 丁本作"勳".
309) "二", 底本最初無, 後補.
310) "薰", 丁本作"勳".
311) "體", 丁本作"躰".
312) "薰", 丁本作"勳".
313) "用薰習. 自體相薰習者", 底本最初無, 後補.
314) "无", 庚本作"無".
315) "无", 庚本作"無".
316) "不", 甲本無.
317) "薰", 丁本作"勳".
318) "有", 甲本此下有"熏習".
319) "薰", 丁本作"勳".
320) "无", 庚本作"無".
321) "无", 庚本作"無".

皆應一時自知有眞如法勤[322]脩方便等入涅槃.

答曰. 眞如本一而有[323]无[324]量无[325]邊无[326]明從本已[327]來自性差別厚薄不同故. 過恆沙等上煩惱依[328]无[329]明起差別. 我見愛染煩惱依无[330]明起差別. 如是一切煩惱依於无[331]明[332]所起前後无[333]量差別, 唯如來能知故. 又[334]諸佛法有因有緣, 因緣[335]具足乃得成辦. 如木中[336]火性是火正因, 若无[337]人知不假方便, 能自燒木, 无[338]有是處, 衆生亦尒, 雖有正因薰習之力, 若不遇諸佛菩薩善知[339]識等以之爲緣, 能自斷煩惱入涅槃者, 則无[340]是處. 若[341]雖有外緣之力而內[342]淨法未有薰習力者, 亦不能究竟猒生死苦樂求涅槃. 若因緣[343]具足者, 所謂自有薰[344]習之力, 又爲諸佛菩薩等慈悲願護故, 能起猒苦之心, 信有涅槃, 脩習善根. 以脩善根[345]成熟[346], 則値諸佛[347]菩薩示教利喜, 乃能進趣向涅槃道.

---

322) "勤", 丁本作"懃".
323) "有", 庚本無.
324) "无", 庚本作"無".
325) "无", 庚本作"無".
326) "无", 庚本作"無".
327) "已", 庚本作"以".
328) "依", 甲本此下有"依".
329) "无", 庚本作"無".
330) "无", 庚本作"無".
331) "无", 庚本作"無".
332) "明", 庚本最初無, 後補.
333) "无", 庚本作"無".
334) "又", 底本原有, 後以朱筆刪. 據甲本丁本庚本辛本補.
335) "因緣", 丁本最初無, 後補. 庚本無.
336) "中", 丁本殘.
337) "无", 庚本作"無".
338) "无", 庚本作"無".
339) "知", 甲本最初無, 後補.
340) "无", 庚本無.
341) "若", 丁本無.
342) "內", 丁本此下有"无".
343) "緣", 丁本殘.
344) "薰", 丁本作"董".
345) "以脩善根", 底本最初無, 後補.
346) "熟", 庚本此下後補"故".

用薰習者, 卽是衆生外緣之力. 如是外緣有无[348]量義. 略說二種. 云何爲二.

一者差[349]別緣,

二者平等緣.

差別緣者, 此人依於諸佛菩薩等, 從初發意始求道時, 乃至得佛, 於中若見若念, 或爲眷屬父母[350]諸親, 或爲給使, 或爲知友, 或爲怨家, 或[351]起四攝, 乃至一切所作无[352]量行緣, 以起大悲薰習之力, 能令衆生增長善根, 若見若[353]聞, 得利益故.

此緣有二種. 云何爲二.

一者近緣. 速得度故[354].

二者遠緣. 久遠[355]得度故.

是近遠二緣分別復有二種. 云何爲二.

一者增長行緣,

二者受道緣[356].

平等緣者, 一切諸佛菩薩皆願度[357]脫一切衆生, 自然薰習, 恒常不捨, 以同體[358]智力故, 隨應見聞而現作業. 所謂衆生依[359]於三昧乃得平等見諸佛故.

此體[360]用[361]薰習[362]分別復有二種. 云何爲二.

---

347) "佛", 底本最初無, 後補.
348) "无", 庚本作"無".
349) "差", 丁本殘.
350) "母", 丁本殘.
351) "或", 底本最初無, 後補.
352) "无", 庚本作"無".
353) "見若", 底本最初無, 後補.
354) "故", 甲本無.
355) "遠", 庚本最初無, 後補.
356) "緣", 底本最初此下有"平等緣", 後刪.
357) "度", 丁本殘.
358) "體", 丁本作"躰".
359) "依", 底本最初此下有一字, 後被塗抹.
360) "體", 丁本作"躰".
361) "用", 丁本殘.
362) "薰習", 辛本無.

一者未相應. 謂凡夫二乘初[363]發意菩薩等以意[364]意[365]識薰習[366], 依信力故而脩[367]行. 未得无[368]分別心與體[369]相應故, 未得自在業脩行與用相應故.

二者已相應. 謂法[370]身菩薩得无[371]分別心與諸佛智用相應[372], 唯依法力, 自然脩[373]行, 薰習[374]眞如, 滅无[375]明故.

復次染法從无[376]始已來薰習不斷, 乃至得佛[377]後則有斷. 淨法薰習則无[378]有斷, 盡於未來. 此義[379]云何. 以眞如法常薰習故, 妄心則滅, 法身顯[380]現, 起用薰習, 故无[381]有斷.

復次眞如自體相者, 一切凡夫聲聞緣覺菩薩諸佛无[382]有增減, 非前際生, 非後際滅, 畢竟常恆, 從本已來性自滿足一切功德. 所謂自體[383]有大智慧[384]光明義故, 遍照法界義故, 眞實識知義故[385], 自性淸[386]淨心義故, 常樂我淨義故, 淸涼不變自在義故, 具足如是過於恆沙不離不斷不異不思議佛法, 乃至滿足无[387]有所少義故, 名爲如來藏[388], 亦名如來[389]法身.

---

363) "初", 丁本殘.
364) "菩薩等以意", 丁本最初無, 後補.
365) "意", 庚本作"々".
366) "習", 底本最初此下有一字, 後被塗抹.
367) "脩", 辛本作"修".
368) "无", 庚本作"無".
369) "體", 丁本殘.
370) "謂法", 丁本殘.
371) "无", 庚本作"無".
372) "應", 底本此下以朱筆補"故", 據甲本丁本庚本辛本刪.
373) "然脩", 丁本殘.
374) "習", 甲本最初無, 後補.
375) "无", 庚本作"無".
376) "无", 庚本作"無".
377) "佛", 底本最初此下有一字, 後被塗抹.
378) "无", 庚本作"無".
379) "此義", 丁本殘.
380) "顯", 庚本最初作"體", 後修正.
381) "无", 庚本作"無".
382) "无", 庚本作"無".
383) "體", 丁本作"躰".
384) "慧", 丁本作"惠".
385) "眞實識知義故", 辛本無.
386) "淸", 庚本最初無, 後補.

問曰. 上說眞如其體平等離一切相[390]. 云何復說體[391]有如是種種[392]功德

答曰. 雖實有此諸功德義, 而无[393]差別之相, 等同一味, 唯一眞如. 此義云何. 以无[394]分別離分別相, 是故无[395]二.

復[396]以何義得說差別. 以依業識生滅相示. 此云何[397]示. 以一切法本來唯心實无[398]於念而有妄心不覺起念見諸境界, 故說无[399]明. 心性不起卽是大[400]智慧[401]光明義故[402]. 若心起見, 則有不見之相. 心性離見卽是[403]遍照法界義故. 若心有動, 非眞識知[404], 无[405]有自性. 非常非樂非我非淨, 熱惱衰變, 則[406]不自[407]在, 乃至具有過恆沙等妄染之義. 對此義故, 心性无[408]動則有過恆沙等諸[409]淨功德相義示現. 若心有起更見前法可念者, 則有所少. 如是淨法无[410]量功德[411]卽是一[412]心, 更无[413]所念. 是故滿足. 名爲法身如來之藏.

---

387) "无", 庚本作"無".
388) "名爲如來藏", 辛本無.
389) "藏, 亦名如來", 辛本無.
390) "相", 甲本無.
391) "體", 丁本作"躰".
392) "種", 庚本作"々".
393) "无", 庚本作"無".
394) "无", 庚本作"無".
395) "无", 庚本作"無".
396) "復", 丁本此下有"次".
397) "云何", 庚本後補"々々".
398) "无", 庚本作"無".
399) "无", 庚本作"無".
400) "大", 甲本無.
401) "慧", 丁本作"惠".
402) "故", 庚本最初無, 後補.
403) "是", 庚本最初無, 後補.
404) "知", 丁本辛本作"智".
405) "无", 庚本作"無".
406) "變, 則", 丁本殘.
407) "自", 甲本最初作"具", 後修正.
408) "无", 庚本作"無".
409) "諸", 庚本最初無, 後補.
410) "无", 庚本作"無".
411) "德", 甲本無.

復次眞如用者, 所謂諸佛如來本在因地發大慈悲, 脩諸波羅蜜[414], 攝化衆生, 立大誓願, 盡欲度脫等衆生界, 亦不限劫數, 盡於未來. 以取一切衆生如己身故, 而亦不取衆生[415]相. 此以何義. 謂如實知一切衆生及與己身眞如平等. 以有如是大方便智, 除滅无[416]明, 見本法身, 自然而有不思議業. 種種[417]之用卽與眞如等遍一切處. 又亦无[418]有用相可得. 何以故. 謂[419]諸佛如來唯是法[420]身智相[421]之身, 第[422]一義諦无[423]有世諦境界, 離於施作. 但隨衆生見聞得益, 故說爲用. 此用有二種. 云何爲二.

一者依分別事識, 凡夫二乘心所見者, 名爲應身. 以不知轉識現故, 見從[424]外來, 取色分齊, 不能盡知故.

二者依於業識, 謂諸[425]菩薩從初發意乃至菩薩究竟[426]地心所見者, 名爲報[427]身. 身[428]有无[429]量色, 色[430]有无[431]量相, 相[432]有无[433]量好. 所住依果亦有无[434]量種種[435]莊嚴,

---

412) "一", 甲本此下有"念".
413) "无", 庚本作"無".
414) "蜜", 甲本作"密".
415) "生", 丁本此下有"之". 庚本最初無"之", 後補.
416) "无", 庚本作"無".
417) "種", 庚本作"々".
418) "无", 庚本作"無".
419) "謂", 底本此上以朱筆補"所", 據甲本丁本庚本辛本刪.
420) "法", 底本無, 據甲本丁本庚本辛本補.
421) "相", 甲本無.
422) "第", 丁本作"弟".
423) "无", 庚本作"無".
424) "從", 庚本最初此下有"來", 後刪.
425) "諸", 辛本此下有"佛".
426) "竟", 甲本作"境".
427) "報", 甲本無.
428) "身", 庚本作"々".
429) "无", 庚本作"無".
430) "色", 庚本作"々".
431) "无", 庚本作"無".
432) "相", 庚本作"々".
433) "无", 庚本作"無".
434) "无", 庚本作"無".
435) "種", 庚本作"々".

隨所示現. 卽无[436]有[437]邊, 不可窮盡, 離分齊相. 隨其所應, 常能住持, 不毁不失. 如是功德皆因諸波羅蜜[438]等无[439]漏行薫及不思議薫之所成就, 具足[440]无[441]量樂相. 故說爲報身[442].

又[443]凡夫所見者, 是其麤色, 隨於[444]六道, 各見不同, 種種[445]異類, 非受樂相. 故說爲應身[446].

復次[447]初發意菩薩所見者, 以深[448]信眞如法故[449], 少分而見. 知彼色相莊嚴等事无[450]來无[451]去離於分齊唯依心現不離眞如. 然此菩薩猶自分別. 已[452]未入法身位[453]故.

若得淨心, 所見微妙, 其[454]用轉勝, 乃至菩薩地盡, 見之究竟. 若離業識, 則无[455]見相. 以諸佛法身无[456]有彼此色相迭[457]相見故.

問曰. 若諸佛法身離於色相者, 云何能現色相.

答曰. 卽此法身是色體[458]故能現於色. 所謂從本已來色[459]心不二. 以色性卽智故, 色

436) "无", 庚本作"無".
437) "有", 庚本最初無, 後補.
438) "蜜", 甲本作"密".
439) "无", 庚本作"無".
440) "具足", 甲本此下有"具足".
441) "无", 庚本作"無".
442) "身", 甲本丁本無.
443) "又", 甲本丁本此下有"爲". 庚本此下後補"爲". 辛本此上有"復次".
444) "於", 庚本無.
445) "種", 庚本作"々".
446) "身", 丁本無.
447) "復次", 辛本無.
448) "深", 甲本作"染".
449) "法故", 辛本最初作"故法", 後修正.
450) "无", 庚本作"無".
451) "无", 庚本作"無".
452) "已", 丁本辛本作"以".
453) "位", 甲本作"住".
454) "其", 庚本最初此下有"相", 後刪.
455) "无", 庚本最初作"無", 後補"有".
456) "无", 庚本作"無".
457) "迭", 丁本作"第".
458) "體", 丁本作"躰".
459) "色", 庚本最初無, 後補.

體[460]无[461]形, 說名智身. 以智性卽色故, 說名法身遍一切處. 所現之色无[462]有分齊. 隨心能示十方世界无[463]量菩薩. 无[464]量報身无[465]量莊嚴各各[466]差別, 皆无[467]分齊, 而不相妨. 此非心識分別能知. 以眞如自在[468]用義[469]故.

復次顯示從生滅門[470]卽入眞如門. 所謂推求五陰, 色之與心[471]. 六塵境界畢竟无[472]念. 以心无[473]形相, 十方求之, 終不可得. 如人迷故謂東[474]爲西, 方實不轉, 衆生亦尒, 无[475]明迷故, 謂心爲念, 心實不動. 若能觀察[476]知心无[477]起, 卽得隨順入眞如門故.

對治耶[478]執者, 一切耶[479]執皆依我見. 若離於我, 則无[480]耶[481]執. 是我見有二種. 云何爲二.

一[482]者人[483]我見,

二者法我見.

人我見者, 依諸凡夫, 說有五種. 云何爲五.

---

460) "體", 丁本作"躰".
461) "无", 庚本作"無".
462) "无", 庚本作"無".
463) "无", 庚本作"無".
464) "无", 庚本作"無".
465) "无", 庚本作"無".
466) "各", 庚本作"々".
467) "无", 庚本作"無".
468) "在", 甲本此下有"作".
469) "用義", 庚本最初作"義用", 後修正.
470) "門", 庚本最初無, 後補.
471) "與心", 甲本作"心與".
472) "无", 庚本作"無".
473) "无", 庚本作"無".
474) "東", 庚本最初無, 後補.
475) "无", 庚本作"無".
476) "察", 甲本作"密".
477) "无", 庚本作"無".
478) "耶", 辛本作"邪".
479) "耶", 辛本作"邪".
480) "无", 庚本作"無".
481) "耶", 辛本作"邪".
482) "一", 庚本最初無, 後補.
483) "人", 庚本最初無, 後補.

一者聞『脩多羅』說「如來法身畢竟寂寞[484]，猶如虛空」，以不知爲破著故，卽謂虛空是如來性. 云何對治. 明虛空相是其妄法，體[485]无[486]不實，以對色故有. 是可見相見[487]心生滅. 以一切色法本來是心，實无[488]外色. 若无[489]色者，則无[490]虛空之相. 所謂一切境界唯心妄起故有. 若心離於妄動，則一切境界滅，唯一眞心无[491]所不遍. 此謂如來廣大性智究竟之義非如虛空相故.

二者聞『脩多羅』說「世間諸法畢竟體空，乃至涅槃眞如之法亦畢竟空. 從本已[492]來自空. 離一切相」，以不知爲破著故，卽謂眞如涅槃之性唯是其空. 云何對治. 明眞如法身自體[493]不空具足无[494]量性功德故.

三者聞『脩多羅』說「如來之藏无[495]有增減，體[496]備一切功[497]德之法」，以不解故，卽謂如來[498]之藏有色心法自相差別. 云何對治. 以[499]唯依眞如義說故. 因生滅[500]染義示現說[501]差別故.

四者聞『脩多羅』說「一切世間生死染法皆依如來藏而有. 一切諸法不離眞如」，以不解故，謂如來藏自體[502]具[503]有一切世間生死等法. 云何對治. 以如來藏從本已[504]來唯有過恒沙等諸

---

484) "寞"，甲本丁本庚本辛本作"漠".
485) "體"，丁本作"躰".
486) "无"，庚本作"無".
487) "見"，甲本丁本庚本辛本作"令".
488) "无"，庚本作"無".
489) "无"，甲本作"外"，丁本作"無外"，庚本最初作"無"，後補"外".
490) "无"，庚本作"無".
491) "无"，庚本作"無".
492) "已"，底本無，據甲本辛本補. 丁本作"以". 庚本最初無"已"，後補.
493) "體"，丁本作"躰".
494) "无"，庚本作"無".
495) "无"，庚本作"無".
496) "體"，丁本作"躰".
497) "切功"，庚本最初作"功切"，後修正.
498) "如來"，甲本最初作"來如"，後修正.
499) "以"，丁本無.
500) "滅"，丁本此下有"故".
501) "說"，辛本無.
502) "體"，丁本辛本作"躰".
503) "具"，庚本此下後補"足".

淨功德不離不斷不異眞如義故. 以過恆沙等煩惱染法唯是妄有性自本无[505]從无[506]始世[507]來未曾與如來藏相應故. 若如來藏體有妄法而使證會[508]永息妄者, 則无[509]是處[510].

五者聞『脩多羅』說「依如來藏故有生死, 依如來藏故得涅槃」, 以不解故, 謂衆生有始, 以見始[511]故, 復謂如來所得涅槃有其終盡還作衆生. 云何對治. 以如來藏无[512]前際故, 无[513]明之相亦无[514]有始. 若說「三界外更有衆生始起」者, 卽是外道經說. 又如來藏无[515]有後[516]際. 諸佛所得涅槃與之相應則无[517]後際故.

法我見者, 依二乘鈍根故, 如來但爲說人无[518]我. 以說不究竟, 見有五陰生滅之法, 怖畏生死, 妄取涅槃[519]. 云何對治. 以五陰法自性不生[520]則无[521]有滅本來涅槃故[522].

復次究竟離妄執者, 當知染法淨法皆悉相待, 无[523]有自相可說. 是故一切法從本已來非色非心, 非智非[524]識, 非[525]有非无[526], 畢竟不可說相. 而有言說者, 當知如來善巧方便假以言

504) "已", 庚本作"以".
505) "无", 庚本作"無".
506) "无", 甲本無, 庚本作"無".
507) "世", 庚本最初作其他字, 後修正.
508) "會", 庚本最初無, 後補.
509) "无", 庚本作"無".
510) "處", 辛本此下有"故".
511) "始", 庚本最初無, 後補.
512) "无", 庚本作"無".
513) "无", 庚本作"無".
514) "无", 庚本作"無".
515) "无", 庚本作"無".
516) "後", 甲本無.
517) "无", 庚本作"無".
518) "无", 庚本作"無".
519) "槃", 丁本作"盤".
520) "生", 甲本無.
521) "无", 庚本作"無".
522) "故", 甲本無.
523) "无", 庚本作"無".
524) "非", 庚本最初無, 後補.
525) "非", 庚本最初此上有"非", 後刪.
526) "无", 庚本作"無".

說引導[527]衆生. 其旨趣者, 皆爲離念歸於眞如. 以念一切法令心生滅不入實智故.

分別發趣道相者, 謂一切諸佛所證之道一切菩薩發心脩[528]行趣向義故. 略說發心有三種. 云何爲三.

一者信成就發心,

二者解行發心,

三者證發心.

信[529]成就發心者, 依何等人, 脩[530]何等行, 得信成就, 堪[531]能發心. 所謂依不定聚衆生, 有[532]薰習, 善根力故, 信業果報, 能起十善, 猒生死苦, 欲求无[533]上菩提, 得值諸佛, 親承供養, 脩行信心, 逕一[534]万[535]劫, 信心成就故, 諸佛菩薩教令發心, 或[536]以大悲故能自[537]發心, 或因正法欲滅, 以護法因緣[538], 能自發心. 如是信心成就得發心者, 入正定聚, 畢竟不退, 名住如來種中正因相應. 若有衆生善根微少久遠已來煩惱深厚, 雖值於佛亦得供養, 然起人天種子, 或起二乘種子. 設有求大乘者, 根則不定, 若進若退. 或有供養諸佛, 未逕一万劫, 於中遇緣, 亦有發心. 所謂見佛色[539]相而發其心, 或[540]因供養衆僧而發其心, 或因二乘之人教令發心, 或學他發心. 如是等發心悉皆不定. 遇惡[541]因緣, 或便退失, 墮二乘地.

---

527) "導", 甲本作"道".
528) "脩", 辛本作"修".
529) "信", 甲本無.
530) "脩", 辛本作"修".
531) "堪", 丁本作"勘".
532) "有", 甲本此上有"以".
533) "无", 庚本作"無".
534) "一", 庚本最初無, 後補.
535) "万", 辛本作"萬".
536) "或", 庚本作"惑".
537) "能自", 庚本最初作"自能", 後修正.
538) "緣", 庚本此下後補"故". 辛本此下有"故".
539) "色", 辛本無.
540) "以大悲故能自發心, 或因正法欲滅, 以護法因緣, 能自發心. 如是信心成就得發心者, 入正定聚, 畢竟不退, 名住如來種中正因相應. 若有衆生善根微少久遠已來煩惱深厚, 雖值於佛亦得供養, 然起人天種子, 或起二乘種子. 設有求大乘者, 根則不定, 若進若退. 或有供養諸佛, 未逕一萬劫, 於中遇緣, 亦有發心. 所謂見佛色相而發其心, 或", 丁本最初無, 後補"以大悲故能自發心, 或因正法欲滅, 以護法".
541) "惡", 丁本無.

復次信成就發心者, 發[542]何等心[543]. 略說有三種. 何等[544]爲三.

一者直[545]心. 正念眞如法故.

二者深心. 樂[546]集一切諸善行故.

三者大悲心. 欲拔一切衆生苦故.

問曰. 上說法界一相佛體[547]无[548]二. 何[549]故不[550]唯念眞如, 復假求學諸善之行.

答曰. 譬如大摩尼寶體[551]性明淨而有鑛穢之垢, 若人雖念寶性不以方便種種[552]磨[553]治, 終无[554]得[555]淨, 如是衆生眞如之法體[556]性空淨而有无[557]量煩惱染垢, 若人雖念眞如不以方便種種[558]薰脩, 亦无[559]得淨. 以垢无[560]量遍一切法, 故脩一切善行, 以爲對治. 若人脩行一切善法, 自然歸順眞如法故[561].

略說方便有四種. 云何爲四.

一者行根本方便. 謂觀一切法自性无[562]生, 離於妄見, 不住生死. 觀一切法因緣和合業果不失, 起於大悲, 脩諸福德, 攝[563]化衆生, 不住涅槃. 以隨順法性[564]无[565]住故.

---

542) "發", 甲本此下有"心".
543) "心", 甲本最初無, 後補.
544) "何等", 丁本作"云何".
545) "直", 庚本最初作"眞", 後修正.
546) "樂", 辛本無.
547) "體", 丁本作"躰".
548) "无", 庚本作"無".
549) "何", 庚本最初此下有"以", 後删.
550) "不", 甲本無.
551) "體", 丁本作"躰".
552) "種", 庚本作"々".
553) "磨", 丁本作"摩".
554) "无", 庚本作"無".
555) "得", 庚本最初無, 後補.
556) "體", 丁本作"躰".
557) "无", 庚本作"無".
558) "種", 庚本作"々".
559) "无", 庚本作"無".
560) "无", 庚本作"無".
561) "故", 辛本無.
562) "无", 庚本作"無".

二者能止方便. 謂慙[566]愧[567]悔過能止一切惡法令不[568]增長. 以隨[569]順法性離諸過故.

三者發起善根增長方便. 謂勤[570]供養禮拜三寶, 讚歎[571]隨喜勸請諸佛. 以愛敬三寶淳厚心故, 信得增長, 乃能志[572]求无[573]上[574]之道. 又因佛法僧力所護故, 能消業鄣[575], 善根不退. 以隨順法性離癡[576]鄣[577]故.

四者大願平等方便. 所謂發願[578]. 盡於未來, 化度一切衆生, 使无[579]有餘, 皆令究竟[580]无[581]餘涅槃. 以隨順法性无[582]斷絶故. 法性廣大, 遍一切衆生, 平等无[583]二, 不念彼此, 究竟寂[584]滅故.

菩薩發是心故, 則得[585]少分見於法身. 以見法身[586]故, 隨其願力, 能現八種, 利益衆生. 所謂從兜率天退, 入胎, 住胎, 出胎[587], 出家, 成道, 轉法輪[588], 入於涅槃. 然是菩薩未名法身. 以

---

563) "攝", 丁本殘.
564) "性", 辛本無.
565) "无", 庚本作"無".
566) "慙", 甲本作"慚", 丁本作"慚".
567) "愧", 辛本作"媿".
568) "令不", 甲本丁本作"不令".
569) "隨", 辛本無.
570) "勤", 丁本作"懃".
571) "歎", 丁本作"嘆".
572) "志", 底本作"悉", 據甲本丁本庚本辛本改.
573) "无", 庚本作"無".
574) "上", 丁本此下有"菩提".
575) "鄣", 丁本作"障".
576) "癡", 庚本最初無, 後補.
577) "鄣", 丁本辛本作"障".
578) "願", 丁本最初無, 後補.
579) "无", 丁本庚本作"無".
580) "竟", 甲本此下有"入".
581) "无", 庚本作"無".
582) "无", 庚本作"無".
583) "无", 庚本作"無".
584) "寂", 丁本作"家"
585) "得", 丁本無.
586) "法身", 庚本最初無, 後補.
587) "出胎", 甲本丁本無.

其過去无[589]量世來有漏之業未能決斷, 隨其所生, 與微苦相應. 亦非業繫. 以有大願自在力故. 如『脩多羅』中或說「有退[590]墮[591]惡趣」者, 非其實退. 但爲初學菩薩未入正位而懈怠者恐怖[592]勇猛故. 又是菩薩一發心後[593]遠離怯弱, 畢竟不畏墮[594]二乘地. 若聞无[595]量无[596]邊阿僧祇劫勤[597]苦難行乃得涅槃, 亦不怯弱. 以信知一切法從本已來自涅槃故.

解行發心者, 當知轉勝. 以是菩薩從初正信已來於第[598]一阿僧祇劫將欲滿[599]故, 於眞如法中, 深解現前, 所脩離相. 以知法性體[600]无[601]慳貪故, 隨順脩行檀波羅蜜[602]. 以知法性无[603]染離五欲過故, 隨順脩行尸波羅蜜[604]. 以知[605]法性无[606]苦離瞋惱故, 隨順脩行羼提波羅蜜[607]. 以知法性无[608]身心相離懈[609]怠[610]故, 隨順脩行毗梨[611]耶波羅蜜[612]. 以知法性常定體无[613]亂故, 隨順脩行禪波羅蜜[614]. 以知法性體[615]明離无[616]明故, 隨順脩[617]行般[618]

---

588) "輪", 丁本最初此下有"法輪", 後刪.
589) "无", 庚本作"無".
590) "退", 丁本此下有"惡道".
591) "墮", 甲本作"隨".
592) "怖", 辛本此下有"令".
593) "後", 庚本最初作"復", 後改作"得".
594) "墮", 底本作"隨", 據甲本丁本庚本辛本改.
595) "无", 庚本作"無".
596) "无", 甲本最初無, 後補. 庚本作"無".
597) "勤", 丁本作"懃".
598) "第", 丁本作"弟".
599) "滿", 庚本此下後補"足".
600) "體", 丁本作"躰".
601) "无", 庚本作"無".
602) "蜜", 甲本作"密".
603) "无", 庚本作"無".
604) "蜜", 甲本作"密".
605) "知", 丁本無.
606) "无", 庚本作"無".
607) "以知法性无苦離瞋惱故, 隨順脩行羼提波羅蜜", 甲本無.
608) "无", 庚本作"無".
609) "懈", 丁本辛本作"慢". 庚本最初作"慢", 後修正.
610) "怠", 甲本作"慢".
611) "梨", 庚本作"黎".
612) "蜜", 甲本作"密".

若波羅蜜[619].

證發心者, 從淨心地乃至菩薩究竟地. 證何境界. 所謂眞如. 以依轉識, 說爲境界. 而此證者, 无[620]有境界. 唯眞如智名爲法身[621]. 是菩薩於一念頃能至十方无[622]餘世界, 供養諸佛, 請轉法輪, 唯爲開導[623]利益衆生, 不依文字. 或示超地速成正覺. 以爲怯弱衆生故. 或說我於[624]无[625]量阿僧祇劫當成佛道. 以爲懈慢[626]衆生故. 能示如是无[627]數方便不可思議. 而實菩薩種性根等, 發心則[628]等, 所證亦[629]等, 无[630]有超過之法. 以一切菩薩皆逕三阿僧祇劫故. 但隨衆生世界不同, 所見所聞根欲性異, 故示所行亦有差別.

又是菩薩發心相者, 有三種心微細之相. 云何爲三.

一者眞心. 无[631]分別[632]故.

二者方便心. 自然遍行利益[633]衆生故.

三者業識心. 微細起滅故.

又是菩薩功德成滿, 於色究竟處, 示一切世間最高大身. 謂以一念相應慧[634], 无明頓盡, 名

---

613) "无", 庚本作"無".
614) "蜜", 甲本作"密".
615) "體", 丁本作"躰".
616) "无", 庚本作"無".
617) "脩", 辛本作"修".
618) "般", 底本作"槃", 據甲本丁本庚本辛本改.
619) "蜜", 甲本作"密".
620) "无", 庚本作"無".
621) "身", 庚本此下後補"然".
622) "无", 庚本作"無".
623) "導", 甲本丁本作"道".
624) "於", 甲本最初無, 後補.
625) "无", 庚本作"無".
626) "慢", 丁本作"怠", 庚本最初作"慢", 後改作"怠".
627) "无", 庚本作"無".
628) "則", 甲本無.
629) "亦", 甲本最初此上有一字, 後被塗抹.
630) "无", 庚本作"無".
631) "无", 庚本作"無". 庚本最初此下有"心", 後刪.
632) "別", 庚本最初無, 後補.
633) "益", 丁本無.

一切種智. 自然而有不思議業, 能現十方利益衆生.

問曰. 虛空无[635]邊故世界无[636]邊. 世界无[637]邊故衆生无[638]邊. 衆生[639]无[640]邊故心行差別亦復无[641]邊. 如是境界不可分齊, 難知難解[642]. 若无[643]明斷, 无[644]有心相[645]. 云何能了名一切種智.

答曰. 一切境界本來一心, 離於想念[646]. 以衆生妄見境界故, 心有[647]分齊. 以妄起[648]想[649]念不稱法性, 故不能了. 諸佛如來離於見想, 无[650]所不遍. 心眞實故即是諸法之性. 自體[651]顯照一切妄法[652], 有大智用, 无[653]量方便, 隨諸衆生所應得解, 皆能開示種種[654]法義. 是故得[655]名一切種智.

又問曰. 若諸佛有自然業能現一切處利益衆生者, 一切[656]衆生, 若見其身, 若覩神變, 若聞

---

634) "慧", 丁本作"惠".
635) "无", 庚本作"無".
636) "无", 庚本作"無".
637) "无", 庚本作"無".
638) "无", 庚本作"無".
639) "衆生", 甲本最初作"生衆", 後修正.
640) "无", 庚本作"無".
641) "无", 庚本作"無".
642) "難知難解", 丁本作"難解難知".
643) "无", 庚本作"無".
644) "无", 庚本作"無".
645) "相", 甲本丁本作"想".
646) "想念", 甲本作"相".
Cf. 「一切境界本來一心, 離想念」者, 唯眞識無妄想也. (慧遠, 『大乘起信論義疏』 권下之下. T44, 200b)
647) "故, 心有", 甲本最初作"有故心", 後修正.
648) "起", 甲本無.
Cf. 而凡夫人起妄心故「不稱法性」. (慧遠, 『大乘起信論義疏』 권下之下. T44, 200b)
649) "想", 丁本無.
650) "无", 庚本作"無".
651) "體", 丁本作"躰".
652) "法", 庚本最初無, 後補.
653) "无", 庚本作"無".
654) "種", 庚本作"々".
655) "得", 辛本無.
656) "切", 庚本最初無, 後補.

其說, 无[657]不得利. 云何世間多不能見.

答曰. 諸佛如來法身平等, 遍一切處, 无[658]有作意, 故說自然, 但依衆生心現. 衆生心者[659], 猶如於鏡. 鏡[660]若有垢, 色像不現, 如是衆生心若有垢, 法身[661]不現故.

已說解釋分. 次說脩[662]行信心分第四[663].

是中依未入正[664]定衆生故, 說脩[665]行信心. 何等信心, 云何脩[666]行. 略說信心有四種. 云何爲四.

一者信根本. 所謂樂念眞如法故.

二者信佛有无[667]量功德. 常念親近供養恭敬發起善根, 願求一切智故.

三者信法有大利益. 常念脩行諸波羅蜜[668]故.

四者信僧能正脩行自利利[669]他. 常樂親近諸菩薩衆[670], 求學如實行故.

脩[671]行有[672]五門, 能成此信. 云何爲五[673]. 一者施門, 二者戒門, 三者忍門, 四者進門, 五者止觀門.

云何脩[674]行施門. 若見一切[675]來求索者, 所有財物, 隨力施與. 以自捨慳貪, 令彼歡喜. 若

657) "无", 庚本作"無".
658) "无", 庚本作"無".
659) "心者", 丁本作"者心".
660) "鏡", 甲本庚本作"々", 丁本最初無, 後補"々".
661) "身", 庚本最初作其他字, 後修正.
662) "脩", 辛本作"修".
663) "第四", 丁本無.
664) "正", 庚本最初無, 後補.
665) "脩", 辛本作"修".
666) "脩", 辛本作"修".
667) "无", 庚本作"無".
668) "蜜", 甲本作"密".
669) "利", 庚本作"々".
670) "衆", 甲本作"衆生".
671) "脩", 辛本作"修".
672) "有", 庚本最初作"者", 後修正.
673) "五", 甲本最初此上有一字, 後被塗抹.
674) "脩", 辛本作"修".

見厄難恐怖危逼, 隨己堪任, 施與无[676]畏. 若有衆生來求法者, 隨己[677]能[678]解, 方便爲說. 不應貪求名利[679]恭敬. 唯念自利利[680]他廻向菩提故.

云何脩[681]行[682]戒門. 所[683]謂不煞不盜不婬不兩舌不惡口不妄言[684]不綺語, 遠離貪嫉欺詐諂曲瞋恚耶[685]見. 若出家者, 爲[686]折伏煩惱故, 亦應遠離憒鬧常處寂[687]靜脩[688]習少欲知足頭陁等行. 乃至小罪, 心生怖畏[689], 慙[690]愧改悔. 不得輕於如來所制禁戒. 當護譏嫌. 不令衆生妄起過罪故.

云何脩[691]行忍門. 所[692]謂應忍他人之惱, 心不懷報. 亦當忍於利衰毀譽[693]稱譏苦樂等法故.

云何脩[694]行進門. 所謂於諸善事, 心不懈[695]退. 立志堅強, 遠離怯弱. 當念過去久遠已來虛受一切身心大苦无[696]有利益. 是故應勤[697]脩[698]諸功德, 自利利[699]他, 速離衆苦.

---

675) "切", 丁本此下有"衆生".
676) "无", 庚本作"無".
677) "己", 甲本無.
678) "能", 甲本此下最初有"能", 後修正.
679) "利", 庚本作"聞".
680) "利", 庚本作"々".
681) "脩", 辛本作"修".
682) "行", 甲本最初無, 後補.
683) "所", 底本辛本無, 據甲本丁本補. 庚本最初無"所", 後補.
684) "言", 丁本作"語".
685) "耶", 辛本作"邪".
686) "爲", 甲本最初無, 後補.
687) "寂", 丁本作"家".
688) "脩", 辛本作"修".
689) "畏", 庚本最初無, 後補.
690) "慙", 丁本辛本作"慚".
691) "脩", 辛本作"修".
692) "所", 庚本無.
693) "譽", 甲本作"與".
694) "脩", 辛本作"修".
695) "懈", 丁本作"懈", 辛本此下有"怠".
696) "无", 庚本作"無".
697) "勤", 丁本庚本作"懃".
698) "脩", 辛本作"修".
699) "利", 庚本作"々".

復次若人雖脩行信心, 以[700]從先世[701]來多有重罪惡業鄣[702]故, 爲魔耶[703]諸鬼之所惱亂, 或爲世間事務種種[704]牽纏, 或爲病苦所惱, 有如是等衆多鄣礙[705], 是故應當勇猛精勤[706]晝夜六時禮拜諸佛誠心懺悔勸請隨喜廻向菩提. 常不休廢, 得免諸鄣[707], 善根增長故.

云何脩行止觀門. 所言止者, 謂[708]止一切境界相. 隨順奢摩他觀[709]義故. 所言觀者, 謂分別因緣生滅相. 隨順毗婆[710]舍那觀義故. 云何隨順. 以此二[711]義漸漸[712]脩習不相捨離雙現前故.

若脩止者, 住於靜[713]處, 端坐正意. 不依氣息, 不依形色, 不依於空, 不依地水火風, 乃至不依[714]見聞覺知. 一切諸想[715], 隨念皆除. 亦遣除想. 以一切法本來无[716]相[717], 念念[718]不生, 念念[719][720]不滅. 亦不得隨心外念境界. 後[721]以心除心. 心[722]若馳散, 即當攝來住於正念. 是正念者, 當知唯心无[723]外境界. 即復此心亦无[724]自相[725]. 念念[726]不可得. 若從座[727]起, 去

---

700) "以", 庚本最初無, 後補.
701) "世", 丁本此下有"以". 辛本此下有"已".
702) "鄣", 丁本庚本作"障".
703) "耶", 辛本作"邪".
704) "種", 庚本作"々".
705) "礙", 丁本作"㝵".
706) "勤", 丁本庚本作"懃".
707) "鄣", 丁本辛本作"障".
708) "謂", 甲本作"諸".
709) "觀", 甲本無.
710) "婆", 丁本作"摩".
711) "二", 丁本無.
712) "漸", 庚本作"々".
713) "靜", 底本作"淨", 據甲本丁本庚本辛本改.
714) "不依", 甲本無.
715) "想", 辛本作"相".
716) "无", 庚本作"無".
717) "相", 甲本丁本庚本辛本作"想".
718) "念", 庚本作"々".
719) "念", 庚本作"々".
720) "不生, 念念", 丁本最初無, 後補.
721) "後", 庚本辛本作"復".
722) "心", 庚本作"々".
723) "无", 庚本作"無".

來進止, 所作之事[728], 於[729]一切時[730], 常念方便, 隨順觀察. 久習淳熟, 其心得住. 以心住故, 漸漸[731]猛利, 隨順得入眞如三昧, 深[732]伏煩惱, 信心增長, 速成不退. 唯除疑惑[733]不信誹謗重罪業鄣[734]我慢懈[735]怠如是等人所不能入.

復次依是三昧故, 則知法界一相. 謂一切諸佛法身與衆生身平等无[736]二. 卽名一行三昧. 當知眞如是三昧根本. 若人脩行, 漸漸[737]能生无[738]量三昧. 或有[739]衆生, 无[740]善根力, 則爲諸魔外道鬼神所惑[741]. 若於座[742]中現形恐怖, 或現端正男女等相. 當念唯[743]心. 境界則滅, 終不[744]爲惱. 或現天像菩薩像[745], 亦作如來像相好具足, 若[746]說陁羅尼, 若說布施持戒忍辱精進禪定智慧[747], 或說平等空无[748]相无[749]願无[750]怨无[751]親无[752]因无[753]果畢竟空寂是眞

---

724) "无", 庚本作"無".
725) "相", 底本作"想", 據甲本丁本庚本辛本改.
726) "念", 庚本作"々".
727) "座", 丁本辛本作"坐".
728) "之事", 底本庚本辛本無, 據甲本丁本補.
729) "於", 庚本最初無, 後補.
730) "時", 庚本此下後補"一切處".
731) "漸", 庚本作"々".
732) "深", 甲本最初此下有"復", 後修正.
733) "惑", 庚本辛本作"或".
734) "鄣", 丁本作"障".
735) "懈", 丁本作"解".
736) "无", 庚本作"無".
737) "漸", 庚本作"々".
738) "无", 庚本作"無".
739) "有", 甲本無.
740) "无", 庚本作"無".
741) "所惑", 底本丁本無, 據甲本辛本補 (甲本作"所或"). 庚本最初無, 後補"之所惑亂".
742) "座", 丁本辛本作"坐".
743) "唯", 辛本作"惟".
744) "不", 甲本無.
745) "菩薩像", 甲本無.
746) "若", 庚本最初作"若", 後改作"爲".
747) "慧", 丁本作"惠".
748) "无", 庚本作"無".
749) "无", 丁本無. 庚本作"無".
750) "无", 庚本作"無".

涅槃, 或[754]令人[755]知[756]宿命過去之事亦知[757]未來之事. 得他心智辯[758]才无[759]礙[760], 能令衆生貪著世間名利之事. 又令使人數瞋數喜, 性无[761]常准. 或多慈愛, 多睡多病, 其心懈怠. 或卒起精進, 後便休廢. 生於不信多疑多慮. 或捨[762]本勝行, 更脩[763]雜業. 若[764]著世[765]事, 種種[766]牽纒. 亦能使人得諸三昧少分相似, 皆是外道所得, 非眞三昧. 或復令人若一日[767]若二日若三日乃至七日住於定中得[768]自然香美飮食身心適悅不飢不渴, 使人愛著. 或亦令人食无[769]分齊, 乍多乍少, 顔色變異. 以是義故, 行者常應智慧[770]觀察. 勿令此心墮於耶[771]網. 當勤[772]正念不取不著, 則能遠離是諸業[773]鄣[774]. 應知外道所有三昧皆[775]不離見愛我慢之心. 貪著世間名利恭敬故. 眞如三昧者, 不住見相, 不住得[776]相, 乃至出定亦无[777]懈慢. 所有煩惱

751) "无", 庚本作"無".
752) "无", 庚本作"無".
753) "无", 庚本作"無".
754) "或", 甲本此下有"亦".
755) "人", 甲本此下有"能".
756) "知", 丁本此下有"於".
757) "知", 甲本無.
758) "辯", 底本甲本作"辨", 據丁本庚本辛本改.
759) "无", 庚本作"無".
760) "礙", 丁本作"㝵".
761) "无", 庚本作"無".
762) "或捨", 甲本最初作"捨或", 後修正.
763) "脩", 辛本作"修".
764) "若", 底本無, 據甲本丁本庚本辛本補.
765) "世", 甲本最初此下有"間", 後修正.
766) "種", 庚本作"々".
767) "若一日", 甲本無.
768) "得", 甲本此下有"好".
769) "无", 庚本作"無".
770) "慧", 丁本作"惠".
771) "耶", 辛本作"邪".
772) "勤", 丁本庚本作"懃".
773) "業", 庚本最初無, 後補.
774) "鄣", 丁本作"障".
775) "皆", 甲本此下有"悉".
776) "得", 辛本此下有"一".
777) "无", 庚本作"無".

漸漸[778]微薄. 若諸凡夫不習此三昧法得入如來種性, 无[779]有是處. 以脩世間諸禪三昧多起味著[780]依於我見繫屬三界, 與外道共, 若離善知識所護, 則起外道見故.

復次精勤[781]專心脩[782]學此三昧者, 現世當得十種利益. 云何爲十.

一者常爲十方諸佛[783]菩薩之所護念.

二者不爲諸魔惡鬼所能恐怖.

三者不爲九十五種外道鬼神之所惑[784]亂.

四者遠離誹謗甚深之法, 重罪業鄣[785]漸漸[786]微[787]薄.

五者滅一切疑諸惡覺觀.

六者於如來境界, 信得增長.

七者遠離憂悔, 於生死中, 勇猛不怯[788].

八者其心柔和, 捨於憍慢, 不爲他人所惱.

九者雖未得定, 於一切時一切境界處, 則能減損煩惱[789], 不樂世間.

十者若得三昧, 不爲外緣一切音聲之所驚動.

復次若人唯脩於止, 則心[790]沈沒, 或起懈[791]怠, 不樂衆善, 遠離大悲. 是故脩觀. 脩習觀者, 當觀一切世間有爲之法无[792]得久停須臾變壞, 一切心行念念[793]生滅, 以是故苦. 應觀過去所

---

778) "漸", 庚本作"々".
779) "无", 庚本作"無".
780) "味著", 辛本最初作"著味", 後修正.
781) "勤", 丁本庚本作"懃".
782) "脩", 辛本作"修".
783) "諸佛", 辛本無.
784) "惑", 底本甲本丁本庚本作"或", 據辛本改.
785) "鄣", 丁本作"障".
786) "漸", 庚本作"々".
787) "微", 丁本無.
788) "怯", 甲本此下有"弱".
789) "煩惱", 丁本無.
790) "心", 庚本最初此下有一字, 後被塗抹.
791) "懈", 丁本作"懈"
792) "无", 庚本作"無".
793) "念", 庚本作"々".

念諸法恍忽如夢. 應觀現在所念諸法猶如電光. 應觀未來所念諸法猶如於雲忽尒而起. 應觀世間一切有[794]身悉皆不淨種種[795]穢汚无[796]一可樂[797]. 如是當念. 一切衆生從无[798]始世來皆因无[799]明所薰習故令心生滅, 已受一切身心大苦, 現在卽有无[800]量逼迫, 未來世[801]苦亦无[802]分齊, 難捨難離. 而不覺知. 衆生如是甚爲可愍. 作此思惟, 卽[803]應勇猛立大誓願. 願[804]令我心離分別[805]故遍於十方脩行一切諸善功德, 盡其未來, 以无[806]量方便, 救拔一切苦惱衆生, 令得涅槃第[807]一義樂. 以起如是願故, 於一切時一切處, 所有衆善, 隨己堪[808]能, 不捨脩[809]學[810], 心无[811]懈[812]怠. 唯[813]除[814]坐時專念於止[815], 若餘一切, 悉當觀察應作不應作. 若行若住若臥若起, 皆應止[816]觀俱行. 所謂雖[817]念諸法自性不生, 而復卽念因緣和合善惡之業苦樂等報不失不壞. 雖念因緣善惡業報[818], 而亦卽念性不可得.

794) "有", 辛本無.
795) "種", 庚本作"々".
796) "无", 丁本庚本作"無".
797) "樂", 辛本最初有一字, 後被塗抹.
798) "无", 庚本作"無".
799) "无", 丁本庚本作"無".
800) "无", 庚本作"無".
801) "世", 丁本作"所".
802) "无", 庚本最初無, 後補"無".
803) "卽", 庚本最初無, 後補.
804) "願", 丁本辛本無, 庚本作"々".
805) "別", 丁本最初無, 後補.
806) "无", 庚本作"無".
807) "第", 丁本作"弟".
808) "堪", 丁本作"勘", 庚本最初作"堪", 後改作"所".
809) "脩", 辛本作"修".
810) "學", 丁本作"覺".
811) "无", 庚本作"無".
812) "懈", 丁本作"懈".
813) "唯", 甲本作"惟".
814) "除", 庚本最初無, 後補.
815) "止", 庚本最初此下有"者", 後刪.
816) "止", 辛本作"上".
817) "雖", 丁本無.
818) "報", 丁本作"等", 辛本作"起".

若脩[819]止者, 對治凡夫住著世間, 能捨二乘怯弱之見. 若脩觀者, 對治二乘不起大悲狹[820]劣心過, 遠離凡夫不脩善根. 以此義故[821], 是止觀[822]門共相助成, 不相捨離. 若止觀不具, 則无[823]能入菩提之道.

復次衆生初學是法, 欲[824]求正信, 其心怯弱, 以住於此娑婆世界, 自畏不能常値諸佛親[825]承供養, 懼謂信心難可成就意欲退者, 當知如來有勝方便攝護信心. 謂以專意念佛因緣, 隨願得[826]生他方佛土, 常見於佛, 永離惡道. 如『脩多羅』說「若人專念西方極樂世界阿彌陁佛所脩[827]善根廻向[828]願求生彼世界, 即得往生, 常見佛故, 終无[829]有退」. 若觀彼佛眞如法身常勤[830]脩[831]習, 畢竟得生, 住正定故.

已說脩[832]行信心分. 次說勸脩[833]利益分第五[834].

如是[835]摩訶衍, 諸佛祕藏, 我已揔說. 若有衆生欲於如來甚深境界得生正信遠離誹謗入大乘道, 當持此論思量脩[836]習. 究竟能至无[837]上之道. 若人聞是法已不生怯弱, 當知此人定紹佛種必爲諸佛之所授記. 假使有人能化三千大千世界滿中衆生令行十善, 不如有人於一[838]食頃

819) "脩", 辛本作"修".
820) "狹", 丁本作"俠".
821) "故", 庚本此下後補"如".
822) "觀", 庚本此下後補"二".
823) "无", 庚本作"無".
824) "欲", 甲本無.
825) "佛親", 庚本最初作"親佛", 後修正.
826) "得", 辛本作"德".
827) "脩", 辛本作"修".
828) "向", 庚本最初無, 後補.
829) "无", 庚本作"無".
830) "勤", 丁本作"懃".
831) "脩", 辛本作"修".
832) "脩", 辛本作"修".
833) "脩", 辛本作"修".
834) "第五", 丁本無.
835) "是", 庚本最初無, 後補.
836) "脩", 辛本作"修".
837) "无", 庚本作"無".
838) "一", 庚本最初無, 後補.

正思此法, 過前功德, 不可爲喩.

復次若人受持此論觀察脩行, 若[839]一日一夜, 所有功德无[840]量无[841]邊, 不可得說. 假令十方一切諸佛各於无[842]量无[843]邊阿僧祇劫歎[844]其功德, 亦不能盡. 何以故. 謂法性功德无[845]有盡故. 此人功德亦復如是无[846]有邊際. 其有衆生於此論中毁謗不信, 所獲罪報逕无[847]量劫, 受大苦惱. 是故衆生但應仰信, 不應誹謗. 以深自害亦害他人[848], 斷絶一切三寶之種. 以一切如來皆依此法得涅槃故. 一切菩薩因[849]之脩行入佛智[850]故. 當知過去菩薩已依此法[851]得[852]成淨信, 現在菩薩今[853]依此法[854]得成淨信, 未來[855]菩薩當依此法得成淨信. 是故衆生應勤[856]脩[857]學.

諸佛甚深廣大義 我今隨分揔持說
廻此功德如法性 普利一切衆生界

大乘起信論一卷[858]

---

839) "若", 辛本最初無, 後補.
840) "无", 庚本作"無".
841) "无", 庚本作"無".
842) "无", 庚本作"無".
843) "无", 庚本作"無".
844) "歎", 丁本作"嘆".
845) "无", 庚本作"無".
846) "无", 庚本作"無".
847) "无", 庚本作"無".
848) "害他人", 甲本作"空於他".
849) "因", 丁本殘.
850) "智", 庚本此下後補"慧".
851) "得涅槃故. 一切菩薩因之脩行入佛智故. 當知過去菩薩已依此法", 辛本無.
852) "得", 丁本無.
853) "今", 甲本作"令".
854) "法", 丁本無.
855) "來", 底本最初無, 後補.
856) "勤", 丁本作"懃".
857) "脩", 辛本作"修".
858) "一卷", 丁本作"卷". 丁本此下有"天寶二年八月十三日超俗寺僧靈暉寫". 庚本此下有"比丘法明".

제2장

북조기 한문불교문헌 대조 『대승기신론』

제2장

북조기 한문불교문헌 대조 『대승기신론』

제1장에서는 돈황사본을 사용하여 『대승기신론』의 본문을 교정하고, 『대승기신론』의 고형古形을 밝혔다.

제2장에서는 교정된 『대승기신론』의 본문과 북조기 존재했던 한문불교문헌을 현대어역과 함께 대조하고, 『대승기신론』이 북조기에 존재했던 한문불교문헌을 소재로 하고 있다는 것, 혹은 적어도 그것과 병행하고 있다는 것을 밝히고자 한다.

『대승기신론』의 소재가 되는 불교문헌에 대해서는 예부터 다양한 이들이 다양한 발언을 했지만, 본 장에서는 이를 논의하지도, 비판하지도 않는다.

『대승기신론』의 본문에 대해서는 제1장에서 교정된 본문에서 이체자, 속자, 통가자通假字를 현행자로 바꾼다.

『대승기신론』의 현대어역에 대해서는 이하의 것을 전체에 걸쳐 기준으로 한다.

"A謂B故"라는 구문에 관하여

이미 다카사키 지키도가 『대승기신론』의 어법과 늑나마제勒那摩提 역 『구경일승보성론究竟一乘寶性論』의 어법의 현저한 일치에 기반해 지적한 것으로(高崎直道[1993b]), 『대승기신론』에서 "A謂B故"라는 구문(문구의 "謂" 대신 "所謂"도 사용된다)은 『구경일승보성론』을 참고하는 한, 우선 범어의 "A yat B"라는 구문에 해당한다고 생각된다. 예를 들어 『구경일승보성론』에 다음과 같이 되어 있다. (번역은 범문에서)

여기에서, 유구진여有垢眞如란 여래장如來藏이라 불린다. 번뇌의 껍질을 벗어나지 않고 있는 [佛]性인 것이다.

tatra samalā tathatā yo dhātur avinirmuktakleśakośas tathāgatagarbha ity ucyate. (RGV 21, 8)

眞如有雜垢者, 謂眞如佛性未離諸煩惱所纏如來藏故. (권2. T31, 827a)

다만 동론에서 범문에 "yat"가 없다 해도, 한역에서 "A謂B故"라는 구문을 사용하는 경우도 많다.

본 장에서 필자는 이 구문을 "A란, 즉 B라는 뜻이다"라고 번역하고자 한다.

"依A[故], 說B[故]"라는 구문에 관하여

이 또한 이미 다카사키 지키도가 지적한 것인데(高崎直道[1993b]), 『대승기신론』에서 "依A [故], 說B [故] "라는 구문(문구의 "說" 대신 "顯示"도 사용된다)은 『구경일승보성론』을 참고하는 한 범문의 "A adhikṛtya B ity deśitam" "A adhikṛtyāha B iti" "A abhisaṃdhāyoktam B iti"와 같은 구문에 해당한다고 생각된다. 예를 들어 『구경일승보성론』에 다음과 같이 되어 있다. (번역은 범문에서)

다름 아닌 여래장을 염두에 두고, 세존에 의해, "[여래장의] 전제前際는 알려지지 않았다"고 설해지고 보여진다.

yat tathāgatagarbham evādhikṛtya bhagavatā pūrvakoṭir na prajñāyata iti deśitaṃ prajñaptam. (RGV 72, 15-16)

諸佛如來, 依如來藏, 說「衆生無始, 本際不可得知」故.(권4, T31, 839a)

그것을 염두에 두고, "그 때문에, 세존이시어, 유위有爲의 윤회도 무위無爲의 윤회도 있습니다. 유위의 열반도 무위의 열반도 있습니다"라고 말해진다.

yad adhikṛtyāha. tasmād bhagavann asti saṃskṛto 'py asaṃskṛto 'pi saṃsāraḥ. asti saṃskṛtam apy asaṃskṛtam api nirvāṇam iti (RGV 50, 10-11)

依此義故,『聖者勝鬘經』言「世尊, 有有爲世間, 有無爲世間. 世尊, 有有爲涅槃, 有無爲涅槃」故. (권3. T31, 834bc)

본 장에서 필자는 이 구문을 “A를 염두에 두고, B라 설함(혹은 설해짐)”이라고 번역하고자 한다.

접미사로서의 “相”에 관하여

남북조시대의 한역에서는 “相”이라는 단어가 종종 범어에서 추상명사의 접미사 tā나 tva의 번역으로 사용된다. 예를 들어 보리유지菩提流支 역『십지경론十地經論』에 다음과 같이 되어 있다. (번역은 범문에서)

그는 중생들의 마음이 갖가지라는 것을 있는 그대로 안다. 마음이 갖가지라는 것, 마음이 찰나에 빠르게 변하고, 멸하며, 멸하지 않는 것, 마음에 본체가 없다는 것, 마음이 무변하며 모든 것에 대해 무량하다는 것, 마음이 환히 빛난다는 것, 마음이 잡염雜染이라는 것, 혹은 잡염이 아닌 것, 마음에 속박과 해탈이 있다는 것, 마음이 환상과 같이 변환變幻한다는 것, 마음이 취趣에 따라 현전한다는 것, 마침내, 복수의, 마음의 갖가지 것 백천을 있는 그대로 안다.

sa sattvānāṃ cittavaimātratāṃ (corr. : cittamātratāṃ) ca yathābhūtaṃ prajānāti. cittavicitratāṃ ca cittakṣaṇalaghuparivartabhaṅgābhaṅgatāṃ ca cittāśarīratāṃ ca cittānantyasarvataḥprabhūtatāṃ ca cittaprabhāsvaratāṃ ca cittasaṃkleśaniḥkleśatāṃ ca cittabandhavimokṣatāṃ (corr. : cittavaṃdhavimokṣatāṃ) ca cittamāyāviṭhapanatāṃ ca cittayathāgatipratyupasthānatāṃ ca yāvad anekāni cittanānātvasahasrāṇi yathābhūtaṃ prajānāti. (DBhS 156, 15-157, 2)

是菩薩如實知衆生諸心種種相. 心雜相, 心輕轉生不生相, 心無形相, 心無邊一切處衆多相, 心淸淨相, 心染不染相, 心縛解相, 心幻起相, 心隨道生相, 乃至無量百千種種心

差別相, 皆如實知. (권11. T26, 187a)

이러한 "相"은 추상명사의 접미사 tā나 tva의 번역에 지나지 않는다. 이러한 "相"을 '특징' 등으로 이해한다면 오히려 의미를 훼손하게 된다.

어떤 경우에는 tā나 tva의 번역이 아님에도 명사임을 분명히 표시하기 위한 접미사로서 사용되기도 한다. 예를 들어 보리유지 역 『십지경론』에 다음과 같이 되어 있다. (번역은 범문에서)

의무애해義無礙解에 의해, 제법諸法이 생멸하고 있는 것임을 안다.

arthapratisaṃvidā udayāstaṃgamanaṃ dharmāṇāṃ prajānāti. (DBhS 161, 4-5)

以義無礙智, 知諸法生滅相. (권11. T26, 190b)

이 "相"은 "생멸"이 동사가 아니라 명사임을 표시하기 위한 접미사에 지나지 않는다 이 "相"을 '특징' 등으로 이해한다면 역시 오히려 의미를 훼손하게 된다.

이상과 같은 "相"은 『대승기신론』에서도 많이 사용되고 있다. 예를 들어 "心眞如相" "心生滅因緣相"이라는 경우의 "相"이 그것이다. 그와 같은 "相"을 "體, 相, 用"이라는 3개조의 "相"과 혼동해서는 안 된다.

본 장에서, 필자는 접미사로서의 "相"을 "[○○인] 것", "[○○하고 있는] 것", "[○○라는] 것" 등으로 번역하고자 한다. "體, 相, 用"이라는 3개조 중 "相"에 대해서는 "相('모습')"으로 표기한다.

북조기 존재했던 한문불전문헌의 현대어역에 대해서는 그러한 문헌에 병행하는 범문이나 티베트역이 있는 한, 범문이나 티베트역을 통해 번역을 제시하고자 한다. 범문에서의 번역은 【梵】, 티베트역에서의 번역은 【藏】, 빠알리어로부터의 번역은 【巴】로 표기한다.

◆◆◆

[목차]

◆◆◆

[歸敬偈]

大乘起信論一卷 馬鳴菩薩作	북조기 한문불교문헌
歸命盡十方 最勝業遍知 **色無礙自在 救世大悲者** 모든 방향에 계시고, 가장 탁월한 業을 지니셨으며, 완전히 깨달으신, 色('물질')에 대해 걸림 없이 자재하신, 세상을 구원하시는 大悲하신 분들(諸佛)과 —	**敬禮無邊際 去來現在佛** **等空不動智 救世大悲尊** (吉迦夜共曇曜 譯『付法藏因緣傳』권1. T50, 297a. 傳 鳩摩羅什 譯『發菩提心經論』권上. T32, 508c) 제한 없는, 과거와 미래와 현재의 諸佛이 계시는, 마치 허공처럼 움직이지 않는 지혜를 가지고 계신, 세상을 구원하시는 大悲하신 분에게 예를 올립니다. **正遍知.** (菩提流支 譯『金剛般若波羅蜜經論』권上. T25, 781b) samyaksaṃbuddha. (VChPP 28, 1-2) 【梵】 올바르게 완전히 깨달은 자(正等覺者). ※ 元魏 漢譯에서의 표준역. 타경론에도 용례 다수.
及彼身體相 法性眞如海 **無量功德藏 如實修行等** 그분들의 몸에 있어 體相('본체')이며, 무량한 공덕의 창고이며, 바다와 같은 法性인 眞如와, 있는 그대로 수행하는 분들(諸菩薩)에게 예를 돌립니다.	※ "體相"은 "體"와 "相" 둘이 아니라 "體"의 동의어. 뒷부분(Ⅲ.1.2.4)에서 "自體相熏習", "用熏習"이 다시 "體用熏習"으로 묶이는 것을 보라. **遍照諸衆生 有佛妙法身** **無垢功德藏 如我身無異** (勒那摩提 譯『究竟一乘寶性論』권4. T31, 845c) buddhatvaṃ sarvasattve vimalaguṇanidhiṃ nirviśiṣṭaṃ vilokya. (RGV 98, 10) 【梵】 부처라는 것이 모든 중생의 안에 더러움을 벗어난 공덕 창고로서, 구별없는 것을 관찰한 후 〔……〕
爲欲令衆生 除疑捨邪執 **起大乘正信 佛種不斷故** 중생의 의심을 제거하고, 삿된 집착을 버리게 하며 大乘에 대한 올바른 믿음(완전한 믿음)을 깨우게 하니, 부처의 種姓을 단절하지 않도록 하고자 하기 때문입니다.	**若有聲聞於大乘中所有疑心, 爲除彼疑故. 若有不定, 助成正信.** (菩提流支 譯『大寶積經論』권1. T26, 204c) nyan thos theg pa chen po la the tshom za ba rnams kyi the tshom bsal ba dang | ma nges pa rnams yid ches par bya ba dang | (CKP 9)

【藏】 大乘에 대해 의심을 품고 있는 **聲聞**들의 의심을 제거하는 것과, **不定[種姓]**인 자들에게 [大乘을] 신뢰하게 하는 것과.

邪執. (菩提流支 譯『十地經論』 권1. T26, 125b)
phas kyi rgol ba. (P no. 5494, Ngi 135b2)
【藏】 대론자(*parapravādin)

佛種不斷. (菩提流支 譯『十地經論』 권2. T26, 135c)
sangs rgyas kyi rigs las yongs su mi nyams. (P no. 5494, Ngi 167b1-2)
【藏】 **佛種姓**을 파괴하지 않는.

論曰. 有法能起摩訶衍信根. 是故應說. 說有五分. 云何爲五.
一者因緣分,
二者立義分,
三者解釋分,
四者修行信心分,
五者勸修利益分.

이하, 논서의 문구. 대승에 대한 **信根**(śraddhendriya)을 일으킬 수 있는 **法**이 있다. 그 때문에 [이 **法**이] 설해져야 한다. 설하는 것에 다섯 부분이 있다. "다섯 가지는 무엇인가"라고 한다면,
첫째는 이유 부분,
둘째는 주장 부분,
셋째는 [주장의] 해설 부분,
넷째는 믿음의 수행 부분,
다섯째는 수행의 권유와 [수행의] 이익 부분이다.

[Ⅰ 因緣分]

大乘起信論一卷 馬鳴菩薩作	북조기 한문불교문헌
初說因緣分第一. 먼저 이유 부분을 설하고자 한다.	
問曰. 有何因緣而造此論. 答曰. 是因緣有八種. 云何爲八. 질문. 어떠한 이유가 있어 이 論을 지었는가. 대답. 그 이유는 여덟 가지이다. "여덟 가지란 무엇인가"라 말한다면,	
一者因緣總相. 所謂爲令衆生離一切苦得究竟樂, 非求世間名利恭敬故. 첫째는 이유의 근간 부분이다. 즉, 중생으로 하여금 모든 苦를 떠나게 하고, 지고의 樂을 얻게 하기 위함이지 [나 자신이] 세간적인 명성과 이익과 존경을 추구하기 위함은 아니다라는 것이다.	是故阿羅漢無究竟樂. (求那跋陀羅 譯 『勝鬘師子吼一乘大方便方廣經』. T12, 219b. [勒那摩提 譯 『究竟一乘寶性論』 권2. T31, 826b]) tasmāt te 'pi nātyantasukhaniḥsaraṇam adhigatāḥ. (RGV 19, 10) 【梵】 그 때문에, 저들(아라한들)도 역시 지고의 樂이라는 귀의처를 증득한 자들은 아닙니다. 名聞利養恭敬. (菩提流支 譯 『大寶積經論』 권1. T26, 206c) lābhasatkāraśloka. (KP § 2) 【梵】 이득과 존경과 명성. 我不爲自現 莊嚴於文辭 亦不貪利養 而造於此論 (鳩摩羅什 譯 『十住毘婆沙論』 권1. T26, 22a) 나는 나 자신을 돋보이기 위해 말을 꾸며대는 것이 아니며, 이득을 추구하기 위해 論을 짓는 것도 아니다.
二者爲欲解釋如來根本之義令諸衆生正解不謬故. 둘째는 如來의 근본적 주장을 해설하여 중생들에게 오류 없이 올바르게 이해하게 하기를 바라기 때문이다.	
三者爲令善根成熟衆生於摩訶衍法堪任不退信故. 셋째는 善根이 성숙한 중생을 大乘이라는 法에 대해 물러나지 않을 수 있도록 하기	須菩提, 已於無量百千萬諸佛所修行供養, 無量百千萬諸佛所種諸善根, 聞是修多羅, 乃至一念能生淨信. (菩提流支 譯 『金剛般若波羅蜜經論』 권上. T25, 783a)

위함이다.

api tu khalu punaḥ subhūte anekabuddha-śatasahasraparyupāsitā anekabuddhaśata-sahasrāvaropitakuśalamūlās te bodhisattvā mahāsattvā bhaviṣyanti, ya imeṣv evaṃ-rūpeṣu sūtrāntapadeṣu bhāṣyamāṇeṣu eka-citta prasādam api pratilapsyante.
(VChPP 31, 6-10)

【梵】 그러나 또한, 수보리여, 이러한, 이와 같은 방식의 경전의 구절들이 설해질 때에, 단 한 번만이라도 마음을 고요하고 깨끗하게 함을 얻은 이들, 저 모든 菩薩摩訶薩은 많은 백천의 諸佛을 섬긴 적이 있는 자, 많은 백천의 諸佛 아래 善根을 심은 적이 있는 자일 것이다.

[※ 윗 구절에 대한 주석]

然此一念信, 決定不退, 無有疑濁, 尙得名爲「淨信」. 況多時也.
(菩提流支 譯『金剛仙論』 권3. T25, 813a)

그런데 이 일순간의 믿음은 결정적으로 물러서지 않는 것, 의심이라는 탁함이 없는 것이므로 [비록 일순간이라 하더라도] 역시 "깨끗한 믿음(淨信)"이라고 불리는 것이다. 하물며 장시간[의 믿음]에 대해서는 [이것이 "淨信"이라 불린다는 것을] 말할 것도 없다.

四者爲令善根微少衆生修習信心故.

넷째는 善根이 부족한 중생에게 믿음을 修習하도록 하기 위함이다.

於三乘中, 未曾修習一乘信心.
(勒那摩提 譯『究竟一乘寶性論』 권3. T31, 831ab)

trayāṇām anyatamadharmādhimuktiṃ na samudānayati. (RGV 36, 13-14)

【梵】 [聲聞乘, 獨覺乘, 大乘이라는] 세 가지 중 어느 하나의 法에 대한 勝解를 일으키지 않는다.

五者爲示方便消惡業障善護其心遠離癡慢出邪網故.

다섯째는 加行('대처')에 의해 악한 業障을 소거하고, 마음을 잘 보호하며, 어리석음과 교만에서 떠나고, 삿된 그물에서 벗어

癡慢. (毘目智仙共般若流支 譯『聖善住意天子所問經』 권中. T12, 122a)

gti mug nga rgyal. (P no.760 [36], Zi 321a1)

【藏】 어리석음(癡, *moha)과 교만(慢, *māna).

남을 보여주기 위함이다. ※ 역자 주: "대처"에 대한 저자의 일본어 원역은 "取り組み(활동, 대처)"로, 본래 산스크리트어 prayoga를 기계적으로 번역한 것이다. 통상적으로 prayoga는 "가행(加行)" 혹은 그 의미를 살려 "준비 단계의 수행"이라고 번역되지만, 본서의 맥락에서는 개별적 사태에 대한 대응이라는 의미가 반영되어 있기 때문에 일본어를 중역한 용어를 그대로 사용하였다. 또한 "取り組み"에 대한 번역은 저자의 확인을 받은 것이다.	
六者爲示修習止觀對治凡夫二乘心過故. 여섯째는 **止觀**의 **修習**에 따라 범부의 **心**과 **二乘**의 **心**이라는 과오를 대치함을 보여주기 위함이다.	
七者爲示專念方便生於佛前必定不退信心故. 일곱째는 [**無量壽佛**에] **專念**한다는 **方便**('수단')에 의해 [**無量壽**]**佛** 앞에 태어나 확정적으로 믿음에서 물러나지 않음을 보여주기 위함이다.	**一向專念無量壽佛.** (康僧鎧譯『佛說無量壽經』 권下. T12, 272b) taṃ tathāgataṃ punaḥ punar ākārato manasīkariṣyanti. (SV 42, 9-10) 【**梵**】 저 여래를, 자주, **行相**으로서 **作意**하였다고 한다. **是故, 若諸佛所說有易行道疾得至阿惟越致地方便者, 願爲說之.** (鳩摩羅什 譯『十住毘婆沙論』 권5, 「易行品」. T26, 41a) 그 때문에, 만약 **諸佛**께서 설하신 것 중에 [깨달음에 대해] 물러남이 없는 단계를 속히 얻기 위한 **方便**('수단')인, **易行道**('쉬운 수행도')가 있다면, 그것을 설해주시기 바랍니다.
八者爲示利益勸修行故. 여덟째는 [수행의] 이익과 수행의 권유를 보여주기 위함이다.	
有如是等因緣. 所以造論. 이와 같은 이유가 있다. 때문에 **論**을 지은 것이다.	
問曰. 修多羅中具有此法. 何須重說. **答曰. 修多羅中雖有此法以衆生根行不等受解緣別.**	**根行稠林.** (菩提流支 譯『十地經論』 권11. T26, 186c) dbang po rnams kyi rgyu ba thibs po

<table>
<tr>
<td>질문. 경전 중에 이 法(大乘에 대한 信根을 일으킬 수 있는 法)이 있다. 어째서 수고로이 설할 필요가 있는가.
대답. 경전 중에 이 法이 있다고 해도, 중생의 소질의 활동이 같지 않은 탓에 [중생이] 받아들이고 이해하기 위한 緣은 갖가지이기 때문이다.</td>
<td>(P no. 5494, Ngi 297a1)
【藏】 여러 소질의 활동이라는 密林(*indriyagahanopacāra).</td>
</tr>
<tr>
<td>所謂如來在世, 衆生利根, 能說之人色心業勝, 圓音一演, 異類等解, 則不須論.
즉, 여래께서 세상에 계실 적에는 [듣는 쪽인] 중생은 소질이 날카롭고 설하는 쪽[인 부처께서]는 色과 心의 작용이 뛰어나기 때문에, [부처께서] 완전무결한 음성으로 한 번 연설하시면, 다른 生類들이 동등하게 이해하므로 論을 필요로 하지 않았다.</td>
<td>復次佛在世時, 衆生利根, 易悟.
(鳩摩羅什 譯『大智度論』 권88. T25, 681b)
그리고 다음으로, 부처께서 세상에 계실 적에는 중생의 소질이 날카로워 쉽게 깨달았다.

故第四次明能說之人. 是佛婆伽婆所說故, 所以可信也. (菩提流支 譯『金剛仙論』 권1. T25, 800c)
그러므로 넷째, 다음으로 설하는 쪽[인 부처]를 밝힌다. 佛世尊께서 설하신 바이기 때문에, 그 때문에, 믿을 수 있는 것이다.

佛以一音演說法 衆生隨類各得解
(鳩摩羅什 譯『維摩詰所說經』 권上. T14, 538a)
ekāṃ ca vācaṃ bhagavān pramuñcase nānārutaṃ ca pariṣad vijānati |
(VKN 7, 5-6)
【梵】 세존께서 한 말씀을 내놓으시니, 會衆은 다양한 목소리를 인식한다.</td>
</tr>
<tr>
<td>若如來滅後, 或有衆生, 能以自力廣聞而取解者.
여래께서 般涅槃하신 후에는 스스로의 힘에 의해 자세히 들은 다음에 비로소 이해할 수 있는 중생도 있다.</td>
<td></td>
</tr>
<tr>
<td>或有衆生, 亦以自力少聞而多解者.
역시 자신의 힘에 의해 적게 듣고도 많이 이해하는 중생도 있다.</td>
<td>爲菩薩衆不廣說法. 何以故. 彼衆一切少聞多解. 以利根故. (般若流支 譯『奮迅王問經』 권下. T13, 948a)
de dag la gtam rgyas par bya yang mi dgos te | de dag ni zur tsam gyis go zhing dbang po rno ba sha stag go || (P no. 834, Phu 220b6)
【藏】 또한, 저들에게는 말을 많이 할 필요가 없으니, 저들이 바로 대강만으로도 이해하고 소질이 날카로운 이들이다.</td>
</tr>
</table>

或有衆生, 無自心力, 因於廣論而得解者. 자신의 마음에 힘이 없는 탓에, 자세한 論에 의해서야 비로소 이해할 수 있는 중생도 있다.	
自有衆生, 復以廣論文多爲煩, 心樂總持少文而攝多義, 能取解者. 如是此論爲欲總攝如來廣大深法無邊義故. 應說此論. 또한 자세한 論에 문장이 많은 것을 번거롭게 여기고, 비록 적은 글이라도 많은 내용을 담고 있는 總持(陀羅尼)를 마음속으로 즐기고 이해할 수 있는 중생도 있다. 이리하여 이 論은 여래의 광대하고 심원한 법의 무한한 내용을 포섭하기 위한 것이다. 이 論이 설해져야 한다.	**何故偈頌請. <u>少字攝多義</u>故. 諸讚歎者多以偈頌故.** (菩提流支 譯『十地經論』 권1. T26, 127c) ci'i phyir tshigs su bcad pa'i dbyangs kho na zhe na | yi ge nyung ngu dag gis don mang du bsdu ba'i phyir dang | bstod pa dag ni phal cher tshigs su bcad de byed pa'i phyir ro || (P no. 5494, Ngi 144a2-3) 【藏】 "어째서 게송의 소리만인가"라고 말한다면, 작은 음절 안에 많은 내용이 포함되기 때문에, 또한, 게송을 짓는 이들은 대부분 이 게를 만들었기 때문이다. **總攝.** (勒那摩提 譯『究竟一乘寶性論』 권1, 권2. T31, 821b; 827c) saṃgraha. (RGV 3, 10; 25, 6) 【梵】 포섭. **是時雖近正法之末, 而人心猶得. 目擊之勢不足, 而文言之悟有餘. 馬鳴所以略煩文於理外, 簡華辭於意表.** (寫本『馬鳴菩薩傳』. (落合俊典 [編] [2000: 269]) [마명이 여러 논서를 지었던] 이때는 正法期의 끝에 가까웠지만, 사람들의 마음은 아직 정직하였다. [釋尊을] 눈으로 뵈었을 때의 기세는 부족했지만, 말에 의해 깨달은 사례는 얼마든지 있었다. 마명은, 그렇기 때문에 진리 외에는 번잡한 문구를 생략하고, 文意 외에는 화려한 표현을 제거하였던 것이다.

[Ⅱ 立義分]

大乘起信論一卷 馬鳴菩薩作	북조기 한문불교문헌
已說因緣分. 次說立義分第二. 이유 부분을 다 설하였다. 다음으로 주장 부분을 설하겠다.	※ "已說○○分. 次說○○分"이라는 표현은 菩提流支 譯『十地經論』에 자주 나타나지만, 티베트역에는 한 사례도 나타나지 않는다.
摩訶衍者, 總說有二種. 云何爲二. 一者法, 二者義. 大乘은 요약하면 두 종류이다. "둘이란 무엇인가"라 한다면, 첫째는 [大乘이라는] 法, 둘째는 [大乘의] 말뜻〔語義〕이다.	
所言法者, 謂衆生心. 是心則攝一切世間法出世間法. [大乘이라는] 法이란, 중생의 마음이다. 이 마음은 모든 세간적인 法과 출세간적인 法을 담고 있다.	摩訶衍者, 出生一切聲聞緣覺世間出世間善法. (求那跋陀羅 譯 『勝鬘師子吼一乘大方便方廣經』. T12, 219b) bcom ldan 'das nyan thos dang rang sangs rgyas kyi theg pa thams cad dang	'jig rten pa dang 'jig rten las 'das pa'i dge ba'i chos thams cad ni theg pa chen pos rab tu phye ba'i slad du'o || (ŚSS 66, 1-4) 【藏】 세존이시어, 모든 聲聞乘과 獨覺乘, 모든 세간적인 善과 출세간적인 善은 大乘에 의해 드러나는 것입니다.
依於此心, 顯示摩訶衍義. 何以故. 是心眞如相卽示摩訶衍體故. 是心生滅因緣相能示摩訶衍自體相用故. 이 마음을 염두에 두고, 大乘의 말뜻을 보인다. "그것은 왜인가" 라고 한다면, "이 마음이 곧 眞如"라는 것은, 바로 大乘의 體('본연의 상태')를 나타내기 때문이다. "이 마음이 곧 生滅"에 원인[인 不覺]과 조건[인 대상]이 있는 것은, 大乘 자체의 體相('본연의 상태')과 大乘의 用('작용')을 보일 수 있기 때문이다.	※ "心生滅因緣相"은 뒷 구절(Ⅲ.1.2.3)인 "此二種生滅依於無明熏習而有. 所謂依因依緣. 依因者, 不覺義故. 依緣者, 妄作境界義故"에서 "不覺" "境界"를 가리킨다. ※ "摩訶衍自體相用"은 뒷 구절(Ⅲ.1.2.4)인 "自體相熏習" "用熏習"을 가리킨다. 여기에서, "自體相熏習"은 因과 緣의 형태를 취하고, "用熏習"은 緣의 형태를 취한다고 규정된다. 그러므로 "心生滅因緣相"이 "摩訶衍自體相用"을 나타낼 수 있는 것이다. ※ "體相"은 "體" "相" 두 가지가 아니라 "體"의 동의어. 뒷 구절(Ⅲ.1.2.4)에서 "自體相熏習" "用熏習"이 다시 "體用熏習"으로 묶임을 보라.
所言義者, 則有三種. 云何爲三.	大乘之義乃有無量, 且略辨四種.

[大乘의] 말뜻이라 하는 것은 세 종류이다. "셋이란 무엇인가"라 한다면,	(菩提流支 譯『金剛仙論』 권2. T25, 805a) 大乘의 말뜻은 무량하지만, 우선 요약하면 네 종류를 변별한다. ※ 望月信亨[1938: 116]의 지적에 의거함.
一者體大. 謂一切法眞如平等不增減故. 첫째는 體('본연의 상태')의 大이다. 즉, 모든 法은 眞如로서는 평등하여 늘어나거나 줄어들지 않기 때문이다.	**一者體大. 明大乘之體苞含萬德出生五乘因果. 故名體大也.** (菩提流支 譯『金剛仙論』 권2. T25, 805a) 첫째는 體('본연의 상태')의 大이다. 大乘의 體가 모든 공덕을 담고, 五乘의 因果를 낳는다는 것을 밝히고 있다. 그러므로 體의 大라고 불리는 것이다. **見過去未來<u>諸法眞如平等</u>.** (菩提流支 譯『佛說法集經』 권4. T17, 633b) 'das pa dang ma 'ongs pa dang da ltar byung ba de bzhin nyid du mnyam par mthong ba. (P no. 904, Wu 61b3) 【藏】 과거와 미래와 현재를 眞如로서는 평등하다고 본다. **此明佛與衆生法身<u>平等無有增減</u>亦無高下, 故離眞如法身, 無別衆生可度.** (菩提流支 譯『金剛仙論』 권9. T25, 861b) 이것은 부처와 중생의 法身이 평등하여 늘어나고 줄어듦이 없고 높고 낮음도 없으니, 그러므로 眞如法身을 떠나 구제되어야 하는 별도의 중생은 없다는 것을 밝히고 있다.
二者相大. 謂如來藏具足無量性功德故. 둘째는 相('모습')의 大이다. 즉, 如來藏이 무량한 본성상의 공덕을 갖추고 있다는 것이다.	**諸過客塵來 <u>性功德</u>相應** **眞法體不變 如本後亦爾** (勒那摩提 譯『究竟一乘寶性論』 권3. T31, 832b) doṣāgantukatāyogād guṇaprakṛtiyogataḥ || yathā pūrvaṃ tathā paścād avikāritva-dharmatā || (RGV 41, 20-21) 【梵】 과오는 외래적인 것으로서 결합되어 있는 것이기 때문에, 또한, 공덕은 본성상 결합되어 있는 것이기 때문에, 전에 있던 것처럼 그대로 후에 있다는 방식으로, [如來界가] 무변이성을 속성으로 함이 있다.

三者用大. 能生一切世間出世間善因果故. 셋째는 用('작용')의 大이다. 모든 세간적, 출세간적인 善한 因果를 낳을 수 있기 때문이다.	摩訶衍者, 出生一切聲聞緣覺世間出世間善法. (求那跋陀羅 譯『勝鬘師子吼一乘大方便方廣經』. T12, 219b) bcom ldan 'das nyan thos dang rang sangs rgyas kyi theg pa thams cad dang | 'jig rten pa dang 'jig rten las 'das pa'i dge ba'i chos thams cad ni theg pa chen pos rab tu phye ba'i slad du'o || (ŚSS 66, 1-4) 【藏】 세존이시어, 모든 聲聞乘과 獨覺乘, 모든 세간적인 善과 출세간적인 善은 大乘에 의해 나타나기 때문입니다. ※ 竹村牧男[1993: 111]의 지적에 의거함.
一切諸佛本所乘故. 一切菩薩皆乘此法到如來地故. 모든 부처님께서 본래부터 타고[乘] 있던 것이기 때문이다. 모든 菩薩은 다 이 법에 타고[乘] 如來地에 도달하기 때문이다.	二者大人所乘. 明菩薩大士乘此地行趣於佛果也. (菩提流支 譯 『金剛仙論』 권2. T25, 805a) 둘째는 大人이 타고 있음이라는 것이다. 菩薩大士가 이 [十]地라는 行에 타서[乘] 부처라는 果에 나아감을 밝히고 있다.

[Ⅲ 解釋分]

大乘起信論一卷 馬鳴菩薩作	북조기 한문불교문헌
已說立義分. 次說解釋分第三. 주장 부분을 다 설하였다. 다음으로 [주장의] 해설 부분을 설하겠다.	※ "已說○○分. 次說○○分"이라는 표현은 菩提流支 譯『十地經論』에 자주 나타나지만, 티베트역에는 한 사례도 나타나지 않는다.
解釋有三種. 云何爲三. 一者顯示正義, 二者對治邪執, 三者分別發趣道相. [주장의] 해설은 세 종류이다. "셋이란 무엇인가"라 한다면, 첫째는 올바른 주장의 제시, 둘째는 삿된 집착을 대치함, 셋째는 道에 대한 發心과 趣向의 분류이다.	隨彼所著, <u>顯己正義, 對治邪執</u>, 無畏辯才, 性不闇故. (菩提流支 譯『十地經論』 권1. T26, 125ab) rang gi phyogs kyi khyad par ci rigs par yongs su bstan pa la bag tsha ba med par lan 'debs pa'i spobs pa mun pa med pas phas kyi rgol ba tshar gcod nus pa rtsom zhing 'thob pa.(P no. 5494, Ngi 135b1-2) 【藏】 자신의 특정한 주장이 적절하게 제시되었을 때에, 두려움 없이 대답하는, 흐림 없는 변재에 의해, 대론자를 굴복시킬 수 있음의 시작이자 획득. ※ 望月信亨[1938: 46]의 지적에 의거함.

[Ⅲ· 1 顯示正義]

大乘起信論一卷 馬鳴菩薩作	북조기 한문불교문헌
顯示正義者, 依一心法, 有二種門. 云何爲二. 一者心眞如門, 二者心生滅門. 올바른 주장의 제시란, 다만 하나의 마음〔一心〕이라는 法에 관하여, 두 가지의 관점이 있다. "둘이란 무엇인가"라 한다면, 첫째는 "마음이 곧 眞如"라는 관점, 둘째는 "마음이 곧 生滅"이라는 관점이다.	
是二種門皆各總攝一切法. 此義云何. 以是二門不相離故. 이러한 두 종류의 관점은 어느 쪽도 각각 모든 法을 포섭하고 있다. "그것은 왜인가"라 한다면, 이러한 두 가지의 관점은 서로에게서 분리되지 않는 것이기 때문이다.	總攝. (勒那摩提 譯『究竟一乘寶性論』 권1, 권2. T31, 821b; 827c) saṃgraha. (RGV 3, 10; 25, 6) 【梵】 포섭.

[Ⅲ· 1 · 1 心眞如門]

[Ⅲ· 1·1· 1 心眞如]

大乘起信論一卷 馬鳴菩薩作	북조기 한문불교문헌
心眞如者, 卽是一法界大總相法門體. "마음이 곧 眞如"란, 一法界('諸法의 단일한 기반')이며, 大總相('[諸法의] 최대 공통적 특징')이니, 法門의 본체이다.	舍利弗, 一切愚癡凡夫不如實知一法界故, 不如實見一法界故, 起邪見心, 謂衆生界增, 衆生界減. (菩提流支 譯『佛說不增不減經』. T16, 466b) 샤리뿌뜨라여, 모든 어리석은 범부는 一法界('諸法의 단일한 기반')를 있는 그대로 알지 못하기 때문에, 一法界를 있는 그대로 보지 못하기 때문에, "衆生界가 늘어난다"거나 "衆生界가 줄어든다"는 邪見의 마음을 일으킨다. 菩薩以無言說無我法覺了眞諦, 覺已於上, 般若, 第一寂滅處, 繫念安住, 離者妄想, 滅除虛僞, 入於平等, 大總相觀, 建立及謗是二俱離, 入于中道. 是名隨覺分別慧. (曇無讖 譯『菩薩地持經』 권6, 「慧品」. T30, 922b)

yā bodhisattvānām anabhilāpyaṃ dharmanairātmyam ārabhya satyāvabodhāya vā satyāvabodhakāle vā satyābhisaṃbodhād vā urddhaṃ prajñā paramapraśamapratyupasthānā nirvikalpā sarvaṃ prapañcāgatā sarvaṃ dharmeṣu samatānugatā mahāsāmānyalakṣaṇapraviṣṭā jñeyaparyantagatā samāropāpavādāntadvaya vivarjitatvān madhyamapratipadanusāriṇī. iyaṃ bodhisattvānāṃ tattvānubodhaprativedhāya prajñā veditavyā. (BoBh 146, 11-16)

【梵】 菩薩들이 말을 떠난 法無我에 대해, 진리를 깨닫기 위한, 모든 진리를 깨달을 때의, 혹은 진리를 깨닫고 나서의, 가장 뛰어난 寂滅에 머물며, 무분별이며, 모든 희론을 떠난, 모든 法에 대한 평등성을 따르는, 大總相('[諸法] 최대의 공통적 특징')에 들어가는, 所知의 邊際에 이른, 增益과 損減이라는 두 극단을 떠나 있는, 中道에 수순하고 있는 般若인 것. 이것이, 菩薩들이 진실을 통찰함에 통달하기 위한, 般若라고 알려져야 한다.

法門體. (菩提流支 譯『入楞伽經』 권2. T16, 524b)

dharmaparyāya. (LAS 50, 15)

【梵】 法門.

所謂心性不生不滅.

즉, 마음의 본성은 불생불멸이라는 것이다.

是心性不生不滅, 常是淨相, 客煩惱相著故, 名爲不淨心. (鳩摩羅什 譯『大智度論』 권19. T25, 204a)

이 마음의 본성은 불생불멸이며 항상 청정한 모습을 가지고 있지만, 외래적인 번뇌가 부착되어 있기 때문에 청정하지 않은 마음이라고 불린다.

※ 竹村牧男[1993: 141]의 지적에 의거함.

一切諸法唯依妄念而有差別. 若離心念, 則無一切境界之相.

모든 法에는 다만 허망한 念에 의해서만 구별이 있다. 만약 心念(즉, 念)을 없애버린다

心念. (菩提流支 譯『十地經論』 권11. T26, 191a)

bsam pa. (P no. 5494, Ngi 305a4)

【藏】 意樂.

心念. (菩提流支 譯『十地經論』 권12. T26, 198c)

면 모든 대상[의 구별]은 없다.

abhiprāya. (DBhS 193, 13)

【梵】 意趣.

[※ "心所念"의 동의어인 "心念"을 제외한다면, 菩提流支 역에서 명사 "心念"은 대개 한 단어이다.]

諸一切境界相.

(菩提流支 譯『深密解脫經』 권4. T16, 680b)

sarvaṃ jñeyam. (松田和信[1995] §3-11)

【梵】 모든 앎의 대상[所知].

境界之相. (菩提流支 譯『入楞伽經』 권3. T16, 527c)

gatigocara. (LAS 68, 6)

【梵】 목적지인 대상.

※ 同經 중에는 "境界之相"이라는 용례가 다른 부분에서도 종종 나타나지만, 범문 중 대응하는 범어는 보이지 않는다.

是故一切法從本已來離言說相, 離名字相, 離心緣相, 畢竟平等, 無有變異, 不可破壞, 唯是一心, 故名眞如. 以一切言說假名無實但隨妄念不可得故.

그렇기 때문에 모든 法은 본래부터 언어표현을 특징으로 하는 것을 멀리 떠나 있고, 음소(音素)를 특징으로 하는 것을 멀리 떠나 있으며, 마음의 所緣을 특징으로 하는 것을 멀리 떠나 있는, 절대로 일정하며 무변하며, 변화시킬 수 없는 다만 하나의 마음[一心]일 뿐이다. 그러므로 眞如라 불린다. 모든 언어표현은 가설이고 [언어표현대로의] 실체가 없이 다만 妄念에 의한 것일 뿐, 不可得이기 때문이다.

云何知一切法離於言說. 此施設假名自相諸法, 所謂色受想行識乃至涅槃, 當知假名. 無有自性.

(曇無讖 譯『菩薩地持經』 권2, 「眞實義品」. T30, 894a)

tatra kayā yuktyā nirabhilāpyasvabhāvatā sarvadharmāṇāṃ pratyavagantavyā. yeyaṃ svalakṣaṇaprajñaptir dharmāṇāṃ yad uta rūpam iti vā vedaneti vā pūrvavadantato yāvan nirvāṇam iti vā prajñaptimātram eva tad veditavyam. na svabhāvaḥ. (BoBh 30, 1-4)

【梵】 이 중, 어떠한 도리에 의해서 "모든 法에는 언어로 표현되지 않는 自性이 있음"이 통찰되어야 하는가. 諸法에 대한 自相의 가설, 즉 '色' 혹은 '受' 혹은 전술한 것처럼, '涅槃'에 이르기까지, 그것은 가설에 지나지 않는다고 알아야 한다. [모든 法에는 언어로 표현되는 그대로의] 自性이 있지 않다.

何者第一義諦法體相. 謂諸佛如來離名字相, 境界相, 事相相, 聖智修行境界行處. 大慧, 是名第一義諦相, 諸佛如來藏心.

(菩提流支 譯『入楞伽經』 권3. T16, 527c)

tatra Mahāmate parinişpannasvabhāvaḥ katamaḥ. yad uta nimittanāmavastulakṣaṇavikalpavirahitā (corr. : -virahitaṃ) tathatāryajñānagatigamana-pratyātmāryajñānagatigocaraḥ. eṣa Mahāmate parinişpannasvabhāvas thatāgatagarbhahṛdayam. (LAS 67, 15-68, 1)

【梵】 마하마띠여, 이 중, **圓成實性**이란 무엇인가 하면, 바로 **相**('표징')과 **名**('고유명칭') – 사물의 특징 – 에 대한 분별을 멀리 떠나 있는 **眞如**이며, 성자의 지혜를 통달함에 있어, 즉, 내적인 성자의 지혜를 통달함에 있어서의 대상이다. 마하마띠여, 이 **圓成實性**은 **如來藏**의 핵심이다.

是故『經』言「又第一義諦者, 所謂心緣尙不能知. 何況名字章句」故.

(勒那摩提 譯『究竟一乘寶性論』 권1. T31, 821a)

don dam pa'i bden pa ni gang la sems kyi rgyu ba med pa ste | yi ge lta ci smos ||
(ANS 73)

【藏】 **勝義諦**('최고 [지혜]의 대상으로서의 실재')란 마음의 움직임이 없는 곳이다. 하물며 음소(**音素**)는 말할 것도 없다.

※ 범문에는 이 내용이 없지만, **高崎直道**[1989: 217 (note 4)]에 의하면 『**無盡意經**』에서의 인용.

※ 『**入楞伽經**』, 『**究竟一乘寶性論**』에 대해서는 **竹村牧男**[1993: 147-148]의 지적에 의거함.

言眞如者, 亦無有相. 謂言說之極, 因言遣言.

"**眞如**"라 말한다 해도 [**眞如**에 대해] 역시 **相**('표징')이 있을 수 없다. 즉 ["**眞如**"라는 언어표현을 사용하는 것은] 언어표현의 극한이며, ["**眞如**"라 하는] 언어표현을 사용하면서도 ["**眞如**"라는] 언어표현을 배제하는 것이다.

彌勒, 眞如形相, 無相可見. 若無相者, 云何修行.

(菩提流支 譯『深密解脫經』 권3. T16, 677c)

byams pa de bzhin nyid kyi don so so yang dag par rig pa la ni mtshan ma med de mi dmigs na | de la ci zhig rnam par sel bar 'gyur | (SNS VIII, 27)

【藏】 마이뜨레야여, **自證**된, **眞如**라는 대상(*artha)에서는, **相**(*nimitta. '표징')이 없으니, [**相**이] **不可得**인 이상 거기에서 어떠한 [**相**이] 배제될 것인가.

此眞如體無有可遣. 以一切法悉皆眞故. 亦無可立. 以一切法皆同如故. 當知一切法不可說不可念故名爲眞如. 이 眞如라는 體('본연의 상태')는 배제되어야 할 것을 가지고 있지 않다. 모든 法은 다 참되기〔眞〕 때문이다. 또한 [이 眞如라는 體는] 더해야 할 것을 가지고 있지 않다. 모든 法은 다 같기〔如〕 때문이다. 모든 法은 설해질 수 없으며 생각되어질 수도 없기 때문에 眞如라 불림을 알아야 한다.	
問曰. 若如是義者, 諸衆生等云何隨順而能得入. 答曰. 若知一切法雖說無有能說可說, 雖念亦無能念可念, 是名隨順. 若離於念, 名爲得入. 질문. 만약 그러한 것이라면, 모든 중생은 어떻게 [眞如에] 수순하며 [眞如에] 들어갈 수 있는가. 대답. 만약 "모든 法은 설령 설해진다 해도 설하는 측도 설해지는 측도 없고, 설령 念한다 해도 역시 念하는 측도 念해지는 측도 없다"고 한다면, 그것이 수순이라 불린다. 만약 念을 떠난다면 그것이 들어감이라 불린다.	離念及所念 觀諸有爲法 見諸唯心法 故我說唯心 (菩提流支 譯『入楞伽經』 권5. T16, 543b) ālambālambyavigataṃ yadā paśyati saṃskṛtam | niścitaṃ cittamātraṃ hi cittamātraṃ vadāmy aham || (LAS 153, 6-7) 【梵】 有爲를, 반연하는 측과 반연되는 측을 멀리 떠났다고 볼 때, 참으로, 唯心이 결정되므로, 나는 唯心이라 설한다.

[Ⅲ·1·1·2 二種義]

大乘起信論一卷 馬鳴菩薩作	북조기 한문불교문헌
復次眞如者, 依言說, 分別有二種義. 云何爲二. 그리고 다음으로, 眞如란 언어표현에 의한다면 구분하여 두 가지가 있다. "두 가지란 무엇인가"라 한다면	依言說. (菩提流支 譯『入楞伽經』 권4. T16, 534b) abhilāpasadbhāvāt. (LAS 104, 14) 【梵】 언어표현이 있기 때문에. 分別有三. (菩提流支 譯『十地經論』 권7. T26, 163a) rnam pa gsum gyis rnam par gzhag par rig par bya ste. (P no. 5494, Ngi 241a1) 【藏】 세 가지로 安立된다고 알려져야 한다. 分別有三種過. (菩提流支 譯『十地經論』 권8. T26, 170a) nyes pa rnam pa gsum yongs su rtog ste.

	(P no. 5494, Ngi 256a1) 【藏】 세 종류의 잘못을 고찰하는 것이다.
一者如實空. 以能究竟顯實故. 첫째는 [眞如가] 사실 그대로 空('텅 빔')이라는 것이다. [眞如는] 완전히 사실을 밝힐 수 있기 때문이다.	起執著心, 離如實空. (菩提流支 譯『入楞伽經』 권1. T16, 517a) śūnyatotpādavikṣipta (LAS 11, 4) 【梵】 空性과 生起에 대해서 [마음이] 어지러워진[……] 遠離如實空見故. (菩提流支 譯『佛說不增不減經』. T16, 466b) 사실 그대로 空이라 보는 것을 떠났기 때문에. ※『入楞伽經』에 대해서는 竹村牧男[1993:163]의 지적에 의거함.
二者如實不空. 以有自體具足無漏性功德故. 둘째는 [眞如가] 사실 그대로의 空('텅 빔')이 아닌 것이다. [眞如가] 자체에 無漏인 본성상의 공덕을 갖추고 있음이 있기 때문이다.	大慧, 言刹尼迦者, 名之爲空. 阿梨耶識名如來藏, 無共意, 轉識熏習故名爲空, 具足無漏熏習法故名爲不空. (菩提流支 譯『入楞伽經』 권8. T16, 559c) punar Mahāmate ālayavijñānaṃ tathāgata-garbhasaṃśabditaṃ manaḥsahitaṃ prav-ṛttivijñānavāsanābhiḥ kṣaṇikam anāsra-vavāsanābhir akṣaṇikam. (LAS 235, 15-236, 1) 【梵】 다음으로, 마하마띠여, 如來藏이라 불리며 意를 수반하고 있는 알라야식은, 轉識의 여러 習氣에 의해서는 순간적이며, 無漏인 여러 習氣에 의해서는 순간적이지 않다. 諸過客塵來 性功德相應 眞法體不變 如本後亦爾 (勒那摩提 譯『究竟一乘寶性論』 권3. T31, 832b) doṣāgantukatāyogād guṇaprakṛtiyogataḥ || yathā pūrvaṃ tathā paścād avikāritvadharmatā || (RGV 41, 20-21) 【梵】 과오는 외래적인 것으로서 결합되어 있기 때문에, 또한 공덕은 본성상 결합되어 있기 때문에, 앞서 있었던 것과 같이, 그와 같이 이후에도 있다는 식으로, [如來界가] 무변이성을 속성으로 하는 것이다.

所言空者, 從本已來一切染法不相應故. [眞如가] 空('텅 빔')이라는 말은, [眞如는] 본래 모든 雜染法과 결합되어 있지 않기 때문이다.	如來藏本際不相應體及煩惱纏不淸淨法. (菩提流支 譯『佛說不增不減經』. T16, 467b) anādisāṃnidhyāsaṃbaddha-svabhāvakleśakośatā. (RGV 59, 12-13) 【梵】 [如來藏이] 시작이 없는 때로부터, 번뇌의 껍질과 공존하면서도, 自性의 측면에서는 [번뇌의 껍질과] 결합되어 있지 않은 것. 一切染法. (菩提流支 譯『深密解脫經』 권5. T16, 687a) kun nas nyon mongs pa'i chos gang dag yin pa. (SNS X, 8) 【藏】 모든 雜染法인 것(*ye saṃkleśa-dharmāḥ). ※『佛說不增不減經』에 대해서는 高崎直道[1990a]의 지적에 의거함.
謂離一切法差別之相. 以無虛妄心念故. 즉, [眞如는] 모든 法의 구별을 멀리 떠나 있는 것이다. [眞如에서는, 구별을 생각하는] 허망한 心念(즉, 念)이 없기 때문이다.	差別之相. (菩提流支 譯『入楞伽經』 권1. T16, 518b) prativibhāga. (LAS 17, 10-11; 17, 12; 18, 1) 【梵】 구별. 差別之相. (菩提流支 譯『入楞伽經』 권4. T16, 539a) vaicitrya. (LAS 129, 16) 【梵】 다양성. 差別之相. (勒那摩提 譯『究竟一乘寶性論』 권2. T31, 823a) prabheda. (RGV 9, 13) 【梵】 구별. 心念. (菩提流支 譯『十地經論』 권11. T26, 191a) bsam pa. (P no. 5494, Ngi 305a4) 【藏】 意樂. 心念. (菩提流支 譯『十地經論』 권12. T26, 198c) abhiprāya. (DBhS 193, 13) 【梵】 意趣. ※ "心所念"의 동의어인 "心念"을 제외한다면, 菩提流支 역에서 명사 "心念"은 대개 한 단어이다.

當知眞如自性非有相, 非無相, 非非有相, 非非無相, 非有無俱相, 非一相, 非異相, 非非一相, 非非異相, 非一異俱相. 眞如는 그 본성상 有를 특징으로 하는 것이 아니고, 無를 특징으로 하는 것이 아니며, 有와 無의 어느 것을 특징으로 하는 것이 아니고, 하나인 것을 특징으로 하는 것도 아니며, 다른 것을 특징으로 하는 것도 아니고, 하나인 것과 다른 것의 어느 것도 특징으로 하지 않음을 알아야 한다.	無法亦非無 離於有無體 眞如離於心 故我說惟心 (菩提流支 譯『入楞伽經』권10. T16, 576c) na bhāvaṃ nāpi cābhāvaṃ bhāvābhāvavivarjitam | tathatā cittanirmuktaṃ cittamātraṃ vadāmy aham || (LAS Saghātaka 484) 【梵】有도 아니고 無도 아니며, 有와 無를 멀리 떠나고, 마음을 멀리 떠나 있는 眞如[를], 나는 唯心이라 설한다.
乃至總說, 依一切衆生, 以有妄心念念分別皆不相應, 故說爲空. 若離妄心, 實無可空故. 결국 정리하면, 모든 중생에게 순간마다 [모든 法을] 구별하는 허망한 마음이 있는 것은 다 [眞如와] 결합되어 있지 않기 때문에, "[眞如는] 空('텅 빔')이다"라고 설해지는 것이다. 허망한 마음 외에는 실로 결여할 것이 없기 때문이다.	
所言不空者, 已顯法體空無妄故, 卽是眞心常恒不變淨法滿足, 則名不空. [眞如가] 空('텅 빔')이 아니라는 말은, 이미 [眞如라 하는] 法體가 [허망한 마음을 결여하였으므로] 空('텅 빔')이며 허망[한 마음]이 없다는 것을 밝힌 후, 이 眞如인 마음은 常하고 恒하며 불변하고, [無漏인, 본성상의 공덕이라는] 淸淨法에 의해 채워져 있는 것이므로 "空('텅 빔')이 아니다"라고 부르는 것이다.	如來藏本際相應體及清淨法. (菩提流支 譯『佛說不增不減經』. T16, 467b) anādisāṃnidhyasaṃbaddha-svabhāvaśubhadharmatā. (RGV 59, 13) 【梵】[如來藏은] 시작이 없는 때로부터 淸淨法과 공존하면서, 自性의 측면에서 결합되어 있는 것. 世尊, 如來藏者, 常恒清凉不變. (勒那摩提 譯『究竟一乘寶性論』권3에 인용된『聖者勝鬘經』. T31, 833b) bhagavaṃs tathāgatagarbho nityo dhruvaḥ śivaḥ śāśvataḥ. (RGV 46, 3-4) 【梵】세존이여, 如來藏은 常하며 恒하고, 淸凉이며 不變입니다. ※『佛說不增不減經』에 대해서는 高崎直道[1990a]의 지적에 의거함.
亦無有相可取. 以離念境界, 唯證相應故. [眞如는] 파악되어질 수 있는 相을 지니지	彌勒, 眞如形相, 無相可見. 若無相者, 云何修行. (菩提流支 譯『深密解脫經』권3. T16, 677c)

않는다. [眞如는] 念을 멀리 떠나 있는 대상이며, 오직 [眞如의] 증득과 결합하기 때문이다.	byams pa de bzhin nyid kyi don so so yang dag par rig pa la ni mtshan ma med de mi dmigs na | de la ci zhig rnam par sel bar 'gyur | (SNS VIII, 27) 【藏】 마이뜨레야여, 自證된, 眞如라는 대상(*artha)에는 相(*nimitta. '특징')이 없으니, [相이] 不可得인 이상 거기에서 어떠한 [相이] 배제될 것인가.

[Ⅲ· 1 · 2 心生滅門]

[Ⅲ· 1 · 2 · 1 心生滅]

大乘起信論一卷 馬鳴菩薩作	북조기 한문불교문헌
心生滅者, 依如來藏故有生滅心. "마음이 곧 生滅"이란, 如來藏에 의거하여 생멸하는 마음이 있는 것이다.	大慧, 若如來藏阿梨耶識名爲無者, 離阿梨耶識, 無生無滅. 一切凡夫及諸聖人依彼阿梨耶識故有生有滅. (菩提流支 譯 『入楞伽經』 권7. T16, 556c-557a) yadi hi Mahāmate ālayavijñānasaṃśabditas tathāgatagarbho 'tra na syād ity asati Mahāmate tathāgatagarbha ālayavijñānasaṃśabdite na pravṛttir na nivṛttiḥ syāt. bhavati ca Mahāmate pravṛttir nivṛttiś ca bālāryāṇām. (LAS 222, 9-12) 【梵】 마하마띠여, 실로, 만약 알라야식이라 불리는 如來藏이 거기에 없다고 한다면, 마하마띠여, 알라야식이라 불리는 如來藏이 없는 경우, 流轉도 없고 還滅도 없게 된다. 그러나 마하마띠여, 어리석은 이들과 성스러운 이들에게는 流轉과 還滅이 있다. ※ 竹村牧男[1993: 166]의 지적에 의거함.
所謂不生不滅與生滅和合, 非一非異, 名爲阿梨耶識. 즉, 불생불멸[인 如來藏]과 생멸[인 心]이 결합하여 하나인 것도 아니고 다르지도 않은 것이 알라야식이라 불린다.	非一亦非異 如水中洪波 如是七識種 共於心和合 (菩提流支 譯 『入楞伽經』 권9. T16, 574b) na cānye na ca nānanye taraṅgā hy udadhāv iva | vijñānāni tathā sapta cittena saha saṃyutā || (LAS Saghātaka 386) 【梵】 갖가지 파도가 바다에 대해 다른 것도 아니고 다르지 않은 것도 아닌 것과

같이, 그와 같이 일곱 가지의 識은 心과 결합되어 있다.

如來藏識不在阿梨耶識中. 是故七種識有其生滅, 如來藏識不生不滅.

(菩提流支 譯『入楞伽經』권7. T16, 556c)

如來藏識은 알라야식 중에 없다. 그렇기 때문에 일곱 가지 識은 생멸을 지니지만, 如來藏識은 불생불멸이다.

[※ 윗 구절에 대한 주석]

問. 『入楞伽』第七云, 「如來藏識不在阿梨耶識中. 是故, 七種識有其生滅, 如來藏識不生不滅」. 准此經文, 以阿梨耶置有生滅七識中. 云何第八名阿梨耶, 云云.

答. 〔……〕爾彼「不在梨耶識」文, 若依流支, 阿梨耶名通七八識. 故不相違.

(珍海『八識義章研習抄』권上. T70, 650c)

질문. 『入楞伽經』권7은 "如來藏識은 알라야식 중에 없다. 그렇기 때문에 일곱 가지 識은 생멸을 지니지만, 如來藏識은 불생불멸이다."라 말하고 있다. 이 경에 준거하는 한, 알라야[식]을 생멸하는 일곱 가지 識 안에 두어야 한다. 어째서 제8[식]을 알라야[식]이라 부르는가.

대답. 〔……〕 그런데, 저 "알라야식 중에 없다"는 문구에 대해, 만약 菩提流支에 의거한다면, 알라야라는 명칭은 [생멸하는] 제7식과 [불생불멸인] 제8식에 공통된다. 그러므로 모순되지 않는다.

※ 범문은 크게 다름.

aparāvṛtte ca tathāgatagarbhaśabdasaṃśabdita ālayavijñāne nāsti saptānāṃ pravṛttivijñānānāṃ nirodhaḥ. (LAS 221, 12-13)

【梵】 또한, 如來藏이라는 말에 의해 말해지는 알라야식이 轉[依]하지 않는 한, 일곱 가지 轉識의 소멸은 없다.

此識有二種義, 能攝一切法生一切法. 云何爲二. **一者覺義,** **二者不覺義.** 이 [알라야]식은 두 가지를 가지고 있으니, 모든 **法**을 포섭하거나 모든 **法**을 생겨나게 할 수 있다. "두 가지란 무엇인가"라 한다면, 첫째는 **覺**('이미 깨달아 있는 것'), 둘째는 **不覺**('아직 깨닫지 못한 것')이다.	

[Ⅲ·1·2·1·1 覺]

大乘起信論一卷 馬鳴菩薩作	북조기 한문불교문헌
所言覺義者, 謂心體離念. **覺**('이미 깨달아 있는 것')이라는 것은, 즉, 마음의 **體**('본성')가 **念**을 멀리 떠나 있는 것이다.	**「離念」者, 自體無念故.** (**菩提流支 譯『十地經論』** 권2. T26, 132c) rtog bral ni rang gis rnam par mi rtog pa'i phyir ro || (P no. 5494, Ngi 157b1) **【藏】** "분별을 멀리 떠나(*kalpāpagata)"란, 자체로 무분별이기 때문이다(*svenāvikalpatvāt). ※ 竹村牧男[1993: 179]의 지적에 의거함.
離念相者, 等虛空界, 無所不遍, 法界一相, 即是如來平等法身. **念**을 멀리 떠나 있다는 것은 **虛空界**와 같이 두루 미치지 않는 곳이 없는, **法界**의 유일한 특징인, 모든 여래에 평등한 **法身**이다.	**法界一相. 所謂無相.** (**般若流支 譯『奮迅王問經』** 권下. T13, 943b) chos kyi dbyings ni mtshan nyid med par mtshan nyid gcig pa'i phyir ro || (P no. 834, Phu 208a6) **【藏】 法界**는 특징이 없음(*alakṣaṇa)이라는 형태로 그저 하나의 특징(*ekalakṣaṇa)을 지니고 있기 때문이다. **一乘體者, 所謂諸佛如來平等法身.** (**勒那摩提 譯『妙法蓮華經憂波提舍』**. T26, 7c) **一乘**이라는 **自性**이란 **諸佛如來**에 평등한 **法身**이다.
依此法身, 說名本覺. 何以故. 本覺義者對始覺義說, 以始覺者卽同本覺, 始覺義者依本覺故. 而有不	

覺, 依不覺故, 說有始覺. 그 **法身**을 염두에 두고 **本覺**('본래부터 이미 깨달아 있는 것')이 설해진다. "그것은 왜인가"라 한다면, **本覺**이라는 면은 **始覺**('깨닫기 시작한 것')이라는 면에 대응하여 설해졌지만, **始覺**은 **本覺**과 같은 것이니, **始覺**이라는 면은 **本覺**에 의존하고 있기 때문이다. 그럼에도 **不覺**('아직 깨닫지 못한 것')이 있기에 **不覺**을 염두에 두고 "**始覺**이 있다"고 설해진다.	
又以覺心原故, 名究竟覺. 不覺心原故, 非究竟覺. 此義云何. 如凡夫人覺知前念起惡故能止後念令其不起, 雖復名覺, 即是不覺故. 또한, **心**의 본원을 **覺**('깨달음')하였기 때문에 **究竟覺**('최종적으로 깨달은 것')이라 불린다. **心**의 본원을 깨닫지 못했기 때문에 **究竟覺**은 아니다. "왜 그러한가"라 한다면, 범부가 이전의 **念**이 **惡**을 일으킴을 깨닫고 나서, 이후의 **念**을 멈추어 그것(**惡**)을 일으키지 않게 할 수 있는 것은, 설령 **覺**('이미 깨달아 있는 것')이라 한다 해도 **不覺**('아직 깨닫지 못한 것')이기 때문이다.	
如二乘觀智初發意菩薩等覺於念異念無異相, 以捨麤分別執著相故, 名相似覺. **二乘**의 **觀智**나, 초심자 **菩薩** 등이 **念**에 **異**('변화')라는 특징이 없다고 깨닫는 것과 같다면 [명칭에 대한] 거친 분별과 [대상에 대한] 집착의 특징을 버렸기 때문에 **相似覺**('깨달음과 비슷한 것')이라 불린다.	※ "**麤分別**"은 뒷부분(III.1.2.1.2)의 "**計名字相**"에서 설할 "**分別**"에 해당하며, "**執著**"은 뒷부분(III.1.2.1.2)의 "**執取相**"에서 설할 "**著**" 그리고 "**起業相**"에서 설할 "**取著**"에 해당한다. "**麤分別執著**" 전체는 뒷부분(III.1.2.2)의 "**執相應染**"에 해당한다. **自心分別執著**. (菩提流支 譯『入楞伽經』 권4. T16, 535c) svavikalpavicitrābhiniveśa. (LAS 111, 10-11) 【梵】 자신의 갖가지 분별에 대한 집착. **自分別執著**. (菩提流支 譯『入楞伽經』 권5. T16, 545a) svavikalpābhisamaya. (LAS 111, 10-11) 【梵】 자신의 갖가지 분별에 대한 **現觀**.
如法身菩薩等覺於念住念無住相, 以離分別麤念相故, 名隨分覺. **法身菩薩** 등이 **念**의 **住**('지속')에서 **念**에 **住**라는 특징이 없다고 깨닫는 것과 같다면	※ "**分別**"은 뒷부분(III.1.2.1.2)의 "**智相**"에서 설할 "**分別**"에 해당하며, "**麤念**"은 뒷부분(III.1.2.1.2)의 "**相續相**"에서 설할 "**念**"에 해당한다. "**分別麤念**" 전체는 뒷부분(III.1.2.2)의 "**不斷相應染**"에 해당한다.

[아끼는 것과 아끼지 않는 것에 대한] 분별과 [心과 결합해 있는] 거친 **念**의 특징을 떠나 있기 때문에 **隨分覺**('부분적으로 깨달은 것')이라 불린다.

菩薩有二種. 一者生身菩薩, 二者法身菩薩. 一者斷結使, 二者不斷結使. 法身菩薩斷結使, 得六神通. 生身菩薩不斷結使, 或離欲, 得五神通.
(鳩摩羅什 譯『大智度論』 권38. T25, 342a)

菩薩은 두 종류이다. 첫째는 **生身菩薩**, 둘째는 **法身菩薩**이다. 한쪽은 **結使**(번뇌)를 끊어버린 것이지만, 다른 쪽은 **結使**를 끊지 않았다. **法身菩薩**은 번뇌를 끊고 **六神通**을 얻는다. **生身菩薩**은 번뇌를 끊어버리지 않았지만, 어떤 이는 **欲**을 떠나 **五神通**을 얻는다.

如菩薩地盡滿足方便一念相應覺心初起心無初相, 以遠離微細念故, 得見心性, 心卽常住, 名究竟覺. 是故『修多羅』說「若有衆生能觀無念者, 則爲向佛智」故.

菩薩地의 궁극에서, **加行**('대처')이 원만하고, 한 순간과 결합해 있는 [**慧**]에 의해, **心**의 일어남('**生起**')의 최초에는 **心**에 최초라는 특징이 없다는 것을 깨닫는 것과 같다면, [**心**과 결합되어 있지 않은] 미세한 **念**을 떠나 있기 때문에 **心**의 본성, 즉 **心**이 **常住**한다는 것을 볼 수 있으니, **究竟覺**('최종적인 깨달음')이라 불린다. 그 때문에 『[**大方廣佛華嚴**]**經**』에서 「만약 중생이 **念** 없는 것(**眞如**)을 **觀**할 수 있다면, **佛智**로 향하는 자라 한다.」고 설해지는 것이다.

※ "**微細念**"은 뒷부분(III. 1.2.2)에서 "**以不達一法界故, 心不相應, 忽然念起. 名爲無明**"이라고 설한 "**念**"에 해당한다.

菩薩地盡. (菩提流支 譯『十地經論』 권1. T26, 126a)
byang chub sems dpa'i mthar phyin pa.
(P no. 5494, Ngi 138a8-b1; 138b2)
【**藏**】 **菩薩**의 궁극.

菩薩地盡. (菩提流支 譯『十地經論』 권3. T26, 141a)
byang chub sems dpa'i sa'i mthar phyin pa.
(P no. 5494, Ngi 184a1)
【**藏**】 **菩薩地**의 궁극.

菩薩地盡. (菩提流支 譯『十地經論』 권3. T26, 144b)
byang chub sems dpa'i mthar phyin.
(P no. 5494, Ngi 195b6)
【**藏**】 **菩薩**의 궁극.

修方便行滿足. (菩提流支 譯『十地經論』 권9. T26, 177b)
sbyor ba'i spyod pa yongs su rdzogs pa.
(P no. 5494, Ngi 272b8)
【**藏**】 **加行**(*prayoga)의 **行**(*caryā)의 원만.

「及遠離諸垢」者, 眞如非本有染, 後時言清淨, 此處不可思議. 是故『經』言「心自性清淨. 自性清淨心本來清淨. 如彼心本體, 如來如是知. 是故『經』言『如來一念心相應慧, 得阿耨多羅三藐三菩提』」故.
「佛無量功德」者, 謂前際後際, 於一向染凡夫地中, 常不捨離眞如法身, 一切諸佛法無異無差別, 此處

不可思議. 是故『經』言「復次佛子, 如來智慧無處不至. 何以故. 以於一切衆生界中終無有一衆生身中而不具足如來功德及智慧者. 但衆生顛倒不知如來智. 遠離顛倒, 起一切智無師智無礙智. [……]」故.
(勒那摩提 譯『究竟一乘寶性論』 권2. T31, 827ab)

tatra nirmalā tathatā pūrvamalāsaṃkliṣṭā paścādviśuddhety acintyam etat sthānam. yat āha: prakṛtiprabhāsvaraṃ cittam. tat tathaiva jñānam. tata ucyate: ekakṣaṇasamāyuktayā (corr. : ekakṣaṇalakṣaṇasamāyuktayā) prajñayā samyaksaṃbodhir abhisaṃbuddheti.

tatra vimalā buddhaguṇāḥ paurvāparyeṇaikāntasaṃkliṣṭāyām api pṛthagjanabhūmāv avinirbhāgadharmatayā nirviśiṣṭā vidyanta ity acintyametat sthānam. yat āha: na sa kaścit sattvaḥ sattvanikāye saṃvidyate yatra tathāgatajñānaṃ na sakalam anupraviṣṭam. api tu saṃjñāgrāhatas thatāgatajñānaṃ na prajñāyate. saṃjñāgrāhavigamāt punaḥ sarvajñajñānaṃ svayaṃbhūjñānam asaṅgataḥ prabhavati. [...]
(RGV 22, 5-12)

【梵】 이 중, **無垢眞如**는 이전에 더러움[垢]에 의해 염오되지 않은 채로 이후에 청정해졌다는 점에서, 그 상태가 불가사의하다. 이것을 일찍이 설한 바 있다. "마음은 본성으로서 빛나고 있다. 그것을 바로 그대로 알 수 있다. 그 때문에 '순간과 결합하여 있는 **慧**에 의해 **正等覺**이 **現等覺**된다' 고 말해지는 것이다." (『陀羅尼自在王經』)

이 중 더러움을 떠난 부처의 공덕들은 전후 모두 한결같이 염오되어 있는 **異生地**에서조차 나뉘지 않는 속성으로서 변화 없이 존재한다는 점에서, 그 상태가 불가사의하다. 이것을 일찍히 설한 바 있다. "여래의 지혜가 전혀 들어가지 않은 듯한 어떠한 중생도 중생의 무리 가운에 존재하지 않는다. 그럼에도 불구하고, [중생이] 想에 집착하기 때문에, 여래의 지혜가 발현하지 않는다. 하지만 想에 집착하는 것을 떠나면서 一切智者의 지혜, 自生者의 지혜는 방해 없이 나타난다." 〔……〕(『大方廣佛華嚴經』「如來性起品」)

又心起者, 無有初相可知. 而言知初相者, 卽謂無念.

또한 心의 일어남('生起')에서는 알 수 있는 최초의 특징이 없다. 그럼에도 불구하고 "최초의 특징을 안다"라 하는 것은 바로 念이 없음을 [안다]고 하는 것이다.

是故一切衆生不名爲覺. 以從本來念念相續未曾離念, 故說無始無明. 若得無念者, 則知心相生住異滅. 以無念等故. 而實無有始覺之異. 以四相俱時而有皆無自立本來平等同一覺故.

그렇기 때문에 모든 중생은 覺('이미 깨달았음')이라 말해지지 않는다. [중생에게는 念이] 순간마다 연속되니, 일찍이 念을 떠난 적이 없기 때문에 "시작이 없는 無明"이라고 설해진다. 만약 念이 없음을 얻었다면, 心의 특징인, 生('일어남')과 住('지속')와 異('변화')와 滅('사멸')을 안다. [生, 住, 異, 滅이란] 念이 없는 것(眞如)이라는 차원에서는 평등한 것이기 때문이다. 게다가 [本覺에 대별되는] 始覺이라는 특별히 다른 것은 없다. [生, 住, 異, 滅의] 네 가지 특징은 [念이 없다는 차원에서는] 동시이며, 모두 자립되어 있지 않고, 본래 평등한 하나의 覺이기 때문이다.

復次本覺隨染, 分別生二種相, 與彼本覺不相捨離. 云何爲二.
一者智淨相,
二者不思議業相.

그리고 다음으로, 本覺('본래부터 이미 깨달아 있는 것')은, 雜染에 수순하면서, 구분으로서, 저 本覺과 떨어지지 않는 두 종류의 특징을 낳는다. "둘이란 무엇인가"라 한다면,

첫째는 지혜의 청정함이라는 특징, 둘째는 불가사의한 業('작용')이라는 특징이다.	
智淨相者, 謂依法力熏習, 如實修行, 滿足方便, 故破和合識相, 滅相續心相, 顯現法身智淳淨故. 지혜의 청정함이라는 특징이란, 즉 法(眞如)의 힘으로부터의 熏習에 의거하여, 있는 그대로 수행하고, 加行('대처')을 원만히 하기 때문에 [불생불멸과 생멸의] 화합인 [알라야식의] 특징을 깨뜨리고, 연속되는 心의 특징을 없애며, 法身인, 지혜의 청정함을 현현시킨다는 것이다.	**文殊師利, 如實修行十地波羅蜜, 轉身成就, 得妙法身是名諸佛如來法身相, 應知.** (菩提流支 譯『深密解脫經』권5. T16, 685a) 'jam dpal de bzhin gshegs pa rnams kyi chos kyi sku'i mtshan nyid ni sa dang pha rol tu phyin pa shin tu bsgoms pa'i nges par 'byung ba'i gnas gyur pa yang dag par sgrub pa yin no || (SNS X, 1) **【藏】** 마하마띠여, 여러 如來의 法身의 특징이란, 地와 波羅蜜을 잘 수습한 出離인 轉依를 확립하는 것이다. **修方便行滿足.** (菩提流支 譯『十地經論』권9. T26, 177b) sbyor ba'i spyod pa yongs su rdzogs pa. (P no. 5494, Ngi 272b8) **【藏】** 加行(*prayoga)의 行(*caryā)의 원만.
此義云何. 以一切心識之相皆是無明, 無明之相不離覺性, 非可壞, 非不可壞. "그것은 어떠한 것인가"라 한다면, 모든 心識의 특징은 다 無明이지만, 무명의 특징은 覺('이미 깨달아 있는 것')이라는 본성을 떠나지 않고 파괴되지 않으며 파괴되지 않는 것도 아니다.	
如大海水因風波動, 水相風相不相捨離, 而水非動性, 若風止滅, 動相則滅, 濕性不壞故, 如是衆生自性淸淨心因無明風動, 心與無明俱無形相不相捨離, 而心非動性, 若無明滅, 相續則滅, 智性不壞故. 예를 들어 대해의 물이 바람에 의해 파도로서 움직이니, 물의 [움직임이라는] 특징과 바람의 [움직임이라는] 특징은 서로 떨어져 있지 않으나, 물은 움직임이라는 본성을 가지고 있지 않기에 만약 바람이 사라진다면 [물의] 움직임이라는 특징은 사라져 버리지만 습기(濕氣)라는 본성은 무너	**大慧, 猶如猛風吹境心海, 而識波生. 不斷因事相故, 迭共不相離故, 業體相使縛故, 不覺色體故, 而五識身轉故.** (菩提流支 譯『入楞伽經』권2. T16, 523a) udadheḥ pavanāhatā iva Mahāmate viṣayapavanacittodadhitaraṃgā avyucchinnahetukriyālakṣaṇā anyonyāvinirmuktāḥ (corr. : -vinirmuktāḥ) karmajātilakṣaṇasuvinibaddhā (corr. : -suvinibaddha) rūpasvabhāvānavadhāriṇo Mahāmate pañca vijñānakāyāḥ pravartante. (LAS 44, 10-14) **【梵】** 마하마띠여, 바다의, 바람에 휩쓸

지지 않는 것처럼, 그와 같이 중생의 **自性淸淨心**은 **無明**이라는 바람에 의해 움직이고, **心**과 **無明**은 모두 형체가 없는 것으로 [서로를] 떠나지 않지만, **心**은 움직임이라는 본성을 가지고 있지 않기에 만약 **無明**이 사라진다면 [**心**의] 연속은 사라져 버릴 것이나, [**心**의] 지혜라는 본성은 무너지지 않는다는 것이다.

린 [파도]처럼, **境界**의 바람에 의해 **心**이라는 바다의 파도인 **五識身**이, **因**의 작용과 분리되지 않는 특징을 가지고 서로 떨어지지 않으니, **業**이라는 특징과 동류라는 특징에 잘 묶여 있어 **色**의 **自性**을 확인하지 않고 생겨나는 것이다.

無有形相.

(**菩提流支 譯『金剛般若波羅蜜經論』** 권上. T25, 786a)

avigrahatva. (KS kārikā 20)

【梵】 [**識**에] 형태가 없는 것.

※『**入楞伽經**』에 대해서는 **高崎直道**[1986]의 지적에 의거함.

不思議業相者, 以依智淨, 能作一切勝妙境界. 所謂無量功德之相常無斷絶, 隨衆生根, 自然相應, 種種而現, 得利益故.

불가사의한 **業**('작용')이라는 특징은, 지혜의 청정함에 의거하여 모든 뛰어난 대상을 지을 수 있기 때문이다. 즉 무량한 여러 공덕이라는 특징이 항상 단절되지 않은 채로 중생의 소질에 응하여 자연히 결합되어 있고, 갖가지로 나타나며, 이익을 얻게 한다는 것이다.

「佛無量功德」者, 謂前際後際, 於一向染凡夫地中, 常不捨離, 眞如法身, 一切諸佛法無異無差別. 此處不可思議. 〔……〕

「及佛所作業」者, 同一時, 一切處, 一切時, 自然無分別, 隨順衆生心, 隨順可化衆生根性, 不錯不謬, 隨順作佛業. 此處不可思議.

(**勒那摩提 譯『究竟一乘寶性論』** 권1. T31, 827a; 827c)

tatra vimalā buddhaguṇāḥ paurvāparyeṇaikāntasaṃkliṣṭāyām api pṛthagjanabhūmāv avinirbhāgadharmatayā nirviśiṣṭā vidyanta ity acintyametat sthānam. [...]

tatra jinakriyā yugapat sarvatra sarvakālam anābhogenāvikalpato yathāśayeṣu yathāvainayikeṣu sattveṣv akṣūṇam anuguṇaṃ pravartata ity acintyam etat sthānam. (RGV 22, 8-9; 24, 9-10)

【梵】 그중, 더러움을 여읜 부처의 공덕은 전후 모두 한결같이 염오되어 있는 **異生地**에서조차 불가분의 속성으로서 변하지 않고 존재한다는 점에서 그 양태가 불가사의하다. 〔……〕

이 중, 승리자(부처)의 행위는, 동시에, 모든 곳에서, 모든 때에 **無功用, 無分別**하게, 서원에 맞게, 교화되는 대상인 여러 **有情**에 맞게, 오류없이 적절하게 활동한다는 점에서, 그 양태가 불가사의하다.

諸佛如來身 如虛空無相
爲諸勝智者 作六根境界
(勒那摩提 譯『究竟一乘寶性論』 권4. T31, 842a)

tathāgatatvaṃ gaganopamaṃ satām ṣaḍindiyārthānubhaveṣu kāraṇam ||
(RGV 82, 13-14)

【梵】 허공과 같은 如來性은 바른 자(菩薩)들의 六根이 대상을 지각하는 데 있어 원인인 것이다.

※『究竟一乘寶性論』의 문구는 여덟 가지 無垢眞如의 내용 중 네 번째 "업(業)"의 일부

復次覺體相者, 有四種大義, 與虛空等, 猶如淨鏡. 云何爲四.

또한 다음으로, 覺('이미 깨달아 있는 것')의 體相('본연의 상태')은 허공과 동등하고 마치 맑은 거울과 같이 큰 것을 네 가지 가지고 있다. "네 가지란 무엇인가"라 한다면,

※ "體相"은 "體"와 "相" 둘이 아니라 "體"의 동의어. 뒷부분(Ⅲ.1.2.4)에서 "自體相熏習", "用熏習"이 다시 "體用熏習"으로 묶임을 보라.

一者如實空鏡. 遠離一切心境界相, 無法可現. 非覺照義故.

첫째는 [覺이] 사실 그대로 空('텅 빔')이라는 거울이다. [覺은] 모든 心의 대상을 멀리 떠나 있으며, [心에 의해] 현현하는 法을 가지고 있지 않다. [心이 法을 현현하는 것은] 覺이 관조하는 것과 다르기 때문이다.

大慧, 但我住自得如實空法. 離惑亂相見, 離自心現性非性見[……].
(求那跋陀羅 譯『楞伽阿跋多羅寶經』 권3. T16, 502a)

kiṃ tu Mahāmate svayam evādhigatayāthātathyaviviktadharmavihāriṇo bhaviṣyanti. bhrānter nirnimittadarśanāt svacittadṛśyamātram avatīrya bāhyadṛśyabhāvābhāvavinivṛttadṛṣṭayaḥ [...] (LAS 165, 16-166, 1)

【梵】 그럼에도 불구하고, 마하마띠여, [그들은] 다름 아닌 자신에 의해 증득된, 있는 그대로의 寂滅法에 머무는 자들이 된다. 미혹된 어지러움에 대해 無相을 보기 때문에 단지 자신의 心이라고 보여져야 할 것에만 들어간 후, 外界라고 보여져야 할 것에 있어서의 유(有)와 무(無)로부터 벗어난 견해를 가지고[……].

境界相. (菩提流支 譯『入楞伽經』 권2, 권5, 권9. T16, 524a; 545b; 565c)

gocara. (LAS 49, 7; 164, 13; Saghātaka 17)

【梵】 대상.

境界相. (菩提流支 譯『入楞伽經』 권2. T16, 526b)

gocaralakṣaṇa. (LAS 61, 13)

【梵】 대상의 특징.

二者因熏習鏡. 謂如實不空. 一切世間境界悉於中現, 不出不入, 不失不壞, 常住一心. 以一切法卽眞實性故. 又一切染法所不能染. 智體不動具足無漏熏衆生故.

둘째는 [覺이] 원인이 된 熏習이라는 거울이다. 즉, [覺이] 사실 그대로 공(空, '텅 빔')이 아니라는 것이다. 모든 세간의 대상은 모조리 [覺의] 안에 나타나지만, [覺은] 나가지도 들어가지도 않고 잃지도 않고 무너지지도 않는, 항상 그저 하나의 마음[一心] 그대로이다. 모든 法은 곧 진실한 본성이기 때문이다. 또한 [覺은] 모든 雜染法이 오염시킬 수 없는 것이다. 지혜라는 體('본성')는 움직임이 없는 것으로, 無漏를 갖추고 있으며 중생에게 熏習하기 때문이다.

大慧, 言刹尼迦者, 名之爲空. 阿梨耶識名如來藏, 無共意, 轉識熏習故名爲空, <u>具足無漏熏習法故名爲不空</u>. (菩提流支 譯『入楞伽經』 권8. T16, 559c)

punar Mahāmate ālayavijñānaṃ tathāgatagarbhasaṃśabditaṃ manaḥsahitaṃ pravṛttivijñānavāsanābhiḥ kṣaṇikam anāsravavāsanābhir akṣaṇikam. (LAS 235, 15-236, 1)

【梵】 다음으로, 마하마띠여, 如來藏이라 불리며 意를 수반하고 있는 알라야식은, 轉識의 여러 習氣에 의해서는 순간적이며 無漏인 여러 習氣에 의해서는 순간적이지 않다.

一切世間境界. (菩提流支 譯『十地經論』 권1. T26, 126c)

'jig rten thams cad kyi yul. (P no. 5494, 140b6)

【藏】 모든 세간의 境.

一切世間境界. (菩提流支 譯『十地經論』 권2. T26, 136b)

sarvajagadviṣaya. (DBhS 17, 6)

【梵】 모든 세간의 境.

一切世間境界. (菩提流支 譯『十地經論』 권12. T26, 194b; 195a)

sarvalokaviṣaya. (DBhS 179, 9; 182, 2-3)

【梵】 모든 세간의 境.

一切染法. (菩提流支 譯『深密解脫經』 권5. T16, 687a)

kun nas nyon mongs pa'i chos gang dag yin pa. (SNS X, 8)

【藏】 여러 雜染法인 것(*ye saṃkleśadharmāḥ)

※『入楞伽經』에 대해서는 竹村牧男[1993: 229]의 지적에 의거함.

三者法出離鏡. 謂不空法出煩惱礙智礙, 離和合相, 淳淨明故. 셋째는 [覺이라는] 法이 벗어나거나 멀리 떠나거나 하는 거울이다. 즉, 空('텅 빔')이 아닌 [覺이라는] 法이 煩惱礙와 智礙를 벗어나거나 [불생불멸과 생멸의] 화합[인 알라야식]이라는 특징을 멀리 떠나거나 하는 것이 완전히 맑다는 것이다.	
四者緣熏習鏡. 謂依法出離故, 遍照衆生之心, 令修善根, 隨念示現故. 넷째는 [覺이] 조건이 된 熏習이라는 거울이다. 즉, [覺이라는] 法이 [煩惱礙와 智礙를] 벗어나거나 [불생불멸과 생멸의 화합인 알라야식을] 멀리 떠나거나 함에 의거하여 중생의 마음을 두루 비추고, 善根을 수습시켜 [중생의] 念에 따라 [諸佛菩薩의 몸을] 시현한다는 것이다.	遍照諸衆生 有佛妙法身 無垢功德藏 如我身無異 (勒那摩提 譯『究竟一乘寶性論』 권4. T31, 845c) buddhatvaṃ sarvasattve vimalaguṇanidhiṃ nirviśiṣṭaṃ vilokya. (RGV 98, 10) 【梵】 부처라는 것이 모든 중생 중에 더러움을 벗어난 공덕 창고로서, 구별없는 것을 관찰한 후[……].

[Ⅲ·1·2·1·2 不覺]

大乘起信論一卷 馬鳴菩薩作	북조기 한문불교문헌
所言不覺義者, 謂不如實知眞如法一故, 不覺心起而有其念. 不覺('아직 깨닫지 못한 것')이라 말해지는 것은, 곧, 眞如法이라는 단 하나의 것을 있는 그대로 알지 못하고, 不覺인 채로 心이 일어나 念을 가지는 것이다.	舍利弗, 一切愚癡凡夫不如實知一法界故, 不如實見一法界故, 起邪見心, 謂衆生界增, 衆生界減. (菩提流支 譯『佛說不增不減經』. T16, 466b) 샤리뿌뜨라여, 모든 어리석은 범부는, 一法界를 있는 그대로 알지 못하기 때문에 一法界를 있는 그대로 보지 않기 때문에 "衆生界가 늘어난다"거나 "衆生界가 줄어든다"는 邪見의 마음을 일으킨다.
念無自相, 不離本覺. 猶如迷人依方故迷, 若離於方, 則無有迷, 衆生亦爾, 依覺故迷, 若離覺性, 則無不覺. 以有不覺妄想心故, 能知名義, 爲說眞覺. 若離不覺之心, 則無眞覺自相可說. 念은 自相('자립적 특징')을 가지고 있지 않아 本覺을 떠날 수 없다. 예를 들어 길을 잃은 사람은 방향이 있기 때문에 방황하고 있는 것이지만 방향[이라는 개념]을 떠난	離於眞如法界, 更無言教自相可說. (菩提流支 譯『金剛仙論』 권8. T25, 857b) 眞如法界를 떠나서는 언어적 가르침으로 설해질 수 있는 自相('자립적 특징')은 없다. ※ 石井公成[2003]의 지적에 의거함.

다면 방황이 있을 수 없는 것처럼, 그와 같이 중생은 覺('이미 깨달은 것')이 있기 때문에 미혹되어 있지만, 覺이라는 본성을 떠난다면 不覺('아직 깨닫지 못한 것')은 없다. 不覺의 妄想心이 있기 때문에 명사나 말뜻을 알 수 있으니, [명사나 말뜻에 의해] 眞覺('진정으로 깨달은 것')을 설한다. 不覺의 마음을 떠나 眞覺이 설해질 수 있는 自相('자립적 특징')은 없다.

復次依不覺故, 生三種相, 與彼不覺, 相應不離. 云何爲三.

그리고 다음으로 不覺('아직 깨닫지 못한 것')에 의거하여, 그 不覺과 결합되어 떨어지지 않는 세 종류의 특징이 생긴다. "셋이란 무엇인가"라 한다면,

一者無明業相. 以依不覺故心動, 說名爲業. 覺則不動. 動則有苦. 果不離因故.

첫째는 無明에 의한 業이라는 특징이다. 不覺에 의거하여 心이 움직이는 것을 業이라 설한다. [心이] 깨닫는다면 [心은] 움직이지 않는다. [心이] 움직인다면 苦가 있다. [苦라는] 결과는 [움직임이라는] 원인을 떠나지 않기 때문이다.

二者能見相. 以依動故能見. 不動則無見.

둘째는 보는 것이라는 특징이다. [心이] 움직임에 의거하여 [心이] 봄이 있다. [心이] 움직이지 않는다면 [心이] 보는 것도 없다.

三者境界相. 以依能見故境界妄現. 離見則無境界.

셋째는 대상이라는 특징이다. [心이] 보는 것에 의거하여 [心에] 대상이 허망하게 현현한다. [心이] 보는 것을 떠난다면 [心에] 대상은 없다.

以有境界緣故, 復生六種相. 云何爲六.

대상이라는 조건이 있기 때문에 다시 여섯 가지의 특징이 생긴다. "여섯이란 무엇인가"라 한다면,

一者智相. 依於境界, 心起分別愛與不愛故. 첫째는 智라는 특징이다. 대상에 의거하여 心은 아끼는 것과 아끼지 않는 것을 분별함을 일으킨다는 것이다.	愛與不愛. (般若流支 譯『唯識論』. T31, 69a) iṣṭāniṣṭa. (VV 9, 25) 【梵】아끼는 것과 아끼지 않는 것
二者相續相. 依於智故, 生其苦樂, 覺心起念, 相應不斷故. 둘째는 연속이라는 특징이다. 智에 의거하여 苦와 樂을 낳으면서 자각 있는 상태의 心이 念을 일으켜 [心과 念의] 결합이 중단되지 않는다는 것이다.	
三者執取相. 依於相續, 緣念境界, 住持苦樂, 心起著故. 셋째는 집착이라는 특징이다. 연속에 의거하여 대상을 所緣으로 念하면서 苦와 樂을 간직하여 心이 집착을 일으킨다는 것이다.	意能念境界. (菩提流支 譯『入楞伽經』 권9. T16, 567c) mano yan manyanātmakam. (LAS Saghātaka 102b) 【梵】意는 思量을 본래의 상태로 하는 것이다.
四者計名字相. 依於妄執, 分別假名言相故. 넷째는 [대상에] 명칭을 설정한다는 특징이다. 집착에 의거하여 [心은] 가설에 불과한 명칭의 특징을 분별한다는 것이다.	妄執名字. (菩提流支 譯『入楞伽經』 권3. T16, 527c) nāmābhiniveśa. (LAS 67, 9) 【梵】명칭에 대한 집착.
五者起業相. 依於名字, 尋名取著, 造種種業故. 다섯째는 業을 일으킴이라는 특징이다. 명칭에 의거하여 [心은] 명칭을 반복하여 집착하고 갖가지 業을 만든다는 것이다.	依於名字. (菩提流支 譯『深密解脫經』 권2. T16, 673a) ming dang brdar. (SNS VII. 26) 【藏】명칭(*nāman)과 가설(*saṃketa)에 의해. 隨名取著. (菩提流支 譯『金剛仙論』 권10. T25, 870a) 명칭에 따라 집착한다.
六者業繫苦相. 以依業受果, 不自在故. 여섯째는 業에 묶인 苦라는 특징이다. 業에 의거하여 [心은 業의] 과보를 받아 자유롭지 않다는 것이다.	非是知識及妻室 亦非男女諸眷屬 能救我此業繫苦 是業大力不可奪 (般若流支 譯『正法念處經』 권17. T17, 102a) stobs dang bral ba'i las dag gi | zhags pa yis ni khrid pa na | bshes gnyen bu dang chung ma dang | rtsa lag gis kyang skyob mi byed | (P no. 953, 'U 324b5-6) na dārā nāpi mitrāṇi na putrā nāpi bāndhavāḥ | trāyante karmapāśena nīyamānaṃ balīyasā || (DhS III, 210, verse 1709)

	【梵】강력한 業이라는 그물에 의해 끌린 자를 친구도 자식도 부인도 친족도 구해주지 않는다.
當知無明能生一切染法. 以一切染法皆是不覺相故. 無明이야말로 모든 雜染法을 낳을 수 있음을 알아야 한다. 모든 雜染法은 다 不覺('아직 깨닫지 못한 것')을 특징으로 하기 때문이다.	一切染法. (菩提流支 譯『深密解脫經』 권5. T16, 687a) kun nas nyon mongs pa'i chos gang dag yin pa. (SNS X, 8) 【藏】 모든 雜染法인 것(*ye saṃkleśa-dharmāḥ). 一切法不覺相. (菩提流支 譯『深密解脫經』 권5. T16, 687a) ※ 티베트역에는 존재하지 않음.

[Ⅲ·1·2·1·3 覺與不覺]

大乘起信論一卷 馬鳴菩薩作	북조기 한문불교문헌
復次覺與不覺有二種相. 云何爲二. 一者同相, 二者異相. 그리고 다음으로 각(覺, '이미 깨달은 것')과 不覺('아직 깨닫지 못한 것')은 두 종류의 특징을 지니고 있다. "둘이란 무엇인가"라 한다면, 첫째는 공통적 특징, 둘째는 개별적 특징이다.	同相異相. (菩提流支 譯『入楞伽經』 권3. T16, 528a; 531b) svasāmānyalakṣaṇa. (LAS 69, 9; 89, 9) 【梵】개별적 특징과 공통적 특징.
同相者, 譬如種種瓦器皆同微塵性相, 如是無漏無明種種業幻皆同眞如性相. 공통적 특징이란, 예를 들어 갖가지 도기(陶器)가 모두 공통되게 흙의 입자를 본성으로 하고 있는 것처럼, 그와 같이 無漏[인 覺]과 無明[인 不覺]에 기반한 갖가지 환상과 같은 業은 모두 공통되게 眞如를 본성으로 하는 것이다.	
是故『修多羅』中, 依於此義, 說「一切衆生本來常住入於涅槃」. 그 때문에, 『[維摩詰所說]經』에서 이 내용을 염두에 두고 「모든 중생은 본래 항상 열반	依於此義. (菩提流支 譯『十地經論』 권5. T26, 157a) don de'i dbang du byas nas. (P no. 5494, Ngi 227b2) 【藏】이 함의를 염두에 두고(*tam artham

에 들어가 있다」고 설한다.

adhikṛtya).

依於此義.

(菩提流支 譯『深密解脫經』 권1, 권5. T16, 668c; 688a)

rnam grangs des na. (SNS IV, 8; X, 11)

【藏】 이러한 관점에 의해(*anena paryāyeṇa).

諸佛知一切衆生畢竟寂滅卽涅槃相不復更滅.

(鳩摩羅什 譯『維摩詰所說經』 권上. T14, 542b)

parinirvṛtāni te sattvāni paśyanti nirvāṇaprakṛtikāni. (VKN 3, 51)

【梵】 저들은 여러 중생이 般涅槃했으며 涅槃을 본성으로 하고 있다고 본다.

本來常住, 一切衆生有如來藏.

(勒那摩提 譯『究竟一乘寶性論』 권4. T31, 839b)

sadaivaite sattvās tathāgatagarbhāḥ. (RGV 73, 12)

【梵】 반드시 언제나 이 모든 중생은 如來藏('여래를 담고 있는 것')이다.

※『維摩詰所說經』에 대해서는 柏木弘雄[1981: 443]의 지적에 의함.

菩提之法非可修相, 非可作相, 畢竟無得, 亦無色相可見.

깨달음(覺=智)이라는 법은 수행하여 얻음을 특징으로 하지 않고, 만들어짐을 특징으로 하지 않으니, 궁극적으로 얻어질 수 없는 것이며 보여질 色('물질'')의 특징이 없는 것이다.

又是菩提非是得相.

(鳩摩羅什 譯『諸法無行經』 권下. T15, 756b)

또한 이 깨달음은 얻어짐을 특징으로 하지 않는다.

※ 티베트역에는 존재하지 않음.

而有見色相者, 唯是隨染業幻所作, 非是智色不空之性. 以智相不可見故.

그럼에도 불구하고, [중생이] 色('물질')의 특징을 봄이 있는 것은 다만 雜染[法]에 수순하는 환상과 같은 業에 의해 만들어진 것[을 봄]에 지나지 않고, 色에 있어 헛되지 않은 본성인 智[를 보는] 것은 아니다. 智의 특징은 보여질 수 있는 것이 아니기 때문이다.

「如帝網差別」者, 眞實義相故. 如業幻作故.

(菩提流支 譯『十地經論』 권3. T26, 139c)

rnam par dbye ba mig 'phrul lta bu ni don dan pa'i mtshan nyid de | las sgyu ma las byung ba'i phyir ro || (P no. 5494, Ngi 180b3)

【藏】 "인드라망과 같은 구별"(*indrajālavibhāga)이란 勝義('최고 [지혜]의 대상')이라는 특징이니 [왜냐하면, 모든

	세계는] 환상과 같은 業에서 일어난 것이기 때문이다.
異相者如種種瓦器各各不同, 如是無漏無明隨染幻差別性. 染幻差別故. 개별적 특징이란, 예를 들어 갖가지 도기(陶器)가 각각 같은 모양이 아닌 것처럼, 그와 같이 無漏[인 覺]과 無明[인 不覺]은 환상과 같은 잡염법에 수순하여 개별적인 것을 본성으로 하는 것이다. 환상과 같은 雜染[法]은 개별적인 것이기 때문이다.	

[Ⅲ·1·2·2 生滅因緣]

大乘起信論一卷 馬鳴菩薩作	북조기 한문불교문헌
復次生滅因緣者, 所謂衆生依心, 意意識轉故. 그리고 다음으로 생멸[인 心] 중에 원인[인 覺]과 조건[인 대상]이 있다는 것은, 즉, 중생에게 心에 의거하여 [원인과 조건에 따라] 意와 意識이 일어난다는 것이다.	※ "生滅因緣"은 뒷부분(Ⅲ.1.2.3)의 "此二種生滅依於無明熏習而有. 所謂依因, 依緣. 依因者, 不覺義故. 依緣者, 妄作境界義故"에서 "不覺" "境界"를 가리킨다. **依止阿梨耶 能轉生意識** **依止依心意 能生於轉識** (菩提流支 譯『入楞伽經』 권9. T16, 571c) ālayaṃ hi samāśritya mano vai saṃpravartate ǀ cittaṃ manaś ca saṃśritya vijñānaṃ saṃpravartate ǀǀ (LAS Saghātaka 269) 【梵】 실로, 알라야에 의거하여 바로 意가 일어난다. 心과 意에 의거하여 識이 일어난다.
此義云何. 以依阿梨耶識說有無明不覺而起能見能現能取境界, 起念相續, 故說爲意. "그것은 어떠한 것인가"라 한다면 [心이라는] 알라야식을 염두에 두고 ① 無明, 그리고 [無明에 의해] 不覺인 채로 [心이] 일어나는 것과 ② [心이] 보는 것과 ③ [대상이] 현현하는 것과 ④ 대상을 파악하는 것과 ⑤ 念을 일으킴의 연속이 있다고 설해진다. 그러므로 [그러한 것(①부터 ⑤까지)이] 意라고 설해지는 것이다.	**本識但是心 意能念境界** **能取諸境界 故我說惟心** (菩提流支 譯『入楞伽經』 권9. T16, 567c) cittam ālayavijñānaṃ mano yan manyanātmakam ǀ gṛhṇāti viṣayān yena vijñānaṃ hi tad ucyate ǀǀ (LAS Saghātaka 102) 【梵】 心은 알라야식이다. 意는 思量을 본연의 상태로 하는 것이다. 여러 대상을 파악하기 위한 것, 그것이 실로 識이라 불린다.

此意復有五種名. 云何爲五. 이 意는 또한 다섯 가지의 이름을 가지고 있다. "다섯이란 무엇인가"라 한다면,	
一者名爲業識. 謂無明力, 不覺心動故. 첫째는 **業識**('業을 일으키기 시작한 **識**')이라 불린다. 즉, **無明**의 힘에 의해 **不覺**인 채로 마음이 움직인다는 것이다.	**業相識.** (菩提流支 譯『入楞伽經』 권2. T16, 522a) karmalakṣaṇa. (LAS 37, 13) **【梵】** 業이라는 특징.
二者名爲轉識. 依於動心, 能見相故. 둘째는 **轉識**('활동하는 **識**')이라 불린다. 움직이는 **心**에 의거하여 보려고 한다는 것이다.	**轉相識.** (菩提流支 譯『入楞伽經』 권2. T16, 521c-522a) pravṛttilakṣaṇa. (LAS 37, 13) **【梵】** 활동이라는 특징. **大慧, 以依彼念觀有, 故轉識滅, 七識亦滅.** (菩提流支 譯『入楞伽經』 권4. T16, 538c) taddhetvālambanatvān Mahāmate saptānāṃ vijñānānāṃ pravṛttir bhavati. (LAS 126, 17-18) **【梵】** 마하마띠여, 그것(알라야식)을 원인으로서의 **所緣**으로 함에 의해 일곱 가지 **識**의 일어남이 있다.
三者名爲現識. 所謂能現一切境界. 猶如明鏡現於色像, 現識亦爾, 隨其五塵, 對至卽現, 無有前後. 以一切時任運而起常在前故. 셋째는 **現識**('현현한 **識**')이라 불린다. 즉 모든 대상을 현현할 수 있는 것이다. 마치 맑은 거울이 색상을 현현하는 것과 같이, 그처럼 **現識**도 **五境**과 같이 [**五境**이] 생길 때에 곧바로 [모든 **五境**을] 현현하는 것이니, [하나의 **境**씩] 앞뒤로 하는 것이 아니다. [**現識**은] 모든 때에 자동적으로 일어나며, 항상 현전하여 있기 때문이다.	**大慧, 譬如明鏡持諸色像, 現識處現亦復如是.** (求那跋陀羅 譯『楞伽阿跋多羅寶經』 권1. T16, 483a) yathā Mahāmate darpaṇasya rūpagrahaṇam evaṃ khyātivijñānasyākhyāsyati. (LAS 37, 15-17) **【梵】** 마하마띠여, 마치 거울이 색상을 지니고 있는 것과 같이, 그처럼 **現識**에는 [색상을 지니고 있는 것이] 현현하는 것이리라.
四者名爲智識. 謂分別染淨法故. 넷째는 **智識**('**智**라는 **識**')이라 불린다. 즉, [모든 대상에 대해] **雜染法**과 **淸淨法**을 분별한다는 것이다.	**智相識.** (菩提流支 譯『入楞伽經』 권2. T16, 522a) jātilakṣaṇa. (LAS 37, 13) **【梵】** 동류라는 특징. **染淨法.** (菩提流支 譯『深密解脫經』 권3. T16, 676b) kun nas nyon mongs pa dang rnam par byang ba'i chos rnams. (SNS VIII. 20)

	【藏】雜染法과 淸淨法(*saṃkleśavyavadānadharmāḥ).
五者名爲相續識. 以念相應不斷故, 住持過去無量世等善惡之業令不失故, 復能成熟現在未來苦樂等報無差違故. 能令現在已逕之事忽然而念, 未來之事不覺妄慮. 다섯째는 相續識('연속되는 識')이라 불린다. [心과] 念의 결합이 중단되지 않음에 의해, 과거의 무량한 世에서의 善業과 惡業을 지니되 잃어버리지 않기 때문에, 또한, 현재와 미래의 果報인 苦樂을 틀림없이 성숙시킬 수 있기 때문이다. 현재와 과거의 일을 홀연히 念하게 하거나 미래의 일을 不覺인 채로 헛되게 생각하게 할 수 있는 것이다.	大慧, 彼諸外道作如是說. 所謂離諸境界, 相續識滅, 相續識滅已, 卽滅諸識, 大慧, 若相續識滅者, 無始世來諸識應滅. (菩提流支 譯『入楞伽經』 권2. T16, 522a) tīrthakarāṇāṃ Mahāmate ayaṃ vādo yad uta viṣayagrahaṇoparamād vijñānaprabandhoparamo bhavati. vijñānaprabandhoparamād anādikālaprabandhavyucchittiḥ syāt. (LAS 39, 2-4) 【梵】 마하마띠여, 이교도들에게는 이하의 주장이 있다. 즉, 대상에 대한 집착이 사라짐에 의해 識의 연속이 사라진다는 것이다. 識의 연속이 사라짐에 의해 시작이 없는 때로부터의 연속이 사라져야 할 것이다. ※ 望月信亨[1938: 151]의 지적에 의함.
是故三界虛僞, 唯心所作. 그 때문에 三界는 허위이며, 다만 心에 의해 지어진 것에 지나지 않는다.	三界虛妄, 但是一心作. (菩提流支 譯『十地經論』 권8. T26, 169a. 般若流支 譯『唯識論』. T31, 64b) cittamātram idaṃ yad idaṃ traidhātukam. (DBhS 98, 8-9) 【梵】 이, 三界에 속하는 것, 그것은 다만 心일 뿐이다.
離心則無六塵境界. 心을 떠나서 [色, 聲, 香, 味, 觸, 法이라는] 六境은 없다.	六塵境界. (菩提流支 譯『佛說法集經』 권3, T17, 624a) yul drug. (P no. 904, Wu 38b8) 【藏】六境. 六塵境界. (菩提流支 譯『佛說法集經』 권5. T17, 641c) yul. (P no. 904, Wu 85b7) 【藏】境. 六塵境界. (菩提流支 譯『金剛般若波羅蜜經論』 권上. T25, 785b)
此義云何. 以一切法皆從心起, 妄念而生. "그것은 어떠한 것인가"라 말한다면, 모든 法은 다 心에 의해 일어나며 허망한 念에 의	是一切法以分別心故有. (菩提流支 譯『佛說法集經』 권3. T17, 626c) 'di dag thams cad ni yongs su brtags pa las

해 생겨나는 것이다.	byung ba'o || (P Wu 45b6) 【藏】 이 모든 것은 遍計所執(*parikalpita)으로서 일어나는 것이다.
一切分別即分別自心. 모든 분별은 자신의 心을 분별하는 것이다.	分別自心境界妄想見而不覺知, 自心想見, 大慧, 諸愚癡凡夫 〔……〕. (菩提流支 譯『入楞伽經』 권2. T16, 522b) svacittaviṣayavikalpadr̥ṣṭyanavabodhanād vijñānānām, svacittadr̥śyamātrānavatāreṇa Mahāmate bālapr̥thagjanāḥ [...] (LAS 40, 7-9) 【梵】 마하마띠여, 어리석은 異生들은 모든 識이 자신의 心인 대상을 분별하거나 본다는 것을 깨닫지 못하기 때문에, 다만 자신의 心이라고 보여야 할 뿐임에 이르지 못한 탓에 〔……〕.
心不見心. 無相可得. 心은 心을 보지 못한다. [心에는] 파악될 수 있는 특징이 없다.	心不自知. 何以故. 是心心相空故. (鳩摩羅什 譯『大智度論』 권19. T25, 204a) 心은 자신을 알지 못한다. 그것은 왜인가 하면, 이 心은 心의 특징을 결여하여 空하기 때문이다. 實行者見心 心中不見心 可見從見生 能見何因生 (菩提流支 譯『入楞伽經』 권10. T16, 583c) cittānupaśyī ca yogī cittaṃ citte na paśyati | paśyako dr̥śyanirjāto dr̥śyaṃ kiṃhetusaṃbhavam || (LAS Saghātaka 771) 【梵】 또한, 心을 관찰하는 수행자는 心을 心 속에서 보지 않는다. 보는 것은 볼 수 있는 것에서 생긴다. 볼 수 있는 것은 무엇을 원인으로 생겨나는가.
當知世間一切境界皆依衆生無明妄心而得住持. 세간의 모든 대상은 어느 것이든 중생의 無明이라는 허망한 心에 의거하여 성립할 수 있다고 알아야 한다.	
是故一切法如鏡中像無體可得, 唯心虛妄. 그 때문에, 모든 法은 마치 거울 속의 색상과 같이 얻을 수 있는 體('본체')가 없으니,	譬如鏡中像 雖見而非有 熏習鏡心見 凡夫言有二 (菩提流支 譯『入楞伽經』 권6. T16, 549c)

그저 心에 지나지 않는 허망한 것이다.	yathā hi darpaṇe rūpaṃ dṛśyate na ca vidyate | vāsanādarpaṇe cittaṃ dvidhā dṛśyati bāliśaiḥ || (LAS 186, 10-11) 【梵】 실로, 마치 거울 속의 색상을 볼 수 있지만, 그러나 존재하지는 않는 것처럼, 習氣라는 거울 속에서 心은 어리석은 이들에 의해 [能取와 所取의] 두 가지로 보여진다.
以心生則種種法生, 心滅則種種法滅故. 心이 생긴다면 갖가지 法이 생기고, 心이 사라진다면 갖가지 法은 사라지기 때문이다.	種種隨心轉 惟心非餘法 心生種種生 心滅種種滅 (菩提流支 譯『入楞伽經』 권9. T16, 568c) citraṃ pravartate cittaṃ cittam eva vimucyate | cittaṃ hi jāyate nānyac cittam eva nirudhyate || (LAS Saghātaka 145) 【梵】 갖가지로 心이 일어나고, 다른 것이 아닌 이 心이 해탈한다. 실로, 心이 생기고 곧바로 다른 心이 멸하는 것이 아니다. ※ 竹村牧男[1993: 269]의 지적에 의거함.
復次言意識者, 卽此相續識, 依諸凡夫取著轉深, 計我我所, 種種妄執, 隨事攀緣, 分別六塵, 名爲意識. 그리고 다음으로 意識이라 하는 것은, 곧 모든 凡夫의 집착이 갈수록 깊어져 我와 我所를 구상하거나 갖가지에 집착함에 의거하여, 이 相續識은 [色, 聲, 香, 味, 觸, 法이라는] 사물을 각각 所緣으로 [色, 聲, 香, 味, 觸, 法이라는] 여섯 가지 境을 분별하므로, 意識이라 불린다.	大慧, 相續因者, 能攀緣內外法陰種子等. (菩提流支 譯『入楞伽經』 권3. T16, 530b) saṃbandhahetuḥ punar Mahāmate ālambanakṛtyaṃ karoty adhyātmikabāhyotpattau skandhabījādīnām. (LAS 83, 11-12) 【梵】 다음으로, 마하마띠여, 연속에 있어서의 원인은, 蘊이나 種子 등이 안이나 밖에서 발생할 때에 所緣이라는 역할을 달성하는 것이다. 愚癡凡夫執著我我所法. (菩提流支 譯『入楞伽經』 권8. T16, 559c) ātmātmīyagrāhābhiniveśābhiniviṣṭāḥ. (LAS 237, 4) 【梵】 我와 我所를 고집함에 대한 집착이 배어있는 자들.

亦名分離識. [相續識은] 分離識이라고도 불린다.	
又復說名分別事識. 此識依見愛煩惱增長義故. 그리고 다음으로 [相續識은] 分別事識이라고도 불린다. [相續識이 分別事識이라 불리는 것은] 이 [相續]識이 見과 愛라는 번뇌에 의해 커지는 것에 근거한다.	分別事識分別取境界, 因無始來戱論熏習. (菩提流支 譯『入楞伽經』 권2. T16, 522a) vastuprativikalpavijñānaṃ ca Mahāmate viṣayavikalpahetukam anādikālaprapañca-vāsanāhetukaṃ ca. (LAS 37, 19-38, 2) 【梵】 다음으로, 마하마띠여, 分別事識은 대상을 분별함을 원인으로 하며, 또한 시작이 없는 때로부터의 戱論의 習氣를 원인으로 한다. [※ 윗 구절에 대한 주석] 留支『疏』二云"六識分別六塵, 各各事別, 不能總緣, 故名分別事識". (珍海『八識義章研習抄』 권上. T70, 653b) 菩提流支의『疏』 권2는 "여섯 가지 識이 여섯 가지 境을 분별하는 경우, 각각 [所緣으로 하는] 사물이 별개로 있는 것이지 한꺼번에 所緣으로 삼을 수 없기 때문에 分別事識이라 부른다"고 말하였다. ※ 직전의『大乘起信論』 문구 "隨事攀緣, 分別六塵, 名爲意識"과 비교하라. 復次諸煩惱有二種. 一種屬愛, 一種屬見. (鳩摩羅什 譯『大智度論』 권3. T25, 81c) 또한 다음으로, 모든 번뇌는 두 가지이다. 하나는 愛에 속하며, 하나는 見에 속한다. 諸煩惱有二分. 一者屬見, 二者屬愛. (鳩摩羅什 譯『大智度論』 권88. T25, 682b) 모든 번뇌는 두 가지이다. 하나는 見에 속하며, 하나는 愛에 속한다. ※『八識義章研習抄』에 대해서는 竹村牧男[1993: 279]의 지적에 의거함.
依無明熏習所起識者, 非凡夫能知, 亦非二乘智慧所覺. 謂依菩薩從初正信發心觀察, 若證法身, 得少分知, 乃至菩薩究竟地不能知盡. 唯佛窮了.	大慧, 如是微細阿梨耶識行, 除佛如來及入地諸菩薩摩訶薩, 諸餘聲聞辟支佛外道修行者不能知故, 入三昧智力亦不能覺.

無明으로부터의 熏習에 의해 일어난 識은 범부가 알 수 있는 것이 아니며, 二乘의 지혜로 깨달을 수 있는 것도 아니다. 즉, 菩薩이 최초의 정식적 믿음(믿음의 원만)에서 發心(信成就發心)하고 관찰하여 만약 法身을 증득했다면 아주 조금 알 수 있지만, 결국, 菩薩의 究竟地(제10지)에서도 완전히 알 수 없다. 다만 부처만이 다할 수 있다.

(菩提流支 譯『入楞伽經』 권2. T16, 523b)

evaṃ sūkṣmo Mahāmate ālayavijñānagatipracāro yat tathāgataṃ sthāpayitvā bhūmipratiṣṭhitāṃś ca bodhisattvān na sukaram anyaiḥ śrāvakapratyekabuddhatīrthyayogayogibhir adhigantuṃ samādhiprajñābalādhānato 'pi vā paricchettum. (LAS 45, 6-9)

【梵】 마하마띠여, 이와 같이 미세한, 알라야식 영역의 활동은, 如來와 이미 地에 들어가 있는 菩薩만을 예외로, 다른 聲聞이나 獨覺이나 외도의 요가수행자에 의해서는 제대로 證知되지 않으니, 설령 定과 慧의 힘을 지니고 있다 해도 분명히 알 수 없다,

彼聲聞人邪見證智, 離起麤煩惱, 不離無明熏習煩惱 〔……〕. (菩提流支 譯『入楞伽經』 권2. T16, 526c)

yaḥ śrāvakayānābhisamayaṃ dṛṣṭvā [...] paryutthānakleśaprahīṇo vāsanakleśāprahīṇaḥ [...]. (LAS 63, 10-12)

【梵】 聲聞乘의 現觀을 본 후, 〔……〕 纏의 번뇌를 제거하고 習氣의 번뇌를 제거하지 않은 〔……〕 자이다.

究竟地.

(曇無讖 譯『菩薩地持經』 권3, 「成熟品」. T30, 901a)

niṣṭhāgamanabhūmi. (BoBh 60, 4)

【梵】 到究竟地(제10지).

※ 이외에도 용례 다수. 「地品」에서는 "畢竟地"로 번역됨.

何以故. 是心從本已來自性清淨而有無明. 爲無明所染, 有其染心. 雖有染心, 而常恒不變. 是故此義唯佛能知.

"그것은 왜인가"라 한다면, 이 心은 본래 自性淸淨인 것임에도, 無明을 가지고 있다. 無明에 의해 염오되어 있기에 染心이 된 것이다. 染心이 되었다 해도, [心은] 常이며 恒이며 不變이다. 그 때문에, 그것은 다만 부처

世尊, 然有煩惱, 有煩惱染心. 自性清淨心而有染者, 難可了知. 唯佛世尊實眼實智.

(求那跋陀羅 譯『勝鬘師子吼一乘大方便方廣經』. T12, 222b)

bcom ldan 'das nye ba'i nyon mongs pa yang mchis la | sems nye bar nyon mongs pa yang mchis pas bcom ldan 'das sems rang bzhin gyis yongs su dag pa'i nye ba'i nyon mongs pa'i don ni khong du chud par

만이 알 수 있는 것이다.

dka' ba lags te | bcom ldan 'das 'di la bcom ldan 'das nyid spyan du gyur pa lags te | ye shes su gyur pa lags | (ŚSS 152, 2-7)

asti ca Bhagavann upakleśaḥ, asty upakliṣṭaṃ cittam. atha ca punar Bhagavan prakṛtipariśuddhasya cittasyopakleśārtho duṣprativedhyaḥ. (RGV 15, 5-7)

【藏(梵)】 세존이시어, 隨煩惱도 있으며, 隨煩惱에 의해 염오된 心도 있습니다. 세존이시어, 自性淸淨心이 隨煩惱에 의해 염오되어 있는 것은 이해하기 어렵습니다. 세존이시어, 그것에 대해서는 세존만이 눈[眼]이신 분이고 지혜이신 분입니다.

世尊, 如來藏者, 常恒淸涼不變.

(勒那摩提 譯『究竟一乘寶性論』 권3에 인용된 『聖者勝鬘經』. T31, 833b)

bhagavaṃs tathāgatagarbho nityo dhruvaḥ śivaḥ śāśvataḥ (RGV 46, 3-4)

【梵】 세존이시어, 如來藏은 常이며 恒이며 淸涼이며 不變입니다.

※『勝鬘師子吼一乘大方便方廣經』에 대해서는 望月信亨[1938: 155-156]의 지적에 의거함.

所謂心性常無念故名爲不變.

즉, 心의 본성은 항상 念이 없는 것이기 때문에 "不變이다"라 말해진다.

以不達一法界故, 心不相應, 忽然念起. 名爲無明.

一法界에 통달하지 못했기 때문에, 心과 결합되지 않은 것으로서, 홀연히 念이 일어나며, [그처럼 心과 결합되어 있지 않은 念을] 無明이라 부른다.

舍利弗, 一切愚癡凡夫不如實知一法界故, 不如實見一法界故, 起邪見心, 謂衆生界增, 衆生界減.

(菩提流支 譯『佛說不增不減經』. T16, 466b)

샤리뿌뜨라여, 모든 어리석은 범부는, 一法界를 있는 그대로 알지 못하기 때문에 一法界를 있는 그대로 보지 않기 때문에 "衆生界가 늘어난다"거나 "衆生界가 줄어든다"는 邪見의 마음을 일으킨다.

世尊, 心不相應無始無明住地.

(求那跋陀羅 譯 『勝鬘師子吼一乘大方便方廣經』. T12, 220a; 220b)

	bcom ldan 'das ma rig pa'i gnas kyi sa thog ma ma mchis pa'i dus nas mchis pa ni sems dang mi ldan pa lags so || (ŚSS 84, 12-13; 100, 6-7) 【藏】 세존이시어, 시작이 없는 때로부터의 無明住地는 心과 결합되어 있지 않은 것입니다. [※ 윗 구절에 대한 주석] 依招法師解時, 三界外一念神識, 忽爾而起, 莫知所從. 更無始於我者, 故曰「無始」. 不了法相, 卽是「無明」. (Pelliot chinois 2908. 『第一集』 pp.180-181) 招法師의 해석에 의하면, 三界의 바깥에서 一念의 識이 홀연히 일어나, 어디에서 온 것인지 알 수 없다. 나에게서 시작된 것이 아니기 때문에 "시작이 없다"고 부른다. 法相을 명확히 알 수 없기 때문에 "無明"인 것이다. ※ Pelliot chinois 2908에 대해서는 池田將則의 지적에 의함(개인적 교류).
染心者有六種. 云何爲六. 染心은 여섯 가지이다. "여섯이란 무엇인가"라 한다면,	
一者執相應染. 依二乘解脫及信相應地遠離故. 첫째는 執着이라는, [念과] 결합되어 있는 染[心]이다. 二乘의 해탈과 [菩薩의] 信相應地(信成就發心)에서 떠나기 때문이다.	
二者不斷相應染. 依信相應地修學方便漸漸能捨, 得淨心地究竟離故. 둘째는 [念과의 결합이] 중단되지 않는 상태라는, [念과] 결합되어 있는 染[心]이다. 信相應地(信成就發心)에서 [후술할 네 가지의] 加行('대처')을 수학함에 의해 점차 버릴 수 있으며 淨心地(초지)를 얻은 후 완전히 떠나기 때문이다.	修方便行. (菩提流支 譯 『十地經論』 권9. T26, 177b) sbyor ba'i spyod pa. (P no. 5494, Ngi 272b8) 【藏】 加行(*prayoga)의 行(*caryā). 淨心地. (曇無讖 譯 『菩薩地持經』 권10, 「地品」. T30, 954a) śuddhādhyāśayabhūmi. (BoBh 253, 5) 【梵】 淸淨增上意樂地(초지). ※ 『菩薩地持經』에 대해서는 望月信亨[1938: 158]의 지적에 의거함.
三者分別智相應染. 依具戒地漸離, 乃至無相方便地究竟離故.	云何增上戒住. 菩薩因淨心性戒具足住. (曇無讖 譯 『菩薩地持經』 권9, 「住品」. T30, 940a)

셋째는 분별하는 智라는, [念과] 결합되어 있는 染污[心]이다. 具戒地(제2지)에서 점차 떠나가 마침내 無相方便地(제7지)에서 최종적으로 떠나기 때문이다.

tatra katamo bodhisattvasyādhiśīlavihāraḥ. yo 'dhyāśayaśuddhinidānena prakṛtiśīlena saṃyuktastasya vihāraḥ. (BoBh 219, 11-12)

【梵】 여기에서, "菩薩의 增上戒住(제2지)란 무엇인가"라 한다면, 意樂의 청정을 계기로 본성적 戒와 결합되어 있는 이의 머묾이다.

云何有行有開發無相住. 菩薩三種增上慧爲增上已, 有行有開發, 不斷無間, 一切法如離諸妄想修慧俱住.

(曇無讖 譯『菩薩地持經』 권9, 「住品」. T30, 940a)

tatra katamo bodhisattvānāṃ sābhisaṃskāraḥ sābhogo nirnimitto vihāraḥ. yas tam eva trividham apy adhiprajñavihāram adhipatiṃ kṛtvā 'bhisaṃskāreṇābhogena niśchidranirantaraḥ sarvadharmeṣu tathatānirvikalpaprajñābhāvanāsahagato vihāraḥ. (BoBh 219, 23-26)

【梵】 여기에서, "菩薩의 有加行有功用無相住(제7지)란 무엇인가"라 한다면, 저 세 가지 모두의 增上慧住(제4, 5, 6지)에 의지하여, 加行에 의해, 功用에 의해, 중단없이, 틈 없이, 모든 法에서 眞如에 대한 無分別慧를 수습함을 수반하는 머묾이다.

※ 望月信亨[1938: 158]의 지적에 의함.

四者現色不相應染. 依色自在地能離故.

넷째는 色을 현현한다는, [念과] 결합되어 있지 않은 染[心]이다. 色自在地(제8지)에서 떠날 수 있기 때문이다.

不動忍伏色因業道.

(傳 竺佛念 譯『菩薩瓔珞本業經』 권上. T24, 1016b)

不動忍(제8지)은 色을 원인으로 하는 業道를 굴복시킨다.

故八地大士斷色塵無知.

(Pelliot chinois 2908.『第一集』 p.166)

그러므로, 제8지의 菩薩은 色이라고 하는 대상에 대한 무지를 끊는다.

※ Pelliot chinois 2908에 대해서는 荒牧典俊의 지적에 의함(개인적 교류).

五者能見心不相應染. 依心自在地能離故. 다섯째는 보려고 하는 心이라는, [念과] 결합되어 있지 않은 染[心]이다. 心自在地(제9지)에서 떠날 수 있기 때문이다.	**光忍伏心因業道.** (傳 竺佛念 譯『菩薩瓔珞本業經』 권上. T24, 1016b) 光忍(제9지)은 心을 원인으로 하는 業道를 굴복시킨다. **九地菩薩斷心塵無知.** (Pelliot chinois 2908.『第一集』 p.166) 제9지의 菩薩은 心이라 하는 대상에 대한 무지를 끊는다. ※ Pelliot chinois 2908에 대해서는 荒牧典俊의 지적에 의함(개인적 교류).
六者根本業不相應染. 依菩薩盡地得入如來地能離故. 여섯째는, 근본적인 業이라는, [念과] 결합되어 있지 않은 染[心]이다. 菩薩地의 궁극에서 如來地에 들어가 떠날 수 있기 때문이다.	**菩薩地盡.** (菩提流支 譯『十地經論』 권1. T26, 126a) byang chub sems dpa'i mthar phyin pa. (P no. 5494, Ngi 138a8-b1; 138b2) **【藏】** 菩薩의 궁극. **菩薩地盡.** (菩提流支 譯『十地經論』 권3. T26, 141a) byang chub sems dpa'i sa'i mthar phyin pa. (P no. 5494, Ngi 184a1) **【藏】** 菩薩地의 궁극. **菩薩地盡.** (菩提流支 譯『十地經論』 권3. T26, 144b) byang chub sems dpa'i mthar phyin. (P no. 5494, Ngi 195b6) **【藏】** 菩薩의 궁극.
不了一法義者, 從信相應地觀察學斷, 入淨心地隨分得離, 乃至如來地能究竟離故. [왜냐하면] 하나인 [眞如]法에 통달하지 않은 것은 信相應地(信成就發心)에서부터 관찰에 의해 끊는 것을 배우고, 淨心地(초지)에 들어가서부터 분수에 따라 응하여 떠남을 얻고, 마침내 如來地에 이르러 완전히 떠날 수 있기 때문이다.	**舍利弗, 一切愚癡凡夫不如實知一法界故, 不如實見一法界故, 起邪見心, 謂衆生界增, 衆生界減.** (菩提流支 譯『佛說不增不減經』. T16, 466b) 샤리뿌뜨라여, 모든 어리석은 범부는, 一法界를 있는 그대로 알지 못하기 때문에 一法界를 있는 그대로 보지 않기 때문에 "衆生界가 늘어난다"거나 "衆生界가 줄어든다"는 邪見의 마음을 일으킨다. **淨心地.** (曇無讖 譯『菩薩地持經』 권10, 「地品」. T30, 954a) śuddhādhyāśayabhūmi. (BoBh 253, 5) **【梵】** 淸淨增上意樂地(초지).

言相應義者, 謂心念法異, 依染淨差別而知相緣相同故. [念과] 결합되어 있다고 말해지는 것은, 즉 **心**과 **念**은 **法**('범주')으로서 다르며, [대상인] **雜染**과 **淸淨**은 별개라 하더라도 [心과, 心과는 다른 **念**이 대상을] 아는 것이나 반연하는 것은 같다는 것이다.	※ 이 **"染淨"**은 앞부분(III.1.2.2.)에서 **"智識"**의 대상으로 규정되었던 **"染淨法"**에 해당되며, 또한 앞부분(III.1.2.1.2.)에서 **"智相"**의 대상으로 규정되었던 **"愛與不愛"**에 해당된다.
不相應義者, 謂卽心不覺常無別異, 不同知相緣相故. [念과] 결합되어 있지 않다는 것은, 즉, **心** 그 자체가 **不覺**('아직 깨닫지 못한 것" = **念**)인 것이어서, [心과 **念**은] 항상 다르지 않으며, [心, 그리고 心과 다른 **念**은 대상을] 아는 것이나 반연하는 것은 같지 않다는 것이다.	
又染心義者, 名爲煩惱礙. 能障眞如根本智故. 또한 **染心**이라는 것은 **煩惱礙**('번뇌라는 방해')라 불린다. [染心은] **眞如**라는 근본적인 **智**를 방해할 수 있기 때문이다.	**文殊師利, 如來如實知見自身根本淸淨智, 以依自身根本智故, 知諸衆生有淸淨身.** (勒那摩提 譯『究竟一乘寶性論』 권4. T31, 838c) tatra mañjuśrīs tathāgata ātmopādānamūla-parijñātāvī. ātmamạviśuddhyā sarvasattvavi-śuddhim anugataḥ. (RGV 71, 12-14) **【梵】** 만쥬스리여, 그것에 대해서, **如來**는 **我取**를 [苦의] 근본이라고 **遍知**하는 자이다. 본래부터 청정한 것에 의해 모든 중생이 청정하다는 것을 통찰한다.
無明義者, 名爲智礙. 能障世間自然業智故. **無明**이라는 것은 **智礙**('智에 대한 방해')라 불린다. [無明은] 세간적이며 자연스러운 **業**('작용')을 지닌 **智**를 방해할 수 있기 때문이다.	**是福德應報 爲化諸衆生** **自然如是業 諸佛現十方** (菩提流支 譯『金剛般若波羅蜜經論』 권下. T25, 795c) tan nirmāṇaphalaṃ teṣā[ṃ puṇya] ------ | anābhogena yat karma buddhāḥ kurvanti dikṣu ca || (KS kārikā 67) [범문 결손 부분의 티베트역: de dag gi ni bsod nams de'i | 'bras bu sprul dang sems can gdul |] **【梵】** 저들(**諸佛**)의 복덕[이라는 원인]에는, 저, **變化[身]**이라는 결과와 중생을 인도함이 있다. **無功用**으로서 작용하는 것을 여러 부처는 여러 곳에서 짓는다.

此義云何. “그것은 어떠한 것인가”라 한다면,	
以依染心能見能現妄取境界違平等性故. [**染心**을 **煩惱礙**라 하는 것은,] **染心**에 의거하여 ①보는 것과 ②[대상을] 현현하는 것과 ③대상을 허망히 파악하는 것이 평등한 본성[인, **眞如**라는 근본적 지혜]에 어긋나기 때문이다.	**意識及五識 <u>虛妄取境界</u>** (菩提流支 譯『入楞伽經』 권7. T16, 557a) vijñānaṃ pañcabhiḥ sārdhaṃ dṛśyaṃ kalpeti raṅgavat ǀ (LAS 224, 3) **【梵】** 다섯 [**識**]을 수반하는 [**意**]**識**은 보여야 할 것을 관객처럼 분별한다.
以一切法常靜無有起相無明不覺妄與法違故, 不能得隨順世間一切境界種種知故. [**無明**을 **智礙**라 하는 것은] 모든 **法**은 항상 적정하여 일어남이 없으나, **無明**은 **不覺**(‘아직 깨닫지 못한 것’)인 채로 허망하게 그 모든 **法**에 어긋나기 때문에, 세간의 모든 대상에 대한 갖가지 지혜에 수순할 수 없기 때문이다.	**隨順一切境界智.** (菩提流支 譯『十地經論』 권11. T26, 189b) sarvagocarajñānānugamana. (DBhS 160, 10) **【梵】** 모든 대상에 대한 지혜에 수순하는 것.

[Ⅲ·1·2·3 生滅相]

大乘起信論一卷 馬鳴菩薩作	북조기 한문불교문헌
復次分別生滅相者, 有二種. 云何爲二. **一者麤. 與心相應故.** **二者細. 與心不相應故.** **又麤中之麤凡夫境界. 麤中之細及細中之麤菩薩境界. 細中之細是佛境界.** 그리고 다음으로, [**心**이] 생멸하고 있음을 분류한다면 두 종류가 있다. “둘이란 무엇인가”라 한다면, 첫째는 거친 것이다. [**念**이] **心**과 결합하여 있기 때문이다. 둘째는 미세한 것이다. [**念**이] **心**과 결합하여 있지 않기 때문이다. 또한 거친 것 중 거친 것은 범부의 대상이다. 거친 것 중에 미세한 것과 미세한 것 중의 거친 것은 **菩薩**의 대상이다. 미세한 것 중의 미세한 것은 부처의 대상이다.	**生滅相.** (菩提流支 譯『十地經論』 권11. T26, 190b) udayāstaṃgamana. (DBhS 161, 4) **【梵】** 생멸하고 있는 것.

此二種生滅依於無明熏習而有. 所謂依因依緣. 依因者, 不覺義故. 依緣者, 妄作境界義故. 이러한 두 종류의 생멸은 無明으로부터의 熏習에 의하여 존재한다. 즉, 원인에 의해서 [있으며] 조건에 의해서 [있는 것이다.] 원인에 의해서란, 不覺('아직·깨닫지 못한 것')에 의해서라는 의미이다. 조건에 의해서란 [心이] 허망하게 대상을 짓는 것에 의해서라는 의미이다.	大慧, 相續滅者, 相續因滅, 則相續滅. 因滅緣滅, 則相續滅. 大慧, 所謂依法, 依緣. 言依法者, 謂無始戲論妄想熏習. 言依緣者, 謂自心識見境界分別. (菩提流支 譯『入楞伽經』 권2. T16, 522a) prabandhanirodhaḥ punar Mahāmate yasmāc ca pravartate. yasmād iti Mahāmate yadāśrayeṇa yadālambanena ca. tatra yadāśrayam anādikālaprapañcadauṣṭhulyavāsanā yadālambanaṃ svacittadṛśyavijñānaviṣaye vikalpāḥ. (LAS 38, 5-8) 【梵】 마하마띠여, 또한 [모든 轉識의] 연속이 멸하는 것은 어떤 것에 의해 발생한다. 마하마띠여, 어떤 것에 의해서란, 어느 것이 所依가 되고, 저, 어떤 것이 所緣이 되는 것이다. 그중, 어떤 것이 所依가 된다는 것은, 시작이 없는 때로부터의 戲論이라는 거칠고 무거운 習氣가 [所依가 된] 것이다. 어떤 것이 所緣이 된다는 것은 자신의 心에 의해 보여지는 識의 경계[라는 所緣]에 대해 모든 분별이 있는 것이다. 彼聲聞人, 邪見證智, 離起麤煩惱, 不離無明熏習煩惱 〔……〕. (菩提流支 譯『入楞伽經』 권2. T16, 526c) yaḥ śrāvakayānābhisamayaṃ dṛṣṭvā [...] paryutthānakleśaprahīṇo vāsanakleśāprahīṇaḥ [...]. (LAS 63, 10-12) 【梵】 聲聞乘의 現觀을 본 후 〔……〕 纏의 번뇌를 제거하고, 習氣의 번뇌를 제거하지 않은 〔……〕 자이다.
若因滅則緣滅. 因滅故不相應心滅. 緣滅故相應心滅. 만약 원인(不覺)이 소멸한다면 조건(대상)이 소멸한다. 원인(不覺)이 소멸하기 때문에 [念과] 결합해 있지 않은 心이 소멸하고, 조건(대상)이 소멸하기 때문에 [念과] 결합해 있는 心이 소멸한다.	
問曰. 若心滅者, 云何相續. 若相續者, 云何說究竟滅.	而自相阿梨耶識不滅. 是故大慧, 諸識自相滅. 自相滅者, 業相滅. 若自相滅者, 阿梨耶識應滅.

答曰. 所言滅者, 唯心相滅, 非心體滅. 如風依水而有動相, 若水滅者, 則風斷絶, 無所依止, 以水不滅, 風相相續, 唯風滅故, 動相隨滅, 非是水滅, 無明亦爾, 依心體而動, 若心體滅, 則衆生斷絶, 無所依止. 以體不滅, 心得相續. 唯癡滅故, 心相隨滅, 非心智滅. 질문. 만약 心이 소멸한다면 [중생은] 어떻게 연속되는가. 만약 [중생이] 연속된다면 어째서 [心이] 궁극적으로 소멸한다고 설하는가. 대답. 소멸이라는 것은 다만 心의 [움직임이라는] 특징이 소멸한 것이니, 心의 본성이 소멸한 것은 아니다. 예를 들어 바람이 물에 의거하기 때문에 [물의] 움직임이라는 특징이 있으니, 만약 물이 소멸한다면 바람은 단절되어 [바람의] 의지처가 없게 되지만, 물이 소멸하지 않는 탓에 바람의 특징은 연속되고, 다만 바람만이 소멸하기 때문에 [물의] 움직임이라는 특징은 이것에 따라 소멸하지만, 물이 소멸하는 것은 아닌 것과 같이, 그처럼, 無明이 心의 본성에 의거하기에 [心은] 움직이는 것이니, 만약 心의 본성이 소멸한다면 중생은 단절되어 [중생의] 의지처가 없게 되지만 [心의] 본성이 소멸하지 않는 탓에 心은 연속되고, 다만 어리석음(無明)만이 소멸하기 때문에 心의 [움직임이라는] 특징은 [그것에] 따라 소멸하지만, 心의 智[라는 본성]이 소멸하는 것은 아니다.	(菩提流支 譯『入楞伽經』 권2. T16, 522a) sa ca na bhavati svajātilakṣaṇanirodhaḥ. tasmān Mahāmate na svajātilakṣaṇanirodho vijñānānāṃ kiṃ tu karmalakṣaṇanirodhaḥ. svajātilakṣaṇe punar nirudhyamāne ālayavijñānanirodhaḥ syāt. (LAS 38, 16-19) 【梵】 그러나, 그것은 자신의 동류라는 특징의 소멸은 아니다. 마하마띠여, 그 때문에, 모든 識에 있어 자신의 동류라는 특징의 소멸이 아니라, 오히려, 業이라는 특징의 소멸인 것이다. 또한 자신의 동류라는 특징이 소멸하는 경우, 알라야식의 소멸이 되어 버린다.

[III· 1 · 2 · 4 熏習]

大乘起信論一卷 馬鳴菩薩作	북조기 한문불교문헌
復次有四種法熏習義故, 染法淨法起不斷絶. 云何爲四. 또 다음으로, 네 가지 法으로부터의 熏習이라는 것이 있기 때문에, 雜染法과 淸淨法은 계속해서 일어나되 멈추지 않는다. "넷이란 무엇인가"라 한다면,	-

一者淨法, 名爲眞如. 첫째는 淸淨法이니, 眞如라 불린다.	
二者一切染因, 名爲無明. 둘째는 모든 雜染[法]에 있어서의 원인이니, 無明이라 불린다.	
三者妄心, 名爲業識. 셋째는 허망한 心이니, 業識이라 불린다.	業相識. (菩提流支 譯『入楞伽經』 권2. T16, 522a) karmalakṣaṇa. (LAS 37, 13) 【梵】 業이라는 특징.
四者妄境界, 所謂六塵. 넷째는 허망한 대상이니, 즉, [色, 聲, 香, 味, 觸, 法이라는] 六境이다.	六塵虛妄境界. (菩提流支 譯『金剛仙論』 권8. T25, 854b) 六境이라는 허망한 대상.
熏習義者, 如世間衣服實無於香, 若人以香而熏習故則有香氣, 此亦如是, 眞如淨法實無於染, 但以無明而熏習故則有染相. 無明染法實無淨業, 但以眞如而熏習故則有淨用. 熏習이라는 것은, 마치 세간의 의복에는 실제로 향기가 없지만, 누군가 향기를 [의복에] 熏習하였기 때문에 [의복에] 향기가 있는 것과 같이, 그처럼, 이 경우도, 眞如라는 淸淨法에는 실제로 염오됨이 없지만, 다만 無明을 [眞如에] 熏習하기 때문에 [허망한 心과 허망한 대상에] 염오라는 특징이 있는 것이다. 無明이라는 雜染法에는 실제로 청정한 작용이 없지만, 다만 眞如를 [無明에] 熏習하기 때문에 [허망한 心과 허망한 대상에] 청정한 用('작용')이 있는 것이다.	又一解. 經非是無記. 何以故. 以此經教從眞如證法中來, 是其一分. 爲此眞如證法所熏, 故言教非是無記, 有其因義. 如以須摩那華及薝蔔華, 勳(熏?)胡麻子, 後押得油, 名須摩那油及薝蔔油, 此言教亦如是, 爲證法所熏, 非是無記. (菩提流支 譯『金剛仙論』 권9. T25, 860c. "熏"은 저본에 "勳"으로 되어 있으나 甲本에 의거 교정) 또한 하나의 해석이 있다. 경전은 無記('백지상태')가 아니다. 왜냐하면, 이 경전이라는 教[法]은 [선한] 眞如라는 證法(adhigama-dharma)에서 나오니, 그것의 일부이다. 이 [선한] 眞如라는 證法에 의해 熏習되기 때문에 教[法]은 無記가 아닌 것이며, 그것(선한 佛果)의 원인됨이 있다. 마치 須摩那華(Sumanaka)와 薝蔔華(Campaka)에 의해 참깨를 熏習하고, 후에 [참깨를] 압착하여 기름을 얻으니, [그 기름을] 須摩那油나 薝蔔油라 부르는 것과 같이, 그처럼 이 教[法]은 證法에 의해 熏習되고 있기 때문에 無記가 아니다.
云何熏習起染法不斷. 所謂以依眞如法故, 有於無明. "어째서 熏習은 雜染法을 계속해서 일으키되 멈추지 않는가"라 한다면, 즉, 眞如法에 의거하여 無明이 있는 것이다.	

以有無明染法因故, 卽熏習眞如. [모든] **雜染法**의 원인인 **無明**이 있기 때문에 [**無明**이] **眞如**에 **熏習**한다.	
以熏習故, 則有妄心. [**無明**이 **眞如**에] **熏習**하기 때문에, 허망한 **心**이 있게 된다.	
以有妄心, 卽熏習無明. 허망한 **心**이 있기 때문에 [허망한 **心**이] **無明**을 [자체에] **熏習**한다.	
不了眞如法故, 不覺念起, 現妄境界. **眞如法**을 분명히 알지 못하기 때문에 **不覺**의 상태로 **念**(**無明**)이 일어나며 [**六境**이라는] 허망한 대상을 현현한다.	**舍利弗, 一切愚癡凡夫不如實知一法界故, 不如實見一法界故, 起邪見心, 謂衆生界增, 衆生界減.** (**菩提流支** 譯『**佛說不增不減經**』. T16, 466b) 샤리뿌뜨라여, 모든 어리석은 범부는, **一法界**를 있는 그대로 알지 못하기 때문에 **一法界**를 있는 그대로 보지 않기 때문에 "**衆生界**가 늘어난다"거나 "**衆生界**가 줄어든다"는 **邪見**의 마음을 일으킨다.
以有妄境界染法緣故卽熏習妄心, 令其念著造種種業受於一切身心等苦. **雜染法**의 조건인 허망한 대상이 있기 때문에 [허망한 대상이] 허망한 **心**에 **熏習**하니, 저것(허망한 **心**)에 **念**이 집착되게 하여, 갖가지 **業**을 짓고 모든 몸과 마음의 등의 **苦**를 받게 한다.	**一切身心等苦.** (**菩提流支** 譯『**十二因緣論**』. T32, 481c) 모든 몸과 마음의 **苦**.
此妄境界熏習義則有二種. 云何爲二. 이러한 허망한 대상으로부터의 **熏習**이란 두 종류가 있다. "둘이란 무엇인가"라 한다면,	**無始來戱論<u>境界熏習</u>.** (**菩提流支** 譯『**入楞伽經**』 권3. T16, 527c) anādikālaprapañcaviṣayavāsanā. (LAS 69, 1) 【**梵**】 시작이 없는 때로부터의 **戱論**의 대상의 **習氣**.
一者增長念熏習, 첫째는 [허망한 **心**에] **念**을 증대시키는 **熏習**,	※ "**增長念熏習**" "**增長取熏習**"은 앞 부분(III.1.2.2.)에서 "**意**"에 대해 설해진 "**能取境界, 起念相續**"의 원인.
二者增長取熏習. 둘째는 [허망한 **心**에 대상을] 파악하는 것을 증대시키는 **熏習**이다.	

妄心熏習義有二種. 云何爲二. 허망한 心으로부터의 熏習이라는 것은 두 종류이다. "둘이란 무엇인가"라 한다면,	
一者業識根本熏習. 能受阿羅漢辟支佛一切菩薩生滅苦故. 첫째는 業識으로부터의 근본적인 熏習이다. 阿羅漢과 獨覺, 그리고 모든 菩薩에게 생멸의 苦를 줄 수 있다는 것이다.	是故阿羅漢辟支佛有餘生法不盡故, 有生. (求那跋陀羅 譯『勝鬘師子吼一乘大方便方廣經』. T12, 219c) bcom ldan 'das de lta lags pas dgra bcom pa rnams dang rang sangs rgyas rnams kyang skye ba'i chos kyi lhag ma dang bcas pa lags te | bcom ldan 'das de dag gi skye ba ma bas pa yang mchis so || (ŚSS 74, 6-9) 【藏】 세존이시어, 그렇기 때문에, 阿羅漢들과 獨覺들은 역시 태어남이라는 法의 나머지를 수반하고 있으니, 세존이시어, 저들에게는 미처 끝내지 못한 태어남이 있는 것입니다.
二者增長分別事識熏習. 能受凡夫業繫苦故. 둘째는 分別事識을 증대시키는 熏習이다. 범부에게 業에 묶여있는 苦를 줄 수 있다는 것이다.	分別事識分別取境界, 因無始來戲論熏習. (菩提流支 譯『入楞伽經』 권2. T16, 522a) vastuprativikalpavijñānaṃ ca Mahāmate viṣayavikalpahetukam anādikālaprapañca-vāsanāhetukaṃ ca. (LAS 37, 19-38, 2) 【梵】 또한, 마하마띠여, 分別事識은 대상을 분별하는 것을 원인으로 하며, 시작이 없는 때로부터의 戲論의 習氣를 원인으로 한다. 非是知識及妻室 亦非男女諸眷屬 能救我此業繫苦 是業大力不可奪 (般若流支 譯『正法念處經』 권17. T17, 102a) stobs dang bral ba'i las dag gi | zhags pa yis ni khrid pa na | bshes gnyen bu dang chung ma dang | rtsa lag gis kyang skyob mi byed | (P no. 953, 'U 324b5-6) na dārā nāpi mitrāṇi na putrā nāpi bāndhavāḥ | trāyante karmapāśena nīyamānaṃ balīyasā || (DhS III, 210, verse 1709) 【梵】 강력한 業이라는 그물에 의해 끌린 자를 친구도 자식도 부인도 친족도 구

	해주지 않는다.
無明熏習義有二種. 云何爲二. **無明**으로부터의 **熏習**은 두 종류이다. "둘이란 무엇인가"라 한다면,	**彼聲聞人邪見證智, 離起麤煩惱, 不離無明熏習煩惱**〔……〕. (菩提流支 譯『入楞伽經』 권2. T16, 526c) yaḥ śrāvakayānābhisamayaṃ dṛṣṭvā [...] paryutthānakleśaprahīṇo vāsanakleśāprahīṇaḥ [...]. (LAS 63, 10-12) **【梵】 聲聞乘**의 **現觀**을 본 후, 〔……〕 **纏**의 번뇌를 제거하고 **習氣**의 번뇌를 제거하지 않은 〔……〕 자이다.
一者根本熏習. 以能成就業識義故. 첫째는 [**無明**으로부터의] 근본적인 **熏習**이다. [**無明**이] **業識**을 성립시킬 수 있음에 의한다.	
二者所起見愛熏習. 以能成就分別事識義故. 둘째는 [**無明**에 의해] 일어난 **見**과 **愛**로부터의 **熏習**이다. [**見**과 **愛**가] **分別事識**을 성립시킬 수 있음에 의한다.	**分別事識分別取境界, 因無始來戲論熏習.** (菩提流支 譯『入楞伽經』 권2. T16, 522a) vastuprativikalpavijñānaṃ ca mahāmate viṣayavikalpahetukam anādikālaprapañcavāsanāhetukaṃ ca. (LAS 37, 19-38, 2) **【梵】** 또한, 마하마띠여, **分別事識**은 대상을 분별하는 것을 원인으로 하며, 시작이 없는 때로부터의 **戲論**의 **習氣**를 원인으로 한다. **復次諸煩惱有二種. 一種屬愛, 一種屬見.** (鳩摩羅什 譯『大智度論』 권3. T25, 81c) 또한 다음으로, 모든 번뇌는 두 가지이다. 하나는 **愛**에 속하며, 하나는 **見**에 속한다. **諸煩惱有二分. 一者屬見, 二者屬愛.** (鳩摩羅什 譯『大智度論』 권88. T25, 682b) 모든 번뇌는 두 가지이다. 하나는 **見**에 속하며, 하나는 **愛**에 속한다.
云何熏習起淨法不斷. 所謂以有眞如法故, 能熏習無明, 以熏習因緣力故, 則令妄心厭生死苦樂求涅槃. 以此妄心有厭求緣故, 卽熏習眞如. "어째서 **熏習**은 **清淨法**을 끊임없이 일으키되 멈추지 않는가"라 한다면, 즉, **眞如法**이	**世尊, 若無如來藏者, 不得厭苦樂求涅槃.** (求那跋陀羅 譯 『勝鬘師子吼一乘大方便方廣經』. T12, 222b〔勒那摩提 譯『究竟一乘寶性論』 권3. T31, 831a〕) tathāgatagarbhaś ced bhagavan na syān na syād duḥkhe 'pi nirvin na nirvāṇa icchā vā prārthanā vā praṇidhir vā. (RGV 36, 1-2)

있기 때문에, [眞如法은] 無明에 熏習할 수 있으며 [眞如法으로부터의] 熏習이라는 因緣('원인')의 힘에 의해 허망한 心이 윤회의 苦를 싫어하게 하거나 涅槃을 좋아하고 구하게 한다. 이 허망한 心이 [윤회의 苦를] 싫어하거나 [열반을] 구하거나 하는 緣('조건')이 있기 때문에 [허망한 心은] 바로 眞如를 [스스로에게] 熏習한다.

【梵】 세존이시어, 如來藏이 없다면 苦를 싫어함도 없고 涅槃을 좋아함, 혹은 구함, 혹은 원함이 없을 것입니다.

※ 高崎直道[1986] 의 지적에 의거함.

自信己性, 知心妄動無前境界, 修遠離法.

자기 자신의 본성[인 眞如法]을 믿고, "心이 허망하게 움직일 뿐 [心] 앞에 대상은 없다"고 알며, [대상으로부터] 멀리 떠남이라는 法을 닦는다.

問曰. 以何事驗得知, 色等外境界無, 但有內心能虛妄見前境界也. 答曰. 偈言「以無塵妄見」故. 「無塵妄見」者, 明畢竟無色等境界. 但有內心妄生分別, 能見色等外諸境界. (般若流支 譯『唯識論』. T31, 64c)

질문. 어째서 "色 등이라는 외계의 대상은 없고, 다만 허망하게 눈앞의 대상을 볼 수 있는 내적인 마음이 있는 것에 지나지 않는다"라고 알 수 있는가.

대답. 게송에 「대상이 없는데도 허망하게 보기 때문」이라고 하였다. 「대상이 없는데도 허망하게 본다」란, 色 등의 대상은 결국 없고, 단지 허망하게 분별을 낳아 色 등이라고 하는 외계의 여러 대상을 볼 수 있는 내적인 마음이 있을 뿐이다.

以如實知無前境界故, 種種方便起隨順行, 不取不念.

"앞의 대상은 없다"는 것을 사실 그대로 알기 때문에, 갖가지 加行('대처')에 의해 [眞如法에] 수순하는 수행을 일으키고 [대상을] 파악하지 않고 念하지 않는다.

※ "不取不念"은 앞 부분(Ⅲ1.2.2)에서 "意"에 대해 설해진 "能取境界, 起念相續"의 멈춤.

乃至久遠熏習力故, 無明則滅. 以無明滅故, 心無有起. 以無起故, 境界隨滅. 以因緣俱滅故, 心相皆盡, 名得涅槃, 成自然業.

결국에는 [眞如法에 의한] 오래된 과거로부터의 熏習의 힘에 의해 無明은 소멸한다. 無明이 소멸하기 때문에, 心은 일어남이 없게 된다. [心이] 일어남이 없게 되기 때문에, [心의] 대상은 [그것에] 따라 소멸한다. [無

大慧, 阿梨耶識虛妄分別種種熏滅, 諸根亦滅. 大慧, 是名相滅. (菩提流支 譯『入楞伽經』 권2. T16, 522a)

tatra sarvendriyavijñānanirodho Mahāmate yad uta ālayavijñānasya abhūtaparikalpavāsanāvaicitryanirodhaḥ. eṣa hi Mahāmate lakṣaṇanirodhaḥ. (LAS 38, 3-5)

【梵】 마하마띠여, 여기에서 모든 根識(六識)의 소멸이란, 즉 알라야식에서 허망

明이라는] 원인과 [대상이라는] 조건이 모두 소멸하기 때문에 心의 [움직이라는] 특장이 모두 다하는 것을 열반이라 하며, 자연스러운 業('작용')을 이룬다.

분별의 習氣라는 갖가지 것들의 소멸됨이다. 마하마띠여, 실로, 그것이 특징의 소멸이다.

是福德應報 爲化諸衆生
自然如是業 諸佛現十方
(菩提流支 譯『金剛般若波羅蜜經論』권下. T25, 795c)

tan nirmāṇaphalaṃ teṣā[ṃ puṇya] ------ |
anābhogena yat karma buddhāḥ kurvanti dikṣu ca || (KS kārikā 67)
[범문 결손 부분의 티베트역: de dag gi ni bsod nams de'i | 'bras bu sprul dang sems can gdul |]

【梵】 저들(諸佛)의 복덕[이라는 원인]에는, 저, 變化[身]이라는 결과와 중생을 인도함이 있다. 無功用으로서 작용하는 것을 여러 부처는 여러 곳에서 짓는다.

妄心熏習義有二種. 云何爲二.
一者分別事識熏習. 依諸凡夫二乘人等厭生死苦, 隨力所能, 以漸趣向無上道故.
二者意熏習. 謂諸菩薩發心勇猛, 速趣涅槃.

허망한 心으로부터의 熏習은 두 가지가 있다. "둘이란 무엇인가"라 한다면,
첫째는 分別事識으로부터의 熏習이다. 범부와 二乘의 사람들이 윤회의 苦를 싫어하여, 힘이 닿는 한, 점점 이 위없는 깨달음으로 나아가기 때문이다.
둘째는 意로부터의 熏習이다. 즉, 모든 菩薩이 발심하였기 때문에 용맹하고, 빠르게 열반에 나아가는 것이다.

凡夫二乘人.
(勒那摩提 譯『究竟一乘寶性論』권4. T31, 840b)

범부와 二乘의 사람들.

※ 범문에는 없는 구절.

眞如熏習義有二種. 云何爲二.
一者自體相熏習,
二者用熏習.

眞如로부터의 熏習은 두 가지가 있다. "둘이란 무엇인가"라 한다면,
첫째는 자신의 體相('본연의 상태')로부터의 熏習,
둘째는 用('작용')으로부터의 熏習이다.

※ "體相"은 "體"와 "相" 둘이 아니라 "體"의 동의어. 뒷부분(Ⅲ.1.2.4)에서 "自體相熏習", "用熏習"이 다시 "體用熏習"으로 묶임을 보라.

自體相. (菩提流支 譯『入楞伽經』권2, 권3, 권4, 권7, 권9. T16, 524b; 529a; 538b; 538c; 557c; 558a; 575a)

svabhāva. (LAS 51, 6; 74, 14-16; 126, 7; 128, 8; 227, 9; 229, 6; Saghātaka 415)

【梵】 自性.

<table>
<tr><td></td><td>※ 菩提流支 譯 『入楞伽經』에서 "自體相"은 自性(svabhāva), 自相(svalakṣaṇa), 自性의 相(svabhāvalakṣaṇa)이라는 셋 중 어느 것에 대응하는 번역어이지만, 『大乘起信論』에서 "自體相"은 분명히 自性에 대응하는 용어이다.</td></tr>
<tr><td>自體相熏習者, 從無始世來具無漏法, 備有不思議業作境界之性, 依此二義, 恒常熏習.

자신의 體相('본연의 상태')로부터의 熏習이란, [眞如는] 시작이 없는 때로부터 ①無漏인 法을 갖추고, 또한, ②불가사의한 業('작용')에 의해 대상을 지어낸다는 본성을 갖추니, 이러한 두 가지에 의해 항상 熏習하고 있는 것이다.</td><td>大慧, 言刹尼迦者, 名之爲空. 阿梨耶識名如來藏, 無共意, 轉識熏習故名爲空, 具足無漏熏習法故名爲不空. (菩提流支 譯 『入楞伽經』 권8. T16, 559c)

punar Mahāmate ālayavijñānaṃ tathāgatagarbhasaṃśabditaṃ manaḥsahitaṃ pravṛttivijñānavāsanābhiḥ kṣaṇikam anāsravavāsanābhir akṣaṇikam. (LAS 235, 15-236, 1)

【梵】 다음으로, 마하마띠여, 如來藏이라 불리며 意를 수반하고 있는 알라야식은, 轉識의 여러 習氣에 의해서는 순간적이며, 無漏인 여러 習氣에 의해서는 순간적이지 않다.

諸佛如來身 如虛空無相
爲諸勝智者 作六根境界
(勒那摩提 譯 『究竟一乘寶性論』 권4. T31, 842a)

tathāgatatvaṃ gaganopamaṃ satāṃ ṣaḍindiyārthānubhaveṣu kāraṇam ||
(RGV 82, 13-14)

【梵】 허공과 같은 如來性은 올바른 자(菩薩)들이 六根이 대상을 지각하는 것의 원인이다.

※ 『究竟一乘寶性論』의 문구는 無垢眞如의 여덟 가지 내용 중 네 번째 "業"의 일부.</td></tr>
<tr><td>以有力故, 能令衆生厭生死苦樂求涅槃.

[眞如는] 힘을 가지고 있기 때문에, 중생에게 윤회의 苦를 싫어하게 하거나 涅槃을 좋아하게 하고 구하게 할 수 있다.</td><td>世尊, 若無如來藏者, 不得厭苦樂求涅槃.
(求那跋陀羅 譯 『勝鬘師子吼一乘大方便方廣經』. T12, 222b 〔勒那摩提 譯 『究竟一乘寶性論』 권3. T31, 831a〕)

tathāgatagarbhaś ced bhagavan na syān na syād duḥkhe 'pi nirvin na nirvāṇa icchā vā prārthanā vā praṇidhir vā. (RGV 36, 1-2)

【梵】 세존이시어, 如來藏이 없다면 苦를 싫어함도 없고 涅槃을 좋아함, 혹은 구함, 혹은 원함이 없을 것입니다.

※ 高崎直道[1986] 의 지적에 의거함.</td></tr>
</table>

自信己身有眞如法, 發心修行. 내 몸에 **眞如法**이 있음을 스스로 믿고, 발심하고, 수행한다.	**菩薩如是發心修行.** (菩提流支 譯『深密解脫經』권3. T16, 678c-679a) de ltar zhugs zhing. (SNS VIII, 36) 【藏】 이같이 행동하면서(*evaṃ pratipannaḥ). **若人能爲諸衆生發心修行.** (菩提流支 譯『佛說法集經』권6. T17, 647c) gang sems can rnams la log par mi sgrub pa'o || (P no.904, Wu 100b6) 【藏】 모든 중생에 대해 잘못되게 행동하지 않는 자이다(*avipratipannaḥ).
問曰. 若如是義者, 一切衆生悉有眞如, 等皆熏習. 云何有信無信無量前後差別. 皆應一時自知有眞如法勤修方便等入涅槃. **答曰. 眞如本一而有無量無邊無明從本已來自性差別厚薄不同故.** 질문. 만약 그러한 것이라면 모든 중생 중에는 다 **眞如**가 있고, 어느 것이나 **熏習**하고 있다. 어째서 믿음이 있는 자와 믿음이 없는 자의, 무량한 전후의 구별이 있는 것인가. 너나없이 같은 때에 자신에게 **眞如法**이 있다고 알고, **加行**('대처')의 수습을 부지런히 하여 모두 열반에 들어야 할 것이다. 대답. **眞如**는 본래 하나라 하더라도, 무량무변의 **無明**—본래 자성으로서의 구별이 있어, 두껍고 얇음에 제각각인 것—을 가지고 있기 때문이다.	**衆生實有眞如法, 何故不得.** (菩提流支 譯『金剛般若波羅蜜經論』권中. T25, 789a) 중생에게는 실로 **眞如法**이 있는데 어째서 [중생은 **眞如法**을] 얻지 못하는가. ※ 윗 구절에 대한 주석 **又復若眞如佛性一切衆生平等有之, 何故有人得見, 有人不見也.** 〔……〕 **答意云. 眞如佛性雖復一切衆生有之平等, 明諸佛菩薩修行斷惑故能見性, 一切衆生未能修行斷惑故所以不見也.** (菩提流支 譯『金剛仙論』권6. T25, 842a) 그리고 다음으로, 만약 **眞如**인 **佛性**이 모든 중생에게서 똑같이 있다고 한다면, 어째서 어떤 사람은 그것을 보게 되고 다른 사람은 보지 않는가. 〔……〕 대답의 의도. **眞如**인 **佛性**은 모든 중생에게 똑같이 있다고 하더라도, **諸佛菩薩**은 수행에 의해 미혹을 끊었기 때문에 **佛性**을 볼 수 있으나, 여러 중생은 아직 수행에 의해 미혹을 끊지 못했기 때문에 보지 않는다고 밝힌 것이다. **若有說言"佛說中道一切衆生悉有佛性. 煩惱覆故, 不知不見. 是故應當勤修方便, 斷壞煩惱", 若有能作如是說者, 當知是人不犯四重.** (曇無讖 譯『大般涅槃經』권7. T12, 405b) gang dag bdag gi lus la sangs rgyas kyi

khams yod de | bdag gis sangs rgyas thob par 'gyur mod kyi nyon mongs pa zad par bya dgos so zhes de skad zer ba de dag ni nga'i nyan thos yin no || (P no. 788, Tu 101a2)

【藏】 "내 몸 안에 佛性이 있어, 나는 부처가 되겠지만, 번뇌가 다할 필요가 있다"고 이와 같이 설하는 저들이야말로 나(釋尊)의 聲聞이다.

修方便行. (菩提流支 譯『十地經論』권9. T26, 177b)

sbyor ba'i spyod pa. (P no. 5494, Ngi 272b8)

【藏】 加行(*prayoga)의 行(*caryā).

過恒沙等上煩惱依無明起差別. 我見愛染煩惱依無明起差別. 如是一切煩惱依於無明所起前後無量差別, 唯如來能知故.

갠지스 강의 모래 수를 넘는 隨煩惱는 無明에 의해 구별을 일으킨다. 我見과 愛染인 煩惱는 無明에 의해 구별을 일으킨다. 이와 같이 모든 번뇌의, 無明에 의해 일으켜진, 전후의 무량한 구별은 다만 여래만이 알 수 있는 것이다.

如是過恒沙等上煩惱, 如來菩提智所斷. 一切皆依無明住地之所建立.

(求那跋陀羅 譯『勝鬘師子吼一乘大方便方廣經』. T12, 220b)

bcom ldan 'das nye ba'i nyon mongs pa gang gla'i glung gyi bye ma las 'das pa snyed de bzhin gshegs pa'i byang chub kyi ye shes kyis gzhom par bgyi ba de dag thams cad kyang ma rig pa'i gnas kyi sa las 'byung lags so || (ŚSS 98, 13-16)

【藏】 세존이시어, 갠지스 강의 모래 수를 넘는 隨煩惱는 如來의 깨달음의 智에 의해 끊을 수 있습니다. 또한 그러한 모든 것은 無明住地에서 일어나는 것입니다.

復次諸煩惱有二種. 一種屬愛, 一種屬見.

(鳩摩羅什 譯『大智度論』권3. T25, 81c)

또한 다음으로, 모든 번뇌는 두 가지이다. 하나는 愛에 속하며, 하나는 見에 속한다.

諸煩惱有二分. 一者屬見, 二者屬愛.

(鳩摩羅什 譯『大智度論』권88. T25, 682b)

모든 번뇌는 두 가지이다. 하나는 見에 속하며, 하나는 愛에 속한다.

又諸佛法有因有緣, 因緣具足乃得成辦. 如木中火性是火正因, 若無人知不假方便, 能自燒木, 無有是處, 衆生亦爾, 雖有正因熏習之力, 若不遇諸佛菩薩善知

凡所有見世間苦果者, 凡所有見涅槃樂果者, 此二種法, 善根衆生, 有一切依因眞如佛性, 非離佛性無因緣故起如是心.

識等以之爲緣, 能自斷煩惱入涅槃者, 則無是處. 또한, 모든 **佛法**('부처의 모든 속성')은 원인을 가지고 조건을 가지니, 원인과 조건이 갖추어져 있음에 의해 비로소 성립하는 것이다. 예를 들어 나무 중의 **火界**는 불에 있어 적절한 원인이지만, 사람이 [그것을] 알지 못하고 **方便**('수단')을 강구하지 않은 채 스스로 나무를 태울 수 있는 그러한 상황은 있을 수 없는 것과 같이, 그처럼 중생도 적절한 원인인 **熏習**의 힘을 가지고 있다 해도, **諸佛菩薩**이나 **善知識** 등을 만나지 않고 저들을 조건으로 삼지 않은 채 스스로 번뇌를 끊고 열반에 들어가는 그러한 상황은 있을 수 없다.	(勒那摩提 譯『究竟一乘寶性論』 권3. T31, 831a) yad api tat saṃsāre ca duḥkhadoṣadarśanaṃ bhavati nirvāṇe ca sukhānuśaṃsadarśanam etad api śuklāṃśasya pudgalasya gotre sati bhavati nāhetukaṃ nāpratyayam. (RGV 36, 10-11) **【梵】** 저, 윤회를 **苦**라거나 과오로 보는 것이 일어나거나, 열반을 **樂**이나 공덕으로 보는 것이 일어남조차도, 그마저도, 청정한 자격을 갖춘 **補特伽羅**('개체')에게 **種姓**이 있는 경우에 일어나는 것이니, 원인을 지니지 않은 것이 아니며 조건을 지니지 않은 것이 아니다. **大王當知, 一切煩惱諸垢藏中有如來性湛然滿足, 如石中金, 如<u>木中火</u>, 〔……〕.** (菩提流支 譯『大薩遮尼乾子所說經』 권9. T9, 359ab) 대왕이시어, 알아주십시오. 모든 **煩惱垢**의 껍질 속에 **如來界**가 고요한 채로 원만하니, 마치 광석 중에 금, 나무 중에 **火界**〔……〕와 같다는 것을. ※ 티베트역에는 없는 문구.
若雖有外緣之力而內淨法未有熏習力者, 亦不能究竟厭生死苦樂求涅槃. 만약 외적인 조건의 힘이 있다고 하더라도, 내적인 **清淨法**에 아직 **熏習**의 힘이 없다면, 역시 완전히는 윤회의 **苦**를 싫어하는 것이나 열반을 좋아하고 구할 수 없다.	**世尊, 若無如來藏者, 不得<u>厭苦樂求涅槃</u>.** (求那跋陀羅 譯『勝鬘師子吼一乘大方便方廣經』. T12, 222b 〔勒那摩提 譯『究竟一乘寶性論』 권3. T31, 831a〕) tathāgatagarbhaś ced bhagavan na syān na syād duḥkhe 'pi nirvin na nirvāṇa icchā vā prārthanā vā praṇidhir vā. (RGV 36, 1-2) **【梵】** 세존이시어, **如來藏**이 없다면 **苦**를 싫어함도 없고 **涅槃**을 좋아함, 혹은 구함, 혹은 원함이 없을 것입니다. ※ 高崎直道[1986]의 지적에 의거함.
若因緣具足者, 所謂自有熏習之力, 又爲諸佛菩薩等慈悲願護故, 能起厭苦之心, 信有涅槃, 修習善根. 만약 원인과 조건을 갖추었다면, 즉, 자신에게 **熏習**[이라는 원인]의 힘이 있고, 또한 **諸佛菩薩** 등의 **慈悲願**[이라는 조건]에 의해	**凡所有見世間苦果者, 凡所有見涅槃樂果者, 此二種法, 善根衆生, 有一切依因眞如佛性, 非離佛性無因緣故起如是心.** (勒那摩提 譯『究竟一乘寶性論』 권3. T31, 831a) yad api tat saṃsāre ca duḥkhadoṣadar-

보호받기 때문에, 苦를 싫어하는 마음을 일으킬 수 있고, 涅槃이 있음을 믿으며 善根을 수습하는 것이다.

śanaṃ bhavati nirvāṇe ca sukhānuśaṃsadarśanam etad api śuklāṃśasya pudgalasya gotre sati bhavati nāhetukaṃ nāpratyayam. (RGV 36, 10-11)

【梵】 저, 윤회를 苦라거나 과오로 보는 것이 일어나거나, 열반을 樂이나 공덕으로 보는 것이 일어남조차도, 그마저도 청정한 자격을 갖춘 **補特伽羅**('개체')에게 **種姓**이 있는 경우에 일어나는 것이니, 원인을 지니지 않은 것이 아니며 조건을 지니지 않은 것이 아니다.

慈悲願. (菩提流支 譯『十地經論』 권2. T26, 134a)

byams pa dang snying rje.

(P no. 5494, Ngi 161b4)

【藏】 慈(*maitrī)와 悲(*karuṇā).

以修善根成熟, 則値諸佛菩薩示教利喜, 乃能進趣向涅槃道.

善根을 수습하여 [**善根**이] 성숙함에 의해, **諸佛菩薩**이 보여주고 가르쳐주고 칭찬하고 기쁘게 해주심을 만나 비로소 열반의 길로 나아갈 수 있는 것이다.

若善男子善女人, 種善根故, 世世得善知識, 其善知識能作佛事, 示教利喜, 令入阿耨多羅三藐三菩提. (鳩摩羅什 譯『妙法蓮華經』 권7. T9, 60c)

avaropitakuśalamūlānāṃ hi mahārāja kulaputrāṇāṃ kuladuhitṝṇāṃ ca sarveṣu bhavagaticyutyupapattyāyataneṣūpapannānāṃ sulabhāni bhavanti kalyāṇamitrāṇi, yāni śāstṛkṛtyena pratyupasthitāni bhavanti, yāny anuttarāyāṃ samyaksaṃbodhau śāsakāny avatārakāṇi paripācakāni bhavanti. (SPS 466, 4-8)

【梵】 대왕이시어, 실로, 이미 **善根**이 심어진 좋은 집안의 자식들, 혹은 좋은 집안의 여식들이니, 어디에서도 **有趣**라는 생사의 여러 곳에 태어난 사람들에게 스승의 역할을 가지고 나타나게 되며, 이 위없이 바르고 완전한 깨달음으로 가르쳐주는 자, 들어가게 해주는 자, 성숙시켜 주는 자인 **善友**는 얻기 쉬운 것입니다.

進趣向[……].

(勒那摩提 譯『究竟一乘寶性論』 권2. T31, 826b)

	pratipannako bhavati [...] prāptum. (RGV 20, 1) 【梵】 [……]를 얻음에 발 딛고 있는 자이다. **趣涅槃道.** (菩提流支 譯『入楞伽經』 권5. T16, 543c) nirvāṇapuragāmimārgaḥ. (LAS 155, 1) 【梵】 涅槃의 성으로 가는 자의 길을 지니고 있으며[……].
用熏習者, 即是衆生外緣之力. 如是外緣有無量義, 略說二種. 云何爲二. **一者差別緣,** **二者平等緣.** 用('작용')으로부터의 熏習이란 중생에게 있어 외적인 조건의 힘이다. 그와 같은 외적인 조건은 무량하지만, 요약하면 두 가지이다. "둘이란 무엇인가"라 한다면, 첫째는 개별적인 조건, 둘째는 평등한 조건이다.	
差別緣者, 此人依於諸佛菩薩等, 從初發意始求道時, 乃至得佛, 於中若見若念, 或爲眷屬父母諸親, 或爲給使, 或爲知友, 或爲怨家, 或起四攝, 乃至一切所作無量行緣, 以起大悲熏習之力, 能令衆生增長善根, 若見若聞, 得利益故. **此緣有二種. 云何爲二.** **一者近緣. 速得度故.** **二者遠緣. 久遠得度故.** **是近遠二緣分別復有二種. 云何爲二.** **一者增長行緣.** **二者受道緣.** 개별적인 조건이란, 이 사람은 처음 발심하여 도를 구하기 시작한 때로부터, 마침내 부처가 됨을 얻기까지, 그 사이 [눈으로] 보거나, [마음으로] 念하거나, 諸佛菩薩이 가족이나 부모나 친족이 되거나 하인이 되거나 친구가 되거나 적이 되거나, 四攝事를 일으키거나 내지는 모든 所作으로서 무량한 행위라는 조건에 이르기까지, 大悲에 기반한 熏習의 힘을 일으키고, 중생에게 善根을 늘어나게 해줌에 의해, 보거나 듣거나	

이익을 얻는다고 하는 것이다. 이 [개별적인] 조건은 두 가지이다. "둘이란 무엇인가"라 한다면, 첫째는 가까이 있는 조건이다. 빠르게 **濟度**를 얻기 때문이다. 둘째는 멀리 있는 조건이다. 오랜 세월을 지나 **濟度**를 얻기 때문이다. 이들, 가까이 있는 조건과 멀리 있는 조건 두 가지는 구별하여 다시 두 가지가 있다. "둘이란 무엇인가"라 한다면, 첫째는 수행을 증가시키는 조건, 둘째는 **道**(즉 부처의 가르침)를 받기 위한 조건이다.	
平等緣者, 一切諸佛菩薩皆願度脫一切衆生, 自然熏習, 恒常不捨, 以同體智力故, 隨應見聞而現作業. 所謂衆生依於三昧乃得平等見諸佛故. 평등한 조건이란, **諸佛菩薩**이 다 모든 중생을 해탈시킬 것을 서원하여, 자연히 [중생에게] **熏習**하고, 항상 버리지 않으니, [중생과의] 일체성에 기반한 **智**의 힘에 의해 [중생이] 보고 듣는 것에 맞추어 **業**을 지음을 현현시키는 것이다. 즉, 중생은 **三昧**에 의거하여 평등하게 모든 부처를 본다는 것이다.	
此體用熏習分別復有二種. 云何爲二. 이, **體**와 **用**으로부터의 **熏習**은 구별하여 다시 두 가지가 있다. "둘은 무엇인가"라 한다면,	
一者未相應. 謂凡夫二乘初發意菩薩等以意意識熏習, 依信力故而修行, 未得無分別心與體相應故, 未得自在業修行與用相應故. 첫째는 아직 결합되어 있지 않은 것이다. 즉 범부와 **二乘**과 초심자 **菩薩**은 **意**와 **意識**으로부터의 **熏習**에 의해, 믿음의 힘에 의거하여 수행할 수 있으나, 아직 [**眞如**의] **體**와 결합되어 있는 **無分別心**을 얻지 못했으며, 아직 [**眞如**의] **用**과 결합되어 있는 자재한 **業**('작용')에 의한 수행을 얻지 못했다는 것이다.	**大慧, 略說, 五陰法因心意意識熏習增長, 諸凡夫人依心意意識熏習故分別善不善法.** (菩提流支 譯『入楞伽經』권8. T16, 559b) saṃkṣepeṇa Mahāmate pañcopādānaskan-dhāś cittamanomanovijñānavāsanāhetukāś cittamanomanovijñānavāsanāpuṣṭair bālapṛthagjanaiḥ kuśalākuśalena parikal-pyante. (LAS 235, 2-4) **【梵】** 마하마띠여, 요약하면, **五取蘊**은 **心**과 **意**와 **意識**의 **習氣**를 원인으로 하는 것

이며, 心과 意와 意識의 習氣에 의해 늘어난 여러 어리석은 중생에 의해 善이나 不善으로 분별된다.

二者已相應. 謂法身菩薩得無分別心與諸佛智用相應, 唯依法力, 自然修行, 熏習眞如, 滅無明故.

둘째는 이미 결합되어 있는 것이다. 즉, **法身菩薩**은 모든 부처의 **智**의 **用**과 결합되어 있는 **無分別心**을 얻어 다만 **法(眞如)**의 힘에 의거하여 자연히 수행하니, **眞如**를 자신에게 **熏習**하여 **無明**을 없앤다는 것이다.

菩薩有二種. 一者生身菩薩, 二者法身菩薩. 一者斷結使, 二者不斷結使. 法身菩薩斷結使, 得六神通. 生身菩薩不斷結使, 或離欲, 得五神通. (鳩摩羅什 譯『大智度論』권38. T25, 342a)

菩薩은 두 종류이다. 첫째는 **生身菩薩**, 둘째는 **法身菩薩**이다. 한쪽은 **結使**(번뇌)를 끊어버린 것이지만, 다른 쪽은 **結使**를 끊지 않았다. **法身菩薩**은 번뇌를 끊고 **六神通**을 얻는다. **生身菩薩**은 번뇌를 끊어버리지 않았지만, 어떤 이는 **欲**을 떠나 **五神通**을 얻는다.

無有諸相, 自然修行, 相不能動. 是故第八名不動地. (菩提流支 譯『深密解脫經』권4. T16, 680c)

animitte anābhogatāṃ nimittakleśasamudācārāvicālyatāṃ copādāya aṣṭamī bhūmir acalety ucyate. (松田和信[1995] §4-8)

【梵】 **無相**에서 **無功用**인 것과, **相**에 대한 번뇌의 현행에 의해 움직이지 않는 것에 입각하여, 제8지는 **不動[地]**라 불린다.

復次染法從無始已來熏習不斷, 乃至得佛後則有斷. 淨法熏習則無有斷, 盡於未來.
此義云何. 以眞如法常熏習故, 妄心則滅, 法身顯現, 起用熏習, 故無有斷.

그리고 다음으로 **雜染法**으로부터의 **熏習**은 시작이 없는 때로부터 끊어짐이 없으나, 마침내 부처가 된 후 끊어진다. **清淨法**으로부터의 **熏習**은 끊어짐이 없고, 미래에까지 계속된다.

"이것은 어떠한 것인가"라 한다면, **眞如法**이 항상 **熏習**하고 있기 때문에 **[雜染法**인**]** 허망한 **心**은 소멸하는 것이며, **法身**이 현현하여 **用**으로부터의 **熏習**을 일으키기 때문에 **[清淨法**으로부터의 **熏習**은**]** 끊어짐이 없는 것이다.

[Ⅲ·1·2·5 眞如自體相]

大乘起信論一卷 馬鳴菩薩作	북조기 한문불교문헌
復次眞如自體相者, 一切凡夫聲聞緣覺菩薩諸佛無有增減, 非前際生, 非後際滅, 畢竟常恒, 從本已來性自滿足一切功德. 그리고 다음으로 眞如 자신의 體相('본연의 상태')란, 모든 범부와 聲聞과 緣覺과 菩薩과 부처에게서 증감이 없으니, 前際에 생겨난 것이 아니고 後際에 소멸하는 것이 아니며, 절대적으로 常이며 恒이니, 본래 본성 자체로 모든 공덕이 원만한 것이다.	※ "體相"은 "體"와 "相" 둘이 아니라 "體"의 동의어. 앞부분(Ⅲ.1.2.4)에서 "自體相熏習", "用熏習"이 다시 "體用熏習"으로 묶임을 보라. 此明佛與衆生法身平等無有增減亦無高下故離眞如法身無別衆生可度. (菩提流支 譯『金剛仙論』권9. T25, 861b) 이것은 부처와 중생이 法身으로서 평등하며, 늘어나거나 줄어듦이 없고, 높고 낮음이 없으니, 그러므로 眞如法身을 떠나서는 구제되어야 할 별도의 중생이 없다는 것을 밝힌다. 世尊, 如來藏者, 常恒清涼不變. (勒那摩提 譯『究竟一乘寶性論』권3에 인용된『聖者勝鬘經』. T31, 833b) bhagavaṃs tathāgatagarbho nityo dhruvaḥ śivaḥ śāśvataḥ (RGV 46, 3-4) 【梵】 세존이시어, 如來藏은 常이고 恒이며 清涼이며 不變입니다.
Ⅰ 所謂自體有大智慧光明義故, 즉, 자체에 大智慧光明이 있다고 하는 것,	大智慧光明. (勒那摩提 譯『究竟一乘寶性論』권2. T31, 813c) jñānāvabhāsa. (RGV 11, 1) 【梵】 지혜의 광명. ※ 法寶를 정의하는 게송의 일부.
Ⅱ 遍照法界義故, 法界를 두루 비추는 것,	普照諸世間. (勒那摩提 譯『究竟一乘寶性論』권2. T31, 813c) tviṣ. (RGV 11, 1) 【梵】 [지혜 광명의] 빛남. ※ 法寶를 정의하는 게송의 일부.
Ⅲ 眞實識知義故, 진실한 識知라는 것.	眞識. (求那跋陀羅 譯『楞伽阿跋多羅寶經』권1. T16, 483a) jātilakṣaṇa. (LAS 37, 13) 【梵】 동류라는 특징.
Ⅳ 自性清淨心義故, 自性清淨心이라는 것,	自性清淨. (求那跋陀羅 譯『勝鬘師子吼一乘大方便方廣經』. T12,

	221c〔勒那摩提 譯『究竟一乘寶性論』권2. T31, 824a〕) prakṛtipariśuddhaḥ (RGV 12, 12) 【梵】 본성으로서 청정하다.
V 常樂我淨義故, 常이며 樂이며 我이며 淨이라는 것,	第一彼岸常樂我淨法. (勒那摩提 譯『究竟一乘寶性論』권2. T31, 839c) sa paramanityasukhātmaśubhalakṣaṇo dhātuḥ (RGV 74, 18) 【梵】 저, 최고로 常이고 樂이며 我이고 淨이라는 것을 특징으로 하는 [佛]性.
VI 淸涼不變自在義故, 淸涼하고 不變하며 自在한 것,	常恒淸涼不變. (勒那摩提 譯『究竟一乘寶性論』권2. T31, 824a) nityo dhruvaḥ śivaḥ śāśvataḥ (RGV 12, 11-12) 【梵】 常이며 恒이고 淸涼이며 不變이다.
具足如是過於恒沙不離不斷不異不思議佛法, 乃至滿足無有所少義故. 名爲如來藏, 亦名如來法身. 이와 같이, 갠지스 강의 모래 수를 넘을 정도의, 분리되지 않고 끊어지지 않고 변하지 않는 불가사의한 佛法('부처의 속성')을 갖추고 있으며, 내지는 원만하고, 결여된 것이 없다는 것이다. 如來藏이라 불리며, 如來의 法身이라고도 불린다.	世尊, 過於恒沙不離不脫不異不思議佛法成就, 說如來法身. 世尊, 如是如來法身不離煩惱藏, 名如來藏. (求那跋陀羅 譯『勝鬘師子吼一乘大方便方廣經』. T12, 221c〔勒那摩提 譯『究竟一乘寶性論』권2. T31, 824a〕) [...] gaṅgāvālikāvyativṛttair avinirbhāgair acintyair buddhadharmaiḥ samanvāgatas tathāgatadharmakāyo deśitaḥ. ayam eva ca bhagavaṃs tathāgatadharmakāyo 'vinirmuktakleśakośas tathāgatagarbhaḥ sūcyate. (RGV 12, 12-14) 【梵】〔……〕 갠지스 강의 모래 수를 넘을 정도의, 분리되지 않는 불가사의한 佛法('부처의 속성')을 갖추고 있는 如來의 法身이 설해집니다. 세존이시어, 다름 아닌 이 如來의 法身이 번뇌의 껍질을 벗어나지 않고 있는 것을 如來藏이라 부릅니다. ※ 高崎直道[1986]의 지적에 의거함.
問曰. 上說"眞如其體平等離一切相". 云何復說"體有如是種種功德". 答曰. 雖實有此諸功德義, 而無差別之相, 等同一味, 唯一眞如. 질문. [그대는] 앞서 "眞如는 그 體('본연의	差別之相. (菩提流支 譯『入楞伽經』권1. T16, 518b) prativibhāga. (LAS 17, 10-11; 17, 12; 18, 1) 【梵】 구별. 差別之相. (菩提流支 譯『入楞伽經』권4. T16, 538c; 539a)

상태')로서 평등하고 모든 相('모습')을 멀리 떠났다"고 설하였다. 어째서 다시 "[眞如는] 그 體('본연의 상태')로서 이와 같은 갖가지 공덕을 지니고 있다"고 설하는가. 대답. [眞如는] 실제로 이러한 공덕을 지니고 있다 해도, 구별 없이 하나의 경향인 것이니, 오직 하나의 眞如이다.	prabhedanayalakṣaṇa. (LAS 127, 14; 128, 3; 129, 13) 【梵】 갖가지 理門의 특징. 差別之相. (菩提流支 譯『入楞伽經』 권4. T16, 539a) vaicitrya. (LAS 129, 16) 【梵】 갖가지. 差別之相. (勒那摩提 譯『究竟一乘寶性論』 권2. T31, 823a) prabheda. (RGV 9, 13) 【梵】 구별. 等同一味. (菩提流支 譯『深密解脫經』 권2. T16, 673c) ro gcig pa. (SNS VII, 28) 【藏】 하나의 경향인 것(*ekarasa). 唯一眞如. (菩提流支 譯『金剛仙論』 권10. T25, 873b)
此義云何. 以無分別離分別相, 是故無二. "그것은 어떠한 것인가"라 한다면, [眞如는] 분별이 없는 것이며 분별을 멀리 떠나 있는 것이므로, 그 때문에 이분법적이지 않은 것이다.	離言語分別相, 離二種字. (菩提流支 譯『入楞伽經』 권5. T16, 541c) vāgvikalparahitam akṣaragatidvayavinirmuktam. (LAS 143, 8-9) 【梵】 언어에 의한 분별을 멀리 떠나, 음소(音素)와 이분법적인 환경을 벗어나 있다.
復以何義得說差別. 以依業識生滅相示. 또한, "어떠한 연유로 [여러 공덕의] 구별을 설할 수 있는가"라 한다면, 業識이 생멸하고 있는 연유로 [여러 공덕의 구별을] 보이는 것이다.	生滅相. (菩提流支 譯『十地經論』 권11. T26, 190b) udayāstaṃgamana. (DBhS 161, 4) 【梵】 생멸하고 있는 것.
此云何示. I **以一切法本來唯心實無於念而有妄心不覺起念見諸境界, 故說無明. 心性不起卽是大智慧光明義故.** "그것은 어떻게 보여지는가"라 한다면, 모든 法은 본래 다만 心일 뿐이라 실제로는 念이 없지만, 그럼에도 허망한 心이 있어 ①不覺인 채로 念을 일으키고 ②모든 대상을 보고 있기 때문에 [이 念이] 無明이라 설해진	

다. [이와는 달리] 心의 본성은 일어나지 않음이라는 것을 **大智慧光明**이라고 한다.	
Ⅱ **若心起見, 則有不見之相. 心性離見卽是遍照法界義故.** 만약 心이 보는 것을 일으킨다면, [心에는 본래] 보지 않는 것(心의 본성)이 있다. 心의 본성은 보는 것을 멀리 떠나 있다는 것이 **法界**를 두루 비춤이라고 하는 것이다.	
Ⅲ **若心有動, 非眞識知,** 만약 心[의 본성]에 움직임이 있다면 진실한 **識知**가 아니며,	**眞識** (**求那跋陀羅 譯『楞伽阿跋多羅寶經』** 권1. T16, 483a) jātilakṣaṇa. (LAS 37, 13) **【梵】** 동류라는 특징.
Ⅳ **無有自性,** **自性**('본성')이 없는 것이 되며,	
Ⅴ **非常非樂非我非淨,** **常**이 아니고 **樂**이 아니며 **我**가 아니고 **淨**이 아니니	
Ⅵ **熱惱衰變, 則不自在,** **熱惱**와 **衰變** 때문에 자재하지 않으며	**五陰身增長已, 於五道中, 漸漸衰變, 名爲老. 衰老變滅, 名爲死. 死後, 生諸熱惱.** (**菩提流支 譯『十地經論』** 권8. T26, 168b) unmagnaṃ skandhapañcakaṃ gatipañcake 'nupūrvaṃ mlāyati (corr. : glāpayati). mlānaṃ (corr. : glānaṃ) vigacchati. mlānavigamāj (corr. : glānavigamāj) jvaraparidāhaḥ. (DBhS 97, 9-11) **【梵】** 나타난 **五蘊**은 **五趣**에서 점점 쇠한다. [죽음에 임하여] 쇠함을 떠난다. 쇠함을 떠나는 것에서, 불에 태워지는 생각을 한다.
乃至具有過恒沙等妄染之義. 내지는, 갠지스 강의 모래 수를 넘을 정도의 허망한 **雜染[法]**을 갖추고 있게 된다.	**客塵虛妄染 本來自性空** (**勒那摩提 譯『究竟一乘寶性論』** 권4. T31, 840a) śūnya āgantukair dhātuḥ savinirbhāgalakṣaṇaiḥ | (RGV 76, 3) **【梵】** [**佛**]**性**은 외래적인, 분리될 수 있는 특징을 수반하는 온갖 것(번뇌)을 결여하고 있으므로 **空**('텅 빔')이다.

<table>
<tr><td>對此義故, 心性無動則有過恒沙等諸淨功德相義示現.
그러한 것의 대치로서, "心의 본성은 움직임이 없는 것이며, 갠지스 강의 모래수를 넘을 정도의 청정한 공덕이라는 특징을 지니고 있다"는 것을 시현한다.</td><td>功德相. (菩提流支 譯『十地經論』 권12. T26, 194c)
yon tan gyi mtshan nyid.
(P no. 5494, Ngi 311b4)
【藏】 공덕이라는 특징(*guṇalakṣaṇa).

一切波羅蜜檀波羅蜜相義示現故.
(菩提流支 譯『金剛般若波羅蜜經論』 권上. T25, 782b)
모든 波羅蜜이 布施波羅蜜이라는 특징을 가지고 있음을 시현하기 때문이다.</td></tr>
<tr><td>若心有起更見前法可念者, 則有所少. 如是淨法無量功德即是一心, 更無所念. 是故滿足. 名爲法身如來之藏.
만약 心에 일어남이 있고, [心이] 다시 念해야 할 눈앞의 法을 본다면, [心에] 결여되어 있는 것[인 눈앞의 法]이 [心의 바깥에] 있게 된다. 이와 같이 淸淨法인 무량한 공덕은 그저 하나의 마음〔一心〕인 것이니 [心의 바깥에] 다시 念해야 할 것은 없다. 그러므로 [心에 무량한 공덕이] 원만한 것이다. 法身, 그리고 如來藏이라 불린다.</td><td>寂滅者名爲一心. 一心者名爲如來藏, 入自內身智慧境界. (菩提流支 譯『入楞伽經』 권1. T16, 519a)
ekāgrasyaitad adhivacanam. tathāgatagarbhasvapratyātmāryajñānagocarasyaitat praveśaḥ. (LAS 21, 3-4)
【梵】 그것(적멸)은 [心의] 一境('일점집중')의 동의어이다. 그것(적멸)은 如來藏이라 하니, 자신의 내적인 성자의 지혜에 있어서의 대상에 들어간다.</td></tr>
</table>

[III· 1 · 2 ·6 眞如用]

<table>
<tr><th>大乘起信論一卷 馬鳴菩薩作</th><th>북조기 한문불교문헌</th></tr>
<tr><td>復次眞如用者, 所謂諸佛如來本在因地發大慈悲, 修諸波羅蜜, 攝化衆生,
그리고 다음으로 眞如의 用('작용')이란, 즉, 諸佛如來는 본래 원인(菩薩)의 단계에서 대자비를 일으키고 모든 波羅蜜을 수습하며, 중생을 교화하고,</td><td>菩薩方便, 攝化衆生, 必以大悲, 引邪從正.
(曇林『毘耶娑問經飜譯之記』. T12, 223b)
菩薩은 방편에 의해 중생을 교화하고, 반드시 大悲에 의해 삿됨에서 올바름으로 끌어들인다.</td></tr>
<tr><td>立大誓願, 盡欲度脫, 等衆生界, 亦不限劫數, 盡於未來.
"[중생을] 모두 해탈시키겠다"라는, 衆生界와 동등하고, 劫數에도 한정되지 않으며, 미래에도 계속되는 큰 서원을 세웠다.</td><td>又發大願. 所謂〔……〕盡未來際, 盡一切劫數一切衆生界數, 教化一切衆生, 無有休息.
(菩提流支 譯『十地經論』 권3. T26, 139b)
yad uta [...] aparāntakoṭiniṣṭhaṃ sarvakalpasaṃkhyāsattvadhātusaṃkhyāpratiprasrabdhaṃ sarvasattvadhātuparipācanāya pañcamam. (DBhS 20, 8-9)</td></tr>
</table>

	【梵】 즉, 〔……〕 모든 衆生界를 성숙시키기 위해, 가장 먼 미래를 다하며, 모든 劫數와 衆生數에 의해 끊어지지 않는 다섯 번째[의 大願]을[菩薩은 세운다]. 衆生無盡故, 菩薩發心等衆生界. (傳 鳩摩羅什 譯『發菩提心經論』 권上. T32, 509a) 중생은 다함이 없기 때문에 菩薩의 발심은 衆生界와 동등하다.
以取一切衆生如己身故, 而亦不取衆生相. 모든 중생을 나의 몸과 같이 받아들이기 때문에, 역시 "중생이다"라는 생각을 받아들이지 않는다.	須菩提, 若菩薩有衆生相, 卽非菩薩. (菩提流支 譯『金剛般若波羅蜜經論』 권上. T25, 781c) sa cet Subhūte bodhisattvasya sattva-saṃjñā pravarteta, na sa bodhisattva iti vaktavyaḥ. (VChPP 29, 3-5) 【梵】 수부띠여, 만약 菩薩에게 "중생이다"라는 생각이 일어난다면, 그는 菩薩이라 불릴 수 없다. [※ 윗 구절에 대한 주석] 若菩薩於衆生起衆生想, 不生我想者, 則不應得菩薩名. 如是取衆生如我身, 常不捨離. (菩提流支 譯『金剛般若波羅蜜經論』 권上. T25, 782a) 만약 菩薩이 중생에 대해 "중생이다"라는 생각이 일어나되 "내 몸이다"라는 생각이 일어나지 않는다면 [그는] 菩薩이라 불릴 수 없다. 이와 같이, 중생을 나의 몸과 같이 받아들이는 것은 결코 버릴 수 없는 것이다. [※ 윗 구절에 대한 주석] 又此菩薩得一體悲成故, 取一切衆生如自己身. (菩提流支 譯『金剛仙論』 권2. T25, 806a) 또한, 이 菩薩은 [중생과] 일체라는 동정심을 일으키므로, 모든 중생을 내 몸과 같이 받아들이는 것이다.
此以何義. 謂如實知一切衆生及與己身眞如平等. "그것은 왜인가"라 한다면, 즉, "모든 중생과 내 몸은 眞如로서 평등하다" 고 사실 그대로 안다는 것이다.	解知一切衆生卽是我身, 然凡聖雖異而眞如平等. (菩提流支 譯『金剛仙論』 권2. T25, 804c) "모든 중생은 나의 몸이다. 범부와 성자가 다르다고 해도, 眞如로서는 평등하다"고 아는 것이다.

以有如是大方便智, 除滅無明, 見本法身, 自然而有不思議業. 種種之用卽與眞如等遍一切處. 이와 같이 위대한 방편과 지혜가 있음에 의해, **無明**을 없애고 본래의 **法身**을 드러내며, 자연히 불가사의한 **業**('작용')을 지닌다. 갖가지 **用**('작용')은 **眞如**와 동등한 방식으로 모든 것에 골고루 미친다.	**起大方便智力故.** (菩提流支 譯『十地經論』 권9. T26, 177c) mahatopāyaprajñābalādhānena. (DBhS 123, 9) **【梵】** 방편과 지혜의 힘의, 위대한 발생에 의해. **是福德應報 爲化諸衆生** **自然如是業 諸佛現十方** (菩提流支 譯『金剛般若波羅蜜經論』 권下. T25, 795c) tan nirmāṇaphalaṃ teṣā[ṃ puṇya] ------ | anābhogena yat karma buddhāḥ kurvanti dikṣu ca || (KS kārikā 67) [범문 결손 부분의 티베트역: de dag gi nib sod nams de'i | 'bras bu sprul dang sems can gdul |] **【梵】** 저들(**諸佛**)의 복덕[이라는 원인]에는, 저, **變化[身]**이라는 결과와 중생을 인도함이 있다. **無功用**으로서 작용하는 것을 여러 부처는 여러 곳에서 짓는다. **及佛所作業者, 同一時, 一切處, 一切時, 自然無分別, 隨順衆生心, 隨順可化衆生根性, 不錯不謬, 隨順作佛業, 此處不可思議.** (勒那摩提 譯『究竟一乘寶性論』 권1. T31, 827c) tatra jinakriyā yugapat sarvatra sarvakālam anābhogenāvikalpato yathāśayeṣu yathāvainayikeṣu sattveṣv akṣūṇam anuguṇaṃ pravartata ity acintyam etat sthānam. (RGV 24, 9-10) **【梵】** 이 중 승리자의 행위는 동시에, 모든 곳에서, 모든 때에 **無功用**하고 **無分別**하게, 서원에 맞게, 교화되는 대상인 여러 **有情**에 맞게, 오류없이 적절하게 활동한다는 점에서 그 양태가 불가사의하다.
又亦無有用相可得. 何以故. 謂諸佛如來唯是法身智相之身, 第一義諦無有世諦境界, 離於施作. 但隨衆生見聞得益, 故說爲用. 그러나 파악될 수 있는 **用**('작용')의 특징은	**法身者是智相身.** (菩提流支 譯『金剛般若波羅蜜經論』 권下. T25, 795a) **法身**이란 지혜를 특징으로 하는 몸이다. **世諦境界.**

역시 없다. "그것은 왜인가"라 한다면, 즉, **諸佛如來**는 다만 **法身**이니, 지혜를 특징으로 하는 몸일 뿐이기에, **勝義諦**('최고 지혜의 대상으로서의 실재')이지 **世俗諦**('통속적인 것으로서의 실재')의 대상은 아니기에 지어진 것을 멀리 떠나 있다. 다만, 중생이 보고 듣고 이익을 얻기 때문에 **用**이라 설해진 것에 지나지 않는다.

(菩提流支 譯『彌勒菩薩所問經論』 권7. T26, 262c)
※ 다른 용례는 없음.

所施作. (菩提流支 譯『十地經論』 권5. T26, 158c)
kṛta. (DBhS 60, 17)
【梵】 지어진 것.

※『金剛般若波羅蜜經論』에 대해서는 竹村牧男[1993: 375]의 지적에 의거함.

此用有二種. 云何爲二.

이 **用**('작용')은 두 가지이다. "둘이란 무엇인가"라 한다면,

色相之身顯用於報應.
(菩提流支 譯『金剛仙論』 권8. T25, 856ab)
色('물질')을 특징으로 하는 몸은 **用**('작용')을 **報**[**身**]과 **應**[**身**]에서 나타난다.

一者依分別事識, 凡夫二乘心所見者, 名爲應身. 以不知轉識現故, 見從外來, 取色分齊, 不能盡知故.

첫째, **分別事識**에 의거하여 범부와 **二乘**의 마음이 보는 것을 **應身**이라 한다. [범부와 **二乘**은] **轉識**이 [**應身**을] 현현시킴을 알지 못하기 때문에 [**應身**을] 외부에서 왔다고 보고 [**應身**에 있는] **色**('물질')의 구분을 파악할 뿐이라 완전히는 알 수 없다는 것이다.

大慧, 復有餘外道, 見色有因妄想執著形相長短, 見虛空無形相分齊, 見諸色相異於虛空, 有其分齊.
(菩提流支 譯『入楞伽經』 권2. T16, 524c)
anye punar Mahāmate tīrthakaradṛṣṭayo rūpakāraṇasaṃsthānābhiniveśābhiniviṣṭā ākāśabhāvāparicchedakuśalā rūpam ākāśabhāvavigataṃ paricchedaṃ dṛṣṭvā vikalpayanti. (LAS 53, 7-10)
【梵】 다음으로, 마하마띠여, **色**과 **因**과 **形**에 대한 집착이 배어 있고, 허공의 본래 모습을 분석하는 데에 능숙하지 못한, 외도의 견해를 가진 다른 자들은 [**色**과 허공의] 차이를 보고서 **色**을 허공의 본래 모습을 떠난 것으로 분별한다.

二者依於業識, 謂諸菩薩從初發意乃至菩薩究竟地心所見者, 名爲報身. 身有無量色, 色有無量相, 相有無量好. 所住依果亦有無量種種莊嚴, 隨所示現, 卽無有邊, 不可窮盡, 離分齊相. 隨其所應, 常能住持, 不毁不失. 如是功德皆因諸波羅蜜等無漏行熏及不思議熏之所成就. 具足無量樂相故, 說爲報身.

둘째, **業識**에 의거하여 즉, 여러 **菩薩**의 첫 **發心**에서부터 **菩薩**의 **究竟地**(제10지)까지의 마음으로 보는 것을 **報身**이라 한다. 몸은 무량한 **色**('물질')을 지니고, **色**은 무량한 **相**을 지니며 **相**은 무량한 **隨好**를 지니고

究竟地.
(曇無讖 譯『菩薩地持經』 권3. 「成熟品」. T30, 901a)
niṣṭhāgamanabhūmi. (BoBh 60, 4)
【梵】 **到究竟地.**(제10지)
※ 이외의 용례도 다수. 「地品」에서는 **"畢竟地"**로 번역된다.

報佛妙色無量相好莊嚴身.
(菩提流支 譯『金剛仙論』 권2. T25, 811a)
報佛의 뛰어난 **色**('물질')으로 이루어진 무량한 **相**과 무량한 **隨好**의 장엄을 지닌 몸.

있다. [報身이] 머무는 곳인 依果('所依라는 결과', 즉 불국토)도 무량한 갖가지 장엄을 지니며 어디에나 나타나되 끝이 없고 다함이 없으니, 구분되는 相을 떠나 있다. [報身은] 그가 하고 싶은 대로, [依果를] 항상 加持할 수 있어 무너지지 않고 잃어버리지 않는다. 이와 같은 모든 공덕은 다 여러 波羅蜜 등이라고 하는 無漏한 수행으로부터의 熏習과 불가사의한 熏習에 의해 완성되는 것이다. 무량한 樂相('樂의 모습')을 갖추고 있기 때문에 報身이라 한다.

名爲報佛, 有無量相好.
(菩提流支 譯『金剛仙論』 권9. T25, 864b)

報佛이라 불리는 무량한 相과 무량한 隨好를 지니고 있다.

無有分齊, 過分齊處.
(菩提流支 譯『深密解脫經』 권1. T16, 665b)

dkyil 'khor yongs su ma chad pa.
(SNS Introduction 1)

【藏】 구분되지 않는 완전한 모습[의 국토].

隨其所應, 現佛國異.
(鳩摩羅什 譯『維摩詰所說經』 권下. T14, 554b)

yathā yathecchanti tathā tathā kṣetra-vyūhān ādarśayanti. (VKN 104, 5-6)

【梵】 바라는 것대로, 그것 그대로 국토의 장엄을 드러낸다.

一切世界無量莊嚴嚴飾住持示現故.
(菩提流支 譯『十地經論』 권10. T26, 183c)

sarvalokadhātvanekavyūhālaṃkāra-prati-maṇḍitādhiṣṭhānasaṃdarśanatayā.
(DBhS 143, 1)

【梵】 모든 세계에 하나가 아닌 장엄으로 장식된 加持를 보이기 위해.

大慧, 不思議薰及不思議變, 是現識因.
(求那跋陀羅 譯『楞伽阿跋陀羅寶經』 권1. T16, 483a)

tatra khyātivijñānaṃ Mahāmate acintyavā-sanāpariṇāmahetukam. (LAS 37, 18-19)

【梵】 마하마띠여, 이 중 現識은 불가사의한 習氣의 轉變을 원인으로 한다.

又凡夫所見者, 是其麤色, 隨於六道, 各見不同, 種種異類, 非受樂相. 故說爲應身.

또한 범부가 보는 것은 거친 色이니, 六趣에 따라 각기 제각각으로 보이고, 여러 생명체의 형태를 띠고 있는 것이지 受樂相('樂을 받는 모습')은 아니다. 그러므로 應身이라 한다.

我與諸佛, 法身及色身相好, 無有差別. 除爲調伏彼彼諸趣差別衆生故示現種種差別色身.
(求那跋陀羅 譯『楞伽阿跋多羅寶經』 권3. T16, 498c)

ahaṃ ca te ca tathāgatā arhantaḥ sam-yaksaṃbuddhā dharmakāyena ca rūpa-lakṣaṇānuvyañjanakāyena ca samā nirvi-śiṣṭā anyatra vaineyavaśam upādāya tatra

tatra sattvagativiśeṣeṇa tathāgatā rūpa-vaicitryam ādarśayanti. (LAS 142, 6-9)

【梵】 나도, 저 모든 **如來阿羅漢正等覺者**도 **法身**에 의해, 또한 **色相好身**에 의해 평등하며 분별이 없다. 교화되어야 할 자의 힘에 응하여 여기저기에서 중생의 특정한 **趣**를 따라 **如來**께서 갖가지 **色[身]**을 나타내는 것을 예외로 한다.

受樂. (勒那摩提 譯『究竟一乘寶性論』 권4. T31, 843a)

sāṃbhoga. (RGV 87, 10)

【梵】 受用.

受樂報體.

(勒那摩提 譯『究竟一乘寶性論』 권4. T31, 844a)

vaipākika. (RGV 91, 13)

【梵】 異熟生.

復次初發意菩薩所見者, 以深信眞如法故, 少分而見. 知彼色相莊嚴等事無來無去離於分齊唯依心現不離眞如.

그리고 다음으로 초심자 **菩薩**이 보는 것은 [저들이] **眞如法**을 **勝解**함에 의해 미미하게나마 보는 것이다. [저들은] 그것(**報身**)의 **色**('물질')을 특징으로 하는 장엄 등이, 오지도 않고 가지도 않으며 구분을 멀리 떠나 있으나 그저 **心**에 의해서만 나타나는 것이니, **眞如**를 멀리 떠나지 않았다고 안다.

深信. (菩提流支 譯『十地經論』 권1. T26, 128b)

adhimucya. (DBhS 9, 4)

【梵】 **勝解**하여.

深信. (菩提流支 譯『十地經論』 권3. T26, 138b)

adhimukti. (DBhS 19, 5)

【梵】 勝解.

須彌山王喩中, 明報身佛由行者修行因緣萬德圓滿以<u>色相莊嚴</u>體非有爲有漏湛然常住.

(菩提流支 譯『金剛仙論』 권8. T25, 855a)

산 중의 왕인 수메르의 비유에서는, **報身佛**이 수행자의 수행이라는 계기에 의해 모든 공덕을 갖추고 있으며, 또한 **色**('물질')을 특징으로 하는 장엄이 그 **體**('본연의 상태')로서 **有爲**도 **有漏**도 아님에 의해, 고요한 채로 항상 머무른다는 것을 밝힌다.

法報二佛湛然常住, <u>無去無來</u>.

(菩提流支 譯『金剛仙論』 권9. T25, 867a)

法身과 **報身**이라는 두 부처는 고요한 채로 항상 머무르니, 가지도 오지도 않는다.

	大慧, 復有餘外道, 見色有因妄想執著形相長短, 見虛空無形相分齊, 見諸色相異於虛空, 有其分齊. (菩提流支 譯 『入楞伽經』 권2. T16, 524c) anye punar Mahāmate tīrthakaradṛṣṭayo rūpakāraṇasaṃsthānābhiniveśābhiniviṣṭā ākāśabhāvāparicchedakuśalā rūpam ākāś-bhāvavigataṃ paricchedaṃ dṛṣṭvā vikalpayanti. (LAS 53, 7-10) 【梵】 다음으로, 마하마띠여, 色과 因과 形에 대한 집착이 배어 있고, 허공의 본래 모습을 분석하는 데에 능숙하지 못한, 외도의 견해를 가진 다른 자들은 [色과 허공의] 차이를 보고서 色을 허공의 본래 모습을 떠난 것으로 분별한다.
然此菩薩猶自分別. 已未入法身位故. 그러나 이 菩薩은 역시 스스로 분별하고 있다. [그는] 아직 法身位에 들어가지 않았기 때문이다.	菩薩有二種. 一者生身菩薩, 二者法身菩薩. 一者斷結使, 二者不斷結使. 法身菩薩斷結使, 得六神通. 生身菩薩不斷結使, 或離欲, 得五神通. (鳩摩羅什 譯 『大智度論』 권38. T25, 342a) 菩薩은 두 종류이다. 첫째는 生身菩薩, 둘째는 法身菩薩이다. 한쪽은 結使(번뇌)를 끊어버린 것이지만, 다른 쪽은 結使를 끊지 않았다. 法身菩薩은 번뇌를 끊고 六神通을 얻는다. 生身菩薩은 번뇌를 끊어버리지 않았지만, 어떤 이는 欲을 떠나 五神通을 얻는다.
若得淨心, 所見微妙, 其用轉勝, 乃至菩薩地盡, 見之究竟. 만약 淨心[地] (초지)를 얻었다면, 보이는 것[인 報身]은 미세하게 되며 그것의 用('작용')은 점차 뛰어나게 되어 마침내 菩薩地의 궁극에서 그것을 봄이 완성된다.	菩薩地盡. (菩提流支 譯 『十地經論』 권1. T26, 126a) byang chub sems dpa'i mthar phyin pa. (P no. 5494, Ngi 138a8-b1; 138b2) 【藏】 菩薩의 궁극. 菩薩地盡. (菩提流支 譯 『十地經論』 권3. T26, 141a) byang chub sems dpa'i sa'i mthar phyin pa. (P no. 5494, Ngi 184a1) 【藏】 菩薩地의 궁극. 菩薩地盡. (菩提流支 譯 『十地經論』 권3. T26, 144b) byang chub sems dpa'i mthar phyin. (P no. 5494, Ngi 195b6) 【藏】 菩薩의 궁극.

若離業識, 則無見相. 以諸佛法身無有彼此色相迭相見故. 만약 [菩薩地의 궁극에서] **業識**을 떠난다면 보는 것이 없어진다. 모든 부처의 **法身**은 상대와 자신의 **色**이라는 특징을 서로 보는 것이 없기 때문이다.	
問曰. 若諸佛法身離於色相者, 云何能現色相. **答曰. 即此法身是色體故能現於色. 所謂從本已來, 色心不二.** 질문. 만약 모든 부처의 **法身**이 **色**이라는 특징을 멀리 떠났다면 [**法身**은] 어떻게 **色**이라는 특징을 현현시킬 수 있는가. 대답. 즉, 이 **法身**은 **色**에 있어 본체이기 때문에 **色**을 현현시킬 수 있다. 본래 **色**과 **心**은 둘이 아니기 때문이다.	
以色性即智故, 色體無形, 說名智身. **色**에 있어 본성은 지혜에 즉하고 있기 때문에 **色**에 있어 본체인 형체 없는 것을 **智身**이라 한다.	**色智身二法 大悲身如空** **遍照諸世間 故佛不同日** (**勒那摩提** 譯 『**究竟一乘寶性論**』 권4. T31, 819b) dharmarūpaśarīrābhyāṃ bodhimaṇḍāmbaroditaḥ | jagat spharati sarvajñadinakṛj jñānaraśmibhiḥ || (RGV 108, 9-10) 【梵】 **法身**과 **色身**에 의해 **菩提座**라는 허공에 떠 있는, **一切智者**라는 태양은 지혜라는 빛으로 세간을 채운다. ※ **勒那摩提** 역은 범문의 '**法身**'을 '**智身**'으로 바꿨다.
以智性即色故, 說名法身遍一切處. 지혜라는 본성은 **色**에 즉하고 있기 때문에 "**法身**은 모든 것에 골고루 미친다"고 설해진다.	**依彼法身佛 故說大身喩** **身離一切障 及遍一切境** (**菩提流支** 譯 『**金剛般若波羅蜜經論**』 권中. T25, 791b) dharmakāyena buddhas tu mataḥ saḥ puruṣopamaḥ | nirāvaraṇato ----------- || (KS kārikā 45) [범문 결손 부분의 티베트역: sku ni sgrib pa med dang ldan | thams cad du ni 'gro ba dang | 이 티베트역은 오역으로 추정. *nirāvaraṇatopetaḥ kāyaḥ sarvatragatvataḥ ||] 【梵】 **法身**이라는 점에서, 부처는 저 남자의

	비유를 수반한다고 간주된다. 실로, 저것(**法身**)이야말로, 모든 것에 골고루 미치기 때문에 장애가 없는 것을 “갖춘 몸”이다.
所現之色無有分齊. 隨心能示十方世界無量菩薩. 無量報身無量莊嚴各各差別, 皆無分齊, 而不相妨. 此非心識分別能知. [**法身**에 의해] 현현된 **色**은 구분이 없는 것이다. [**法身**은 그것을] 마음대로 모든 방향의 여러 세계에서 무량한 **菩薩**로 현현시킬 수 있다. 무량한 **報身**과, 무량한 장엄이란, 각각 개별적인 것이면서도 모두 구분이 없으며 서로 방해받지 않는다. 이것은 **心識**에 따른 분별에 의해서는 알 수 없는 것이다.	**大慧, 復有餘外道, 見色有因妄想執著形相長短, 見虛空無形相分齊, 見諸色相, 異於虛空, 有其分齊.** (菩提流支 譯『入楞伽經』 권2. T16, 524c) anye punar Mahāmate tīrthakaradṛṣṭayo rūpakāraṇasaṃsthānābhiniveśābhiniviṣṭā ākāśabhāvāparicchedakuśalā rūpam ākāśabhāvavigataṃ paricchedaṃ dṛṣṭvā vikalpayanti. (LAS 53, 7-10) **【梵】** 다음으로, 마하마띠여, **色**과 **因**과 **形**에 대한 집착이 배어 있고, 허공의 본래 모습을 분석하는 데에 능숙하지 못한, 외도의 견해를 가진 다른 자들은 [**色**과 허공의] 차이를 보고서 **色**을 허공의 본래 모습을 떠난 것으로 분별한다. **無量相者, 「十方世界無量差別入」故. 無量相故. 眞實義相者, 唯智能知.** (菩提流支 譯『十地經論』 권3. T26, 139c) **phyogs bcu tshad med pa'i rnam par dbye ba ma lus pa la 'jug pa** ni dpag tu med pa'i mtshan nyid do || de la don dam pa'i mtshan nyid ni ye shes kyis khong du chud par bya ba'i phyir ro || (P no. 5494, Ngi 180b3-4) **【藏】** 「시방의, 남김없이 무량함의 분석으로 들어감」(daśadigaśeṣavimātratāvibhāgapraveśa)이란, 무량이라는 특징이다. 그중 **勝義**(‘최고 [지혜]의 대상’)라는 특징이란, 지혜에 의해 통찰되어야 할 것이기 때문이다.
以眞如自在用義故. [이것은] **眞如**의 자재한 **用**(‘작용’)이기 때문이다.	

[Ⅲ·1·3 心生滅門 → 心眞如門]

大乘起信論一卷 馬鳴菩薩作	북조기 한문불교문헌
復次顯示從生滅門卽入眞如門. 所謂推求五陰, 色之與心. 그리고 다음으로, "[마음이 곧] 生滅"이라는 관점에서 "[마음이 곧] 眞如"라는 관점으로 들어감을 제시한다. 즉, 五蘊을 추구하면, 色('물질')과 心이다.	陰別不同, 所以立五. 就此五中, 大判有二. 一者是色, 二者是心. (Pelliot chinois 2183. 『第一集』 pp.79-80) 蘊은 별개로 같지 않으므로 다섯 가지를 설립한다. 이러한 다섯(五蘊)에 대해서는 대별하여 두 가지가 있다. 첫째는 色, 둘째는 心이다.
六塵境界畢竟無念. [色('물질')을 구성하고 있는 色, 聲, 香, 味, 觸, 法이라는] 六境은 궁극적으로 念 없는 것(眞如)이다.	六塵境界. (菩提流支 譯 『佛說法集經』 권3. T17, 624a) yul drug. (P no. 904, Wu 38b8) 【藏】 六境. 六塵境界. (菩提流支 譯 『佛說法集經』 권5. T17, 641c) yul. (P no. 904, Wu 85b7) 【藏】 境. 六塵境界. (菩提流支 譯 『金剛般若波羅蜜經論』 권上. T25, 785b)
以心無形相, 十方求之, 終不可得. 心은 형태없는 것이므로, 설령 모든 방향에서 그것을 구한다 해도 결국 [그것을] 얻을 수 없다.	三第一義相. 觀彼心離心心身<u>不可得</u>故. 如『經』「<u>心無形相</u>」故. (菩提流支 譯 『十地經論』 권11. T26, 187a) dmigs pa de las sems kyi lus gud na med pas don dam pa'i mtshan nyid kyis ston pa ni gang gi phyir sems lus med pa nyid ces gsungs pa'o ǀǀ (P no. 5494, Ngi 294b8-295a1) 【藏】 이 所緣에서 心의 본체를 떨어뜨린다면 [心의 본체는] 無라는 식으로, 勝義('최고 [지혜]의 대상')라는 특징에 의해 설하는 것이란 "心에 본체가 없는 것" (cittāśarīratā)이라 말해지기 때문이다. 是貪欲瞋恚愚癡性, <u>十方求之, 不可得</u>. 我以不住法, 住是性中故. (鳩摩羅什 譯 『諸法無行經』 권下. T15, 757c) lha'i bu dag de ni ji ltar mi gnas pa'i tshul gyis 'dod chags dang zhe sdang dang gti mug gi go bo nyid la gnas pa'i phyir ji ltar phyogs bcu kun tu gnas med pa de ltar gnas

	so || (SDhAN 152, 12-14) **【藏】** **神**의 아들이여, 그것은 [내가] 머무르지 않는 방식으로 **貪**과 **瞋**과 **癡**의 **自性**에 머묾에 의해, 마치 모든 방향에서 머물지 않는 식으로, 그런 식으로 머무는 것이다.
如人迷故謂東爲西, 方實不轉, 衆生亦爾, 無明迷故, 謂心爲念, 心實不動. 마치 사람이 헤매는[**迷**] 탓에 동쪽을 서쪽으로 생각한다 해도 방위는 실제로 움직이지 않는 것과 같이, 그처럼 중생은 **無明**의 미혹[**迷**] 탓에 **心**을 **念**이라고 생각한다 해도 **心**은 실제로 움직이지 않는 것(**眞如**)이다.	
若能觀察知心無起, 卽得隨順入眞如門故. 만약 **心**을 일으킴이 없는 것(**眞如**)이라고 관찰에 의해 알 수 있다면, 곧바로 "[마음이 곧] **眞如**"라는 관점에 수순하거나 들어감에 이른다는 것이다.	

[Ⅲ· 2 對治邪執]

大乘起信論一卷 馬鳴菩薩作	북조기 한문불교문헌
對治邪執者, 一切邪執皆依我見. 若離於我, 則無邪執. 是我見有二種. 云何爲二. **一者人我見,** **二者法我見.** 삿된 집착을 대치함이란, 모든 삿된 집착은 다 **我見**에 의거하고 있다. 만약 **我**를 떠났다면 삿된 집착은 없게 된다. 이 **我見**은 두 가지이다. "둘이란 무엇인가"라 한다면, 첫째는 **人我見**, 둘째는 **法我見**이다.	

[Ⅲ·2·1 人我見]

大乘起信論一卷 馬鳴菩薩作	북조기 한문불교문헌
人我見者, 依諸凡夫, 說有五種. 云何爲五. 人我見란 여러 범부를 염두에 두고 다섯 가지가 있다고 설해진다. "다섯이란 무엇인가"라 한다면,	
一者聞『修多羅』說「如來法身畢竟寂寞, 猶如虛空」, 以不知爲破著故, 卽謂"虛空是如來性". 云何對治. 明虛空相是其妄法, 體無不實, 以對色故有. 是可見相見心生滅. 以一切色法本來是心, 實無外色. 若無色者, 則無虛空之相. 所謂一切境界唯心妄起故有. 若心離於妄動, 則一切境界滅, 唯一眞心無所不遍. 此謂如來廣大性智究竟之義非如虛空相故. 첫째는 『[智光明莊嚴]經』에서 「여래의 法身은 완전히 적정하니, 마치 허공과 같다」고 설한 것을 듣고, 집착을 타파하기 위함임을 알지 못하고 곧바로 "허공이 여래의 본성이다"라고 생각하는 것이다. "무엇으로 대치하는가"라 한다면, "허공이라는 특징은 허망한 法이니, 그것 자체로서는 無이고 不實이나 [외부의] 色('물질')에 대응하여 있는 것이다. 이 [色이라는] 가시적 특징은, '마음 곧 生滅'이 보여지는 것이다. 모든 色法은 본래 心이므로, 실제로 외부에 色은 없다. 만약 [외부의] 色이 없다면, 허공이라는 특징은 없다. 즉 [心의] 모든 대상[인 色]은 그저 心이 허망하게 일어났기 때문이다. 만약 心이 허망하게 움직이는 것을 떠났다면, 모든 대상은 사라지고 유일한 眞心이 두루 미치지 않을 곳이 없다. 즉, 여래의 광대한 본성으로서의 지혜가 완성되는 것이며, 허공이라는 특징과 같은 것은 없다."는 것을 밝힘에 의해서이다.	『經』中說言「如虛空相, 諸佛亦爾」者, 此依第一義諸佛如來淸淨法身自體相不共法故, 作如是說. (勒那摩提 譯 『究竟一乘寶性論』 권4. T31, 842a) yad uktam ākāśalakṣaṇo buddha iti tat pāramārthikam āveṇikaṃ tathāgatānāṃ buddhalakṣaṇam abhisaṃdhāyoktam. (RGV 84, 3-4) 【梵】[『智光明莊嚴經』에서] 「부처는 허공이라는 특징을 지니고 있다」고 말하는 것, 이것은, 勝義('최고 [지혜]의 대상')이자, 不共('[타자에] 공통되지 않는 것')인, 여러 여래의, 부처의 특징을 함의하여 말해지는 것이다.
二者聞『修多羅』說「世間諸法畢竟體空, 乃至涅槃眞如之法亦畢竟空. 從本已來自空, 離一切相」, 以不知爲破著故, 卽謂"眞如涅槃之性唯是其空".	若新發意菩薩聞「是一切法畢竟性空, 乃至涅槃亦皆如化」, 心則驚怖. (鳩摩羅什 譯 『摩訶般若波羅蜜經』 권26, 「如化品」. T8, 416a)

云何對治. 明眞如法身自體不空具足無量性功德故.

둘째는 『[摩訶般若波羅蜜]經』에서 「세간의 모든 法은 무조건 그 자체로 空('텅 빔')이며, 내지는 涅槃이나 眞如라는 法도 궁극적으로는 空이니, 모든 특징을 멀리 떠나 있다」고 설한 것을 듣고서 집착을 타파하기 위함임을 알지 못하고 곧바로 "眞如나 涅槃의 본성은 그저 空('텅 빔')일 뿐"이라고 생각하는 것이다.

"무엇으로 대치하는가"라 한다면, "眞如인 法身은 그 자체로서 不空이며, 무량한 본성상의 공덕을 갖추고 있다"는 것을 밝힘에 의해서이다.

만약 초심자 菩薩이 "이러한 일체의 法은 무조건 自性을 결여하고 있으며, 내지는 涅槃마저도 모두 化作된 것과 동등하다"고 듣는다면, 마음 속으로 떨게 될 것이다.

※ 현존 범본(PVSPP VI-VIII 179, 10-11)에는 이 문장이 없고 "세존이여, 초심자인 補特伽羅('개체')는 어떻게 가르침을 받아야 합니까"(ādikarmiko bhagavan pudgalaḥ katham avavaditavyaḥ)라는 문장이 있다.

疑者聞"十二入一切法空", 便謂"眞如佛性無爲之法亦皆性空故空. 同虛空龜毛兎角等無".
爲對治此疑故, 答云「亦非無明(法?)相」. 今言"一切法空"者, 有爲之法無體相故空. 然眞如佛性法萬德圓滿, 體是妙有湛然常住, 非是空法.

(菩提流支 譯『金剛仙論』 권3. T25, 813c-814a)

의심하는 이는 "十二處라는 모든 法은 空이다"라 듣고서 곧바로 "眞如인 佛性이라는 無爲法도 모두 自性을 결여한 空이므로, 空이다. 허공이나 거북이털, 토끼뿔 등이 존재하지 않는 것과 같다"고 생각한다.

이 의심을 대치하기 위하여, "法相이 없는 것도 아니다"라고 답하는 것이다. 지금 "모든 法은 空이다"라고 한 것은, 有爲法은 自性이 없기 때문에 空이라 해도, 그러나 眞如인 佛性이라는 法은 모든 공덕을 갖추고 있으니, 그 자체로서 妙有('뛰어난 실재')이며, 고요하게 常住하니, 空한 法이 아니다.

諸過客塵來 <u>性功德</u>相應
眞法體不變 如本後亦爾

(勒那摩提 譯『究竟一乘寶性論』 권3. T31, 832b)

doṣāgantukatāyogād guṇaprakṛtiyogataḥ ||
yathā pūrvaṃ tathā paścād avikāritvadharmatā || (RGV 41, 20-21)

【梵】 과오는 외래적인 것으로서 결합되어 있기 때문에, 또한 공덕은 본성적으로 결합되어 있기 때문에 앞에서와 같이, 그와 같이 이후에도 그처럼, [如來界

<table>
<tr><td></td><td>가] 無變異性을 속성으로 함이 있다.

※『金剛仙論』에 대해서는 竹村牧男[1993: 399-400]의 지적을 의거함.</td></tr>
<tr><td>三者聞『修多羅』說「如來之藏無有增減, 體備一切功德之法」, 以不解故, 卽謂"如來之藏有色心法自相差別". 云何對治. 以唯依眞如義說故. 因生滅染義示現說差別故.
셋째는『[勝鬘師子吼一乘大方便方廣]經』에서「如來藏은 늘어나거나 줄어듦이 없이 그 자체로서 모든 공덕의 法을 갖추고 있다」고 설함을 듣고서 이해하지 못하고 곧바로 "如來藏은 色法이나 心法의 自相('자립적 특징')이라는 구별을 지니고 있다"고 생각하는 것이다.
"무엇으로 대치하는가"라 한다면, "[如來藏은] 그저 眞如를 염두에 두고서만 설해진다"라는 것에 의해서이며, "生滅이라는 雜染[의 구별]에 연관지어 [공덕의] 구별을 시현한다"라는 것에 의해서이다.</td><td>疑者聞"眞如是有體相不空", 便謂"還同色等有爲之有", 又云"若有, 應同色香味觸有爲之有. 若無, 應同性空兔角等無". 此名爲相.
對此疑故, 答云「無相」. 明眞如法體妙有妙無, 語眞妙, (+雖?)有不同前色等法有, 雖無不同兔角等無. (菩提流支 譯『金剛仙論』권3. T25, 814a)
의심하는 이는 "眞如는 自性을 가지고 있어 空('텅 빔')이 아니다"라는 것을 듣고서, 곧바로 "[眞如는] 역시 色 등의 有爲法이 있는 것과 같을 것이다"라 생각하고, 또한 "만약 있는 것이라면, [眞如는] 色·香·味·觸이라는 有爲法이 있는 것과 같아야 할 것이다. 만약 없는 것이라면 [眞如는] 본성을 결여하고 있는 空이거나 토끼뿔 등의 없는 것과 같아야 할 것이다."라 말한다. 이것을 相이라 한다.
이러한 의심을 대치하기 위해서 "相이 없다"고 답한 것이다. "眞如法은 그 자체로서 妙有('뛰어난 실재')임과 동시에 妙無('뛰어난 비실재')이다. 妙에 대해 말하면, [眞如는] 있다고 하더라도 이전의 色 등과 같은 [有爲] 法이 있는 것과 같지 않으며, 없음이라 해도 토끼뿔 등이 없는 것과 같지 않다"고 밝힌 것이다.

依何義說. 依眞如義說.
(菩提流支 譯『金剛般若波羅蜜經論』권上. T25, 784c)
무엇을 염두에 두고 설해졌는가라고 한다면, 眞如를 염두에 두고 설해진 것이다.

※『金剛仙論』에 대해서는 竹村牧男[1993: 400]의 지적에 의거함.</td></tr>
<tr><td>四者聞『修多羅』說「一切世間生死染法皆依如來藏而有. 一切諸法不離眞如」, 以不解故, 謂"如來藏自體具有一切世間生死等法".</td><td>世尊, 生死者依如來藏. (求那跋陀羅 譯『勝鬘師子吼一乘大方便方廣經』. T12, 222b)
bcom ldan 'das de bzhin gshegs pa'i snying</td></tr>
</table>

云何對治. 以如來藏從本已來唯有過恒沙等諸淨功德不離不斷不異眞如義故. 以過恒沙等煩惱染法唯是妄有性自本無從無始世來未曾與如來藏相應故. 若如來藏體有妄法而使證會永息妄者, 則無是處.

넷째는 『[勝鬘師子吼一乘大方便方廣]經』에서 「모든 세간적으로 윤회에 속하는 雜染法은 다 如來藏에 의한 것이다. 모든 法은 眞如를 떠나지 않는다」고 설함을 듣고서 이해하지 못하고 곧바로 "如來藏은 그 자체로서 모든 세간적인 윤회 등의 法을 지니고 있다"고 생각하는 것이다.

"무엇으로 대치하는가"라 한다면, "如來藏은 본래 그저 갠지스 강의 모래 수를 넘을 정도의, 眞如를 떠나지 않는, 끊어지지 않는, 변화하지 않는 청정한 모든 공덕을 지니고 있을 뿐이다"라고 함에 의해서이다. 갠지스 강의 모래 수를 뛰어넘을 정도의 번뇌라고 하는 雜染法은 그저 허망[한 法]으로서 있는 것에 지나지 않으며, 본성으로서는 본래 없는 것이니, 시작이 없는 때에서부터 지금에 이르기까지 如來藏과 결합된 적이 없기 때문이다. 如來藏이 그 자체로서 허망한 法을 지닌 채로 [중생에게 眞如를] 증득시키고 영원히 허망[한 法]을 끝내게 하는 상황은 있을 수 없다.

po ni 'khor ba na rton pa lags so ||
(ŚSS 144, 9-10)

【藏】 세존이시어, 如來藏은 윤회에 있어 기반입니다.

世尊, 過於恒沙不離不脫不異不思議佛法成就, 說如來法身. 世尊, 如是如來法身不離煩惱藏, 名如來藏.
(求那跋陀羅 譯 『勝鬘師子吼一乘大方便方廣經』. T12, 221c〔勒那摩提 譯『究竟一乘寶性論』 권2. T31, 824a〕)

[...] gaṅgāvālikāvyativṛttair avinirbhāgair acintyair buddhadharmaiḥ samanvāgatas tathāgatadharmakāyo deśitaḥ. ayam eva ca bhagavaṃs tathāgatadharmakāyo 'vinirmuktakleśakośas tathāgatagarbhaḥ sūcyate.
(RGV 12, 12-14)

【梵】 〔……〕 갠지스 강의 모래 수를 넘을 정도의, 분리되지 않는 불가사의한 佛法('부처의 속성')을 갖추고 있는 如來의 法身이 설해집니다. 세존이시어, 다름 아닌 이 如來의 法身이 번뇌의 껍질을 벗어나지 않고 있는 것을 如來藏이라 부릅니다.

煩惱染法. (菩提流支 譯『金剛仙論』 권8. T25, 858c)

※ 상게 『勝鬘師子吼一乘大方便方廣經』의 구절 중 첫 번째는 竹村牧男[1993: 400]의 지적에 의거함. 두 번째는 高崎直道[1986]의 지적에 의거함.

五者聞『修多羅』說「依如來藏故有生死, 依如來藏故得涅槃」, 以不解故, 謂"衆生有始", 以見始故, 復謂"如來所得涅槃有其終盡還作衆生".
云何對治. 以如來藏無前際故, 無明之相亦無有始. 若說「三界外更有衆生始起」者, 卽是外道經說. 又如來藏無有後際. 諸佛所得涅槃與之相應則無後際故.

다섯째는 『[勝鬘師子吼一乘大方便方廣]經』에서 「如來藏이 있기 때문에 윤회가 있고, 如來藏이 있기 때문에 涅槃을 얻는다」고 설함을 듣고서 이해하지 못하고 곧바로 "중생에게는 시작이 있다"고 생각하고, 시작이 있다고 보기에 다시 "如來에 의해 얻어지

如『聖者勝鬘經』言「世尊, 依如來藏故有生死, 依如來藏故證涅槃. 世尊, 若無如來藏者, 不得厭苦, 樂求涅槃」.
(勒那摩提 譯『究竟一乘寶性論』 권4. T31, 839b)

『聖者勝鬘經』에서 「세존이시어. 如來藏이 있기 때문에 윤회가 있고, 如來藏이 있기 때문에 涅槃을 증득합니다. 세존이시어, 만약 如來藏이 없다면, 苦를 싫어함도 없고 涅槃을 좋아하는 것, 혹은 구하는 것도 없을 것입니다」라고 말한 대로이다.

※ 범문에 없는 문장.

는 涅槃에는 끝이 있으며 재차 중생이 된다"고 생각하는 것이다. "무엇으로 대치하는가"라고 한다면, "如來藏에는 前際('과거에서의 발단')가 없기 때문에, 無明의 특징에도 시작은 없다. "三界의 바깥에 다시 중생의 시작이 있다"는 설과 같은 것은, 外道의 경전에서 설해진 것이다. 또한 如來藏에는 後際('미래에서의 종말')가 없다. 모든 부처가 얻는 涅槃은 그것(如來藏)과 결합하고 있으므로 後際가 없다"는 것을 밝힘에 의해서이다.	佛體無前際 及無中間際 亦復無後際 寂靜自覺知 (勒那摩提 譯『究竟一乘寶性論』 권2. T31, 822b) yo buddhatvam anādimadhyanidhanaṃ śāntaṃ vibuddhaḥ svayam. (RGV 7, 9) 【梵】 처음도 중간도 뒤도 없는 적정한 부처라는 것을 스스로 깨달으신 〔……〕 분. 「三界外別有一衆生界藏」者, 外道大有經中說, 非七佛之所說. (傳 鳩摩羅什 譯『佛說仁王般若波羅蜜經』 권上. T8, 827a) "三界 바깥에 따로 하나의 衆生界藏이 있다"는 것은 外道의 大有經에서 설한 것이지 七佛이 설한 것은 아니다. ※『究竟一乘寶性論』에서 인용된 『聖者勝鬘經』은 高崎直道[1990a]의 지적에 의거함. 『佛說仁王般若波羅蜜經』은 望月信亨[1938: 180]의 지적에 의거함.

[Ⅲ·2·2 法我見]

大乘起信論一卷 馬鳴菩薩作	북조기 한문불교문헌
法我見者, 依二乘鈍根故, 如來但爲說人無我. 法我見이란, [聲聞과 獨覺이라는] 二乘의 사람들이 둔한 소질[을 지닌] 사람임을 염두에 두고, 如來는 다만 [저들에게] 人無我를 설하셨을 뿐이었다.	小乘弟子鈍根故, 爲說衆生空. (鳩摩羅什 譯『大智度論』 권31. T25, 287b) 小乘의 제자는 둔한 소질을 지닌 자이기 때문에 [如來는 그들에게] 衆生空(*pudgalaśūnyatā. = 人無我 [pudgalanairātmya])을 설하신다.
以說不究竟, 見有五陰生滅之法, 怖畏生死, 妄取涅槃. 설하셨던 것[인 人無我]가 [法無我에 비해] 궁극적이지 않으므로 [저들은] 생멸하는 法인 五蘊을 보고는 윤회를 두려워하며 멋대로 涅槃을 취하려 한다.	復次大慧, 諸聲聞辟支佛畏生死妄想苦, 而求涅槃. 不知世間涅槃無差別故. (菩提流支 譯『入楞伽經』 권2. T16, 526b) punar aparaṃ Mahāmate saṃsāravikalpaduḥkhabhayabhītā nirvāṇam anveṣante saṃsāranirvāṇayor aviśeṣajñāḥ. (LAS 61, 15-16) 【梵】 그리고 다음으로, 마하마띠여, 윤회와 涅槃의 분별없음을 알지 못한 자들은 윤회를 분별함에 따라 苦의 공포에 떨면서 涅槃을 구한다.

云何對治. 以五陰法, 自性不生, 則無有滅. 本來涅槃故. "무엇으로 대치하는가"라 한다면, "五蘊이라는 法은 그 본성상 생겨나지 않고, 그러므로 사라지지도 않으니, 본래 열반해 있다"라는 것에 의해서이다.	大慧, 菩薩摩訶薩一闡提常不入涅槃. 何以故. 以能善知一切諸法本來涅槃, 是故不入涅槃. (菩提流支 譯『入楞伽經』 권2. T16, 527b) bodhisattvecchantiko 'tra Mahāmate ādiparinirvṛtān sarvadharmān viditvā atyantato na parinirvāti. (LAS 66, 11-13) **【梵】** 마하마띠여, 여기에서는, 一闡提인 菩薩은 모든 法이 본래 涅槃해 있다고 안 후, 절대로 般涅槃하지 않는다.

[Ⅲ·2·3 究竟離妄執]

大乘起信論一卷 馬鳴菩薩作	북조기 한문불교문헌
復次究竟離妄執者, 當知染法淨法皆悉相待, 無有自相可說. 그리고 다음으로 궁극적으로 헛된 집착을 떠나는 것이란, 雜染法과 淸淨法은 모두 상대적인 것이기에 설해질 수 있는 自相('자립적 특징')은 없다고 알아야 한다.	世尊, 若但妄想自性, 非性自性相待者, 非爲世尊如是說煩惱淸淨無性過耶. 一切法妄想自性非性故. (求那跋陀羅 譯『楞伽阿跋多羅寶經』 권3. T16, 501c) tad yadi Bhagavan parikalpita evāsau na bhāvasvabhāvalakṣaṇāvadhāraṇam, nanu te Bhagavan evaṃ bruvataḥ saṃkleśavyavadānābhāvaḥ prasajyate parikalpitasvabhāvabhāvitatvāt sarvadharmāṇām. (LAS 163, 12-15) **【梵】** 세존이시어, 만약 이것이 遍計所執에 다름 없으며, 존재의 自性이라는 특징을 확인할 것이 없다면, 세존이시어, 그와 같이 말씀하신 당신에게 있어 모든 法은 遍計所執性이기에 雜染과 淸淨이 없게 되어버리지 않겠습니까. 離於眞如法界, 更無言敎自相可說. (菩提流支 譯『金剛仙論』 권8. T25, 857b) 眞如法界를 떠나서는, 언어적 가르침에 설해질 수 있는 自相('자립적 특징')은 없다. ※『金剛仙論』에 대해서는 石井公成[2003]의 지적에 의거함.
是故一切法從本已來非色非心, 非智非識, 非有非無, 畢竟不可說相. 而有言說者, 當知如來善巧方便	大慧, 何者建立說法之相. 謂說九部種種敎法, 離於一異有無取相, 先說善巧方便, 爲令衆生入所樂處.

假以言說引導衆生. 그러므로 모든 法은 본래 色도 아니고 心도 아니며 智도 아니고 識도 아니며 有도 아니고 無도 아닌, 절대로 不可說이라는 것을 특징으로 한다. 그럼에도 [如來에게] 언어표현이 있는 것은 如來의 方便善巧('수단의 능숙함')로서 임시로 언어표현에 의해 중생을 인도한 것이라고 알아야 한다.	(菩提流支 譯『入楞伽經』 권5. T16, 542c) tatra deśanānayaḥ katamaḥ. yad uta navāṅgaśāsanavicitropadeśo 'nyānanyasadasatpakṣavarjitaḥ upāyakuśalavidhipūrvakaḥ sattveṣu deśanāvatāraḥ. (LAS 148, 14-17) 【梵】 "여기에서, 설법이라는 도리는 무엇인가"라 한다면, 바로 九分教의 갖가지 가르침이니, 다른 것과 다르지 않은 것, 有와 無를 멀리 떠나 方便善巧의 방식을 앞세워 중생들에게 가르침을 내리는 것이다.
其旨趣者, 皆爲離念, 歸於眞如. 以念一切法, 令心生滅, 不入實智故. 그것의 취지는 모두 念을 떠나 眞如로 돌아가게 함에 있다. 모든 法을 念하는 것은 心을 생멸케 하고 진실한 지혜에 들어가지 못하게 하기 때문이다.	

[Ⅲ· 3 分別發趣道相]

大乘起信論一卷 馬鳴菩薩作	북조기 한문불교문헌
分別發趣道相者, 謂一切諸佛所證之道一切菩薩發心修行趣向義故. 道에 대한 발심과 나아감의 분류란, 즉 모든 부처에 의해 증득되는 道에, 모든 菩薩이 발심하고 수행하여 나아간다는 의미이다.	**汝所證之道** (菩提流支 譯『入楞伽經』 권1. T16, 516c) ayaṃ mārgo yas tvayā parigṛhītaḥ. (LAS 10, 17) 【梵】 너에 의해 파악되어야 할, 이 道.
略說發心有三種. 云何爲三. **一者信成就發心,** **二者解行發心,** **三者證發心.** 정리하면 발심은 세 종류이다. "셋이란 무엇인가"라 한다면, 첫째는 믿음의 원만함에 기반한 발심, 둘째는 勝解에 의한 수행에 기반한 발심, 셋째는 증득에 기반한 발심이다.	

[Ⅲ·3·1 信成就發心]

大乘起信論一卷 馬鳴菩薩作	북조기 한문불교문헌
信成就發心者, 依何等人, 修何等行, 得信成就, 堪能發心. 믿음의 원만함에 기반한 발심이란, 어떤 이가 어떤 수행을 닦아 믿음의 원만함을 얻고 발심할 수 있는 것인지를 염두에 두고 있는 것인가.	信心成就. (菩提流支 譯『十地經論』 권2. T26, 137a) bsam pa phun sum tshogs pa. (P no. 5494, Ngi 172a6) 【藏】 意樂의 원만. ※ 竹村牧男[1993: 409]의 지적에 의거함.
所謂依不定聚衆生, 有熏習, 善根力故, 信業果報, 能起十善, 厭生死苦, 欲求無上菩提, 得値諸佛, 親承供養, 修行信心, 逕一萬劫, 信心成就故, 즉, 不定聚('확정되지 않은 그룹')의 중생이 熏習을 지니고 있었기 때문에 善根의 힘에 의해 業에 과보가 있음을 믿고, 十善을 일으킬 수 있으며, 윤회의 苦를 싫어하고, 이 위없는 깨달음을 구하며, 諸佛을 뵘에 이르러, 섬기고, 공양하고, 믿음을 수행하고, 만 겁 후에 믿음이 원만하기 때문에,	略說佛性清淨正因於不定聚衆生能作二種業. 何等爲二. 一者依見世間種種苦惱, 厭諸苦故, 生心欲離諸世間中一切苦惱. 〔……〕 二者依見涅槃, 樂悕寂樂故, 生求心欲心願心. (勒那摩提 譯『究竟一乘寶性論』 권3. T31, 831a) tatra samāsato buddhadhātuviśuddhigotraṃ mithyātvaniyatānām api sattvānāṃ dvividhakāryapratyupasthāpanaṃ bhavati. saṃsāre ca duḥkhadoṣadarśananiḥśrayeṇa nirvidam utpādayati. nirvāṇe sukhānuśaṃsadarśananiḥśrayeṇa cchandaṃ janayati, icchāṃ prārthanāṃ praṇidhim iti. (RGV 36, 2-5) 【梵】 여기에서, 요약하면 佛性이라는 청정한 種姓은 邪定聚의 중생에 대해서조차 두 종류의 所作을 일으킨다. ①輪廻를 苦나 과오로 보는 것을 기초로 하여 혐오가 생기게 하고, ②涅槃을 樂과 功德으로 봄에 기초하여 意欲이 생기게 하는 것이다. ── [涅槃을] 좋아함, 혹은 구함, 혹은 소원함이라는 것을. 善男子, 習忍以前, 行十善菩薩有退有進. 譬如輕毛隨風東西, 是諸菩薩亦復如是, 雖以十千劫行十正道, 發三菩提心, 乃當入習忍位, 亦常學三伏忍法, 而不可名字(定?), 是不定人. (傳 鳩摩羅什 譯『佛說仁王般若波羅蜜經』 권下. T8, 831b) 좋은 집안의 자식이여, 習忍 이전에 十善을 행하는 菩薩은 물러남도 있고 나아감도 있다. 마치 가는 털이 바람을 따라 동이나 서

	로 움직이는 것과 같이, 그처럼 이들 **菩薩**은 설령 십천겁 동안 **十正道**를 행하고, 올바른 깨달음을 구하는 마음을 내어 비로소 **習忍位**에 들어가 항상 **三伏忍法**을 학습한다고 해도 확정적이라 할 수 없는, 확정적이지 않은 사람이다. **得值八十四億那由他百千萬諸佛, 我皆<u>親承供養</u>, 無空過者.** (菩提流支 譯『金剛般若波羅蜜經論』권中. T25, 790a) caturaśītibuddhakoṭiniyutaśatasahasrāṇy abhūvan ye mayārāgitāḥ, ārāgya na virāgitāḥ. (VChPP 45, 7-11) **【梵】** 나로 인해 기뻐하시고, 기뻐하시면서 노여워하시지 않으셨던 팔십사억나유타백천의 부처가 오셨다.
①諸佛菩薩教令發心, ②或以大悲故能自發心, ③或因正法欲滅, 以護法因緣, 能自發心. ①**諸佛菩薩**이 발심키기거나 ②혹은 **大悲**에 의해 스스로 발심할 수 있거나 ③혹은 **正法**이 없어지려고 하기 때문에 **護法**이라는 계기에 의해서 스스로 발심할 수 있거나 하는 것을 염두에 두고 있는 것이다.	**彌勒, 發菩提心有七種因. 何等爲七. 一者諸佛教化發菩提心. 二者見法欲滅, 發菩提心. 三者於諸衆生, 起大慈悲, 發菩提心.** (菩提流支 譯『彌勒菩薩所問經論』권2에 인용된『法印經』. T26, 240b) 마이뜨레야여, **發菩提心**('깨달음을 구하는 마음을 내는 것')에는 일곱 가지가 있다. "일곱이란 무엇인가"라 한다면, 첫째는 모든 부처가 **發菩提心**하게 시키는 것. 둘째는 **法**이 사라지려 하는 것을 보고 **發菩提心**하는 것. 셋째는 모든 **衆生**에 대한 **大慈悲**을 일으켜 **發菩提心**하는 것.
如是信心成就得發心者, 入正定聚, 畢竟不退, 名住如來種中正因相應. 이상과 같이 믿음의 원만함에 기초해 발심에 이른 자가 **正定聚**('올바름으로 확정된 그룹')에 들어가 [믿음에서] 절대로 물러나지 않는 것을 "**如來種姓**에 안주하고, 올바른 원인과 결합해 있다"고 한다.	**種性菩薩具足如是性功德者〔……〕<u>名爲如來住處正因相應</u>.** (曇無讖 譯『菩薩地持經』권1,「種性品」. T30, 889b) yasmāc ca tad gotraṃ bodhisattvānāṃ prakṛtyaiva guṇayuktaṃ […] tasmāt tāvad […] tathāgatasya padasyāvāptaye hetubhāvena yujyate. (BoBh 6, 20-22) **【梵】** **菩薩**들의 이 **種姓**은 바로 본성상, **功德**과 결합되어 있기 〔……〕 때문에, 그 때문에 〔……〕 **如來**의 지위에 도달하는 데 있어 원

	인이라는 형태로 관계되어 있는 것이다.
若有衆生善根微少久遠已來煩惱深厚, 雖値於佛亦得供養, 然起人天種子, 或起二乘種子. 만약 어떤 중생이 **善根**이 부족하고 오래 전부터 번뇌가 매우 두텁다면, 설령 부처를 뵙고 공양한다 하더라도 **人天**이 되는 **種子**를 일으켜 버리거나 혹은 **二乘**이 되는 **種子**를 일으켜 버린다.	
設有求大乘者, 根則不定, 若進若退. 설령 **大乘**을 구하는 자가 있다고 하더라도 [그는] 소질이 확정적이지 않으므로 나아가거나 물러나거나 한다.	**善男子, 習忍以前, 行十善菩薩<u>有退有進</u>.**(傳 鳩摩羅什 譯『佛說仁王般若波羅蜜經』 권下. T8, 831b) 좋은 집안의 자식이여, **習忍** 이전에 **十善**을 행하는 **菩薩**은 물러남도 있고 나아감도 있다.
或有供養諸佛, 未逕一萬劫, 於中遇緣, 亦有發心. 어떤 이는 부처님들에게 공양하는 기회를 가져 만겁을 채 지나지 않고서 인연을 만나 역시 발심함이 있다.	**譬如輕毛隨風東西, 是諸菩薩亦復如是, 雖以<u>十千劫</u>行十正道, 發三菩提心, 乃當入習忍位, 亦常學三伏忍法, 而不可名字(定?), 是不定人.** (傳 鳩摩羅什 譯『佛說仁王般若波羅蜜經』 권下. T8, 831b) 마치 가는 털이 바람을 따라 동이나 서로 움직이는 것과 같이, 그처럼 이들 **菩薩**은 설령 십천겁 동안 **十正道**을 행하고, 올바른 깨달음을 구하는 마음을 내어 비로소 **習忍位**에 들어가 항상 **三伏忍法**을 학습한다고 해도 확정적이라 할 수 없는, 확정적이지 않은 사람이다.
所謂④見佛色相而發其心, ⑤或因供養衆僧而發其心, ⑥或因二乘之人教令發心, ⑦或學他發心. 즉 ④부처의 **色相**을 보고 발심하거나 ⑤승단에 공양함에 이끌려 발심하거나 ⑥**二乘**의 사람이 발심케 하거나 ⑦혹은 다른 이를 따라서 발심하거나 하는 것이다.	**四者菩薩教化發菩提心. 五者因布施故, 發菩提心. 六者學他發菩提心. 七者聞說如來三十二相八十種好, 發菩提心.** (菩提流支 譯『彌勒菩薩所問經論』 권2에 인용된『法印經』. T26, 240b) 넷째는 **菩薩**이 **發菩提心**('깨달음을 구하는 마음을 내는 것')을 시키는 것. 다섯째는 **布施**에 이끌려 **發菩提心** 하는 것. 여섯째는 다른 이를 따라서 **發菩提心** 하는 것. 일곱째는 **如來**의 32상과 80종호를 듣고 **發菩提心** 하는 것. ※『法印經』, 즉『如來智印經』에 대해서는 柏木弘雄 [1968]의 지적에 의거함,

如是等發心悉皆不定. 遇惡因緣, 或便退失, 墮二乘地.

이와 같은 발심은 모두 확정적이지 않다. 나쁜 계기를 만난다면 곧바로 퇴전하여 二乘地로 떨어지거나 한다.

如七種發菩提心人, 前三種人多是不退, 後四種人或退不退. 若遇諸佛菩薩善知識, 則不退轉. 若不遇善知識, 退菩提心, 轉入外凡二乘之地.

(菩提流支 譯『金剛仙論』 권1. T25, 803b)

예를 들어, 일곱 가지 發菩提心하는 사람들 중 앞의 세 종류의 사람은 대개 퇴전하지 않지만, 뒤의 네 종류의 사람은 혹 퇴전하거나 퇴전하지 않거나 한다. 만약 佛菩薩이라는 善知識을 뵙는다면 퇴전하지 않는다. 만약 善知識을 만나지 않는다면 깨달음을 구하는 마음에서 물러나 外凡夫나 二乘地에 轉入한다.

※ 竹村牧男[1993: 413]의 지적에 의거함.

復次信成就發心者, 發何等心. 略說有三種. 何等爲三.
一者直心. 正念眞如法故.
二者深心. 樂集一切諸善行故.
三者大悲心. 欲拔一切衆生苦故.

그리고 다음으로 "믿음의 원만함에 기반한 발심이란 어떠한 마음을 내는 것인가"라 한다면, 요약해서 세 가지가 있다. "셋이란 무엇인가"라 한다면,

첫째는 곧은 마음〔直心〕이다. 眞如法을 正念하기 때문이다.

둘째는 깊은 마음〔深心〕이다. 모든 선행을 모으기를 소원하기 때문이다.

셋째는 큰 자비의 마음〔大悲心〕이다. 모든 중생의 苦를 뽑아버리기를 바라기 때문이다.

三者淳至大. 向時許, 乃至盡衆生界, 作利益衆生, 悲心增上. 如『經』「直心深心淳至」故.

(菩提流支 譯『十地經論』 권2. T26, 135b)

de'i dus dang 'khor ba ji srid par sems can gyi don bya bar khas blangs pas 'phel ba nyid kyi phyir rab tu ston pa chen po nyid ni gang gi phyir bsam pa dang lhag pa'i bsam pa rab tu brten pa zhes gsungs pa'o ||

(P no. 5494, Ngi 166a4-5)

【藏】 그때부터 윤회가 존재하는 한 중생을 이익되게 하는 것(*sattvārthakriyā)에 대한 맹세(*abhyupagama)가 증대하기 때문에 큰 기둥(*upastambhamahattva)은 「意樂과 增上意樂에 의해 지지되어」(āśayādhyāśayopastabdham)라 한 것이다.

※ 望月信亨[1938: 185]의 지적에 의거함

問曰. 上說"法界一相""佛體無二". 何故不唯念眞如, 復假求學諸善之行.

答曰. 譬如大摩尼寶體性明淨而有鑛穢之垢, 若人雖念寶性不以方便種種磨治, 終無得淨, 如是衆生眞如之法體性空淨而有無量煩惱染垢, 若人雖念眞如不以方便種種熏修, 亦無得淨. 以垢無量遍一切法故, 修一切善行, 以爲對治. 若人修行一切善法, 自然歸順眞如法故.

求學修行. (菩提流支 譯『十地經論』 권4. T26, 148b)

sbyor bar 'dod pas. (P no. 5494, 205b2)

【藏】 加行(*prayoga)을 구함.

大摩尼寶.

(勒那摩提 譯『究竟一乘寶性論』 권1. T31, 822a)

maṇi. (RGV 5, 9)

【梵】 摩尼.

질문. 앞에서 "法界는 다만 하나의 특징을 지닌다" "부처의 體('본연의 상태')는 이분법적이지 않다"고 설했는데, 어째서 다만 眞如를 念하는 것뿐 아니라 다시 모든 善行을 구함을 쓰는가.

대답. 마치 큰 摩尼라는 보석이 본성적으로 밝고 맑다 하더라도, 아직 가공할 때 생기는 불순물이라는 더러움을 수반하고 있기에 만약 사람이 보석이라는 本性을 念한다고 해도 加行('대처')에 의해 다양하게 연마하지 않는다면 결국 청정함을 얻을 수 없는 것과 같이, 그처럼 중생의 眞如法은 본성적으로 [번뇌를 결여하고 있으므로] 空하고 청정하다 해도, 무량한 번뇌의 오염이라는 더러움을 수반하고 있기에, 만약 사람이 眞如를 念한다 해도 加行('대처')에 의해 다양하게 修習하지 않는다면, 역시 청정함을 얻을 수 없다. 더러움은 무량하여 모든 法에 두루 퍼져 있기 때문에 모든 善行을 修習함을 [그것(더러움)에 대한] 대치라고 하는 것이다. 만약 사람이 모든 善法을 수행한다면 [그 사람은] 자연히 眞如法으로 돌아오기 때문이다.

煩惱染.

(勒那摩提 譯 『究竟一乘寶性論』 권3. T31, 830b)

kleśasaṃkleśa. (RGV 33, 12)

【梵】 번뇌의 오염.

熏修. (菩提流支 譯 『入楞伽經』 권9. T16, 568c)

bhāvita. (LAS Saghātaka 147)

【梵】 修習되었다.

熏修. (菩提流支 譯 『十地經論』 권2. T26, 134a)

bsgoms nas. (P no. 5494, Ngi 161b4)

【藏】 修習하여.

略說方便有四種. 云何爲四.

요약하면 加行('대처')은 네 가지이다. "넷이란 무엇인가"라 한다면,

一者行根本方便. 謂觀一切法自性無生, 離於妄見, 不住生死. 觀一切法因緣和合業果不失, 起於大悲, 修諸福德, 攝化衆生, 不住涅槃. 以隨順法性無住故.

첫째는 수행의 근본인 加行('대처')이다. 즉 "모든 法은 그 본성상 생겨나지 않는다"고 관찰하고 妄見을 떠나므로 윤회에도 머무르지 않고, "모든 法은 원인과 조건에 의하므로, 業의 과보는 없어지지 않는다"고 관찰하고 大悲를 일으켜 여러 福德을 修習하고 중생을 교화하기에 열반에도 머무르지 않는다. 본성이 [윤회에도 열반에도] 머무르지 않음에 [菩薩이] 수순함에 의한다.

能信解空, 亦信業報.

(菩提流支 譯 『大寶積經論』 권1. T26, 211c)

信解空法, 亦信業果報.

(鳩摩羅什 譯 『十住毘婆沙論』 권9. T26, 66c)

śūnyatāṃ cādhimucyate karmavipākaṃ cābhiśraddadhāti. (KP §16)

【梵】 空이라는 것을 勝解하고 業에 결과가 있다는 것도 믿는다.

雖復經百劫 而業常不失

得因緣和合 爾時果報熟

(毘目智仙 譯 『業成就論』. T31, 778c)

na praṇaśyanti karmāṇi kalpakoṭiśatair api |
sāmagrīṃ prāpya kālaṃ ca phalanti khalu dehinām ||

【梵】 여러 業은 백천만 겁이 지나도 없어지지 않는다. [조건이] 갖추어짐과 적절한 시기를 얻어 몸 있는 자들에게 과보를 가져온다.

菩薩方便, 攝化衆生, 必以大悲, 引邪從正.
(曇林『毘耶娑問經飜譯之記』. T12, 223b)

菩薩은 方便에 의해 중생을 교화하고 반드시 大悲에 의해 邪에서 正으로 끌어당긴다.

二者能止方便. 謂慚愧悔過能止一切惡法不令增長. 以隨順法性離諸過故.

둘째는 능히 멈출 수 있는 加行('대처')이다. 즉, 후회함은 모든 惡法을 멈추고 늘어나지 않게 할 수 있기 때문이다. 法性은 모든 과오를 떠나 있음에 [菩薩이] 수순함에 의한다.

慚愧悔過. (菩提流支 譯『大寶積經論』 권1. T26, 207c)
'gyod pa. (CKP 35-36)

【梵】 후회(*kaukṛtya).

不令增長. (菩提流支 譯『十地經論』 권4. T26, 146c)
na [...] anupradānaṃ karoti. (DBhS 38, 12-13)

【梵】 늘어나게 하지 않음.

三者發起善根增長方便. 謂勤供養禮拜三寶, 讚歎隨喜勸請諸佛. 以愛敬三寶淳厚心故, 信得增長, 乃能志求無上之道. 又因佛法僧力所護故, 能消業障, 善根不退. 以隨順法性離癡障故.

셋째는 善根을 일으키고 늘어나게 하는 加行('대처')이다. 즉 三寶를 공양하거나 예배하는 것에 힘쓰고, 여러 부처를 찬탄하고 隨喜하며 勸請하는 것이다, 三寶를 아끼고 경배하는 두터운 마음에 의해 믿음이 증대되고 마침내 이 위없는 깨달음에 뜻을 두고 바랄 수 있게 된다. 또한 佛과 法과 僧의 힘에 의해 보호받기 때문에 業障을 소멸할 수 있으며 善根에 의해 [믿음에서] 물러나지 않는다. 法性이 어리석음이라는 장해를 떠났음에 [菩薩이] 수순함에 의한다.

問曰. 但憶念阿彌陀等諸佛及念餘菩薩得阿惟越致, 更有餘方便耶.
答曰. 求阿惟越致地者, 非但憶念稱名禮敬而已, 復應於諸佛所懺悔勸請隨喜廻向.
(鳩摩羅什 譯『十住毘婆沙論』 권5, 「除業品」. T26, 45a)

질문. 다만 아미타 등의 여러 부처를 억념하거나, 그 외의 여러 菩薩을 억념하는 것만으로 [깨달음에 대해] 물러나지 않음에 이른다고 하는데, 그 외에도 方便('수단')이 있는 것인가.

대답. [깨달음에서] 물러나지 않음을 구하는 자는 다만 억념하거나 명호를 부르거나 예배하는 것뿐 아니라 또한 여러 부처 아래에서 懺悔하고 勸請하고 隨喜하며 廻向해야 한다.

得見諸佛已 勤心而供養
善根得增長 能疾化衆生
「供養」名心意淸淨恭敬歡喜念佛有無量功德. 以種

種讚歎, 名口供養. 敬禮華香等, 名身供養. 是故福德轉更增長. 如穀子在地雨潤生長. 「疾教化」者, 令衆生住三乘中. 如是菩薩增長善根.
(鳩摩羅什 譯『十住毘婆沙論』 권12, 「助念佛三昧品」. T26, 88c)

여러 부처를 보게 된 후, 마음을 격려해 공양하므로, 선근이 증대되고, 신속하게 중생을 교화할 수 있게 된다. (이상 게송)
「공양한다」란 마음의 청정함에 의해 공양하고 환희하며 부처께 무량한 공덕이 있음을 念하는 것이다. 갖가지 찬탄을 입〔口〕에 의한 공양이라 한다. 예를 올리거나 꽃을 뿌리는 것, 향을 피우는 것을 몸〔身〕에 의한 공양이라 한다. 그 때문에, 복덕은 한층 더 증대된다. 마치 땅에 있는 곡식의 종자에 비가 내려 성장하는 것과 비슷하다. 「신속하게 교화함」이란 중생을 三乘 가운데 안주하게 하는 것이다. 이와 같이 菩薩은 善根을 증대시킨다.

愛敬心. (菩提流支 譯『十地經論』 권1. T26, 124a)

dga' ba dang gus pa. (P no. 5494, Ngi 131a5)

【藏】 희열과 존경.

淳厚心. (菩提流支 譯『十地經論』 권5. T26, 153b)

atṛptacittāśayamanaskāra. (DBhS 52, 8-9)

【梵】 싫증냄 없는 心意樂에 대한 作意.

愚癡是實際. 法性無癡相故.
(菩提流支 譯『勝思惟梵天所問經』 권2. T15,71c)

chos rnams la rmongs pa med pa'i phyir gti mug ni gti mug med pa'i mtha'o ||
(P no. 827, Phu 45b4)

【藏】 모든 法에는 어리석음이 없기 때문에, 어리석음은 無癡際(어리석음이 없는 것을 끝으로 하는 것)이다.

四者大願平等方便. 所謂發願, "盡於未來, 化度一切衆生, 使無有餘, 皆令究竟無餘涅槃". 以隨順法性無斷絶故.

又發大願. 所謂〔……〕盡未來際, 盡一切劫數一切衆生界數, 敎化一切衆生, 無有休息.
(菩提流支 譯『十地經論』 권3. T26, 139b)

넷째는 大願의 평등함이라는 加行("대처")이다. 즉 "미래가 다할 때까지, 모든 중생을 성숙시켜 남김없이 無餘涅槃을 완성케 하겠다"라는 서원을 발하는 것이다. 法性이 단절없음에 [菩薩이] 수순함에 의한다.	yad uta [...] aparāntakoṭiniṣṭhaṃ sarvakalpasaṃkhyāsattvadhātusaṃkhyāpratiprasrabdhaṃ sarvasattvadhātuparipācanāya pañcamam. (DBhS 20, 8-9) 【梵】 즉 〔……〕 모든 衆生界를 성숙케 하기 위해, 가장 먼 미래를 끝으로 하는 모든 劫數와 衆生數에 의해서도 끊어지지 않는 다섯 번째[의 큰 서원]을 [菩薩은 세운다]. 先當堅固發於正願, 攝受一切無量衆生. "我求無上菩提, 救護度脫, 令無有餘, 皆令究竟無餘涅槃". (傳 鳩摩羅什 譯『發菩提心經論』 권上. T32, 510b) 우선, 올바른 서원을 굳게 발하여, 모든 무량한 중생을 보호해야 한다. "나는 이 위없는 깨달음을 구하고 [중생을] 구호하고 해탈시켜, 남김없이 다 無餘涅槃을 완성케 하겠다"고. 化度一切衆生. (菩提流支 譯『十地經論』 권7. T26, 163a) sarvasattvaparipācana. (DBhS 81, 9) 【梵】 모든 중생을 성숙시키는 것.
法性廣大, 遍一切衆生, 平等無二, 不念彼此, 究竟寂滅故. 法性은 광대하여 모든 중생에게 두루 퍼져 있고, 평등하며, 이분법적이지 않아 저것과 이것을 念하지 않고, 궁극적으로 적멸해 있기 때문이다.	佛眼觀自法 遍一切衆生 下至阿鼻獄 具足如來藏 (勒那摩提 譯『究竟一乘寶性論』 권1. T31, 814c) vilokya tadvat sugataḥ svadharmatām avīcisaṃstheṣv api buddhacakṣuṣā | (RGV 60, 16-17) 【梵】 그와 같이 善逝(부처)는 佛眼으로 아비지옥에 있는 자들에게서조차 자신의 法性을 보고서 〔……〕.
菩薩發是心故, 則得少分見於法身. 以見法身故, 隨其願力, 能現八種, 利益衆生. 菩薩은 이러한 [直心, 深心, 大悲心이라는 세 가지] 마음을 발하기 때문에, 적게나마 法身을 보게 된다. 法身을 봄에 의해, 저들[이 세운] 서원의 힘에 의해, 여덟 가지 형상을 시현하여 중생을 이익되게 할 수 있다.	依三藏解, 法佛古今常湛然, 無修無得, 體成在先. 十地菩薩能化作佛, 乃至種性菩薩亦能八相成道. 故知應佛亦在先成. 報佛據自行成滿, 要在金剛已後. (Stein 4303.『第一集』 p.237) [菩提流支] 三藏의 해석에 의하면, 法身佛은 지금에도 과거에도 항상 고요하니 修習되는 것도 없고 얻어짐도 없이 그 자체로서

먼저 성립해 있다. 十地의 菩薩은 부처를 化作할 수 있으며, 내지는 種姓地의 菩薩도 여덟 가지 형상에 의해 成道할 수 있다. 그러므로 應身佛도 먼저 성립되어 있음을 안다. 報身佛은 스스로의 수행이 완전해짐에 의거하므로, 반드시 金剛喩定보다 후에 있다.

所謂①從兜率天退, ②入胎, ③住胎, ④出胎, ⑤出家, ⑥成道, ⑦轉法輪, ⑧入於涅槃.

즉, ① 兜率天에서 물러나는 것, ②胎內에 들어가는 것 ③胎內에 머무르는 것 ④胎內에서 나오는 것, ⑤出家, ⑥成道, ⑦轉法輪, ⑧涅槃에 들어가는 것이다.

①從兜率天來下, ②入胎, 及③在胎中, ④初生時, ⑤出家時, ⑥成佛道時, ⑦請轉法輪時, ⑧示入大涅槃, 我於爾時盡往.

(菩提流支 譯『十地經論』권3. T26, 138c)

tuṣitabhavanavāsam ādiṃ kṛtvā cyavanācaṅkramaṇagarbhasthitijanmakumārakrīḍāntaḥpuravāsābhiniṣkramaṇaduṣkaracaryābodhimaṇḍopasaṃkramaṇamāragharṣaṇābhisaṃbodhyadhyeṣaṇamahādharmacakrapravartanamahāparinirvāṇopasaṃkramaṇāya. (DBhS 19, 11-13)

【梵】①兜率天에서 거주하는 것에서부터 ②내려옴, ③들어감, ④胎內에 머묾, ⑤탄생, ⑥소년으로서의 유희, ⑦성 안에서의 거주, ⑧출가, ⑨고행, ⑩菩提座로의 진입, ⑪마구니를 항복시킴, ⑫等覺을 현현함, ⑬勸請, ⑭轉大法輪, ⑮大般涅槃으로 가기 위해서.

從兜率天退, 乃至示現入涅槃故.

(勒那摩提 譯『妙法蓮華經論優波提舍』. T26, 15a)

兜率天에서 물러남부터 涅槃에 들어감을 보이기까지.

※『十地經論』에 대해서는 竹村牧男[1993: 425]의 지적에 의거함.

然是菩薩未名法身. 以其過去無量世來有漏之業未能決斷, 隨其所生, 與微苦相應.

그런데 이 菩薩은 아직 法身이라 불리지 않는다. 그가 과거의 무량한 삶 이래의 有漏의 業을 아직 끊지 못하여 그가 태어난 곳에 응하여 미세한 苦와 결합되어 있기 때문이다.

復次菩薩有二種身. 一者結業生身, 二者法身.

(鳩摩羅什 譯『大智度論』권12. T25, 146a)

그리고 다음으로 菩薩에게는 두 종류의 몸이 있다. 첫째는 結(번뇌)과 業으로부터 생긴 몸, 둘째는 法身이다.

	發心菩薩, 或生惡道, 速得解脫, 受苦微少, 疾生厭離. (曇無讖 譯『菩薩地持經』 권1,「發菩提心品」. T30, 890c) sa cet punaḥ sa prathamacittotpādiko bodhisattvaḥ ekadā narakeṣv apāyabhūmāv upapadyate, sa bhūyasyā mātrayā āśutaraṃ ca mucyate narakebhyaḥ, tanutarāñ ca duḥkhāṃ vedanāṃ vedayate, bhṛśatarañ ca saṃvegam utpādayati. (BoBh 13, 24-14, 3) **【梵】** 또한 만약 이 초심자 菩薩이 일시적으로 여러 지옥이라는 惡趣의 땅에서 태어난다 해도, 그는 대체로 보다 빠르게 여러 지옥에서 해방되고, 보다 미미한 苦受를 느끼며, 보다 큰 혐오를 낳는 것이다.
亦非業繫. 以有大願自在力故. 또한 [이 菩薩은] 業에 결박되어 있지 않다. 大願自在力을 지니고 있기 때문이다.	諸菩薩以願力生, 餘衆生自業力生故. (菩提流支 譯『十地經論』 권11. T26, 187a) ji ltar byang chub sems dpa' rnams bsams bzhin du skye ba dang de ma yin pa sems can rnams rang gi las dag gis skye bas rgyu'i mtshan nyid kyis ston pa ni [...] || (P no. 5494, Ngi 295a4-5) **【藏】** 마치 여러 菩薩은 意樂대로 태어나나 그들이 아닌 여러 중생은 자신의 여러 業에 의해 태어난다고 하는 것처럼, 因이라는 특징에 의해 설하는 것이란[……]. 願力自在力. (曇無讖 譯『菩薩地持經』 권10,「生品」. T30, 953b) praṇidhānavaśitābala. (BoBh 247, 17) **【梵】** 서원의 自在性의 힘. 在三十心中, 持以願力故, 以此二業, 遍六道受生. 以業未亡, 生便則是實報. 以自在力, 故生則寄妙. 在於地獄, 過三禪樂. (Stein 613.『續集』 p.87) [十住, 十行, 十廻向이라는] 三十心에서는 서원의 힘에 따라 加持함에 의해, 이러한 [善과 惡의] 두 業에 의해, [菩薩은] 두루 六道에서 태어남을 받는다[受生]. 業이 아직 사라지지 않았기 때문에 그러한 태어남은 [善과 惡이라는 두 業의] 진정한 과보이다. 自

	在力에 의하기 때문에 그 삶은 묘한 것이 된다. 지옥에서조차 세 번째 靜慮의 樂을 넘어서 있다. (『大般涅槃經』 권18. T12, 471a)
如『修多羅』中或說「有退墮惡趣」者, 非其實退. 但爲初學菩薩未入正位而懈怠者恐怖勇猛故. 『[菩薩地持]經』에서 그런 사람이 「어떤 자는 퇴전하여 惡趣에 떨어진다」고 설한 것은 "그가 정말로 퇴전한다"고 말한 것이 아니다. 다만, 초심자 菩薩이 아직 正位(正性離生, 즉 初地)에 들어가지 않은 채로 나태함을 두려워하고 용기를 내게 하기 위함에 지나지 않는다.	**種性菩薩久處生死, 或墮惡道.** (曇無讖 譯 『菩薩地持經』 권1, 「種性品」. T30, 889b) iha bodhisattvo dīrgheṇa kālena kadācit karhicid apāyeṣūpapadyate. (BoBh 7, 1-2) 【梵】 여기(種性地)에서 菩薩은 오랜 시간에 걸쳐, 때로는 惡趣에 태어난다. **是以『寶髻論』中, 有人間(問?)龍樹菩薩云「『地持經』中, 道『性地菩薩退墮阿鼻地獄』. 此義云何」. 龍樹菩薩答言「『地持經』雖云『性地菩薩墮於地獄』, 我不敢作如是說」. 〔……〕解云. 『地持經』中道「入」者, 催怖地前菩薩, 令其生懼速證初地. 非謂"實入阿鼻地獄".** (菩提流支 譯 『金剛仙論』 권1. T25, 803b) 그렇기 때문에 『寶髻論』에서 어떤 사람이 龍樹菩薩에게 "「菩薩地持經」에서 「種性地의 菩薩은 퇴전하여 阿鼻地獄에 떨어진다」고 하는데 그것은 무엇인가"라고 질문하고 있다. 龍樹菩薩은 "『菩薩地持經』에서 「種性地의 菩薩은 지옥에 떨어진다」라 했다 해도, 자신은 반드시 그렇다고 설할 수 없다"고 답했다. 〔……〕 해설한다. 『菩薩地持經』에서 「[種性地의 菩薩은 지옥에] 들어간다」고 말한 것은 地前의 菩薩을 떨게 하고 그 중생(菩薩)을 두렵게 하여 신속하게 初地를 證得시키게 하기 위함이다. "정말로 아비지옥에 들어간다"고 말한 것은 아니다. **未入初地菩薩正位.** (菩提流支 譯 『妙法蓮華經憂波提舍』 권下. T26, 10a) 아직 初地라는 菩薩의 正位에 들어가지 않았다. ※ 『菩薩地持經』과 『金剛仙論』에 대해서는 望月信亨[1938: 186]의 지적에 의거함.
又是菩薩一發心後遠離怯弱, 畢竟不畏墮二乘地. 또한 이 菩薩은 일단 발심한 후에는 겁먹	**菩薩初發心時, 已勝一切聲聞辟支佛. 以深心大故.** (菩提流支 譯 『十地經論』 권9. T26, 177b)

음을 떠나 절대로 二乘地에 떨어질 걱정이 없다.	evam eva bho jinaputrā bodhisattvaḥ sahacittotpādena sarvaśrāvakapratyekabuddhān abhibhavaty adhyāśayamāhātmyena. (DBhS 122, 5) 【梵】 바로 그와 같이, 오오, 승리자의 자식들이여, 菩薩은 발심함과 함께 모든 聲聞과 獨覺을 增上意樂의 위대함에 의해 능가한다. 不畏墮聲聞辟支佛地. (鳩摩羅什 譯『小品般若波羅蜜經』 권4, T8, 554b) nāpi tenotrasitavyaṃ na saṃtrasitavyaṃ na bhetavyaṃ śrāvakabhūmer vā pratyekabuddhabhūmer vā. (ASPP 107, 24-25) 【梵】 또한 그것에 의해, 聲聞地에 대해, 혹은 獨覺地에 대해 겁이 없어질 것이며, 공포가 없어질 것이며, 두려움이 없어질 것이다.
若聞“無量無邊阿僧祇劫勤苦難行乃得涅槃”, 亦不怯弱. 만약 “무량무변한 阿僧祇劫 동안 難行으로 노력해야 비로소 涅槃을 얻는 것이다”고 듣는다 해도, 또한 겁을 먹지 않는다.	謂大乘衆生聞“菩薩道劫數長遠種種苦行”, 起如是心, “佛道長遠, 我於無量無邊劫中行菩薩行, 久受勤苦”, 如是念故, 生驚怖心, 以是故起取異乘心. (菩提流支 譯『妙法蓮華經憂波提舍』 권下. T26, 6c) 즉, 大乘에 속한 중생은 “菩薩道란 劫數가 긴 갖가지 고행이다”라고 듣고서 다음과 같이 마음을 일으킨다. “佛道는 길고, 나는 무량무변한 겁 동안 菩薩行을 행하여 오랫동안 고통을 받았다.” 이와 같이 생각하기 때문에, 전율하는 마음이 생기고, 그 때문에 다른 乘을 선택하는 마음을 일으킨다.
以信知一切法從本已來自涅槃故. 모든 法은 본래 涅槃해 있다고 믿음에 의해 알게 되기 때문이다.	大慧, 菩薩摩訶薩一闡提常不入涅槃. 何以故. 以能善知一切諸法本來涅槃, 是故不入涅槃. (菩提流支 譯『入楞伽經』 권2. T16, 527b) bodhisattvecchantiko 'tra Mahāmate ādiparinirvṛtān sarvadharmān viditvā atyantato na parinirvāti. (LAS 66, 11-13) 【梵】 마하마띠여, 여기에서는, 一闡提인 菩薩은 모든 法이 본래 涅槃해 있다고 안 후, 절대로 般涅槃하지 않는다.

[Ⅲ·3·2 解行發心]

大乘起信論一卷 馬鳴菩薩作	북조기 한문불교문헌
解行發心者, 當知轉勝. 以是菩薩從初正信已來於第一阿僧祇劫, 將欲滿故於眞如法中, 深解現前, 所修離相. 勝解에 의한 수행에 기반한 발심에 대해서는 [믿음의 원만함에 기반한 발심보다도] 더욱 뛰어나다고 알아야 한다. 이 菩薩은 최초의 정식적 믿음(믿음의 원만)에서 1阿僧祇劫을 채우려고 하고 있기 때문에, 眞如法에 대한 勝解가 現前하고 수습의 대상이 相('표징')을 멀리 떠나 있다.	二者地前信地菩薩亦積行來久, 一大僧祇欲滿不滿, 雖未現見理原, 以能髣髴見理, 相似解, 深伏煩惱. (菩提流支 譯『金剛仙論』 권1. T25, 800a) 둘째로, 地前의 勝解行地菩薩은 역시 수행을 쌓은 지 오래되어 1大阿僧祇劫을 채우려고 하나 아직 채워지지 않았으니, 비록 아직 진리(眞如)라는 근원을 분명하게 보지 못한다 해도 진리를 보는 것을 방불할 수 있으니, [지혜와] 비슷한 勝解에 의해 깊은 번뇌를 조복시킨다. 根熟者, 性種解行中, 觀三種二諦二種無我, 一大僧祇欲滿不滿, 欲證, 髣髴見理, 無生法忍光明已現在前分中, 具足功德智惠二種莊嚴等八萬四千諸波羅蜜, 決定能證初地, 永不退失, 故名根熟. (菩提流支 譯『金剛仙論』 권1. T25, 803ab) 성숙한 자[인 菩薩]이란, 性種性인 勝解行地에서 세 종류의 二諦(내용 불명)와, 두 종류의 無我(人無我, 法無我)를 관찰하고, 1大阿僧祇劫을 채우려고 하나 아직 채워지지 않았으니 [眞如의] 증득을 바라며, 진리(眞如)를 보는 것을 방불케 하며, 無生法忍의 광명이 이미 現前해 있는 상태에서, 복덕과 지혜 두 종류의 자량인 8만 4천의 波羅密을 갖추고, 初地를 증득하는 것이 확실하여 영원히 물러나지 않기 때문에 성숙한 자[인 菩薩]이라 불린다.
以知法性體無慳貪故, 隨順修行檀波羅蜜. 法性에 그 자체로서 慳貪이 없음을 알기 때문에 [菩薩은 法性에] 수순하면서 布施波羅蜜을 수행한다.	以攝慳貪, 起檀波羅蜜. (鳩摩羅什 譯『維摩詰所說經』 권上. T14, 543c) śāntadāntābhinirhṛtā dānapāramitā. (VKN 42, 16) 【梵】布施波羅蜜은 寂靜과 調伏에 의해 일어나고 있습니다.
以知法性無染離五欲過故, 隨順修行尸波羅蜜. 法性에 잡염이 없고 五欲이라는 과오를 멀	

리 떠났음을 알기 때문에 [菩薩은 法性에] 수순하면서 戒波羅蜜을 수행한다.	
以知法性無苦離瞋惱故, 隨順修行羼提波羅蜜. **法性**에 **苦**가 없고 **瞋惱**를 떠났음을 알기 때문에 [**菩薩**은 **法性**에] 수순하면서 **忍辱波羅蜜**을 수행한다.	**瞋恚是實際. 法性無瞋相故.** (菩提流支 譯『勝思惟梵天所問經』권2. T15, 71c) chos kyi dbyings la gtum pa med pas zhe sdang ni yang dag pa'i mtha'o ǀǀ (P no. 827, Phu 45b4) **【藏】 法界**에는 포악함이 없기 때문에 **瞋**은 **實際**('진실을 끝으로 하는 것')이다. **瞋惱.** (菩提流支 譯『十地經論』권4. T26, 147a) krodharoṣa. (DBhS 39, 1) **【梵】** 분노.
以知法性無身心相離懈怠故, 隨順修行毘梨耶波羅蜜. **法性**에 **身心**의 특징이 없고 게으름을 멀리 떠났음을 알기 때문에 [**菩薩**은 **法性**에] 수순하면서 **精進波羅蜜**을 수행한다.	**以離身心相, 起毘梨耶波羅蜜.** (鳩摩羅什 譯『維摩詰所說經』권上. T14, 543c) *kāyacittavivekābhinirhṛtā vīryapāramitā. **【梵】 精進波羅蜜**은 **身心**을 멀리 떠남에 의해 일어나고 있습니다. ※ 현존 범본(VKN 42, 17-18)과 티베트역에서는 "**精進波羅蜜**은 **菩提分**에 의해 일어나고 있습니다. **禪波羅蜜**은 **身心**을 멀리 떠남에 의해 일어나고 있습니다(bodhyaṅgābhinirhṛtā vīryapāramitā. kāyacittavivekābhinirhṛtā dhyānapāramitā)"라고 되어 있다. **支謙** 역과 **鳩摩羅什**역과 **玄奘**역에서는 "**精進波羅蜜**은 **身心**을 멀리 떠남에 의해 일어나고 있습니다. **禪波羅蜜**은 **菩提分**에 의해 일어나고 있습니다"라 되어 있다.
以知法性常定體無亂故, 隨順修行禪波羅蜜. **法性**이 항상 확정되어 있어 그 자체로서 산란됨이 없음을 알기 때문에 [**菩薩**은 **法性**에] 수순하면서 **禪波羅蜜**을 수행한다.	
以知法性體明離無明故, 隨順修行般若波羅蜜. **法性**이 그 자체로서 **明**이기에 **無明**을 멀리 떠났음을 알기 때문에 [**菩薩**은 **法性**에] 수순하면서 **般若波羅蜜**을 수행한다.	

[Ⅲ·3·3 證發心]

大乘起信論一卷 馬鳴菩薩作	북조기 한문불교문헌
證發心者, 從淨心地乃至菩薩究竟地. **證得**에 기반한 발심이란, **淨心地**(초지)부터 **菩薩**의 **究竟地**(제10지)까지이다.	**得淨心地乃至究竟地所攝受慧.** (曇無讖 譯『菩薩地持經』 권6,「慧品」. T30, 922c) adhigamopetā śuddhāśayabhūmim upādāya yāvan niṣṭhāgamanabhūmiparigrahāt. (BoBh 147, 10-11) **【梵】** 증득을 갖춘 [**慧**]란, **淸淨意樂地**(초지)부터 시작하여 마지막에는 **到究竟地**(제10지)까지를 포함하기 때문이다.
證何境界. 所謂眞如. 以依轉識, 說爲境界, 而此證者, 無有境界. 唯眞如智名爲法身. "어떠한 대상을 증득하는가"라 한다면, 즉, '**眞如**를'이라는 것이다. **轉識**에 관련하여 [**眞如**를 **轉識**의] 대상이라 부르는 것이지만, 그러나 [엄밀히 말하면] 이 증득은 대상을 가지지 않는다. [지혜가 **眞如**라는 대상을 증득하는 것이 아니라] 다만 **眞如智**('**眞如** 그 자체인 지혜')가 있을 뿐이니, **法身**이라 한다.	**初地已上寂靜常住眞如證智, 境智是一, 更無二心.** (『大乘十地論義記』.『續集』 p.532) **初地** 이상에서 고요하고 상주하는 **眞如證智**('**眞如**라는, **證得**한 지혜')에서는, [**眞如**라는] 대상과 [**眞如**를 증득하는] 지혜가 하나이니, 이분법적인 **心**은 아니다.
是菩薩於一念頃能至十方無餘世界, 供養諸佛, 請轉法輪. 이 **菩薩**은 한 순간에 모든 방향의 남김 없는 세계에 이르며, 여러 부처를 공양하고, **轉法輪**을 청한다.	**於一念頃能至十方諸佛大會, 勸發諮請, 受持一切諸佛法輪, 常以大心, 供養諸佛.** (菩提流支 譯『十地經論』 권1. T26, 123c) anabhisaṃskāracittakṣaṇasarvatathāgataparṣanmaṇḍalopasaṃkramaṇapūrvaṃgamakathāpuruṣaiḥ sarvatathāgatadharmacakrasaṃdhāraṇavipulabuddhapūjopasthānābhyutthitaiḥ. (DBhS 2, 4-5) **【梵】** 움직임 없는 **心**의 [한] 순간에 모든 여래의 **會衆輪**에 접근하는 것을 단서로 하는 설법자이며, 모든 여래의 **法輪**을 지닌 부처에 대한 광대한 공양과 봉사에 나선다[……]. **願我能開解諸衆生已, 以佛神力, 遍至十方無餘世界, 供養諸佛, 聽受正法, 廣攝衆生.** (傳 鳩摩羅什 譯『發菩提心經論』 권上. T32, 510b) 원컨대, 제가 여러 중생을 이해하게 한 후,

	부처의 위신력에 의해 두루 모든 방향의 남김 없는 세계에 이르러 여러 부처를 공양하고 正法을 들으며, 널리 중생을 보호할 수 있기를. ※『十地經論』에 대해서는 竹村牧男[1993: 433]의 지적에 의거함.
唯爲開導利益衆生, 不依文字. 다만 중생을 인도하여 이익되게 하기 위함일 뿐, 말을 근거로 하지 않는다.	**諸菩薩摩訶薩依於義, <u>不依文字</u>.** (求那跋陀羅 譯『楞伽阿跋多羅寶經』 권4. T16, 506c) arthapratiśaraṇena Mahāmate bodhisattvena mahāsattvena bhavitavyaṃ na vyañjana-pratiśaraṇena. (LAS 194, 20-195, 1) **【梵】** 마하마띠여, 菩薩摩訶薩은 의미를 근거로 하는 자가 되어야 하나, 말을 근거로 하는 자는 되지 않아야 한다.
或示超地速成正覺. 以爲怯弱衆生故. 어떤 이는 여러 地를 뛰어넘어 신속하게 올바른 깨달음을 성취함을 보인다. 겁약한 중생을 위해서이다.	**超越諸地, 乃至速成正覺.** (傳 鳩摩羅什 譯『發菩提心經論』 권下. T32, 513ab) 여러 地를 뛰어넘고, 내지는 마침내 신속히 올바른 깨달음을 성취한다.
或說「我於無量阿僧祇劫, 當成佛道」. 以爲懈慢衆生故. 어떤 이는 「나는 무량한 阿僧祇劫을 지나 부처의 깨달음을 이룰 것이다」라고 설한다. 해이한 중생을 위해서이다.	**復次佛言「無量阿僧祇劫作功德, 欲度衆生」.** (鳩摩羅什 譯『大智度論』 권4. T25, 92b) 그리고 다음으로 부처는 「무량한 阿僧祇劫을 지나 功德을 짓고 중생을 구하고자 한다」고 말씀하셨다.
能示如是無數方便不可思議. 而實菩薩種性根等, 發心則等, 所證亦等. 無有超過之法. 以一切菩薩皆逕三阿僧祇劫故. 이와 같은 무수한 方便('수단')을 보일 수 있는 것은 사고의 범주를 넘어서 있다. 그러나 실제로 菩薩의 種姓은 소질이라는 측면에서 동등한 이상, 발심이 동등하고 증득될 것도 역시 동등하다. 덧붙일 것은 없다. 모든 菩薩은 다 3阿僧祇劫을 지나기 때문이다.	**後三阿僧祇大劫, 無有過.** (曇無讖 譯『菩薩地持經』 권9, 「住品」. T30, 945b) paścimakena punaḥ kalpāsaṃkhyeyena tribhir eva, nādhikaiḥ. (BoBh 243, 3) **【梵】** 다음으로 후자의 阿僧祇劫에 의하면, 셋에 의할 뿐이다. 덧붙일 것은 없다. ※ 望月信亨[1938: 188]의 지적에 의거함.
但隨衆生世界不同, 所見所聞根欲性異, 故示所行亦有差別. 다만 중생도 세계도 다양하니, 보여지는 것, 들리는 것, [중생의] 성향이 다르기 때	**根欲性.** (菩提流支 譯『大薩遮尼乾子所說經』 권8. T9, 355c) ※ 티베트역에 없는 부분.

문에 [菩薩의] 소행에도 구별이 있음을 보이는 것일 뿐이다.	根欲性正見. (別本『金剛仙論』. 慧遠『十地義記』 권2에 인용. Z1.71.2, 157c) abhiprāyanaya. (ASBh 144, 15) 【梵】 意趣理門.
又是菩薩發心相者, 有三種心微細之相. 云何爲三. 또한 이 菩薩의 발심의 특징에는 세 종류의 마음이라고 하는 미세한 특징이 있다. "셋이란 무엇인가"라 한다면,	
一者眞心. 無分別故. 첫째는 眞心이다. 無分別('판단 없는 것')이기 때문이다.	
二者方便心. 自然遍行利益衆生故. 둘째는 方便心이다. 자연히 어디에나 스며들어 중생을 이익되게 하기 때문이다.	
三者業識心. 微細起滅故. 셋째는 業識心이다. 미세하게 생멸하기 때문이다.	如是彼識, 微細生滅. (菩提流支 譯『入楞伽經』 권2. T16, 523ab) tathā ca pravartamānāḥ pravartante. (LAS 45, 1) 【梵】 또한, 그와 같이 [識은] 활동하면서 활동한다.
又是菩薩功德成滿, 於色究竟處示一切世間最高大身. 또한, 이 菩薩은 공덕이 원만해져, 色究竟處에서 모든 세간을 뛰어넘는 위대한 몸을 보인다.	得一切世間最高大身故. (菩提流支 譯『十地經論』 권1. T26, 125b) sarvalokābhyudgatātmabhāvasaṃdarśanāya. (DBhS 5, 8) 【梵】 모든 세간을 뛰어넘는 자기존재를 보이기 위해. 得一切世間最高大身故. (菩提流支 譯『佛說法集經』 권3. T17, 626c) 'jig rten thams cad las mngon par 'phags pa 'thob bo || (P no. 904, Wu 45b2) 【藏】 모든 세간을 뛰어넘은 것을 얻음이다. ※『十地經論』에 대해서는 望月信亨[1938: 188]의 지적에 의거함. 『佛說法集經』에 대해서는 石井公成[2001]의 지적에 의거함.

<table>
<tr>
<td>謂以一念相應慧, 無明頓盡, 名一切種智.
즉, 한 순간과 결합되어 있는 慧에 의해 無明이 즉각 다하므로, [그 慧가] 一切種智('모든 형상에 대한 지혜')라 불린다.</td>
<td>用一念相應慧, 得一切種智. 爾時, 一切煩惱習永盡. (鳩摩羅什 譯 『大智度論』 권85. T25, 653a)
ekakṣaṇasamāyuktayā (corr. : ekalakṣaṇa-) prajñayā sarvākārajñatām anuprāpsyati. tasya tatrāvasthāyāṃ sarvavāsanānusaṃdhikleśāḥ prahāsyante.
(PVSPP V 137, 23-24)
【梵】 한 순간과 결합되어 있는 慧에 의해 一切種智性('모든 형상을 아는 자라는 것')을 얻을 것이다. 그에게 있어 그 상태에서, 모든 習氣의 연속인 모든 번뇌가 파기될 것이다.</td>
</tr>
<tr>
<td>自然而有不思議業, 能現十方利益衆生.
자연히 불가사의한 業('작용')을 지니고 모든 방향에서 나타나서는 중생을 이익되게 할 수 있다.</td>
<td>是福德應報 爲化諸衆生
自然如是業 諸佛現十方
(菩提流支 譯 『金剛般若波羅蜜經論』 권下. T25, 795c)
tan nirmāṇaphalaṃ teṣā[ṃ puṇya] ------ |
anābhogena yat karma buddhāḥ kurvanti dikṣu ca || (KS kārikā 67)
[범문 결손부분의 티베트역: de dag gi ni bsod nams de'i | 'bras bu sprul dang sems can gdul ||]
【梵】 저들(諸佛)의 복덕[이라는 원인]에는, 저, 變化[身]이라는 결과와 중생을 인도함이 있다. 無功用으로서 작용하는 것을 여러 부처는 여러 곳에서 짓는다.</td>
</tr>
<tr>
<td>問曰. 虛空無邊故, 世界無邊. 世界無邊故, 衆生無邊. 衆生無邊故, 心行差別亦復無邊. 如是境界不可分齊, 難知難解. 若無明斷, 無有心相. 云何能了名一切種智. 答曰. 一切境界本來一心, 離於想念. 以衆生妄見境界故, 心有分齊. 以妄起想念不稱法性, 故不能了. 諸佛如來離於見想, 無所不遍. 心眞實故卽是諸法之性, 自體顯照一切妄法, 有大智用, 無量方便, 隨諸衆生所應得解, 皆能開示種種法義. 是故得名一切種智.
질문. 虛空('우주공간')은 끝이 없으므로 [그곳에 있는] 여러 세계[의 수]는 끝이 없다. 여러 세계[의 수]가 끝이 없으므로 [그곳에 있는] 여러 중생[의 수]는 끝이 없다.</td>
<td>心行差別. (菩提流支 譯 『佛說法集經』 권1. T17, 610c)
lhag pa'i bsam pa'i dbang. (P no. 904, Wu 4b7)
【藏】 增上意樂(*adhyāśaya)의 힘.

設我得佛, 國中人天, 若起想念貪計身者, 不取正覺. (康僧鎧 譯 『佛說無量壽經』 권4. T12, 268a)
sacen me bhagavaṃs tasmin buddhakṣetre ye sattvāḥ pratyājāyeraṃs teṣāṃ kācit parigrahasaṃjñotpadyetāntaśaḥ svaśarīre 'pi, mā tāvad aham anuttarāṃ samyaksaṃbodhim abhisaṃbudhyeyam. (SV 12, 12-15)
【梵】 세존이시어, 만약 제가 그 불국토에서 태어날 중생들, 저들에게, 결국은</td>
</tr>
</table>

여러 중생[의 수]는 끝이 없기 때문에 [그곳에 있는] 마음 활동의 다양함도 끝이 없다. 이와 같은 대상은 구별할 수 없는 것이며 알 수 없는 것, 이해할 수 없는 것이다. 만약 **無明**이 끊어진다면 마음의 [움직임이라고 하는] 특징은 없다. [마음은] 어떻게 [대상을] 분명히 알 수 있으며 **一切種智**('모든 형상에 대한 지혜')라 불리는 것인가.

대답. 모든 대상은 본래 다만 하나의 마음[**一心**]이며, **想念**('**想**인 **念**')을 멀리 떠나 있다. 중생이 허망하게 대상을 보기[**見**] 때문에 마음에 구분이 있는 것처럼 된다. 허망하게 **想念**을 일으키는 것은 **法性**에 맞지 않기 때문에 [중생은 대상을] 분명히 알지 못한다. **諸佛如來**은 **見**과 **想**을 멀리 떠나 두루하지 않은 곳이 없다. 마음은 진실하기 때문에 여러 **法**에 있어 본성이며, 그 자체로서 모든 **妄法**을 비추고, 큰 지혜의 **用**('작용')을 지니고 있으며, 무량한 **方便**('수단')에 의해 여러 중생이 얻어야 할 이해에 순응하여 모조리, 다양한 **法**의 함의를 열어 보일 수 있다. 그 때문에 **一切種智**라 불릴 수 있다.

자신의 몸에 대해서까지, 집착의 생각이 생긴다면, 그러한 한, 저는 그 위없이 올바르고 완전한 깨달음을 깨닫고 싶지 않습니다.

又問曰. 若諸佛有自然業能現一切處利益衆生者, 一切衆生, 若見其身, 若覩神變, 若聞其說, 無不得利. 云何世間多不能見.

다시 질문. 만약 여러 부처가 자연한 **業**('작용')을 가지고 모든 곳에 나타나 중생을 이익되게 할 수 있다면, 모든 중생은 그들의 몸을 보거나 **神變**을 보거나 그들의 설법을 듣거나 하여 이익을 얻지 않는 자가 없어야 한다. 어째서 세간의 이들은 대부분 [여러 부처를] 볼 수 없는 것인가.

是福德應報 爲化諸衆生
自然如是業 諸佛現十方
(**菩提流支** **譯**『**金剛般若波羅蜜經論**』 권下. T25, 795c)

tan nirmāṇaphalaṃ teṣā[ṃ puṇya] ------ |
anābhogena yat karma buddhāḥ kurvanti dikṣu ca || (KS kārikā 67)

[범문 결손부분의 티베트역: de dag gi ni bsod nams de'i | 'bras bu sprul dang sems can gdul |]

【梵】 저들(**諸佛**)의 복덕[이라는 원인]에는, 저, **變化[身]**이라는 결과와 중생을 인도함이 있다. **無功用**으로서 작용하는 것을 여러 부처는 여러 곳에서 짓는다.

答曰. 諸佛如來法身平等, 遍一切處,

대답. **諸佛如來**는 **法身**으로서 평등하며 모든 곳에 널리 퍼져 있다.

依彼法身佛 故說大身喩
身離一切障 及遍一切境
(**菩提流支** **譯**『**金剛般若波羅蜜經論**』 권中. T25, 791b)

	dharmakāyena buddhas tu mataḥ saḥ puruṣopamaḥ | nirāvaraṇato ----------- || (KS kārikā 45) [범문 결손 부분의 티베트역: sku ni sgrib pa med dang ldan | thams cad du ni 'gro ba dang | 이 티베트역은 오역으로 추정. *nirāvaraṇatopetaḥ kāyaḥ sarvatragatvataḥ ||] **【梵】** **法身**이라는 점에서, 부처는 저 남자의 비유를 수반한다고 간주된다. 실로, 저것(**法身**)이야말로, 모든 것에 골고루 미치기 때문에 장애가 없는 것을 "갖춘 몸"이다.
無有作意, 故說自然, [의도적으로] **作意**하는 것이 아니므로 '자연'이라 하며	**明諸佛旣成道已本願力故隨衆生感, 自然應身遍十方界, 敎化衆生, 不待作意, 方有去來也.** (菩提流支 譯『金剛仙論』권9. T25, 867a) 여러 부처가 이미 깨달음을 성취한 후 **本願**의 힘에 의해 중생의 **感**에 **應**하여 자연히 **應身**이 모든 방향의 세계에 두루 하며 중생을 교화하는 것이니, [의도적으로] **作意**를 필요로 하지 않은 채로 다만 오고감이 있다고 밝힌다.
但依衆生心現. 衆生心者, 猶如於鏡. 鏡若有垢, 色像不現, 如是衆生心若有垢, 法身不現故. 다만 중생의 마음에 의거하여서만 나타난다. 중생의 마음은 거울과 같다. 거울이 만약 더러워져 있다면 색상은 [거울에] 나타나지 않는데, 그와 마찬가지로 **衆生心**이 만약 더러워져 있다면 **法身**은 [중생의 마음에] 나타나지 않기 때문이다.	**又法身佛常放光明, 常說法, 而以罪故, 不見不聞. 譬如日出, 盲者不見, 雷霆振地, 聾者不聞, 如是法身常放光明, 常說法, 衆生有無量劫罪垢厚重, 不見不聞. 如明鏡淨水照面則見, 垢翳不淨則無所見, 如是衆生心淸淨則見佛, 若心不淨則不見佛.** (鳩摩羅什 譯『大智度論』권9. T25, 126b) 또한 **法身佛**은 항상 광명을 발하고 항상 **法**을 설하고 있지만 [중생의] 죄 때문에 볼 수 없고 들을 수 없다. 예를 들어 태양이 떠도 맹인에게는 보이지 않고, 우레가 땅을 흔들어도 귀머거리에게는 들리지 않는 것과 같이, 그처럼 **法身**은 항상 광명을 발하고 항상 **法**을 설하고 있다 해도, 중생에게는 무량한 겁 이래의 두텁고 무거운 죄의 더러움이 있기 때문에 보이지 않고 들리지 않는다. 예를 들어 맑은 거울이나 청정한 물은 얼굴을 비추면 볼 수 있으나 때나 그림자에

	의해 깨끗하지 않다면 보이지 않는 것과 같이, 그처럼 중생은 마음이 청정하다면 부처를 보지만 만약 마음이 청정하지 않다면 부처를 보지 않는 것이다.

[Ⅳ 修行信心分]

大乘起信論一卷 馬鳴菩薩作	북조기 한문불교문헌
已說解釋分. 次說修行信心分. [주장의] 해설 부분을 다 설하였다. 다음으로 믿음의 수행 부분을 설하겠다.	※ "已說○○分. 次說○○分"이라는 표현은 菩提流支 譯『十地經論』에 자주 나타나지만, 티베트역에는 한 사례도 나타나지 않는다.
是中依未入正定聚生故, 說修行信心. 何等信心, 云何修行. 여기에서는 아직 正定聚('올바름으로 확정된 그룹')에 들어가지 않은 중생을 염두에 두고 믿음을 수행하는 것을 설한다. "어떠한 믿음을, 어떻게 수행하는 것인가"라 한다면,	

[Ⅳ·1 信心]

大乘起信論一卷 馬鳴菩薩作	북조기 한문불교문헌
略說信心有四種. 云何爲四. 요약하면, 믿음은 네 종류가 있다. "넷이란 무엇인가"라 한다면,	
一者信根本. 所謂樂念眞如法故. 첫째는 근본을 믿음이다. 즉 眞如法을 즐거이 念하는 것이다.	樂觀眞如法 (菩提流支 譯『十地經論』 권2. T26, 135c-136a) dmigs pa la dga' bas tshim pa nyid. (P no. 5494, Ngi 168b3) 【藏】所緣을 환희함에 의해 만족하는 것. ※ 竹村牧男[1993: 414]의 지적에 의거함.
二者信佛有無量功德. 常念親近供養恭敬發起善根, 願求一切智故.	得見諸佛已 勤心而供養 善根得增長 能疾化衆生

둘째는 부처에게 무량한 공덕이 있음을 믿음이다. "[부처를] 친근하고 공양하고 공경함에 의해 **善根**을 일으킴"을 항상 **念**하고, **一切智者**를 원하고 구하는 것이다.	**「供養」名心意清淨恭敬歡喜念佛有無量功德. 以種種讚歎, 名口供養. 敬禮華香等, 名身供養. 是故福德轉更增長. 如穀子在地雨潤生長. 「疾教化」者, 令衆生住三乘中. 如是菩薩增長善根.** (**鳩摩羅什** 譯 『**十住毘婆沙論**』 권12, 「**助念佛三昧品**」. T26, 88c) 여러 부처를 보게 된 후, 마음을 격려해 공양하므로, 선근이 증대되고, 신속하게 중생을 교화할 수 있게 된다. (이상 게송) 「공양한다」란 마음의 청정함에 의해 공양하고 환희하며 부처께 무량한 공덕이 있음을 **念**하는 것이다. 갖가지 찬탄을 입〔口〕에 의한 공양이라 한다. 예를 올리거나 꽃을 뿌리는 것, 향을 피우는 것을 몸〔**身**〕에 의한 공양이라 한다. 그 때문에, 복덕은 한층 더 증대된다. 마치 땅에 있는 곡식의 종자에 비가 내려 성장하는 것과 비슷하다. 「신속하게 교화함」이란 중생을 **三乘** 가운데 안주하게 하는 것이다. 이와 같이 **菩薩**은 **善根**을 증대시킨다. **不應親近供養恭敬.** (**菩提流支** 譯 『**入楞伽經**』 권6. T16, 547b) na sevitavyo na bhajitavyo na paryupāsitavyaḥ. (LAS 174, 15) **【梵】** 친근해서는 안 되고 공양해서는 안 되며 공경해서는 안 된다. **親近供養恭敬.** (**菩提流支** 譯 『**入楞伽經**』 권6. T16, 548b) sevyamāna. (LAS 179, 16) **【梵】** 친근하고 있는 자. ※ 『**十住毘婆沙論**』에 대해서는 **石井公成**[2003]의 지적에 의거함.
三者信法有大利益. 常念修行諸波羅蜜故. 셋째는 **法**에 큰 이익이 있음을 믿음이다. 여러 **波羅蜜**을 수행하는 것을 항상 **念**하는 것이다.	

四者信僧能正修行自利利他. 常樂親近諸菩薩衆, 求學如實行故. 넷째는 승려가 自利와 利他를 올바르게 수행할 수 있음을 믿음이다. 여러 菩薩衆에 친근하는 것을 원하고, 있는 그대로의 수행을 구한다는 것이다.	求學修行. (菩提流支 譯『十地經論』 권4. T26, 148b) sbyor bar 'dod pas. (P no. 5494, 205b2) 【藏】 加行(*prayoga)을 구함.

[Ⅳ·2 修行]

大乘起信論一卷 馬鳴菩薩作	북조기 한문불교문헌
修行有五門, 能成此信. 云何爲五. 一者施門, 二者戒門, 三者忍門, 四者進門, 五者止觀門. 수행은 다섯 방면을 가지고 있어 이 믿음을 완성시킬 수 있다. "다섯이란 무엇인가"라 한다면, 첫째는 施라는 방면, 둘째는 戒라는 방면, 셋째는 忍辱이라는 방면, 넷째는 精進이라는 방면, 다섯째는 止觀이라는 방면이다.	

[Ⅳ·2·1 施門]

大乘起信論一卷 馬鳴菩薩作	북조기 한문불교문헌
云何修行施門. "어떻게 施라는 방면에서 [믿음을] 수행하는가"라 한다면,	
若見一切來求索者, 所有財物, 隨力施與. 以自捨慳貪, 令彼歡喜. 〔財施〕 만약 누구라도 구하러 오는 자를 본다면, 모든 재물을 힘이 닿는 대로 베푼다.	問曰. 在家菩薩或有貪惜愛著之物有來求者, 此應云何. 答曰. 於所貪著物 有來求索者 當自勸喩心 卽施勿慳惜

스스로 慳貪을 버림에 의해 그를 기쁘게 하는 것이다.	(鳩摩羅什 譯『十住毘婆沙論』 권8, 「入寺品」. T26, 59bc) 질문. 在家菩薩이 만약 아끼는 애착물이 있는데 그것을 구하러 오는 자가 있다면, 그 경우 어떻게 해야 하는가. 대답. 애착물을 구하러 오는 자가 있다면 스스로 마음을 타일러 바로 베풀고 慳貪하지 말라.
若見厄難恐怖危逼, 隨己堪任, 施與無畏. 〔無畏施〕 만약 재난이나 공포나 위험을 본다면, 스스로 가능한 한 無畏를 베푼다.	**若有王賊水火惡知識怖, 隨力所能, 施以無畏.** (曇無讖 譯『菩薩地持經』 권1, 「種性品」. T30, 888b) rājacaurāmitrāgnyudakādibhayabhītānāṃ (corr. : rājacaurāmitrāṇy-) ca sattvānām abhayam anuprayacchati. yathāśaktyā cainān paritrāyate tasmād vicitrāt pratatād ugrād bhayāt. (BoBh 3, 11-13) 【梵】 또한, 왕이나 도적이나 적이나 불이나 물 등에 겁이 질려 있는 중생들에게 두려움 없음(안심)을 베풀어 주겠다. 또한 저, 다양한, 많은, 강한 두려움으로부터 가능한 한 그들을 구해 주겠다.
若有衆生來求法者, 隨己能解, 方便爲說. 〔法施〕 만약 어떤 중생이 와서 法을 구한다면, 스스로 이해하는 한 方便('수단)을 사용하여 설한다.	
不應貪求名利恭敬. 唯念自利利他廻向菩提故. 명성과 이득과 존경을 탐하고 구해서는 안 된다. 다만 自利와 利他를 念하고 菩提('깨달음')으로 회향할 뿐이다.	**名聞利養恭敬.** (菩提流支 譯『大寶積經論』 권1. T26, 206c) lābhasatkāraśloka. (KP § 2) 【梵】 이득과 존경과 명성.

[Ⅳ·2·2 戒門]

大乘起信論一卷 馬鳴菩薩作	북조기 한문불교문헌
云何修行戒門. "어떻게 戒라는 방면에서 [믿음을] 수행하는가"라 한다면,	
所謂不殺不盜不婬不兩舌不惡口不妄言不綺語遠離貪嫉欺詐諂曲瞋恚邪見.	**復次佛說十善道. 離殺盜婬兩舌惡罵妄言綺語貪嫉瞋恚邪見.**

<table>
<tr>
<td>즉, ①不殺, ②不盜, ③不婬, ④不兩舌, ⑤不惡口, ⑥不妄言, ⑦不綺語, ⑧貪嫉, 欺詐, 諂曲, ⑨瞋恚, ⑩邪見을 떠난 것이다.</td>
<td>(鳩摩羅什 譯『十住毘婆沙論』 권10. T26, 77b)
그리고 또한, 부처는 十善道를 설하셨다. ①殺, ②盜, ③婬, ④兩舌, ⑤惡罵, ⑥妄言, ⑦綺語, ⑧貪嫉, ⑨瞋恚, ⑩邪見을 [모두] 떠난 것이다.

諸比丘, 有二種人, 住不安樂. 〔……〕復有二法. 一欺詐, 二諂曲.
(佛陀耶舍・竺佛念譯『四分律』 권57. T22, 991b)
비구들이여, 안락하지 않음에 머무는 두 종류의 사람이 있다. 〔……〕 또한 [그 사람은] 두 가지 法을 지니고 있는 자이다. 첫째는 欺詐, 둘째는 諂曲이다.
※ 다른 律에는 없는 부분.</td>
</tr>
<tr>
<td>若出家者, 爲折伏煩惱故, 亦應遠離憒鬧常處寂靜修習少欲知足頭陀等行.
만약 출가한다면, 번뇌를 굴복시키기 위해 또한 소란스러운 곳을 떠나 항상 고요함 속에 머무르며 少欲知足과 頭陀 등의 行을 수습해야 한다.</td>
<td>二者遠離憒鬧, 獨處閑靜, 繫念一處, 樂少語法, 修行甚深十二頭陀, 心無疲厭, 如救頭然.
(鳩摩羅什 譯『禪祕要法經』 권下. T15, 268a)
둘째는 소란스러운 곳을 떠나 홀로 한적함 속에 머물며 念을 한점에 묶고, 말이 적은 것을 즐기며, 마음에 해이함 없음이 마치 머리카락에 붙은 불을 끄는 것처럼, 심원한 十二頭陀를 수행한다.

諸少欲知足行頭陀知慙愧樂學戒者.
(佛陀耶舍・竺佛念譯『四分律』 권1. T22, 573a)
ye te bhikkhū appicchā santuṭṭhā lajjino kukkuccakā sikkhākāmā.
(Vinaya, PTS vol. III, 44)
【巴】 소욕하고, 만족하며, 慚하고, 愧하며, 배움을 바라는, 저들 비구들인 것.
※ 진정한 비구에 대한 상용구. 율장에 빈번히 나타남.</td>
</tr>
<tr>
<td>乃至小罪, 心生怖畏, 慙愧改悔. 不得輕於如來所制禁戒.
내지는 아주 적은 죄에 대해 마음으로부터 두려워하고, 부끄러워[慙愧]하며, 회개한다. 여래께서 제정하신 禁戒를 가볍게 여겨서는 안 된다.</td>
<td>旣出家已, 奉持禁戒, 威儀不缺, 進止安詳, 無所觸犯. 乃至小罪, 心生怖畏.
(曇無讖 譯『大般涅槃經』 권11. T12, 432b)
이미 출가한 후에는 禁戒를 지키고 威儀에 이지러짐이 없으며 나아가고 머묾에 여유롭고 죄에 저촉되는 점은 없다. 내지는 아주 작은 죄에 대해 마음으로부터 두려워한다.</td>
</tr>
<tr>
<td>當護譏嫌. 不令衆生妄起過罪故.
비난받아야 할 것을 막아야 한다. 중생들</td>
<td>息世譏嫌戒. (曇無讖 譯『大般涅槃經』 권11. T12, 432c)
세간으로부터 비난받을 것을 멈추는 戒.</td>
</tr>
</table>

이 함부로 [菩薩을 비난하는] 죄를 짓지 않도록 하기 위해서이다.	

[Ⅳ·2·3 忍門]

大乘起信論一卷 馬鳴菩薩作	북조기 한문불교문헌
云何修行忍門. “어떻게 忍辱이라는 방면에서 [믿음을] 수행하는가”라 한다면,	
所謂應忍他人之惱, 心不懷報. 즉, 타인이 괴롭히는 것을 인내하고, 마음에 보복하려는 생각을 품지 말아야 한다.	
亦當忍於利衰毀譽稱譏苦樂等法故. 利, 衰, 毀, 譽, 稱, 譏, 苦, 樂이라는 [八世間]法을 인내해야 한다.	問曰. 一切人皆樂樂惡苦. 是人云何能忍苦惱. 答曰. 以五因緣故. 一樂無我, 二信樂空, 三籌量世法, 四觀業果報, 五念過算數劫唐受苦惱. 如說. 樂無我空法 又知業果報 利衰等八法 處世必應受 亦念過去世 空受無量苦 何況爲佛道 而當不受耶 (鳩摩羅什 譯『十住毘婆沙論』권15. T26, 105a) 질문. 모든 사람은 樂을 원하고, 苦를 싫어한다. 이 사람(菩薩)은 어째서 苦를 인내할 수 있는가. 대답. 다섯 가지 이유에 의한다. 첫째는 無我를 勝解하고 있기 때문에, 둘째는 空을 알고 있기 때문에, 셋째는 [八]世間法을 변별하고 있기 때문에, 넷째는 業의 결과가 있음을 관찰하고 있기 때문에, 다섯째는 헤아릴 수 없는 劫 동안 헛된 苦를 받았음을 상기하기 때문에. [다음과 같이 게송이] 설해지는 대로이다. 無我와 空을 勝解하면서도 業에 결과가 있음도 알고 있다. 利, 衰 등의 여덟 法은 세간에서 반드시 받아야 할 것이다. 과거세에서 헛되이 무량한 苦를 받은 것을 상기한다면, 하물며 佛道를 위해 [苦를] 받지 않을 수 있으랴.

[Ⅳ·2·4 進門]

大乘起信論一卷 馬鳴菩薩作	북조기 한문불교문헌
云何修行進門. "어떻게 精進이라는 방면에서 [믿음을] 수행하는가"라 한다면,	
所謂於諸善事, 心不懈退. 立志堅強, 遠離怯弱. 즉, 갖가지 선한 일에 대해 마음이 물러나지 않는다. 뜻을 세움이 견고하여 겁먹음을 떠나 있다.	
當念"過去久遠已來虛受一切身心大苦無有利益". "과거 오래 전부터 헛되이 모든 몸과 마음의 큰 苦를 받고 이익이 없었다"고 念해야 한다.	一切身心大苦. (傳 鳩摩羅什 譯『發菩提心經論』 권下. T32, 513b) 모든 몸과 마음의 큰 苦.
是故應勤修諸功德, 自利利他, 速離衆苦. 그 때문에 여러 공덕을 수습함에 힘쓰고 自利하고 利他하며 신속히 여러 苦를 떠나야 한다.	
復次若人雖修行信心, 以從先世來多有重罪惡業障故, 爲魔邪諸鬼之所惱亂, 或爲世間事務種種牽纏, 或爲病苦所惱, 有如是等衆多障礙, 그리고 다음으로, 만약 사람이 설령 믿음을 수행한다고 해도 전세로부터의 많은 중죄인 악한 業障이 있는 탓에 마구니와 여러 귀신에게 괴롭혀지거나 세간적인 일에 이끌려 다니거나 병고에 괴로워하거나 하는 이와 같은 많은 장애가 있다면,	
是故應當勇猛精勤晝夜六時禮拜諸佛誠心懺悔勸請隨喜廻向菩提. 그 때문에 밤낮도 여섯 번 여러 부처를 예배하고, 정성껏 참회하며, 勸請하고, 隨喜하며, [善根을] 깨달음으로 廻向하는 데에 용맹하게 정진해야 한다.	應初夜一時禮一切佛懺悔勸請隨喜廻向. 中夜後夜皆亦如是. 於日初分日中分日後分亦如是. 一日一夜, 合爲六時. (鳩摩羅什 譯『十住毘婆沙論』 권6, 「分別功德品」. T26, 47b) 밤의 처음에, 한꺼번에 모든 부처를 예배하고, 참회하고, 勸請하고, 隨喜하고, 廻向해야 한다. 밤의 중간과 마지막에도 모두 그러하다. 낮의 처음과, 낮의 중간과, 낮의 마지막에도 그러하다. 하루 낮, 하루 밤을 합계하여 6회가 된다.

常不休廢, 得免諸障, 善根增長故. 항상 그만두지 않는다면 여러 [業]障을 벗어날 수 있고 善根이 증가하기 때문이다.	於諸福德中, 懺悔福德最大. 除業障罪故. (鳩摩羅什 譯『十住毘婆沙論』 권6, 「分別功德品」. T26, 48b) 여러 복덕 중 참회에 의한 복덕이 가장 크다. 業障이라는 죄를 제거하기 때문이다. 得見諸佛已 勤心而供養 善根得增長 能疾化衆生 「供養」名心意清淨恭敬歡喜念佛有無量功德. 以種種讚歎, 名口供養. 敬禮華香等, 名身供養. 是故福德轉更增長. 如穀子在地, 雨潤生長. 「疾教化」者, 令衆生住三乘中. 如是菩薩增長善根. (鳩摩羅什 譯『十住毘婆沙論』 권12, 「助念佛三昧品」. T26, 88c) 여러 부처를 보게 된 후, 마음을 격려해 공양하므로, 선근이 증대되고, 신속하게 중생을 교화할 수 있게 된다. (이상 게송) 「공양한다」란 마음의 청정함에 의해 공양하고 환희하며 부처께 무량한 공덕이 있음을 念하는 것이다. 갖가지 찬탄을 입[口]에 의한 공양이라 한다. 예를 올리거나 꽃을 뿌리는 것, 향을 피우는 것을 몸[身]에 의한 공양이라 한다. 그 때문에, 복덕은 한층 더 증대된다. 마치 땅에 있는 곡식의 종자에 비가 내려 성장하는 것과 비슷하다. 「신속하게 교화함」이란 중생을 三乘 가운데 안주하게 하는 것이다. 이와 같이 菩薩은 善根을 증대시킨다.

[Ⅳ·2·5 止觀門]

大乘起信論一卷 馬鳴菩薩作	북조기 한문불교문헌
云何修行止觀門. "어떻게 止觀이라는 방면에서 [믿음을] 수행하는가"라 한다면,	
所言止者, 謂止一切境界相. 止라 하는 것은, 즉, 모든 대상을 폐지하는 것이다.	諸一切境界相. (菩提流支 譯『深密解脫經』 권4. T16, 680b) sarvaṃ jñeyam. (松田和信[1995] §3-11) 【梵】 모든 所知.

隨順奢摩他觀義故. **奢摩他**라는 관찰에 [**菩薩**이] 수순하는 것을 내용으로 하고 있기 때문이다.	**彌勒, 非奢摩他, 是隨順奢摩他. 是故我說名爲隨順信奢摩他.** (菩提流支 譯『深密解脫經』 권3. T16, 674c) byams pa zhi gnas ni ma yin te | zhi gnas kyi rjes su 'thun pa'i mos pa dang mtshungs par ldan pa yin par brjod par bya'o || (SNS VIII, 5) 【藏】 마이뜨레야여, 止가 아니라 止에 수순하는 勝解(*adhimukti)와 결부되어 있는 [作意]라 말해져야 한다. **世尊, 有幾種奢摩他觀. 〔……〕彌勒, 惟有一種奢摩他觀. 所謂無分別觀.** (菩提流支 譯『深密解脫經』 권3. T16, 674b) bcom ldan 'das du zhig zhi gnas kyi dmigs pa lags | [...] gcig ste 'di lta ste rnam par mi rtog pa'i gzugs brnyan no || (SNS VIII, 2) 【藏】 세존이시어, 止의 所緣은 몇 가지입니까. 〔……〕 마이뜨레야여, 한 가지이니, 즉, 無分別('분별을 수반하지 않는 것')인 영상이다. ※ 竹村牧男[1993: 465-467]의 지적에 의거함.
所言觀者, 謂分別因緣生滅相. **觀**이라 하는 것은, 즉 [**有爲法**이] 원인과 조건에 의해 생멸하고 있음을 분별하는 것이다.	**彼人迷不覺 隨因緣生滅** (菩提流支 譯『入楞伽經』 권9. T16, 567a) teṣām utpadyate bhrāntiḥ pratyayaiś ca nirudhyate | (LAS Saghātaka 69) 【梵】 그것들에게는, 혼란이, 여러 조건에 의해 생겨나고 사라진다. **生滅相.** (菩提流支 譯『十地經論』 권11. T26, 190b) udayāstaṃgamana. (DBhS 161, 4) 【梵】 생멸하고 있는 것.
隨順毘婆舍那觀義故. **毘婆舍那**라는 관찰에 [**菩薩**이] 수순하는 것을 내용으로 하기 때문이다.	**彌勒, 我說彼觀非毘婆舍那. 名隨順信毘婆舍那.** (菩提流支 譯『深密解脫經』 권3. T16, 674b) byams pa lhag mthong ni ma yin te | lhag mthong kyi rjes su 'thun pa'i mos pa dang mtshungs par ldan pa yin par brjod par bya'o || (SNS VIII, 5) 【藏】 마이뜨레야여, 觀이 아니라 觀에 수

	순하는 勝解(*adhimukti)와 결부되어 있는 [作意]라 말해져야 한다. 世尊, 可有幾種<u>毘婆舍那觀</u>. 〔……〕 彌勒, 惟有一種. 所謂差別觀. (菩提流支 譯『深密解脫經』 권3. T16, 674b) du zhig lhag mthong gi dmigs pa lags	[...] gcig kho na ste	rnam par rtog pa dang bcas pa'i gugs brnyan no || (SNS VIII, 2) 【藏】 세존이시어, 觀의 所緣은 몇 가지입니까. 〔……〕 마이뜨레야여, 다만 한 가지이니, 有分別('분별을 수반하는 것')인 영상이다. ※ 竹村牧男[1993: 465-466]의 지적에 의거함.
云何隨順. 以此二義漸漸修習不相捨離雙現前故. "어떻게 [菩薩이] 수순하는가"라 한다면, [奢摩他와 毘婆舍那라는] 이 두 가지가 점차 수습되어 서로 떠나지 않은 채로 둘 모두가 현전하는 것과 같이 [菩薩이 수순하는 것]이다.	是中, 一念中奢摩他毘婆舍那二行, <u>雙現前故</u>. (菩提流支 譯『十地經論』 권9. T26, 175b) de la skad cig gcig la zhi gnas dang lhag mthong gi lam mngon sum du byed pas gnyis cig car 'byung bar rig par bya'o || (P no. 5494, Ngi 267b2) 【藏】 여기에서는 한 순간에 止觀의 道를 현전시킴에 의해 [止觀] 둘 모두가 동시에 일어난다고 알려져야 한다. ※ 望月信亨[1938: 196]의 지적에 의거함.

[IV·2·5·1 止]

大乘起信論一卷 馬鳴菩薩作	북조기 한문불교문헌
若修止者, 住於靜處, 端坐正意. 만약 止를 수습한다면, 조용한 장소에 머물며 단정히 앉아 意를 바르게 한다.	在一靜處, 結加趺坐, 直身正意, 繫念在前. (佛陀耶舍·竺佛念 譯『四分律』 권15. T22, 654b) 어떤 조용한 장소에서, 다리를 꼬고 앉았다. 곧게 몸을 세우고 意를 바르게 하면서, 정면에 念을 두면서, ※ 다른 律에 없는 부분. 端心正意, 繫念在前. (鳩摩羅什 譯『大智度論』 권7. T25, 111b)

	心을 곧게 하고 意를 바르게 하면서, 정면에 念을 두면서,
不依氣息, 不依形色, 不依於空, 不依地水火風, 乃至不依見聞覺知. 一切諸想, 隨念皆除. 호흡에 의지하지 않고, 육신에 의지하지 않고, 허공에 의지하지 않고, **地水火風**에 의지하지 않고, 내지는 **見聞覺知**에 의지하지 않는다. 모든 **想**을, **念**이 일어날 때마다 떨쳐버린다.	**比丘不依地修禪, 不依水火風, 不依空識無所有非想非非想, 非此世, 非他世, 非日月, 非見聞覺知, 非求非得, 非覺非觀. 不依此等, 而修禪定. 云何不依地, 乃至不依覺觀, 而修禪定. 迦旃延, 若地, 地想除, 乃至一切, 一切想除.** (曇無讖 譯『菩薩地持經』권2, 「眞實義品」. T30, 895a) iha Saṃtha bhikṣur na pṛthivīṃ niśritya dhyāyati. nāpaḥ, na tejaḥ, na vāyum, nākāśavijñānākiñcanyanaivasaṃjñānā-saṃjñāyatanam, nemaṃ lokam, na paraṃ lokam, nobhau sūryācandram asau na dṛṣṭaśrutamatavijñātaṃ prāptaṃ paryeṣitaṃ manasānuvitarkitam anuvicāritam, tat sarvaṃ na niśritya dhyāyati. kathaṃ dhyāyī. pṛthivīṃ na niśritya dhyāyati vistareṇa yāvat sarvaṃ na niśritya dhyāyati. iha Saṃtha bhikṣor yā pṛthivyāṃ pṛthivīsaṃjñā sā vibhūtā bhavati. apsu apsaṃjñā vistareṇa yāvat sarvatra yā saṃjñā sā vibhūtā bhavati. evaṃdhyāyī bhikṣur na pṛthivīṃ niśritya dhyāyati vistareṇa yāvan na sarvaṃ sarvam iti niśritya dhyāyati. (BoBh 33, 23-34, 8) **【梵】** 여기에서, 삼타여, 비구는 **地**에 의지하여 **靜慮**하지 않는다. **水**에도, **火**에도, **風**에도, **虛空處·識處·無所有處·非想非非想處**에도, 현세에도, 내생에도, 태양과 달 둘에도, **見聞覺知, 所得, 所求, 意**의 **所尋所伺**에도 [의지하여 **靜慮**]하지 않는다. 그러한 모두에 의지하여 **靜慮**하지 않는다. 여기에서, 삼타여, 비구에게 **地**에 대해 "**地**다"라는 **想**이 생기는 것, 그것은 제거되어 있다. **水**에 대해 "**水**다"라는 **想**, 넓게는, 요컨대, 모든 것에 대한 **想**이 생기는 것, 그것은 제거되어 있다. 이와 같이 **靜慮**하는 비구는 **地**에 의지하

	여서는 靜慮하지 않고, 넓게는, 요컨대, 모든 것에 "모든 것이다"고 의지해서는 靜慮하지 않는다. ※ 阿理生[1993]의 지적에 의거함.
亦遣除想. 以一切法本來無相, 念念不生, 念念不滅. "[想을] 떨쳐버린다"는 想 또한 떨쳐버린다. 모든 法(想을 포함)은 본래 相 없는 것(眞如)이니, 어떠한 순간에도 생기지 않으며 어떠한 순간에도 사라지지 않기 때문이다.	**念念無生.** (菩提流支 譯『金剛仙論』 권1. T25, 803c) 어떠한 순간에도 생기지 않는다.
亦不得隨心外念境界. 마음의 바깥 어딘가의 대상을 念할 수 있는 것도 아니다.	**意能念境界.** (菩提流支 譯『入楞伽經』 권9. T16, 567c) mano yan manyanātmakam. (LAS Saghātaka 102b) 【梵】 意는 思量을 본래의 모습으로 하는 것이다.
後以心除心. 후에는 "心 [즉 眞如]"에 의해 "心 [즉 生滅]"을 떨쳐버린다.	**如是唯有眞識, 更無餘識.** (般若流支 譯『唯識論』. T31, 67a) 이같이 오직 眞識만이 있으며 다른 識은 없다. **如來方便漸令衆生得入我空及法空故說有內識, 而實無有內識可取.** (般若流支 譯『唯識論』. T31, 67a) 如來는 方便('수단')을 강구해서 중생을 점점 我空과 法空에 들어가도록 하기 위해 "내적인 識이 있다"고 설하지만, 실제로 파악될 수 있는 내적인 識은 없다.
心若馳散, 即當攝來住於正念. 마음이 만약 산만하다면, 회수하여 正念에 머물게 해야 한다.	**若心馳散, 攝之令還.** (鳩摩羅什 譯『大智度論』 권7. T25, 111b) 만약 마음이 산만하다면, 그것을 회수하여 돌아가게 한다. **端身而住, 正念不動.** (菩提流支 譯『金剛般若波羅蜜經論』 권上. T25, 781b) ṛjuṃ kāyaṃ praṇidhāya, pratimukhīṃ smṛtim upasthāpya. (VChPP 27, 11) 【梵】 곧게 몸을 세우면서, 전면에 念을 두면서.
是正念者, 當知唯心無外境界. 이 正念이라는 것은 "오직 마음만 있으며	**唯有內心, 無外境界.** (般若流支 譯『唯識論』. T31, 66a; 69b)

<table>
<tr><td>외계의 대상은 없다"고 알아야 한다.</td><td>오직 내적인 마음만 있고 외계의 대상은 없다.</td></tr>
<tr><td>即復此心亦無自相. 念念不可得.
이 마음도 역시 自相('자립적 특징')을 지니지 않는다. [마음은] 어떤 순간에도 不可得인 것이다.</td><td>須菩提, 過去心不可得, 現在心不可得, 未來心不可得.
(菩提流支 譯『金剛般若波羅蜜經論』 권下. T25, 792b)
atītaṃ Subhūte cittaṃ nopalabhyate. anāgataṃ cittaṃ nopalabhyate. pratyutpannaṃ cittaṃ nopalabhyate. (VChPP 51, 20-21)
【梵】 수부띠여, 과거의 마음은 不可得이고, 현재의 마음은 不可得이며, 미래의 마음은 不可得이다.

[※ 윗 구절에 대한 주석]
現在心念念生滅不住, 即體是空, 故不可得也.
(菩提流支 譯『金剛仙論』 권8. T25, 853c)
현재의 마음은 어떠한 순간에도 생겨나거나 사라지거나 머무는 것이 없으니, 그 자체로서 空이므로 不可得이다.</td></tr>
<tr><td>若從坐起, 去來進止, 所作之事, 於一切時, 常念方便, 隨順觀察.
만약 앉은 자리에서 일어난다면, 가거나 오거나 나아가거나 머무르거나 [자신이] 하는 것을 모든 때에 항상 [전술한 네 가지의] 加行('대처')을 念하면서 [오직 마음뿐이라는 것에] 따라 관찰한다.</td><td>去來進止, 情無所係.
(康僧鎧 譯『佛說無量壽經』 권下. T12, 273c)
prakrāmantas tāś cānupekṣā evaṃ prakrāmanti, na sāpekṣāḥ (SV 51, 9)
【梵】 또한 나아가고 있는 경우, 저들은 이와 같이 [무엇도] 돌아보는 것 없이 나아가니, 돌아볼 것을 수반하지 않는다.

所作之事. (菩提流支 譯『十地經論』 권12. T26, 195b)
bya ba. (P no.5494, Ngi 313b6)
【藏】 하는 것(*kārya/kṛtya).

無所有隨順觀察自心現量.
(求那跋陀羅 譯『楞伽阿跋多羅寶經』 권3. T16, 501c)
nirābhāsacittamātrānusāritvāt. (LAS 162, 9)
【梵】 현현이 없는 오직 마음뿐임을 따르는 자이기 때문에.

時彼菩薩, 於五取陰, 若出若沒, 隨順觀察.
(般若流支 譯『金色王經』. T3, 389b)
pañcasūpādānaskandheṣūdayavyayānudarśī viharati. (DA 182, 8)</td></tr>
</table>

	【梵】 五取蘊을 [五取蘊의] 일어남과 소멸함에 따르면서 명확히 보는 자로서 머문다.
久習淳熟, 其心得住. 以心住故, 漸漸猛利, 隨順得入眞如三昧. 오랫동안 수습하여 성숙되었다면, 그의 마음은 안정에 이른다. 마음이 안정됨에 따라 [그의 마음은] 점점 예리해져 **眞如三昧**에 수순하고, 들어간다.	**菩薩摩訶薩當念一行三昧常勤精進而不懈怠, 如是次第, 漸漸修學, 則能得入一行三昧.** (曼陀羅仙 譯『文殊師利所說摩訶般若波羅蜜經』 권下. T8, 731b) yathainām samādāya vartiṣyadhve, [tathā] tathāsya samādher guṇān drakṣyatha, yathopadiṣṭena ca vidhinā niṣīdiṣyatha. (ŚSPP 135, 7-9) 【梵】 그것(三昧가 불가사의한 공덕을 보임이라는 것)을 받아들이고 나아가는 대로, 바로 그대로, [그대들은] 이 三昧의 공덕을 보게 될 것이며, 또한 설명된 규칙대로 [三昧에] 앉아있게 될 것이다. **淳熟.** (菩提流支 譯『十地經論』 권11. T26, 187c) paripakva. (DBhS 157, 14) 【梵】 성숙하였다. **猛利.** (菩提流支 譯『深密解脫經』 권1. T16, 665c) rno ba. (SNS Introduction 3) 【藏】 예리한(*tīkṣṇa).
深伏煩惱, 信心增長, 速成不退. 깊은 번뇌를 조복시키고, 믿음이 증가하여 신속하게 [믿음에서] 물러나지 않게 됨을 성립시킨다.	**二者地前信地菩薩亦積行來久, 一大僧祇欲滿不滿, 雖未現見理原, 以能髣髴見理, 相似解, 深伏煩惱.** (菩提流支 譯『金剛仙論』 권1. T25, 800a) 둘째로, **地前**의 **勝解行地菩薩**은 역시 수행을 쌓은 지 오래되어 1**大阿僧祇劫**을 채우려고 하나 아직 채워지지 않았으니, 비록 아직 진리(**眞如**)라는 근원을 분명하게 보지 못한다 해도 진리를 보는 것을 방불할 수 있으니, [지혜와] 비슷한 **勝解**에 의해 깊은 번뇌를 조복시킨다. **地前菩薩, 髣髴觀理, 深伏煩惱.** (菩提流支 譯『金剛仙論』 권7. T25, 851b) **地前**의 **菩薩**은 진리(**眞如**)를 관찰함을 방불하며, 깊은 번뇌를 조복시킨다.

唯除疑惑不信誹謗重罪業障我慢懈怠如是等人所不能入. 다만 의혹이 있거나, 믿지 않거나, 비방하거나, 중죄의 **業障**이 있거나, 자신에 대한 교만이 있거나, 게으르거나 한, 그와 같은 사람에 의해서는 [**眞如三昧**에] 들어갈 수 없음을 예외로 한다.	**除謗正法不信惡業重罪障者所不能入.** (曼陀羅仙 譯『文殊師利所說摩訶般若波羅蜜經』 권下. T8, 731b) sa khalu punar eṣa samādhir na śakyaḥ parinişpādayitum upalaṃbhadṛṣṭikair vastudṛṣṭikair yāvad bhūtadṛṣṭikaiḥ. (SŚPP 135, 9-10) **【梵】** 그렇기 때문에, 다음으로 이 **三昧**는 "소득이 있다"는 견해를 가진 자들이나, "사물이 있다"는 견해를 가진 이들이나, 내지는 "일어나는 것이 있다"는 견해를 가진 이들에 의해서는 수행될 수 없다.
復次依是三昧故, 則知法界一相. 謂一切諸佛法身與衆生身平等無二. 卽名一行三昧. 그리고 다음으로, 이 **三昧**에 의지하기 때문에, **法界**의 오직 하나뿐인 특징을 안다. 즉, 일체제불의 **法身**과 중생의 몸이 평등하며, 이분적이지 않는 것이다. 그것을 **一行三昧**라 한다.	**法界一相, 繫緣法界, 是名一行三昧.** (曼陀羅仙 譯『文殊師利所說摩訶般若波羅蜜經』 권下. T8, 731a) ekavyūha iti Mañjuśrī anutpādasyaitad adhivacanam. (SŚPP 134, 29) **【梵】** **一行**이란, 만쥬스리여, 그것은 **不生**의 동의어이다. **法界一相. 所謂無相.** (般若流支 譯『奮迅王問經』 권下. T13, 943b) chos kyi dbyings ni mtshan nyid med par mtshan nyid gcig pa'i phyir ro || (P no. 834, Phu 208a6) **【藏】** **法界**는 특징 없음(*alakṣaṇa)이라는 형태로 다만 하나의 특징(*ekalakṣaṇa)을 가지고 있기 때문입니다.
當知眞如是三昧根本. 若人修行, 漸漸能生無量三昧. **眞如**는 **三昧**에 있어 근본임을 알아야 한다. 만약 사람이 [**眞如三昧**를] 수습한다면, 점점 무량한 **三昧**를 낳을 수 있게 된다.	
或有衆生, 無善根力, 則爲諸魔外道鬼神所惑. 若於坐中現形恐怖, 或現端正男女等相. 當念唯心. 境界則滅, 終不爲惱. 혹은 **善根**의 힘이 없는 탓에 여러 마구니나 외도나 귀신에 의해 미혹된 중생도 있다. 앉아 있는 동안에 모습을 나타내 겁을 주거나, 단정한 남녀의 모습으로 나타나기도	

한다. 오직 마음 뿐이라고 **念**하는 것이 좋다. 그 대상은 사라져 버릴 것이고, 마침내 시달리지 않게 될 것이다.	
或現天像菩薩像, 亦作如來像相好具足. 혹은 천신의 모습이나 **菩薩**의 모습으로 나타나거나 **相好**를 갖춘 여래의 모습을 나타내기도 한다.	**復次須菩提, 惡魔作佛身, 金色丈光, 到菩薩所.** (鳩摩羅什 譯『大智度論』권69. T25, 541b) punar aparaṃ Subhūte māraḥ Pāpīyān buddhaveṣeṇopasaṃkramiṣyati, suvarṇavarṇakāyena vyāmaprabhāṃ kṛtvā. (PVSPP IV 53, 26-27) **【梵】** 그리고 다음으로, 수부띠여, 마구니 빠삐야스는 부처의 차림으로, 금빛 몸으로, 한줄기 빛을 내며 다가올 것이다.
若說陀羅尼, 若說布施持戒忍辱精進禪定智慧, 或說平等空無相無願無怨無親無因無果畢竟空寂是眞涅槃. **陀羅尼**를 설하거나, **布施, 持戒, 忍辱, 精進, 靜慮, 般若**를 설하거나, **平等性, 空性, 無相, 無願, 無怨, 無親, 無因, 無果, 畢竟空寂**이 진정한 **涅槃**이라고 설하기도 한다.	**復次, 須菩提, 惡魔化作無數百千萬億菩薩, 行檀波羅蜜, 尸羅波羅蜜, 羼提波羅蜜, 毘梨耶波羅蜜, 禪波羅蜜, 般若波羅蜜, 指示善男子善女人.** (鳩摩羅什 譯『大智度論』권69. T25, 541b) punar aparaṃ Subhūte māraḥ Pāpīyān anekāni bodhisattvaśatāni anekāni bodhisattvasahasrāṇi upadarśayati, ye dānapāramitāyāṃ cariṣyanti, evaṃ śīlapāramitāyāṃ kṣāntipāramitāyāṃ vīryapāramitāyāṃ dhyānapāramitāyāṃ prajñāpāramitāyāṃ cariṣyanti. (PVSPP IV 54, 11-14) **【梵】** 그리고 다음으로, 수부띠여, 마구니 빠삐야스는 **布施波羅蜜多**를 행하거나, 마찬가지로 **持戒波羅蜜多, 忍辱波羅蜜多, 精進波羅蜜多, 靜慮波羅蜜多, 般若波羅蜜多**를 행하기도 한다. 수백 **菩薩**의 몇 배나, 수천 **菩薩**의 몇 배를 나타낼 것이다.
或令人知宿命過去之事亦知未來之事. 得他心智辯才無礙, 能令衆生貪著世間名利之事. 혹은 사람에게 전세인 과거의 것을 알려주거나, 미래의 것을 알려주기도 한다. **他心智**나 걸림없는 변재를 얻음에 의해, 중생이 세간적인 명성과 이득에 탐착하게 할 수 있다.	**不著利養名聞恭敬.** (菩提流支 譯『十地經論』권2. T26, 137b) anadhyavasitalābhasatkāraślokatā. (DBhS 18, 11-12) **【梵】** 이득과 존경과 명성을 추구하지 않는 자.
又令使人數瞋數喜, 性無常准. 또한 사람을 종종 분노케 하거나 종종 기쁘게	

하여, 정해진 성격을 흐트러뜨리기도 한다.	
或多慈愛, 多睡多病, 其心懈怠. 혹은 과다한 사랑, 과다한 수면, 과다한 병에 의해 저들의 마음이 태만하다.	
或卒起精進, 後便休廢. 生於不信多疑多慮. 혹은 갑자기 정진하다가 나중에 멈춰버리고, 불신이나 많은 의혹, 많은 생각을 낳는다.	
或捨本勝行, 更修雜業. 혹은 본래의 뛰어난 行을 버리고 다시 잡다한 業을 수습한다.	
若著世事, 種種牽纏. 그렇지 않으면 세간적인 일에 집착하여 다양한 것에 이끌려 다니고 얽혀든다.	
亦能使人得諸三昧少分相似, 皆是外道所得, 非眞三昧. 사람에게 [眞如三昧와] 아주 조금 비슷한 정도의 여러 三昧를 얻게 할 수 있지만, [그러한 여러 三昧는] 어느 것도 외도가 얻는 것이지 眞如三昧는 아니다.	
或復令人若一日若二日若三日乃至七日住於定中得自然香美飮食身心適悅不飢不渴, 使人愛著. 혹은 사람을 하루, 혹은 이틀, 혹은 사흘, 내지는 7일까지 定에 머물게 하고, 자연스럽고 향기롭고 맛있는 음료와 음식을 얻게 하며, 몸도 마음도 쾌적하게 하고, 굶주리지 않게 하고 목마르지 않게 하여, 사람을 [定에] 애착하게 한다.	**欲界中, 以摶食, 持諸根四大. 欲界雖入定時不令身有患, 出定時則有患. 是故欲界少時入定, 不得久住過於七日.** (浮陀跋摩共道泰等 譯 『阿毘曇毘婆沙論』 권44. T28, 336b) 欲界에서는 나누어진 먹을 것에 의해 여러 根이나 四大種을 유지한다. 欲界에서는 [滅盡]定에 들어가 있을 때에는 [먹지 않아도] 스스로 알아차릴 수 없지만, [滅盡]定을 나올 때부터는 알아차린다. 그렇기 때문에 欲界에서는 짧은 시간에 한하여 [滅盡] 定에 들어가는 것이니, 7일을 넘는 오랜 시간 동안 머물 수 없다. **若爲飢渴所逼, 若欲大小便, 雖在定時不作患, 出則作患.** (浮陀跋摩共道泰等 譯 『阿毘曇毘婆沙論』 권44. T28, 337b)

	굶주림이나 목마름을 느끼거나 대소변이 마려운 것은 설령 [滅盡]定에 들어가 있을 때는 알아차리지 못한다 해도 [滅盡定에서] 나올 때부터 알아차리는 것이다.
或亦令人食無分齊, 乍多乍少, 顏色變異. 혹은 사람을 끝없이 먹여 많든 적든 안색이 변한다.	
以是義故, 行者常應智慧觀察. 그 때문에 수행자는 항상 지혜로 관찰해야 한다.	**智慧觀察.** (菩提流支 譯『入楞伽經』권1. T16, 517b) avalokya buddhyā. (LAS 13, 2-3) 【梵】 覺慧에 의해 관찰하여. **智慧觀察.** (菩提流支 譯『入楞伽經』권9. T16, 569a) buddhyā vivecyamānāḥ. (LAS 287, 1) 【梵】 覺慧에 의해 변별하고 있다.
勿令此心墮於邪網. 이 마음을 삿된 그물에 떨어지게 해서는 안된다.	
當勤正念不取不著, 則能遠離是諸業障. 正念에 힘써 [외계의 대상을] 파악하지 않고 집착하지 않는다면, 이러한 여러 業障에서 떠날 수 있다.	**聞一切法, 一切境界, 不取不著.** (般若流支 譯『奮迅王問經』권上. T13, 938c) de chos nyan cing 'chad kyang yul thams cad la mi chags so || (P no. 834, Phu 193a4-5) 【藏】 그(菩薩)는 法을 듣고 해설한다고 해도 모든 境(*viṣaya)에 집착하지 않는다. **菩薩若能教三千大千世界中衆生令行十善, 不如菩薩如一食頃一心靜處念一相法門, 乃至聞受讀誦解說, 是人福德勝彼甚多. 何以故. 諸菩薩用是法門, 能滅一切業障罪.** (鳩摩羅什 譯『諸法無行經』권下. T15, 753b) rigs kyi bu gal te stong gsum gyi stong chen po'i 'jig rten gyi khams na | sems can gang ci snyed cig yod pa de dag thams cad byang chub sems dpa' la la zhig gis dge ba bcu'i las kyi lam la bkod pa bas byang chub sems dpa' gang gcig pu dben par 'dug ste | chung ngu na se gol gtogs pa tsam du'ang chos thams cad tshul gcig par yid ches shing tha

na chung ngu dri ba'am | dpyad pa'am | lung 'bog pa'am | kha ton bya ba'i phyir gnas pa | 'di ni de bas ches bsod nams mang du 'phel lo || de ci'i phyir zhe na | rigs kyi bu tshul 'di khong du chud pas byang chub sems dpa' rnams las kyi sgrib pa thams cad rnam par dag pa 'thob bo || (SDhAN 132)

【藏】 좋은 집안의 자식이여, 설령 삼천대천세계 안에 있는 온갖 중생, 그들 모두가 어떤 **菩薩**에 의해 **十善業道**에 놓인다 해도, 홀로 떨어져 살며 손가락을 튕길 정도의 짧은 시간이라도 모든 **法**을 하나의 모습이라 믿고, 작은 것이라도 질문하거나 음미하거나 암송하기 위해 머무는 어떤 **菩薩**, 이 사람은 앞의 사람보다 복이 많이 늘어날 것이다. 왜냐하면, 좋은 집안의 자식이여, 이러한 모습을 통찰함에 의해 **菩薩**은 모든 **業障**의 정화를 얻을 수 있는 것이다.

應知外道所有三昧皆悉不離見愛我慢之心.

외도가 가진 **三昧**는 모두 **見**과 **愛**와 **我慢**의 마음을 떠나지 않았다고 알려져야 한다.

而外道禪中有三種患. 或味著, 或邪見, 或憍慢. (鳩摩羅什 譯『大智度論』권17. T25, 188a)

그러나 외도의 **禪**에는 세 종류의 질환이 있다. 애착과 삿된 견해와 교만이다.

復次不亂不味故, 名禪波羅蜜. 如佛告「舍利弗, 菩薩般若波羅蜜中住. 具足禪波羅蜜. 不亂, 不味故」. 問曰. 云何名亂. 亂有二種. 一者微, 二者麤. 微者有三種. 一愛多, 二慢多, 三見多. 云何愛多. 得禪定樂, 其心樂著愛味. 云何慢多. 得禪定時, 自謂難事已得, 而以自高. 云何見多. 以我見等, 入禪定, 分別取相, 是實, 餘妄語. 是三名爲微細亂. 從是因緣, 於禪定退, 起三毒. 是爲麤亂. 味者, 初得禪定, 一心愛著, 是爲味. (鳩摩羅什 譯『大智度論』권17. T25, 189c)

그리고 다음으로, **不亂**과 **不味**에 의해 **禪波羅蜜**이라 불린다. 부처께서 「샤리뿌뜨라여, **菩薩**은 **般若波羅蜜**에 머문 후, **不亂**과 **不味**에 의해 **禪波羅蜜**을 구족한다」고 말씀하신 것과 같다. 질문. 亂이란 무엇인가. [대답.] 亂은 두 종류가 있다. 첫째는 미세한 [亂], 둘째는 거친 [亂]이다. 미세한 [亂]은 세 가지이다. 첫째는 애착이 많은 [亂], 둘째는 교만이 많은 [亂], 셋째는 견해가 많은 [亂]이다. 애착이 많은 [亂]이란 무엇인가. 禪定의 즐거움을 얻어 그 마음이 애착하는 것이다. 교만이 많은 [亂]이란 무엇인가. 禪定을 얻을 때 스스로 "어려운 일을 다 마쳤다"고 생각하며 스스로 우쭐거리는 것이다. 견해가 많은 [亂]이란 무엇인가. 我見 등에 의해 禪定에 들어가 "이것이 진실이며 나머지는 허망하다"고 분별하여 대상에 집착하는 것이다. 이러한 세 가지가 미세한 亂이라 불린다. 그것을 계기로 禪定에서 후퇴하고 三毒을 일으킨다. 그것이 거친 亂이다. 味란 처음으로 禪定을 얻고 한결같이 애착하는 것, 그것이 味이다.

※ 범본(PVSPP I-1, 28)에는 「샤리뿌뜨라여, 여기에서 菩薩摩訶薩들에 의해 머물지 않음이라는 방식으로 般若波羅蜜에 머문 후, 애착하지 않음에 기반하여 禪波羅蜜이 원만해질 것이다.」(iha śāriputra bodhisattvena mahāsattvena prajñāpāramitāyāṃ sthitvāsthānayogena, [...] dhyānapāramitā paripūrayitavyā anāsvādanatām upādāya)라 되어 있다. 『大智度論』의 「不亂」과 「不味」 중 「不亂」이 없다.

貪著世間名利恭敬故.

[외도는] 세간적인 명성과 이익과 존경을 추구하기 때문이다.

不著利養名聞恭敬.

(菩提流支 譯 『十地經論』 권2. T26, 137b)

anadhyavasitalābhasatkāraślokatā.

(DBhS 18, 11-12)

【梵】 이득과 존경과 명성을 추구하지 않는 자.

名聞利養恭敬.

(菩提流支 譯 『大寶積經論』 권1. T26, 206c)

lābhasatkāraśloka. (KP § 2)

【梵】 이득과 존경과 명성.

眞如三昧者, 不住見相, 不住得相, 乃至出定亦無懈慢.

眞如三昧는 보는 것에 입각하지 않고 얻는

懈慢.

(曇無讖 譯 『菩薩地持經』 권2, 「眞實義品」. T30, 894c)

것에 입각하지 않으니, 내지는 三昧에서 나와서도 태만함이 없다.	śaithilika. (BoBh 32, 1) 【梵】 태만한.
所有煩惱漸漸微薄. 모든 번뇌는 점점 줄어들게 된다.	**然後餘貪等煩惱漸漸微薄.** (菩提流支 譯『彌勒菩薩所問經論』 권2. T26, 238c. "餘"는 저본에 "除"로 되어 있으나 三本宮本에 의거 교정) 그런 다음에, 남아 있는 貪 등의 번뇌는 점점 줄어들게 된다.
若諸凡夫不習此三昧法得入如來種性, 無有是處. 以修世間諸禪三昧多起味著依於我見繫屬三界與外道共, 若離善知識所護, 則起外道見故. 여러 범부가 이 三昧의 法을 닦지 않은 채로 如來의 種性에 들어간다는 그런 상황은 있을 수 없다. 세간적인 여러 禪이나 三昧를 수습하는 것은 대개 味著을 일으키는 것이며 我見에 의거하고 三界에 속하며 外道와 공통되는 것이니, 만약 善知識의 보호를 떠난다면 외도의 견해를 일으켜 버리기 때문이다.	
復次精勤專心修學此三昧者, 現世當得十種利益. 云何爲十. 또 다음으로, 精勤하고 專心하면서 이 三昧를 배운다면 현세에서 열 가지 이익을 얻을 것이다. "열 가지란 무엇인가"라 한다면,	**菩薩當<u>精勤</u>受持, 起上恭敬, <u>專心修學</u>.** (曇無讖 譯『菩薩地持經』 권5, 「戒品」. T30, 917a) yeṣu bodhisattvenādarajātena (corr. : bodhisattvenāradajātena) paramagauravam upasthāpya śikṣā karaṇīyā. (BoBh 124, 8) 【梵】 경의가 생긴 菩薩들에 의해, 최고의 존중을 일으킨 후, 그들에게 배움이 행해져야 한다. **精勤一心.** (菩提流支 譯『十地經論』 권6. T26, 160ab) ātāpī saṃprajānan smṛtimān. (DBhS 68, 12-13) 【梵】 열심히, 알아차리면서, 念하면서.
一者常爲十方諸佛菩薩之所護念. 첫째는 항상 모든 방향에 계신 諸佛菩薩에 의해 보살핌을 받는다.	※ 이하, 『大乘起信論』에서 서술하는 열 가지 이익 중 몇 가지는 『觀藥王藥上二菩薩經』에서 서술된 藥王菩薩의 주문의 열 가지 이익 중 몇 가지에 대응된다. **九者十方諸佛及諸菩薩之所護念, 及諸聲聞皆來諮受.** (傳 畺良耶舍 譯『觀藥王藥上二菩薩經』. T20, 661c) 아홉째는 모든 방향에 계신 諸佛菩薩에 의해 보살핌 받으며, 또한 여러 聲聞이 와서

	[그에게] 질문하고는 수학한다.
二者不爲諸魔惡鬼所能恐怖. 둘째는 여러 마구니와 악귀에 의해 겁먹지 않는다.	三者人及非人不得其便. (傳 畺良耶舍 譯『觀藥王藥上二菩薩經』. T20, 661c) 셋째는 사람도 非人(아수라)도 꼼짝하지 못한다.
三者不爲九十五種外道鬼神之所惑亂. 셋째는 95종의 외도와 귀신에 의해 미혹되지 않는다.	七者九十五種諸邪論師不能屈伏. (傳 畺良耶舍 譯『觀藥王藥上二菩薩經』. T20, 661c) 일곱째, 95종의 삿된 논사들은 [그를] 굴복시킬 수 없다.
四者遠離誹謗甚深之法, 重罪業障漸漸微薄. 넷째는 심원한 法에 대한 비방을 떠나, 중죄의 業障이 점점 줄어들게 된다.	十者臨命終時, 淨除業障, 十方諸佛放金色光, 皆來迎接, 爲說妙法, 隨意往生淸淨佛國. (傳 畺良耶舍 譯『觀藥王藥上二菩薩經』. T20, 661c) 열째는 임종의 순간에 業障을 정화하여 제거하고, 모든 방향에 계신 여러 부처께서 금색의 빛을 내면서 모두 환영하고 妙法을 설해 주시므로, 뜻한 대로 청정한 불국토에 태어난다. 誹謗甚深法. (勒那摩提 譯『究竟一乘寶性論』권4. T31, 847c) dharme mānasaṃ pratihatam. (RGV 119, 4) 【梵】法을 해치려는 의도.
五者滅一切疑諸惡覺觀. 다섯째는 모든 의심과 악한 尋伺를 없앤다.	諸惡覺觀. (菩提流支 譯『十地經論』권7. T26, 164c) vividhākuśalavitarka. (DBhS 83, 10) 【梵】갖가지 不善한 尋.
六者於如來境界, 信得增長. 여섯째는 여래의 대상에 대해 믿음이 증가함에 이른다.	如來藏者, 是如來境界. (求那跋陀羅 譯『勝鬘師子吼一乘大方便方廣經』. T12, 221b) de bzhin gshegs pa'i snying po ni de bzhin gshegs pa'i spyod yul lags te | (ŚSS 122, 5-6) 【藏】如來藏은 여래의 대상(*gocara)이다.
七者遠離憂悔, 於生死中, 勇猛不怯. 일곱째는 후회를 떠나 윤회에 대해 용감하여 겁먹지 않는다.	憂悔. (菩提流支 譯『大寶積經論』권4. T26, 230b) 'gyod pa. (CKP 319) 【梵】후회(*kaukṛtya).
八者其心柔和, 捨於憍慢, 不爲他人所惱. 여덟째는 그의 마음이 유연해져 교만을 버리고 타인에 의해서는 [마음에] 상처입지	三者人及非人不得其便. (傳 畺良耶舍 譯『觀藥王藥上二菩薩經』. T20, 661c) 셋째는 사람도 非人(아수라)도 꼼짝하지 못한다.

않는다.	爲他所惱. (菩提流支 譯『佛說法集經』 권3. T17, 623c) gshe yang. (P no. 904, Wu 37b7) 【藏】 비난받아도. 爲他所惱害. (菩提流支 譯『十地經論』 권4. T26, 149b) parotpīḍanatā. (DBhS 42, 7) 【梵】 타인이 압박하는 것.
九者雖未得定, 於一切時一切境界處, 則能減損煩惱, 不樂世間. 아홉째는 아직 禪定(眞如三昧)을 얻지 못했다 해도 모든 때에 모든 대상에 대해 번뇌를 줄일 수 있고, 세간을 원하지 않는다.	八者心遊禪定, 不樂世樂. (傳 畺良耶舍 譯『觀藥王藥上二菩薩經』. T20, 661c) 여덟째는 마음이 禪定에서 노닐며 세간의 즐거움을 원하지 않는다. 境界處. (菩提流支 譯『入楞伽經』 권3. T16, 527c) viṣaya. (LAS 68, 15) 【梵】 대상.
十者若得三昧, 不爲外緣一切音聲之所驚動. 열째는 만약 [眞如]三昧를 얻었다면, 외부의 조건인 모든 음성에 의해 동요되지 않는다.	

[IV·2·5·2 觀]

大乘起信論一卷 馬鳴菩薩作	북조기 한문불교문헌
復次若人唯修於止, 則心沈沒, 或起懈怠, 不樂衆善, 遠離大悲. 그리고 다음으로, 만약 사람이 다만 止만을 수습한다면 마음이 가라앉거나 권태를 일으켜 여러 善을 바라지 않고 大悲에서 멀어져 버릴 것이다.	彌勒, 若菩薩心沈沒, 沈沒相疑, 思惟於法, 生歡喜心, 是名取相奢摩他. (菩提流支 譯『深密解脫經』 권3. T16, 676a) byams pa sems bying ngam | bying du dogs na | mngon par dga' bar 'gyur ba dang 'thun pa'i chos rnams dang | sems kyi mtshan ma de yid la byed pa gang yin pa de ni rab tu 'dzin pa'i rgyu mtshan zhes bya'o || (SNS VIII.18) 【藏】 마이뜨레야여, 마음이 깊이 가라앉거나(*styāna. 惛沈), 혹은 가라앉을 것으로 의심되는 경우, [마음이] 기뻐할 만한 여러 法과, 그의, 마음의 계기(*tac cittanimittam)에 作意하는 것, 그것이 [止가 마음을] 들어 올리는 계기(*pragrahanimitta)라 말해진다.

是故修觀. 修習觀者, 當觀一切世間有爲之法無得久停須臾變壞, 一切心行念念生滅, 以是故苦.

그렇기 때문에 觀을 수습한다. 觀을 수습한다는 것은, 모든 세간적인 有爲法이 오랫동안은 머물지 않음을, 곧 무너지는 것을, 모든 마음의 활동이 순간마다 생겨나고 사라지는 것을, 그 때문에 苦라는 것을 관찰해야 한다.

正觀有爲法一切行無常. 苦, 不淨, 無常, 敗壞, 不久住, 念念生滅, 不從前際來, 不去至後際, 現在不住, 如是正觀一切諸行.

(菩提流支 譯『十地經論』 권5. T26, 153b)

anityatāṃ ca sarvasaṃskāragatasya yathābhūtaṃ pratyavekṣate. duḥkhatāṃ ca aśubhatāṃ ca anāśvāsikatāṃ ca vipralopatāṃ ca acirasthitikatāṃ ca kṣaṇikotpādanirodhatāṃ ca pūrvantāsaṃbhavatāṃ ca aparāntāsaṃkrāntitāṃ ca pratyutpannāvyavasthitatāṃ ca sarvasaṃskāragatasya pratyavekṣate. (DBhS 52, 11-14)

【梵】 有爲에 속한 모든 것이 무상하다는 것을 있는 그대로 관찰한다. 有爲에 속한 모든 것이 苦임을, 청정하지 않음을, 부활하지 않음을, 무너지는 것임을, 오랫동안은 머물지 않음을, 순간에 생겨났다 사라지는 것임을, 前際에서 생겨나지 않음을, 後際에서 옮겨가지 않음을, 현재에서 安立해 있지 않음을 관찰한다.

樂是無常, 樂無厭足, 從因緣生, 念念生滅, 無有住時. 以是故苦. (鳩摩羅什 譯『禪法要解』 권上. T15, 291b)

樂은 무상하고, 樂은 만족함이 없는 것이며, 조건에서 생겨나 순간마다 생겨났다 사라져서 머무는 때가 없다. 그 때문에 苦이다.

應觀過去所念諸法恍惚如夢.
應觀現在所念諸法猶如電光.
應觀未來所念諸法猶如於雲忽爾而起.

과거에 念해진 여러 法이 꿈과 같이 황홀하다는 것을 관찰해야 한다.
현재에 念해지는 여러 法이 번개와 같다는 것을 관찰해야 한다.
미래에 念해질 여러 法이 홀연히 일어나는 구름과 같다는 것을 관찰해야 한다.

又如夢, 過去法亦如是. 以唯念故.
又如電, 現在法亦如是. 以剎那不住故.
又如雲, 未來法亦如是. 以於子時阿黎耶識與一切法爲種子根本故.

(菩提流支 譯『金剛般若波羅蜜經論』 권下. T25, 797a)

또한, 꿈과 같이, 과거의 法 또한 그러하다. 다만 기억에 지나지 않을 뿐이기 때문이다.
또한, 번개와 같이, 현재의 法 또한 그러하다. 순간적이어서 머물지 않기 때문이다.
또한, 구름과 같이, 미래의 法 또한 그러하다. 種子의 상태로 알라야식은 모든 法에 있어 種子라는 근본이기 때문이다.

	※ 竹村牧男[1993: 493]의 지적에 의거함.
應觀世間一切有身悉皆不淨種種穢汚無一可樂. 세간의 모든 몸 가진 자들이 다 부정하고 갖가지로 오염되어 하나도 즐거워할 것이 없음을 관찰해야 한다.	**觀諸世間無一可樂.** (菩提流支 譯 『入楞伽經』 권8. T16, 562b) 세간의 자들에게는 하나도 즐거워할 것이 없다는 것을 관찰해야 한다. ※ 범문에는 없는 구절. **大慧, 一切有身皆是無常磨滅之法. 非無身法.** (菩提流支 譯 『入楞伽經』 권7. T16, 558c) śarīravatāṃ hi Mahāmate nāśo bhavati nāśarīravatām. (LAS 232, 14-15) **【梵】** 실로, 마하마띠여, 몸 가진 자들에게는 사라지는 것이 일어나지만, 몸을 갖지 않는 자들에게는 [사라지는 것이 일어나지] 않는다.
如是當念. "一切衆生從無始世來皆因無明所熏習故令心生滅, 已受一切身心大苦, 現在卽有無量逼迫, 未來所苦亦無分齊. 難捨難離. 而不覺知. 衆生如是甚爲可愍". 다음과 같이 念해야 한다. "모든 중생은, 시작이 없는 때로부터 모두 無明에 熏習되어 있기 때문에, 心을 생멸케 하여 이미 모든 몸과 마음의 큰 苦를 받거나 현재에 무량한 핍박이 있거나, 미래의 苦도 제한이 없으니, [苦를] 버리기 어렵고 떠나기 어렵다. 그러나 이것을 깨닫지 못한다. 중생은 이처럼 매우 가엾게 여겨야 할 것이다.	**菩薩爾時作如是念. "此諸凡夫甚爲可怪, 愚癡無智. 有無量無邊阿僧祇身, 已滅, 今滅, 當滅, 如是盡滅已, 不能於身生厭離想".** (菩提流支 譯 『十地經論』 권7. T26, 164c) tasyaivaṃ bhavaty āścaryaṃ yāvad ajñānasaṃmūḍhā vateme bālapṛthagjanāḥ. yeṣām asaṃkhyeyā ātmabhāvā niruddhā nirotsyante nirudhyante ca, evaṃ ca kṣīya-māṇāḥ kāye na nirvidam utpādayanti. (DBhS 83, 3-5) **【梵】** 그에게 다음과 같은 [생각이] 일어난다. "아아, 이러한 어리석은 異生들은 기묘하여, 결국 무지에 의해 미혹되어 있다. 그들에게는 셀 수 없는 자기 존재가 [과거에] 이미 사라졌거나, [미래에] 사라질 것이거나 [현재에] 사라지고 있다. 그러므로 그와 같이 사라지면서도 몸에 대한 혐오를 일으키지 않는다." **一切身心大苦.** (傳 鳩摩羅什 譯 『發菩提心經論』 권下. T32, 513b) 모든 몸과 마음의 큰 苦. **然諸衆生不知不覺, 而受苦惱.** (菩提流支 譯 『十地經論』 권3. T26, 142b)

na caivam avabudhyante. (DBhS 24, 7)

【梵】 그러나 [저들은] 이와 같이 깨닫지는 못한다.

作此思惟, 即應勇猛立大誓願, 願"令我心離分別故遍於十方修行一切諸善功德, 盡其未來, 以無量方便, 救拔一切苦惱衆生, 令得涅槃第一義樂".

이와 같이 사유한 후 곧바로 용맹하게 큰 서원을 세워야 한다. "나의 마음을 분별에서 멀리 떠나게 함에 의해 모든 방향에 퍼지게 하고, 모든 선한 공덕을 수습케 하며, 미래의 끝까지 무량한 **方便**('수단')으로 고뇌하는 모든 중생을 구하고, **涅槃**이라는 **勝義**('최고[지혜]의 대상')로서의 **樂**을 얻게 하겠다."라고.

菩薩如是見諸衆生不離苦聚, 是故卽生大悲智慧. "是諸衆生, 我應教化令住涅槃畢竟之樂". 是故卽生大慈智慧. (菩提流支 譯『十地經論』권3. T26, 142b)

teṣām evamṛūpaṃ sattvānāṃ duḥkhaskandhāvipramokṣaṃ dṛṣṭvā sattveṣu mahākaruṇoñminjaḥ (corr. : mahākaruṇātmakaḥ) saṃbhavati. ete 'smābhiḥ sattvāḥ paritrātavyāḥ parimocayitavyā ato mahāsaṃmohāt. atyantasukhe ca nirvāṇe pratiṣṭhāpayitavyā ity ato 'sya mahāmaitryuñminjaḥ (corr. : mahāmaitryātmajaḥ) saṃbhavati. (DBhS 24, 7-10)

【梵】 그들 이러한 여러 중생이 **苦蘊**에서 해방되지 않았음을 본 후, 여러 중생에 대해 **大悲**의 증가가 일어난다 "저들 여러 중생은, 우리들에 의해, 이 큰 어리석음으로부터 구제될 것이다. 해방될 것이다. 궁극의 **樂**인 **涅槃**에 **安立**되어질 것이다."라고. 거기에서 그에게 **大慈**의 증가가 일어난다.

最上第一義樂.
(菩提流支 譯『十地經論』권3. T26, 141c)

don dam pa'i bde ba. (P no. 5494, 184a3)

【梵】 **勝義**('최고 [지혜]의 대상')으로서의 **樂**(*paramārthasukha).

以起如是願故, 於一切時一切處, 所有衆善, 隨己堪能, 不捨修學, 心無懈怠. 唯除坐時專念於止, 若餘一切, 悉當觀察應作不應作.

이와 같이 서원을 일으킴에 의해, 모든 때에 모든 곳에서 모든 **善**을, 스스로 가능한 한, 배움을 버리지 않고, 마음에 권태가 없다. 오직 앉아 있을 때에 **止**에 전념하는 것을 예외로 하며 다른 모든 것에 대해 해야 할 것과 하지 말아야 할 것을 모조리 관찰해야 한다.

一切時一切處. (菩提流支 譯『金剛般若波羅蜜經論』권中. T25, 789a)

모든 때에, 모든 곳에서.

菩薩如是以大施心, 救一切衆生故, 轉轉推求世間出世間利益勝事. 彼推求利益勝事時, <u>心不疲惓</u>. 是故菩薩成不疲惓心. 成不疲惓已, 於一切經論, 心無怯弱. 是名成一切經論智. 如是成一切經論智已, 善能籌量<u>應作不應作</u>, 於上中下衆生, 隨宜隨宜而行,

隨力隨感. 是故菩薩成就世智.

(菩提流支 譯『十地經論』권3. T26, 143a)

sa evaṃ karuṇāmaitrītyāgāśayo bhūtvā sarvasattvaparitrāṇārthaṃ bhūyo bhūyo laukikalokottarān arthān parimārgayati parigaveṣayati. parimārgamāṇaḥ pariga-veṣamāṇaś cāparikhedacittam utpādayati. evam asyāparikhedaḥ saṃbhavati. apari-khinnaś ca sarvaśāstraviśārado bhavati. ato 'sya sarvaśāstrajñatā saṃbhavati. sa evaṃ śāstropetaḥ kriyākriyāsuvicāritayā buddhyā hīnamadhyapraṇīteṣu sattveṣu tathā tathā pratipadyate yathābalaṃ yathābhajamā-nam. ato 'sya lokajñatā saṃbhavati.

(DBhS 25, 6-11)

【梵】 그는 이와 같이 **悲**와 **慈**와 **捨**의 **意樂**을 갖게 되면서 모든 중생을 구하기 위해 점점 세간과 출세간의 이익을 추구하고, 깊이 구한다. 추구하면서, 깊이 구하면서, 권태가 없는 마음을 일으킨다. 이와 같이 그에게 권태 없음이 일어난다. 또한 권태롭지 않은 상태로 모든 논서(śāstra)에 대해 상세하게 알게 된다. 거기에서 그에게 모든 논서에 대해 아는 자라는 것이 일어난다.

그는 이와 같이 논서를 수반하여 해야 할 것과 하지 말아야 할 것을 둘러싼, 잘 음미된 **覺慧**에 의해, 하위의, 중간의, 상위의 중생들에 대해, 힘이 닿는 한, 그릇이 되는 한, 그러한 한, 응대한다. 거기에서 그에게 세간에 대해 아는 자라는 것이 일어난다.

[Ⅳ·2·5·3 止觀俱行]

大乘起信論一卷 馬鳴菩薩作	북조기 한문불교문헌
若行若住若臥若起, 皆應止觀俱行. 걷고 있을 때에도 멈춰 있을 때에도 누워 있을 때에도 일어나 있을 때에도 모두 止와 觀을 함께 행해야 한다.	是菩薩起於道時, 一念心不捨. 是菩薩修行智慧, 來時亦起, 去時亦起, 住時亦起, 坐時亦起, 臥時亦起, 乃至睡夢, 皆能起道. (菩提流支 譯『十地經論』권9. T26, 175a) sa ekakṣaṇam api mārgābhinirhārān na vyuttiṣṭhate sa gacchann apy evaṃ jñānābhinirhārayukto bhavati, tiṣṭhann api niṣaṇṇo 'pi śayano 'pi svapnāntaragato 'pi. (DBhS 116, 12-14) 【梵】 그는 한순간도 道를 일으키는 것에서 벗어나려 하지 않는다. 그는 걷고 있을 때에도 서 있을 때에도 앉아 있을 때에도 누워 있을 때에도 꿈속에 있을 때에도 이와 같이 지혜를 일으키는 것에 결부되어 있다. ※ 윗 구절에 대한 주석. 是中一念中, 奢摩他毘婆舍那二行, 雙現前故. (菩提流支 譯『十地經論』권9. T26, 175b) de la skad cig gcig la zhi gnas dang lhag mthong gi lam mngon sum du byed pas gnyis cig car 'byung bar rig par bya'o || (P no. 5494, Ngi 267b2) 【藏】 여기에서는, 한순간에 止觀의 道를 현전시킴에 의해 [止와 觀] 모두가 동시에 일어난다고 알려져야 한다.
所謂雖念諸法自性不生, 而復即念因緣和合善惡之業苦樂等報不失不壞. 雖念因緣善惡業報, 而亦即念性不可得. 즉, "여러 法은 自性으로서는 생겨나지 않는다"고 念한다 해도, 또한 "[여러 法은] 원인과 조건이 갖추어[져 생기는] 것이며 선업과 악업의 결과인 苦와 樂 등은 잃어버리지 않고 무너지지 않는다"고도 念한다. 원인과 조건에 의해 선업과 악업의 결과를 念	能信解空, 亦信業報. (菩提流支 譯『大寶積經論』권1. T26, 211c) 信解空法, 亦信業果報. (鳩摩羅什 譯『十住毘婆沙論』권9. T26, 66c) śūnyatāṃ cādhimucyate karmavipākaṃ cābhiśraddadhāti. (KP §16) 【梵】 空이라는 것을 勝解하기도 하고 業에 결과가 있다는 것을 믿기도 한다.

한다 해도, 이 또한 "[선업과 악업의 결과는] 自性으로서는 不可得이다"라고 念한다.

是諸業能久住, 和合時與果報. 如穀草子在地中得時節而生, 不失不壞.

(鳩摩羅什 譯『大智度論』권5. T25, 100a)

이러한 여러 業은 오랫동안 머무를 수 있으니, [원인과 조건이] 갖추어진 때에 [業의] 결과를 준다. 마치 곡식의 씨앗이 땅 속에 있다가 시절을 얻어 [싹을] 틔우는 것처럼, 잃어버리지 않고, 무너지지 않는다.

雖復經百劫 而業常不失
得因緣和合 爾時果報熟

(毘目智仙 譯『業成就論』. T31, 778c)

na praṇaśyanti karmāṇi kalpakoṭiśatair api |
sāmagrīṃ prāpya kālaṃ ca phalanti khalu dehināṃ ||

【梵】 여러 業은 백천만 겁이 지나도 없어지지 않는다. [조건이] 갖추어짐과 적절한 시기를 얻어 몸 있는 자들에게 과보를 가져온다.

說法不有亦不無 以因緣故諸法生
無我無造無受者 善惡之業亦不亡

(鳩摩羅什 譯『維摩詰所說經』권上. T14, 537c)

na ca nāma asti na ca nāsti giraṃ prabhāṣi
hetuṃ pratītya imi saṃbhavi sarvadharmāḥ |
naivātra ātmana ca kāraku vedako vā na ca
karmu naśyati śubham aśubhaṃ ca kiṃcit |
(VKN 6, 1-4)

【梵】 [法은] 있는 것도 아니고 없는 것도 아니다. 모든 法은 원인에 의거하여 일어난다. 거기에서는 아뜨만도, 짓는 이도, 받는 이도 절대로 없다. 그러므로 어떠한 선업이나 악업도 잃지 않는다. 고 말한다.

若修止者, 對治凡夫住著世間, 能捨二乘怯弱之見. 若修觀者, 對治二乘不起大悲狹劣心過, 遠離凡夫不修善根.

만약 止를 수습한다면, 범부가 세간에 머

小乘狹劣心.

(菩提流支 譯『大薩遮尼乾子所說經』권1. T9, 320a)

dman pa la mos pa. (P no. 813, Nu 42b8)

【藏】 열등한 것에 대한 勝解(*adhimukti).

무르고 싫어하는 것을 대치하거나, 二乘이 [윤회에 대해] 겁먹는 견해를 버릴 수 있다. 만약 **觀**을 수습한다면 二乘이 **大悲**를 일으키지 않는 **狹劣心**이라는 잘못을 대치하거나 범부가 **善根**을 수습하지 않는 것을 멀리 떠난다.	**狹劣心.** (菩提流支 譯『深密解脫經』권5. T16, 688a) bsam pa dang sbyor ba dman pa. (SNS X, 12) **【藏】** 열등한 **意樂**(*āśaya)과 **加行**(*prayoga). **狹劣心.** (菩提流支 譯『妙法蓮華經憂波提舍』권下. T26, 8b)
以此義故, 是止觀門共相助成, 不相捨離. 若止觀不具, 則無能入菩提之道. 그 때문에, 이러한 **止**와 **觀**이라는 방면은 서로 도와서 이루어지며 서로 떨어지지 않는다. 만약 **止**와 **觀**이 갖추어지지 않았다면 깨달음으로의 길에 들어갈 수 없다.	**共相助成.** (傳 鳩摩羅什 譯『發菩提心經論』권上. T32, 510c) 서로 도와 이루어진다. ※ 다른 용례는 없음.

[IV·2·5·4 念佛]

大乘起信論一卷 馬鳴菩薩作	북조기 한문불교문헌
復次衆生初學是法, 欲求正信, 其心怯弱, 以住於此娑婆世界, 自畏不能常値諸佛親承供養, 懼謂信心難可成就意欲退者, 當知如來有勝方便攝護信心. 그리고 다음으로, 중생이 처음으로 이 **法**(**大乘**에 대한 **信根**을 일으킬 수 있는 **法**)을 배우고 정식적 믿음(믿음의 원만)을 구할 때에, 그 마음이 움츠러들고 [석가모니불의 사후에] 이 사바세계에 살고 있는 탓에, 스스로 "항상 여러 부처를 뵙고 모시고 공양할 수 있는 것이 아니다"라고 두려워 하며 "믿음이 원만하기 어려우니 [믿음에서] 물러나겠다"고 두려워 한다면, [그는] "여래는 특수한 **方便**('수단')을 가지고 계시며 믿음을 보호해 주신다"라고 알아야 한다.	**以諸衆生於大乘中其心怯弱不能生信,** 〔……〕. (菩提流支 譯『妙法蓮華經憂波提舍』권上. T26, 3a) 여러 **衆生**은 **大乘**에 대해 그 마음이 움츠러들어 믿음을 내지 못하기 때문에 〔……〕. **得値八十四億那由他百千萬諸佛, 我皆親承供養, 無空過者.** (菩提流支 譯『金剛般若波羅蜜經論』권中. T25, 790a) caturaśītibuddhakoṭiniyutaśatasahasrāṇy abhūvan ye mayārāgitāḥ, ārāgya na virāgitāḥ. (VChPP 45, 7-11) **【梵】** 나로 인해 기뻐하시고 기뻐하시면서 노여워하시지 않으셨던 팔십사억나유타백천의 부처가 오셨다. **是故, 若諸佛所說有易行道疾得至阿惟越致地方便者, 願爲說之.** (鳩摩羅什 譯『十住毘婆沙論』권5, 「易行品」. T26, 41a) 그 때문에, 만약 여러 부처께서 설하신 것 중 [깨달음에 대해] 물러나지 않는 계급을 신속하게 얻기 위한 **方便**('수단')인, **易行道**('쉬운 수행도')가 있다면 그것을 설해 주십시오.

	攝護信等. (菩提流支 譯『十地經論』 권3. T26, 143b) bdun po 'di dag nyid kun tu bsrung ba. (P no. 5494, Ngi 190b8) 【藏】 다름 아닌 [믿음(śraddhā) 등] 이러한 일곱 가지를 보호하는 것.
謂以專意念佛因緣, 隨願得生他方佛土, 常見於佛, 永離惡道. 즉, [중생은] 부처에 **專念**한다는 계기에 의해 바라는 대로 다른 곳의 불국토에 태어날 수 있어, 항상 부처를 뵙고 영원히 [지옥, 축생, 아귀라는 세 가지] **惡趣**를 떠난다.	**舍利弗, 其佛國土尙無三惡道之名.** (鳩摩羅什 譯『佛說阿彌陀經』. T12, 347a) nāmāpi Śāriputra tatra buddhakṣetre nirayāṇāṁ nāsti tiryagyonīnāṃ yamalokasya nāsti. (SmSV 95, 1-3) 【梵】 샤리뿌뜨라여, 저 불국토에는 지옥, 아귀, 축생이라는 이름조차 없다.
如『修多羅』說「若人專念西方極樂世界阿彌陀佛所修善根廻向, 願求生彼世界, 卽得往生. 常見佛故, 終無有退」. 『[**無量壽**]**經**』에서 「만약 사람이 서방의 극락세계의 아미타불에 전념하고 이미 수습한 **善根**을 **廻向**하여 저 세계에서 태어남을 원하고 구한다면 태어나게 된다. 항상 부처를 뵈기 때문에 마침내 물러남이 없게 되는 것이다」라 설하는 것과 같다.	**諸有衆生聞其名號, 信心歡喜, 乃至一念至心廻向願生彼國, 卽得往生, 住不退轉.** (康僧鎧 譯『佛說無量壽經』 권下. T12, 272b) ye kecit sattvās tasyāmitābhasya thatāgatasya nāmadheyaṁ śṛṇvanti, śrutvā cāntaśa ekacittotpādam apy adhyāśayena prasādasahagatam utpādayanti, sarve te 'vaivartikatāyāṃ saṃtiṣṭhante 'nuttarāyāḥ samyaksaṃbodheḥ. (SV 42, 4-8) 【梵】 어떤 중생들이, 저 **無量光如來**의 명칭을 듣고, 또한 들은 후에 적어도 한 번이라도 맑고 깨끗함을 수반한 마음을 일으키는 것을 **增上意樂**에 의해 일으킨다면, 저들 모두는 이 위없고 올바르며 완전한 깨달음에서 물러나지 않음에 안주하는 것이다. **一向專念無量壽佛.** (康僧鎧 譯『佛說無量壽經』 권下. T12, 272b) taṃ tathāgataṃ punaḥ punar ākārato manasīkariṣyanti. (SV 42, 9-10) 【梵】 저 여래를 여러 번 **行相**으로서 **作意**한다.
若觀彼佛眞如法身常勤修習, 畢竟得生, 住正定故. 만약 [사바세계에서] 저 [아미타]불의 **眞如**	**阿難, 其有衆生生彼國者, 皆悉住於正定之聚.** (康僧鎧 譯『佛說無量壽經』 권下. T12, 272b)

法身을 관찰하고 항상 수습에 힘쓴다면, 반드시 [극락세계에] 태어나게 되며 正定聚('올바름으로 확정된 그룹')에 머물게 되기 때문이다.	tasmin khalu punar Ānanda buddhakṣetre ye sattvā upapannā utpadyanta upapatsyante, sarve te niyatāḥ samyaktve yāvan nirvāṇāt. (SV 40, 18-20) 【梵】 그리고 다음으로, 아난다여, 그 불국토에서는 어떤 중생들이 태어나 있고, 태어나고 있으며, 태어날 것이지만, 그들 모두는 涅槃에 이르기까지 올바름으로 확정되어 있는 것이다.

[V 勸修利益分]

大乘起信論一卷 馬鳴菩薩作	북조기 한문불교문헌
已說修行信心分. 次說勸修利益分. 믿음을 수행하는 부분을 다 설하였다. 다음으로 수행의 권유와 [수행의] 이익이라는 부분을 설하겠다.	※ "已說○○分. 次說○○分"이라는 표현은 菩提流支 譯『十地經論』에 자주 나타나지만, 티베트역에는 한 사례도 나타나지 않는다.
如是摩訶衍, 諸佛祕藏, 我已總說. 이상과 같이 大乘이라는 여러 부처의 祕藏은 나에 의해 요약되어 다 설해졌다.	**諸佛祕藏.** (鳩摩羅什 譯『維摩詰所說經』 권中. T14, 544a) sarvabuddhaguhyasthānāni. (VKN 45, 6-7) 【梵】 모든 부처의 숨겨놓은 물건이 있는 곳. **一切諸佛 祕藏之法** **但爲菩薩 演其實事** (鳩摩羅什 譯『妙法蓮華經』 권2. T9, 18b) etādṛśaṃ karma karoma tāyinaḥ saṃrakṣamāṇā ima dharmakośam | prakāśayantaś ca jinātmajānāṃ vaiśvāsikas tasya yathā naraḥ saḥ || (SPS 116, 9-10) 【梵】 마치 그(長者)의 아래에 신뢰할 만한 남자(窮子)가 있는 것처럼, [우리는] 구세주의 아래에서 이 法藏을 수호하면서, 또한 승리자의 자식들에게 설법하면서, 이와 같은 일을 했습니다.
若有衆生欲於如來甚深境界得生正信遠離誹謗入大乘道, 當持此論思量修習. 究竟能至無上之道.	**如來甚深境界.** (菩提流支 譯『大薩遮尼乾子所說經』 권10. T9, 365c)

만약 중생이 여래의 심원한 대상에 대해 정식적 믿음(믿음의 원만)을 내거나, 비방을 떠나거나, **大乘**의 길에 들어가는 것을 원한다면, 이 론을 지니고, 생각하고, 수습해야 한다. 궁극적으로는 이 위없는 깨달음에 이를 수 있다.

de bzhin gshegs pa'i yul. (P no. 813, Nu 101b1)

【藏】 여래의 境(*tathāgataviṣaya).

是究竟者, 入大乘道因. 信如來者, 有是大利益, 不謗深義.

(求那跋陀羅 譯『勝鬘師子吼一乘大方便方廣經』. T12, 222c)

lha mo de dag gi nges pa de nyid ni theg pa chen po'i lam du 'jug pa'i rgyur 'gyur te | lha mo de ltar na 'di lta ste | chos zab mo mi spong ba'i phyir de bzhin gshegs pa la dad par 'gro ba la ni phan pa mang po yin no || (ŚSS 154, 2-5)

【藏】부인이여, [自性으로서 청정한 것과 마음이 오염되어 있다는 것에 대한] 저들의 다름 아닌 이 확신은 **大乘**의 길로 나아가기 위한 원인이 되는 것이니, 부인이여, 그러한 이상, 구체적으로는, 심원한 **法**을 버리지 않기 때문에, 믿음(*śraddhā)을 가지고 여래를 뵙는 자에게는 많은 이익이 있는 것이다.

受持此經思量修習, 〔……〕.

(菩提流支 譯『金剛般若波羅蜜經論』 권中. T25, 787c)

이 경을 지니고 생각하며 수습한다면〔……〕.

※『勝鬘師子吼一乘大方便方廣經』에 대해서는 石井公成[2006]의 지적에 의거함.

若人聞是法已不生怯弱, 當知此人定紹佛種必爲諸佛之所授記.

만약 사람이 이 **法**(**大乘**에 대한 **信根**을 일으킬 수 있는 **法**)을 모두 들은 후 겁을 내지 않는다면 "이 사람은 확정적으로 부처의 **種姓**을 이어 받았으며, 반드시 여러 부처에 의해 **授記**된다"고 알려져야 한다.

若人供養香花伎樂懸繒幡蓋歌唄讚歎合掌恭敬, 當知是人已紹佛種.

(傳 鳩摩羅什 譯『發菩提心經論』 권下. T32, 517b)

만약 사람이 향이나 꽃, 악기연주, 비단, 깃발과 일산, 노래를 공양하고 찬탄하고 합장하고 공경한다면, "이 사람은 이미 부처의 **種姓**을 이어받았다"고 알려져야 한다.

入法朋者, 必爲諸佛之所授記.

(求那跋陀羅 譯『勝鬘師子吼一乘大方便方廣經』. T12, 219a)

bcom ldan 'das rigs kyi bu'am rigs kyi bu mo de zhugs pa nyid kyis | sangs rgyas thams cad las lung bstan pa nges par thob par 'gyur ro || (ŚSS 58, 14-16)

【藏】세존이시어, 좋은 집안의 아들, 혹은 좋은 집안의 딸은 여기(法을 지닌 자의 부류)에 들어감에 따라 모두 여러 부처로부터 授記를 반드시 얻게 될 것입니다.

假使有人能化三千大千世界滿中衆生令行十善, 不如有人於一食頃正思此法, 過前功德, 不可爲喩.

설령 어떤 사람이 삼천대천세계를 가득 채운 중생에게 十善을 행하게 할 수 있다 해도, 다른 사람이 한 끼를 먹는 시간 동안 이 法을 올바르게 사유한다면, 앞사람의 공덕을 뛰어넘는 것은 비유할 것도 없을 정도이다.

菩薩若能教三千大千世界中衆生令行十善, 不如菩薩如一食頃一心靜處念一相法門乃至聞受讀誦解說, 是人福德勝彼甚多.

(鳩摩羅什 譯『諸法無行經』권下. T15, 753b)

rigs kyi bu gal te stong gsum gyi stong chen po'i 'jig rten gyi khams na | sems can gang ci snyed cig yod pa de dag thams cad byang chub sems dpa' la la zhig gis dge ba bcu'i las kyi lam la bkod pa bas byang chub sems dpa' gang gcig pu dben par 'dug ste | chung ngu na se gol gtogs pa tsam du'ang chos thams cad tshul gcig par yid ches shing tha na chung ngu dri ba'am | dpyad pa'am | lung 'bog pa'am | kha ton bya ba'i phyir gnas pa | 'di ni de bas ches bsod nams mang du 'phel lo || (SDhAN 132)

【藏】좋은 집안의 자식이여, 설령 삼천대천세계 안에 있는 모든 중생, 그들이다. 어떤 菩薩에 의해 十善業道에 놓인다 해도, 홀로 떨어져 살며 손가락을 튕길 정도의 짧은 시간이라도 모든 法을 하나의 모습이라 믿고, 작은 것이라도 질문하거나 음미하거나 암송하기 위해 머무는 어떤 菩薩, 이 사람은 앞의 사람보다 복이 많이 늘어날 것이다.

復次若人受持此論觀察修行, 若一日一夜, 所有功德無量無邊, 不可得說.

그리고 다음으로, 만약 어떤 이가 이 論을 받고, 지니고, 관찰하고, 수행한다면, 설령 하루 낮 하루 밤이라도 지닌 공덕이 무량무변하여 설할 수 없을 정도이다.

復次須菩提, 若有善男子善女人能於此法門受持讀誦修行, 〔……〕 皆得成就無量無邊功德聚.

(菩提流支 譯『金剛般若波羅蜜經論』권中. T25, 789b)

api tu khalu punaḥ Subhūte ye kulaputrā vā kuladuhitaro vemaṃ dharmaparyāyam udgrahīṣyanti dhārayiṣyanti vācayiṣyanti paryavāpsyanti, parebhyaś ca vistareṇa saṃprakāśayiṣyanti, [...] sarve te Subhūte sattvā aprameyam asaṃkhyeyaṃ puṇya-

<table>
<tr><td></td><td>skandhaṃ prasaviṣyanti pratigrahīṣyanti. (VChPP 42, 20-43, 7)
【梵】 그런데 또한, 수부띠여, 이 法門을 받을 것이요, 지닐 것이며, 소리내어 읽을 것이며, 이해할 것이며, 다른 이들에게 널리 보일 좋은 집안의 아들들, 혹은 좋은 집안의 딸들, 〔……〕 수부띠여, 저 모든 중생들은 무량무수의 복덕을 일으킬 것이고 받을 것이다.</td></tr>
<tr><td>假令十方一切諸佛各於無量無邊阿僧祇劫歎其功德, 亦不能盡.
설령 모든 방향에 계신 모든 부처께서 갖가지 무량무변의 阿僧祇劫 동안 그 공덕을 칭찬하신다 해도 역시 다할 수 없다.</td><td>假令無量一切諸佛, 於無量阿僧祇劫, 讚其功德, 亦不可盡. (傳 鳩摩羅什 譯『發菩提心經論』 권上. T32, 509b)
설령 무량한 모든 부처께서 무량한 阿僧祇劫 동안 그 공덕을 찬탄하신다 해도 역시 다할 수 없다.

假令一切佛 於無量億劫
讚歎其功德 猶尙不能盡
(鳩摩羅什 譯『維摩詰所說經』 권中. T14, 550b)
na teṣāṃ kalpakoṭībhiḥ kalpakoṭīśatais tathā | bhāṣadbhiḥ sarvabuddhais tu guṇāntaḥ suvaco bhavet || (VKN 83, 8-9)
【梵】 몇만 겁, 또한 몇백만 겁이 걸린다 해도, 설하시는 자인 부처님들에 의해서조차, 저들의, 공덕의 한계는 설하기 쉬운 것이 아니다.</td></tr>
<tr><td>何以故. 謂法性功德無有盡故, 此人功德亦復如是無有邊際.
"그것은 왜인가"라 한다면, 즉, 法性의 공덕은 다하지 않는 것이므로, 이 사람의 공덕도 제한이 없는 것이다.</td><td></td></tr>
<tr><td>其有衆生於此論中毁謗不信, 所獲罪報逕無量劫, 受大苦惱.
만약 중생이 이 論을 비방하고 믿지 않는다면, 얻어지는 죄의 결과로서 무량겁 동안 큰 고뇌를 받을 것이다.</td><td>若復有餘人 誹謗甚深法
彼人無量劫 不可得解脫
(勒那摩提 譯『究竟一乘寶性論』 권4. T31, 848a)
dharme yasya tu mānasaṃ pratihataṃ tasmai vimuktiḥ kutaḥ || (RGV 119, 4)
【梵】 그런데, 法을 해치려는 의도를 가진 자, 그에게 어떻게 해탈이 있겠는가.</td></tr>
</table>

是故衆生但應仰信, 不應誹謗. 그 때문에 중생은 다만 신앙해야 하며, 비방해서는 안 된다.	唯有諸佛如來智慧, 乃能觀察知見此義. 舍利弗, 一切聲聞緣覺所有智慧, 於此義中, 唯可仰信, 不能如實知見觀察. (菩提流支 譯『佛說不增不減經』. T16, 467a) 다만 諸佛如來의 지혜만이 그것을 觀察知見할 수 있다. 샤리뿌뜨라여, 모든 聲聞과 獨覺의 지혜는 이것에 대해서 다만 신앙할 수 있을 뿐이니, 있는 그대로를 知見觀察할 수 없다.
以深自害亦害他人, 斷絶一切三寶之種. 깊이 자신을 해치고 타인도 해치는 것이므로 모든 三寶의 계보를 끊어버린 것이 된다.	如來業不可思議故, 〔……〕不斷絶三寶種故. (勒那摩提 譯『究竟一乘寶性論』 권2. T31, 827c) acintyaṃ tathāgatakarma [...] triratnavaṃśānupacchettṛ ca. (RGV 24, 16-17) 【梵】 여래의 業은 불가사의하며 〔……〕 또한 三寶의 계보를 끊지 않는 것이다.
以一切如來皆依此法得涅槃故. 一切菩薩因之修行入佛智故. 모든 여래는 다 이 法에 의해 涅槃을 얻으셨기 때문이다. 모든 菩薩은 이것(大乘)에 의해 수행하고 佛智에 들어가기 때문이다.	
當知過去菩薩已依此法得成淨信, 現在菩薩今依此法得成淨信, 未來菩薩當依此法得成淨信. 과거의 菩薩은 이 法에 의해 깨끗한 믿음을 성립시켰고, 현재의 菩薩은 지금 이 法에 의해 깨끗한 믿음을 성립시키고 있으며, 미래의 菩薩은 이 法에 의해 깨끗한 믿음을 성립시킬 것이라고 알아야 한다.	聞是修多羅, 乃至一念能生淨信. (菩提流支 譯『金剛般若波羅蜜經論』 권上. T25, 783a) ya imeṣv evaṃrūpeṣu sūtrāntapadeṣu bhāṣyamāṇeṣu ekacittaprasādam api pratilapsyante. (VChPP 31, 9-10) 【梵】 이러한, 이와 같은 방식으로 경전의 여러 구절이 설해질 때에, 설령 단 한 번이라도 마음을 맑고 깨끗하게 함을 얻을 자들.
是故衆生應勤修學. 그렇기 때문에 중생은 수행과 배움에 힘써야 한다.	當勤修學. (求那跋陀羅 譯『楞伽阿跋多羅寶經』 권1, 권4. T16, 485a; 486b; 510c) yogaḥ karaṇīyaḥ. (LAS 49, 15; 50, 12; 57, 17; 223, 12) 【梵】 대처가 이루어져야 한다. 當勤修學. (菩提流支 譯『入楞伽經』 권2. T16, 524a) yogaḥ karaṇīyaḥ. (LAS 49, 15) 【梵】 대처가 이루어져야 한다.

[迴向偈]

大乘起信論一卷 馬鳴菩薩作	북조기 한문불교문헌
諸佛甚深廣大義 我今隨分總持說 迴此功德如法性 普利一切衆生界 여러 부처의 심원하고 광대한 함의를, 내가 지금 분수에 따라 總持(陀羅尼)로서 설한 것에 의해, 이 法性이 지닌 정도의 [다함이 없는] 공덕을 廻向하여, 두루 衆生界 모두를 이익되게 하고자 합니다.	諸佛希有總持法 不可稱量深句義 從尊者聞及廣說 迴此福德施群生 (菩提流支 譯『金剛般若波羅蜜經論』권下. T25, 797b) 여러 부처의, 희유한, 總持(陀羅尼)라는 法의, 양을 알 수 없는 심원한 문장의 함의를, 내가 尊者에게 들어 널리 설한, 그 복덕을 廻向하여, 여러 중생에게 베풀고자 합니다.
大乘起信論一卷	

제2부

연구편

제1장

『대승기신론』의 소재

제1장

『대승기신론』의 소재

1. 시작하며

제1부는 자료편으로서 『대승기신론』의 고형古形을 그것의 소재가 되거나 적어도 그와 병행되는 북조시대 여러 한문불전문헌과 함께 제시하였다.

제2부는 연구편으로서 제1부의 내용을 분석한다. 제2부는 네 장으로 나뉜다. 제1장에서는 『대승기신론』의 소재가 된 북조시대 여러 한문불교문헌 – 위경, 위론, 외국인강의록을 포함한 – 을 정리하고, 그에 의거해 『대승기신론』 북조인 찬술설을 제시하고자 한다.

한문불전문헌에 대해서는 시대순, 역자순, 번역연대 순으로 배열하고, 한문불전문헌에서 인용된 문구에 대해서는 『대승기신론』에 등장한 순서대로 배열한다.

2. 원위元魏시대 한역에 선행하는 번역경론

1) 요진姚秦, 구마라집鳩摩羅什 역

❙『大智度論』 (弘始 3년[401]~7년[405] 역출1))

『대지도론大智度論』(*Mahāprajñāpāramitopadeśa*)은 『마하반야바라밀경摩訶般若波羅蜜經』(소위 『대품반야경大品般若經』)에 대한 중관파中觀派의 주석서이다(전통적으로 나가르주나Nāgārjuna에 귀속되었지만, 오늘날에는 거의 신빙성이 없다고 간주됨). 본 론에서 확실히 『대승기신론』의 소재가 된 부분은 다음과 같다.

『大智度論』	『大乘起信論』
復次佛在世時, 衆生利根, 易悟. (권88. T25, 681b)	所謂如來在世, 衆生利根〔……〕. (Ⅰ因緣分)
是心性不生不滅〔……〕. (권19. T25, 203c-204a)	所謂心性不生不滅. (Ⅱ立義分) ※ 竹村牧男[1993: 141]의 지적에 의거함
心不自知. 何以故. 是心心相空故. (권19. T25, 204a)	心不見心. 無相可得. (Ⅲ解釋分, 顯示正義)
小乘弟子鈍根故, 爲說衆生空. (권31. T25, 287b)	依二乘鈍根故, 如來但爲說人無我. (Ⅲ解釋分, 對治邪執)
復次菩薩有二種身. 一者結業生身, 二者法身. (권12. T25, 146a)	然是菩薩未名法身. 以其過去無量世來有漏之業未能決斷, 隨其所生, 與微苦相應. (Ⅲ解釋分, 分別發趣道相)
又法身佛常放光明, 常說法, 而以罪故, 不見不聞. 譬如日出, 盲者不見, 雷霆振地, 聾者不聞, 如是法身常放光明, 常說法, 衆生有無量劫罪垢厚重, 不見不聞. 如明鏡淨水照面則見, 垢翳不淨則無所見, 如是衆生心淸淨則見佛, 若心不淨則不見佛. (권9. T25, 126b)	但依衆生心現. 衆生心者, 猶如於鏡. 鏡若有垢, 色像不現, 如是衆生心若有垢, 法身不現故. (Ⅲ解釋分, 分別發趣道相)
而外道禪中有三種患. 或味著, 或邪見, 或憍慢. (권17. T25, 188a) 復次不亂不味故, 名禪波羅蜜. 如佛告「舍利弗, 菩薩般若波羅蜜中住. 具足禪波羅蜜. 不亂, 不味故」. 問曰. 云何名亂. 亂有二種. 一者微, 二者麤. 微者有三種. 一愛多, 二慢多, 三見多. 云何愛多. 得禪定樂, 其心樂著愛味. 云何慢多. 得禪定時, 自謂難事已得, 而以自高. 云何見多. 以我見等, 入禪定, 分別取相, 是實, 餘妄語. 是三名爲微細亂. 從是因緣, 於禪定退, 起三毒. 是爲麤亂. 味者, 初得禪定, 一心愛著, 是爲味. (권17. T25, 189c)	應知外道所有三昧皆不離見愛我慢之心. (Ⅳ修行信心分, 修行)

또한 확실히 『대승기신론』의 소재인지는 알 수 없지만, 본 론은 이외에도 **"法身菩薩"**, **"不失不壞"** 처럼 『대승기신론』과 공통된 어휘를 가지고 있다.

▌『維摩詰所說經』 (弘始 8년[406] 역출[2])

『유마힐소설경維摩詰所說經』(*Vimalakīrtinirdeśa*)은 공성사상空性思想을 특징으로 하는 중기 대승경전이다. 본 경에서 확실히 『대승기신론』의 소재가 된 부분은 다음과 같다.

『維摩詰所說經』	『大乘起信論』
佛以一音演說法 衆生隨類各得解 (권上. T14, 538a)	圓音一演, 異類等解. (Ⅰ因緣分)
諸佛知一切衆生畢竟寂滅卽涅槃相不復更滅. (권上. T14, 542b)	是以『修多羅』中, 依於此義, 說「一切衆生本來常住入於涅槃」. (Ⅲ解釋分, 顯示正義) ※ 柏木弘雄[1981: 443]의 지적에 의거함.
以攝慳貪, 起檀波羅蜜. (권上. T14, 543c)	以知法性體無慳貪故, 隨順修行檀波羅蜜. (Ⅲ解釋分, 分別發趣道相)
以離身心相, 起毘梨耶波羅蜜. (권上. T14, 543c)	以知法性無身心相離懈怠故, 隨順修行毘梨耶波羅蜜. (Ⅲ解釋分, 分別發趣道相)

또한 확실히 『대승기신론』의 소재인지는 알 수 없지만, 본 경은 이외에도 예를 들어 **"諸佛祕藏"** 처럼 『대승기신론』과 공통된 어휘를 가지고 있다.

▌『諸法無行經』 (역출년 불명)

『제법무행경諸法無行經』(*Sarvadharmāpravṛttnirdeśa*)은 공성사상을 특징으로 하는 중기 대승경전이다. 본 경에서 확실히 『대승기신론』의 소재가 된 부분은 다음과 같다.

『諸法無行經』	『大乘起信論』
又是菩提非是得相. (권下. T15, 756b)	菩提之法非可修相, 非可作相, 畢竟無得[……]. (Ⅲ解釋分, 顯示正義)
菩薩若能教三千大千世界中衆生令行十善, 不如菩薩如一食頃一心靜處念一相三昧乃至聞受讀誦解說, 是人福德勝彼甚多. 何以故. 諸菩薩用是法門, 能滅一切業障罪. (권下. T15, 753b)	假使有人能化三千大千世界滿中衆生令行十善, 不如有人於一食頃正思此法, 過前功德, 不可爲喩. (Ⅴ勸修利益分) 當勤正念不取不著, 則能遠離是諸業障. (Ⅳ修行信心分, 修行)

▍『十住毘婆沙論』(역출년 불명)

『십주비바사론十住毘婆沙論』(*Daśabhūmi-vibhāṣā*)은 『십주경十住經)』(*Daśabhūmka-sūtra*. 『십지경十地經』)에 대한 중관파 나가르주나의 주석서이다.[3] 본 론에서 확실히 『대승기신론』의 소재가 된 부분은 다음과 같다.

『十住毘婆沙論』	『大乘起信論』
應初夜一時禮一切佛懺悔勸請隨喜廻向. 中夜後夜皆亦如是. 於日初分日中分日後分亦如是. 一日一夜合爲六時. (권6, 「分別功德品」. T26, 47b) 於諸福德中, 懺悔福德最大. 除業障罪故. (권6, 「分別功德品」. T26, 48b)	是故應當勇猛精勤晝夜六時禮拜諸佛誠心懺悔勸請隨喜廻向菩提. 常不休廢, 得免諸障, 善根增長故. (Ⅳ修行信心分, 修行)
得見諸佛已 勤心而供養 善根得增長 能疾化衆生 「供養」名心意清淨恭敬歡喜念佛有無量功德. 以種種讚歎, 名口供養. 敬禮華香等, 名身供養. 是故福德轉更增長. 如穀子在地雨潤生長. 「疾教化」者, 令衆生住三乘中. 如是菩薩增長善根. (권12, 「助念佛三昧品」. T26, 88c)	三者發起善根增長方便. 謂勤供養禮拜三寶, 讚歎隨喜勸請諸佛. (Ⅲ解釋分, 分別發趣道相) 二者信佛有無量功德. 常念親近供養恭敬發起善根, 願求一切智故. (Ⅳ修行信心分, 信心) 常不休廢, 得免諸障, 善根增長故. (Ⅳ修行信心分, 修行) ※ 두 번째 구절은 石井公成[2003]의 지적에 의거함.

참회懺悔, 권청勸請, 수희隨喜, 회향廻向은 본래 『미륵소문경彌勒所問經』(*Maitreyaparipṛcchā*. 축불념竺法護 역 『미륵보살소문본원경彌勒菩薩所問本願經』에 대응)에서 참회, 수희, 권청, 회향이라는 순서로 설해져 유식파唯識派의 『아비달마잡집론阿毘達磨雜集論』(ASBh 137, 3-5), 『대승장엄경론大乘莊嚴經論』(MSABh 147, 4-6) 등은 이것을 답습하고 있지만, 중관파의 『십주비바사론』, 『보리자량론菩提資糧論』 등에서는 참회, 권청, 수희, 회향의 순서로 설해졌고[4] 『대승기신론』에서는 이것을 답습하고 있다.

또한, 그 외에도 『대승기신론』 Ⅳ수행신심분修行信心分의 지관문止觀門에서 염불念佛이 권장되고 있는 것은 『십주비바사론十住毘婆沙論』 권5(易行品)에서 염불이 권해지는 것에서 유래한 것이라고 생각된다.

2) 요진姚秦 · 불타야사佛陀耶舍, 축불념竺佛念 역

❚ 『四分律』 (弘始 12년[410]~14년[412] 역출[5])

『사분율四分律』(원제목 불명)은 부파불교의 부파 중 하나인 법장부法藏部의 율律이다. 본 율에서 확실히 『대승기신론』의 소재가 된 부분은 다음과 같다.

『四分律』	『大乘起信論』
諸少欲知足行頭陀知慚愧樂學戒者. (권1. T22, 573a)	若出家者, 爲折伏煩惱故, 亦應遠離憒鬧常處寂靜修習少欲知足頭陀等行. (Ⅳ修行信心分, 修行)

북위 효문제孝文帝의 시대(471~499)에 법총法聰(464~559)이 처음 『사분율』을 유포한 이래, 북조에서는 한결같이 『사분율』이 사용되었다. 『사분율』이 『대승기신론』에 이용된 것은 그것이 북조에서 인구에 회자되었기 때문이라고 추측된다.

3) 북량北凉 · 담무참曇無讖 역

❚ 『菩薩地持經』 (晋 · 安帝 재위기[396~403, 404~418] 역출[6])

『보살지지경菩薩地持經』(*Bodhisattvabhūmi*)은 『유가사지론瑜伽師地論』 「본지분本地分」

중「보살지菩薩地」의 이역본이다. 본 경 중 확실히『대승기신론』의 소재가 된 부분은 다음과 같다.

『菩薩地持經』	『大乘起信論』
大總相. (권6,「慧品」. T30, 922b)	心眞如者, 即是一法界大總相法門體. (Ⅲ解釋分, 顯示正義)
究竟地. (권3,「成熟品」. T30, 901a) ※ 이외 용례 다수.	菩薩究竟地. (Ⅲ解釋分, 顯示正義. Ⅲ解釋分, 分別發趣道相)
淨心地. (권10,「地品」. T30, 954a)	淨心地. (Ⅲ解釋分, 顯示正義. Ⅲ解釋分, 分別發趣道相) ※ 望月信亨[1938: 158]의 지적에 의거함.
種性菩薩久處生死, 或墮惡道. (권1,「種性品」. T30, 889b)	如『修多羅』中或說「有退墮惡趣」者, 非其實退. (Ⅲ解釋分, 分別發趣道相) ※ 望月信亨[1938: 186]의 지적에 의거함.
後三阿僧祇大劫, 無有過. (권9,「住品」. T30, 945b)	無有超過之法. 以一切菩薩皆經三阿僧祇劫故. (Ⅲ解釋分, 分別發趣道相) ※ 望月信亨[1938: 188]의 지적에 의거함.
比丘不依地修禪, 不依水火風, 不依空識無所有非想非非想, 非此世, 非他世, 非日月, 非見聞覺知, 非求非得, 非覺非觀. 不依此等, 而修禪定. 云何不依地, 乃至不依覺觀, 而修禪定. 迦旃延, 若地, 地想除, 乃至一切, 一切想除. (권2,「眞實義品」. T30, 895a)	不依氣息, 不依形色, 不依於空, 不依地水火風, 乃至不依見聞覺知. 一切諸想, 隨念皆除. (Ⅳ修行信心分, 修行) ※ 阿理生[1993]의 지적에 의거함.

특히 주목해야 할 것은『대승기신론』에서『보살지지경』이 "수다라修多羅(sūtra. '경전')"로서 인용되고 있다는 점이다. 전술한 것처럼『보살지지경』은『유가사지론』본지분 중 보살지의 이역본이다. 논서인 보살지가 경전으로 인용되는 것은, 보살지가『보살지지경』이라는 경전으로서 유통되었던 중국 이외에는 일어날 수 없다.『대승기신론』에서 보살지가 경전으로 인영된 것은『대승기신론』북조인 찬술설을 뒷받침한다.

❙『大般涅槃經』(玄始 3년[414]~10년[421] 역출7))

『대반열반경大般涅槃經』(*Mahāparinirvāṇa-sūtra*)은 여래장사상如來藏思想을 특징으로 하는 중기 대승경전이다. 본 경에서 확실히『대승기신론』의 소재가 된 부분은 다음과 같다.

『大般涅槃經』	『大乘起信論』
旣出家已, 奉持禁戒, 威儀不缺, 進止安詳, 無所觸犯. 乃至小罪, 心生怖畏. (권11. T12, 432b)	乃至小罪, 心生怖畏, 慚愧改悔. 不得輕於如來所制禁戒. 當護譏嫌. (Ⅳ修行信心分, 修行)
息世譏嫌戒. (권11. T12, 432c)	

또한 "乃至小罪, 心生怖畏"는 본래 부파불교의『사문과경沙門果經』(*Śrāmaṇyaphala-sūtra*. ŚPhS 194)에서 출가자에 대해 사용되었던 표현이다([Skt.] aṇumātreṣv avadyeṣu bhayadarśī. [Pāli] aṇumattesu vajjesu bhayadassāvī. "티끌만큼의 비난받아야 할 일들에 대해서도 공포를 발견하는 자이다").『대승기신론』은 분명 담무참 역『대반열반경』의 한역문을 이용하고 있다.

계율을 설하는 이 부분을 제외하면『대승기신론』에서『대반열반경』의 영향은 보이지 않는다. 예를 들어『대승기신론』에서는『대반열반경』을 대표하는 용어인 "佛性"이 전혀 나타나지 않는다. 후술할 것처럼,『대승기신론』은 보리유지菩提流支 일문의 강의록『금강선론金剛仙論』과 가까운 관계에 있지만『금강선론』에서 "佛性"이라는 용어가 자주 등장하는 것과 달리『대승기신론』에서 "佛性"이라는 용어가 전혀 나타나지 않는다는 것이 눈에 띈다. 이는『대승기신론』을 지은 저자의 개성이 반영되어 있다고 생각할 수 있다.『대승기신론』이 "佛性"이라는 용어를 전혀 사용하지 않고 "如來藏"이라는 용어를 사용하고 있다는 점에서『승만사자후일승대방편방광경勝鬘師子吼一乘大方便方廣經』이나『불설부증불감경佛說不增不減經』,『입능가경入楞伽經』과 합치하는데,『대승기신론』의 저자는 이 세 경전에 친숙한 반면『대반열반경』에는 친숙하지 않았던 것은 아닐까.

또한『대승기신론』의 저자가『대반열반경』중 계율을 설하는 부분만을 인용하고 있는 것은, 예를 들어 북조에서 성립한 위경 『범망경梵網經』에서 그 부분이 전용轉用되었다는 것에서 판단할 수 있는 것처럼 이 부분이 북조에서 인구에 회자되었기 때문이라고 추측된다.

4) 유송劉宋 · 구나발타라佛馱跋陀羅, 보운寶雲 역

▌『佛說無量壽經』(永初 2년[421] 역출[8])

『불설무량수경佛說無量壽經』(*Larger Sukhāvatīvyūha*)은 정토사상淨土思想을 특징으로 하는 초기 대승경전이다. 현존하는 조위曹魏 · 강승개康僧鎧 역 『불설무량수경』은 사실 유송의 수도 남경南京에서 구나발타라求那跋陀羅(395~429)와 보운寶雲(376~449)이 공역한 것으로 추정되고 있다.[9] 그러므로 여기에서도 구나발타라, 보운 역으로 취급한다.

본 경에서 확실히 『대승기신론』의 소재가 된 부분은 다음과 같다.

『佛說無量壽經』	『大乘起信論』
諸有衆生聞其名號, 信心歡喜, 乃至一念至心廻向, 願生彼國, 卽得往生, 住不退轉. (권下. T12, 272b) 一向專念無量壽佛. (권下. T12, 272b)	如『修多羅』說「若人專念西方極樂世界阿彌陀佛, 所修善根廻向, 願求生彼世界, 卽得往生. 常見佛故, 終無有退」. (Ⅳ修行信心分, 修行)

또한 확실히 『대승기신론』의 소재인지는 알 수 없지만, 본 경은 이외에도 "**起想念**", "**去來進止**"처럼 『대승기신론』과 공통된 어휘를 가지고 있다.

5) 유송劉宋 · 구나발타라求那跋陀羅 역

▌『勝鬘師子吼一乘大方便方廣經』(劉宋 · 文帝 재위기[424~453]역출[10])

『승만사자후일승대방편방광경勝鬘師子吼一乘大方便方廣經』(*Śrīmālādevṇadevīsiṃhanāda-sūtra*)은 여래장사상을 특징으로 하는 중기 대승경전이다. 본 경에서 확실히 『대승기신론』의 소재가 된 부분은 다음과 같다.

『勝鬘師子吼一乘大方便方廣經』	『大乘起信論』
摩訶衍者, 出生一切聲聞緣覺世間出世間善法. (T12, 219b)	所言法者, 謂衆生心. 是心則攝一切世間法出世間法. (Ⅱ立義分) 三者用大. 能生一切世間出世間善因果故. (Ⅱ立義分) ※ 竹村牧男[1993: 111]의 지적에 의거함.
世尊, 然有煩惱, 有煩惱染心. 自性清淨心而有染者, 難可了知. 唯佛世尊實眼實智. (T12, 222b)	是心從本已來自性清淨而有無明. 爲無明所染, 有其染心. 雖有染心, 而常恒不變. 是故此義唯佛能知. (Ⅲ解釋分, 顯示正義) ※ 望月信亨[1938: 155-156]의 지적에 의거함.
世尊, 心不相應無始無明住地. (T12, 220a; 220b)	以不達一法界故, 心不相應, 忽然念起. 名爲無明. (Ⅲ解釋分, 顯示正義)
世尊, 若無如來藏者, 不得厭苦樂求涅槃. (T12, 222b)	以熏習因緣力故, 則令妄心厭生死苦樂求涅槃. (Ⅲ解釋分, 顯示正義) 以有力故, 能令衆生厭生死苦樂求涅槃. (Ⅲ解釋分, 顯示正義) 若雖有外緣之力, 而內淨法未有熏習力者, 亦不能究竟厭生死苦樂求涅槃. (Ⅲ解釋分, 顯示正義) ※ 高崎直道[1986]의 지적에 의거함.
如是過恒沙等上煩惱, 如來菩提智所斷. 一切皆依無明住地之所建立. (T12, 220b)	過恒沙等上煩惱依無明起差別. 我見愛染煩惱依無明起差別. 如是一切煩惱依於無明所起前後無量差別, 唯如來能知故. (Ⅲ解釋分, 顯示正義)
世尊, 過於恒沙不離不脫不異不思議佛法成就, 說如來法身. 世尊, 如是如來法身不離煩惱藏, 名如來藏. (T12, 221c)	具足如是過於恒沙不離不斷不異不思議佛法, 乃至滿足無有所少義故. 名爲如來藏, 亦名如來法身. (Ⅲ解釋分, 顯示正義) 以如來藏從本已來唯有過恒沙等諸淨功德不離不斷不異眞如義故. (Ⅲ解釋分, 對治邪執) ※ 高崎直道[1986]의 지적에 의거함.
世尊, 生死者依如來藏. (T12, 222b)	四者聞『修多羅』說「一切世間生死染法皆依如來藏而有. 一切諸法不離眞如」. (Ⅲ解釋分, 對治邪執) ※ 竹村牧男[1993: 400]의 지적에 의거함.

是究竟者, 入大乘道因. 信如來者, 有是大利益, 不謗深義. (T12, 222c)	若有衆生, 欲於如來甚深境界, 得生正信, 遠離誹謗, 入大乘道[……]. (V勸修利益分) ※ 石井公成[2006]의 지적에 의거함.
入法朋者, 必爲諸佛之所授記. (T12, 219a)	若人聞是法已, 不生怯弱, 當知此人定紹佛種, 必爲諸佛之所授記. (V勸修利益分)

또한 확실히 『대승기신론』의 소재인지는 알 수 없지만, 그 외에도 본 경은 **"究竟樂"** 처럼 『대승기신론』과 공통된 어휘를 가지고 있다.

▌『楞伽阿跋多羅寶經』 (劉宋 · 文帝 재위기[424~453] 역출[11])

『능가아발다라보경楞伽阿跋多羅寶經』(*Laṅkāvatāra-sūtra*)은 여래장 사상을 특징으로 하는 중기 대승경전이다. 본 경 가운데 확실히 『대승기신론』의 소재가 된 부분은 다음과 같다.

『楞伽阿跋多羅寶經』	『大乘起信論』
大慧, 譬如明鏡持諸色像, 現識處現亦復如是. (권1. T16, 483a)	猶如明鏡現於色像, 現識亦爾, 隨其五塵, 對至卽現, 無有前後. (Ⅲ解釋分, 顯示正義)
大慧, 不思議薰及不思議變, 是現識因. (권1. T16, 483a)	如是功德皆因諸波羅蜜等無漏行熏及不思議熏之所成就. (Ⅲ解釋分, 顯示正義)

사실, 『능가아발다라보경』보다 그 이역본인 보리유지 역 『입능가경入楞伽經』 쪽이 훨씬 많이 『대승기신론』의 소재가 되고 있다. (후술) 다만 **"現識"** 이 설해지는 이 부분만은 왜인지 『능가아발다라보경』 쪽이 『대승기신론』의 소재가 되었다.

또한 확실히 『대승기신론』의 소재인지는 알 수 없지만, 이 외에도 본 경은 **"不依文字"**, **"隨順觀察"** 처럼 『대승기신론』과 공통된 어휘를 가지고 있다.

6) 량梁 · 만다라선曼陀羅仙 역

▌『文殊師利所說摩訶般若波羅蜜經』(天冠 년초[502년경] 역출[12])

『문수사리소설마하반야바라밀경文殊師利所說摩訶般若波羅蜜經』(*Saptaśatikā Prajñāpāramitā*. 『칠백송반야바라밀다七百頌般若波羅蜜多』)은 공성사상을 특징으로 하는 중기 대승 경전이다. 본 경에서 확실히 『대승기신론』의 소재가 된 부분은 다음과 같다.

『文殊師利所說摩訶般若波羅蜜經』	『大乘起信論』
菩薩摩訶薩當念一行三昧常勤精進而不懈怠, 如是次第, 漸漸修學, 則能得入一行三昧. (권下. T8, 731b)	以心住故, 漸漸猛利, 隨順得入眞如三昧. (Ⅳ修行信心分, 修行)
除謗正法不信惡業重罪障者所不能入. (권下. T8, 731b)	唯除疑惑不信誹謗重罪業障我慢懈怠如是等人所不能入. (Ⅳ修行信心分, 修行)
法界一相, 繫緣法界, 是名一行三昧. (권下. T8, 731a)	復次依如是三昧故, 則知法界一相. 謂一切諸佛法身與衆生身平等無二. 卽名一行三昧. (Ⅳ修行信心分, 修行)

『문수사리소설마하반야바라밀경』 – 특히 일행삼매一行三昧가 설해지는 부분 – 은 북제北齊의 마애석각경摩崖石刻經에 많은 작례가 있는 것처럼, 북조에서 중시되었다고 추측된다.[13] 본 경의 해당 부분이 『대승기신론』의 소재가 된 것은 『대승기신론』 북조인 찬술설을 뒷받침한다.

3. 원위元魏시대 한역에 선행하는 위경僞經

▌전傳 구마라집鳩摩羅什 역 『佛說仁王般若波羅蜜經』

『불설인왕반야바라밀경佛說仁王般若波羅蜜經』은 남북조(북조, 북위)에 등장한 위경이다.[14] 본 경에서 확실히 『대승기신론』의 소재가 된 부분은 다음과 같다.

『佛說仁王般若波羅蜜經』	『大乘起信論』
「三界外別有一衆生界藏」者, 外道大有經中說, 非七佛之所說. (권上. T8, 827a)	若說「三界外更有衆生始起」者, 卽是外道經說. (Ⅲ解釋分, 對治邪執) ※ 望月信亨[1938: 180]의 지적에 의거함.
善男子, 習忍以前, 行十善菩薩有退有進. 譬如輕毛隨風東西, 是諸菩薩亦復如是, 雖以十千劫行十正道, 發三菩提心, 乃當入習忍位, 亦常學三伏忍法, 而不可名字(定?), 是不定人. (권下. T8, 831b)	所謂依不定聚衆生, 有熏習, 善根力故, 信業果報, 能起十善, 厭生死苦, 欲求無上菩提, 得値諸佛, 親承供養, 修行信心, 經一萬劫, 信心成就故〔……〕. (Ⅲ解釋分, 分別發趣道相) 設有求大乘者, 根則不定, 若進若退. 或有供養諸佛, 未經一萬劫, 於中遇緣, 亦有發心. (Ⅲ解釋分, 分別發趣道相)

이 중 첫 번째 부분에 대해, 『대승기신론』 인도인 찬술설을 주장하는 가시와기 히로오柏木弘雄는 『불설인왕반야바라밀경』이 『대승기신론』의 소재가 되었음을 인정하기 않기 위해 이 부분을 『대승기신론』 역출 직후에 삽입된 것이라고 해석하였다.[15] 그러나 두 번째 부분까지 그처럼 해석할 수는 없다. 『불설인왕반야바라밀경』이 『대승기신론』의 소재가 되었음을 솔직히 인정할 필요가 있다.

▌전傳 축불념竺佛念 역 『菩薩瓔珞本業經』

『보살영락본업경菩薩瓔珞本業經』은 남북조(남조)에 등장한 위경이다.[16] 본 경이 직접적으로 『대승기신론』의 소재가 되었던 것은 아니다. 다만 『대승기신론』 Ⅲ해석분解釋分의 현시정의顯示正義에서 보살이 색자재지色自在地(제8지)에서 현색불상응염現色不相應染을 떠나고, 심자재지心自在地(제9지)에서 능견심불상응염能見心不相應染을 떠난다고 설한 것은, 『보살영락본업경』에서 보살이 부동지不動忍(제8지)에서 색인업도色因業道를 조복시키고, 광인光忍(제9지)에서 심인업도心因業道를 조복시킨다고 설한 것에 유래한다.[17]

전傳 강량야사畺良耶舍 역 『觀藥王藥上二菩薩經』

『관약왕약상이보살경觀藥王藥上二菩薩經』은 남북조에 등장했던 위경이다.[18] 본 경이 직접적으로 『대승기신론』의 소재가 된 것은 아니다. 다만, 본 경에서 설한 약왕보살주藥王菩薩呪의 열 가지 이익 중 몇 가지가 『대승기신론』에서 진여삼매眞如三昧의 열 가지 이익 중 몇 가지로 전용되고 있다.

『觀藥王藥上二菩薩經』(T20, 661c)	『大乘起信論』(Ⅳ修行信心分, 止觀門)
③ 人若非人不得其便.	⑧ 不爲他人所惱. ② 不爲諸魔惡鬼所能恐怖.
⑦ 九十五種諸邪論師不能屈伏.	③ 不爲九十五種外道鬼神之所惑亂.
⑧ 心遊禪定, 不樂世樂.	⑨ 雖未得定〔……〕不樂世間.
⑨ 十方諸佛及諸菩薩之所護念.	① 常爲十方諸佛菩薩之所護念.
⑩ 淨除業障.	④ 重罪業障漸漸微薄.

또한 『관약왕약상이보살경』에서는 아미타불阿彌陀佛 신앙이 설해지고 있다. 아미타불 신앙의 근본문헌인 『불설무량수경』이 『대승기신론』에서 인용되고 있다는 점에서 판단할 때, 『대승기신론』의 저자는 아미타불 신앙을 가지고 있었다. 그 때문에 그는 『관약왕약상이보살경』에도 친숙했다고 추측된다.

전傳 구마라집鳩摩羅什 역 『發菩提心經論』

『발보리심경론發菩提心經論』은 남북조(북조)에 등장했던 위경이다.[19] 본 론에서 확실히 『대승기신론』의 소재가 된 부분은 다음과 같다.

『發菩提心經論』	『大乘起信論』
令無有餘, 皆令究竟無餘涅槃. (권上. T32, 510b)	使無有餘, 皆令究竟無餘涅槃. (Ⅲ解釋分, 分別發趣道相)
遍至十方無餘世界, 供養諸佛〔……〕. (권上. T32, 510b)	能至十方無餘世界, 供養諸佛〔……〕. (Ⅲ解釋分, 分別發趣道相)

超越諸地, 乃至速成正覺. (권下. T32, 513ab)	或示超地速成正覺. (Ⅲ解釋分, 分別發趣道相)
一切身心大苦. (권下. T32, 513b)	一切身心大苦. (Ⅳ修行信心分, 修行)
若人[……], 當知是人已紹佛種. (권下. T32, 517b)	若人[……], 當知此人定紹佛種[……]. (Ⅴ勸修利益分)
假令無量一切諸佛, 於無量阿僧祇劫, 讚其功德, 亦不可盡. (권上. T32, 509b)	假令十方一切諸佛, 各於無量無邊阿僧祇劫, 歎其功德, 亦不能盡. (Ⅴ勸修利益分)

4. 원위(元魏)시대 한역경론

1) 북위(北魏) · 늑나마제(勒那摩提) 역

▌『究竟一乘寶性論』 (역출년 불명)

『구경일승보성론究竟一乘寶性論』(*Ratnagotravibhāgo Mahāyānottaratantraśāstram*)은 여래장사상을 특징으로 하는 유식파의 논서이다(저자는 불명이지만, 남북조에서는 사라마띠Sāramati의 저작으로 여겨졌다.[20]). 본 론에서 확실히 『대승기신론』의 소재가 된 부분은 다음과 같다.

『究竟一乘寶性論』	『大乘起信論』
<u>遍照諸衆生</u> 有佛妙法身 無垢<u>功德藏</u> 如我身無異 (권4. T31, 845c)	及彼身體相 法性眞如海 無量<u>功德藏</u> 如實修行等 (歸敬偈) 四者緣熏習鏡. 謂依法出離故, <u>遍照衆生之心</u>, 令修善根, 隨念示現故. (Ⅲ解釋分, 顯示正義)
諸過客塵來 <u>性功德</u>相應 眞法體不變 如本後亦爾 (권3. T31, 832b)	二者相大. 謂如來藏具足無量<u>性功德</u>故. (Ⅱ立義分) 二者如實不空. 以有自體具足無漏<u>性功德</u>故. (Ⅲ解釋分, 顯示正義) 明眞如法身自體不空具足無量<u>性功德</u>故. (Ⅲ解釋分, 對治邪執)
「<u>及遠離諸垢</u>」者, 眞如非本有染, 後時言淸淨, 此處不可思議. 是故『經』言「心自性淸淨. 自性淸淨心本	如菩薩地盡滿足方便<u>一念相應</u>覺心初起心無初相, 以<u>遠離微細念</u>故, <u>得見心性</u>, 心卽常住, 名究竟覺.

來淸淨. 如彼心本體, 如來如是知. 是故『經』言『如來一念心相應慧, 得阿耨多羅三藐三菩提』」故. 〔……〕 「佛無量功德」者, 謂前際後際, 於一向染凡夫地中, 常不捨離眞如法身, 一切諸佛法無異無差別, 此處不可思議. 是故『經』言「復次佛子, 如來智慧無處不至. 何以故. 以於一切衆生界中終無有一衆生身中而不具足如來功德及智慧者. 但衆生顚倒不知如來智. 遠離顚倒, 起一切智無師智無礙智. 〔……〕」故. (권2. T31, 827ab)	是故『修多羅』說「若有衆生能觀無念性者, 則爲向佛智」故. (Ⅲ解釋分, 顯示正義)
「佛無量功德」者, 謂前際後際, 於一向染凡夫地中, 常不捨離, 眞如法身, 一切諸佛法無異無差別. 此處不可思議. 〔……〕 「及佛所作業」者, 同一時, 一切處, 一切時, 自然無分別, 隨順衆生心, 隨順可化衆生根性, 不錯不謬, 隨順作佛業. 此處不可思議. (권2. T31, 827a; 827c) 諸佛如來身 如虛空無相 爲諸勝智者 作六根境界 (권4. T31, 842a)	不思議業相者, 以依智淨, 能作一切勝妙境界. 所謂無量功德之相常無斷絶, 隨衆生根, 自然相應, 種種而現, 得利益故. (Ⅲ解釋分, 顯示正義) 自體相熏習者, 從無始世來具無漏法, 備有不思議業作境界之性, 依此二義, 恒常熏習. (Ⅲ解釋分, 顯示正義)
大智慧光明 普照諸世間 (권2. T31, 813c)	所謂自體有大智慧光明義故, 遍照法界義故, 〔……〕 (Ⅲ解釋分, 顯示正義)
如『聖者勝鬘經』言「世尊, 依如來藏故有生死, 依如來藏故證涅槃. 世尊, 若無如來藏者, 不得厭苦樂求涅槃」. (권4. T31, 839b)	五者聞『修多羅』說「依如來藏故有生死, 依如來藏故得涅槃」〔……〕. (Ⅲ解釋分, 對治邪執) ※ 高崎直道[1993b]의 지적에 의거함.
佛體無前際 及無中間際 亦復無後際 寂靜自覺知 (권2. T31, 822b)	以如來藏無前際故, 無明之相亦無有始. 若說「三界外更有衆生始起」者, 卽是外道經說. 又如來藏無有後際. 諸佛所得涅槃與之相應則無後際故. (Ⅲ解釋分, 對治邪執)
略說佛性淸淨正因於不定聚衆生能作二種業. 何等爲二. 一者依見世間種種苦惱, 厭諸苦故, 生心欲離諸世間中一切苦惱. 〔……〕二者依見涅槃, 樂悕寂樂故, 生求心欲心願心. (권3. T31, 831a)	所謂依不定聚衆生, 有熏習, 善根力故, 信業果報, 能起十善, 厭生死苦, 欲求無上菩提〔……〕. (Ⅲ解釋分, 分別發趣道相)
若復有餘人 誹謗甚深法 彼人無量劫 不可得解脫 (권4. T31, 847c-848a)	四者遠離誹謗甚深之法, 重罪業障漸漸微薄. (Ⅳ修行信心分, 修行) 其有衆生於此論中毁謗不信, 所獲罪報經無量劫, 受大苦惱. (Ⅴ勸修利益分)

또한 확실히 『대승기신론』의 소재인지는 알 수 없지만, 본 론은 이 외에도 "**本來常住**", "**凡夫二乘人**"처럼 『대승기신론』과 공통된 어휘를 가지고 있다.

2) 북위(北魏) · 보리유지(菩提流支) 역

▌『十地經論』 (永平 2년〔509〕 역[21])

『십지경론十地經論』(*Daśabhūmi-vyākhyāna*)은 『십지경十地經』에 대한 유식파 바수반두(Vasubandhu)의 주석서이다. 본 론에서 확실히 『대승기신론』의 소재가 된 부분은 다음과 같다.

『十地經論』	『大乘起信論』
少字攝多義故. (권1. T26, 127c)	自有衆生, 復以廣論文多爲煩, 心樂總持少文而攝多義, 能取解者. (Ⅰ因緣分)
隨彼所著, 顯己正義, 對治邪執, 無畏辯才, 性不闇故. (권1. T26, 125ab)	解釋有三種. 云何爲三. 一者顯示正義, 二者對治邪執, 三者分別發趣道相. (Ⅲ解釋分) ※ 望月信亨[1938: 46]의 지적에 의거함.
菩薩地盡. (권1, 권3. T26, 126a; 141a; 144b)	菩薩地盡. (Ⅲ解釋分, 顯示正義)
三界虛妄, 但是一心作. (권8. T26, 169a)	是故三界虛僞, 唯心所作. (Ⅲ解釋分, 顯示正義)
①從兜率天來下, ②入胎, 及③在胎中, ④初生時, ⑤出家時, ⑥成佛道時, ⑦請轉法輪時, ⑧示入大涅槃, 我於爾時盡往. (권3. T26, 138c)	所謂①從兜率天退, ②入胎, ③住胎, ④出胎, ⑤出家, ⑥成道, ⑦轉法輪, ⑧入於涅槃. (Ⅲ解釋分, 分別發趣道相) ※ 竹村牧男[1993: 425]의 지적에 의거함.
於一念頃能至十方諸佛大會, 勸發諮請, 受持一切諸佛法輪, 常以大心, 供養諸佛. (권1. T26, 123c)	是菩薩於一念頃能至十方無餘世界, 供養諸佛, 請轉法輪. (Ⅲ解釋分, 分別發趣道相) ※ 竹村牧男[1993: 433]의 지적에 의거함.
得一切世間最高大身故. (권1. T26, 125b)	又是菩薩功德成滿, 於色究竟處, 示一切世間最高大身. (Ⅲ解釋分, 分別發趣道相) ※ 望月信亨[1938: 188]의 지적에 의거함.
是中一念中奢摩他毘婆舍那二行, 雙現前故. (권9. T26, 175b)	以此二義漸漸修習不相捨離雙現前故. (Ⅳ修行信心分, 修行)

	※ 望月信亨[1938: 196]의 지적에 의거함.
正觀有爲法一切行無常. 苦, 不淨, 無常, 敗壞, 不久住, 念念生滅, 不從前際來, 不去至後際, 現在不住, 如是正觀一切諸行. (권5. T26, 153b)	修習觀者, 當觀一切世間有爲之法無得久停須臾變壞, 一切心行念念生滅, 以是故苦. (Ⅳ修行信心分, 修行)
菩薩爾時作如是念. "此諸凡夫甚爲可怪, 愚癡無智. 有無量無邊阿僧祇身, 已滅, 今滅, 當滅, 如是盡滅已, 不能於身生厭離想". (권7. T26, 164c) 然諸衆生不知不覺, 而受苦惱. (권3. T26, 142b)	如是當念. "一切衆生從無始世來皆因無明所熏習故令心生滅, 已受一切身心大苦, 現在卽有無量逼迫, 未來世苦亦無分齊. 難捨難離. 而不覺知. 衆生如是甚爲可愍". (Ⅳ修行信心分, 修行)
菩薩如是見諸衆生不離苦聚, 是故卽生大悲智慧. "是諸衆生, 我應敎化令住涅槃畢竟之樂". 是故卽生大慈智慧. (권3. T26, 142b) 最上第一義樂. (권3. T26, 141c)	作此思惟, 卽應勇猛立大誓願, 願"令我心離分別故遍於十方修行一切諸善功德, 盡其未來, 以無量方便, 救拔一切苦惱衆生, 令得涅槃第一義樂". (Ⅳ修行信心分, 修行)
菩薩如是以大施心, 救一切衆生故, 轉轉推求世間出世間利益勝事. 彼推求利益勝事時, 心不疲惓. 是故菩薩成不疲惓心. 成不疲惓已, 於一切經論, 心無怯弱. 是名成一切經論智. 如是成一切經論智已, 善能籌量應作不應作, 於上中下衆生, 隨宜隨宜而行, 隨力隨感. 是故菩薩成就世智. (권3. T26, 143a)	以起如是願故, 於一切時一切處, 所有衆善, 隨己堪能, 不捨修學, 心無懈怠. 唯除坐時專念於止, 若餘一切, 悉當觀察應作不應作. (Ⅳ修行信心分, 修行)
是菩薩起於道時, 一念心不捨. 是菩薩修行智慧, 來時亦起, 去時亦起, 住時亦起, 坐時亦起, 臥時亦起, 乃至睡夢, 皆能起道. (권9. T26, 175ab)	若行若住若臥若起, 皆應止觀俱行. (Ⅳ修行信心分, 修行)

▌『金剛般若波羅蜜經論』(永平 2년[509] 역22))

『금강반야바라밀경론金剛般若波羅蜜經論』(원제목 불명)은 『금강반야바라밀경』에 대한 유식파 바수반두의 주석서이다. 본 론에서 확실히 『대승기신론』의 소재가 된 부분은 다음과 같다.

『金剛般若波羅蜜經論』	『大乘起信論』
衆生實有眞如法, 何故不得. (권中. T25, 789a)	自信己身有眞如法, 發心修行. 問曰. 若如是義者, 一切衆生悉有眞如, 等皆熏習. 云何有信無信無量前後差別. (Ⅲ解釋分, 顯示正義)

一切波羅蜜檀波羅蜜相義示現故. (권上. T25, 782b)	心性無動則有過恒沙等諸淨功德相義示現. (Ⅲ解釋分, 顯示正義)
須菩提, 若菩薩有衆生相, 即非菩薩. (권上. T25, 781c)	以取一切衆生如己身故, 而亦不取衆生相. (Ⅲ解釋分, 顯示正義)
法身者是智相身. (권下. T25, 795a)	法身智相之身. (Ⅲ解釋分, 顯示正義) ※ 竹村牧男[1993: 375]의 지적에 의거함.
依何義說. 依眞如義說. (권上. T25, 784c)	以唯依眞如義說故. (Ⅲ解釋分, 對治邪執)
得値八十四億那由他百千萬諸佛, 我皆親承供養〔……〕. (권中. T25, 790a)	得値諸佛, 親承供養〔……〕. (Ⅲ解釋分, 分別發趣道相) 自畏不能常値諸佛親承供養〔……〕. (Ⅳ修行信心分, 修行)
自然如是業 諸佛現十方 (권下. T25, 795c)	自然而有不思議業, 能現十方利益衆生. (Ⅲ解釋分, 分別發趣道相)
又如夢, 過去法亦如是. 以唯念故. 又如電, 現在法亦如是. 以刹那不住故. 又如雲, 未來法亦如是. 以於子時阿黎耶識與一切法爲種子根本故. (권下. T25, 797a)	應觀過去所念諸法怳惚如夢. 應觀現在所念諸法猶如電光. 應觀未來所念諸法猶如於雲忽爾而起. (Ⅳ修行信心分, 修行) ※ 竹村牧男[1993: 493]의 지적에 의거함.
一切時一切處. (권中. T25, 789a)	於一切時一切處. (Ⅳ修行信心分, 修行)
受持此經思量修習〔……〕 (권中. T25, 787c)	當持此論思量修習. (Ⅴ勸修利益分)
復次須菩提, 若有善男子善女人能於此法門受持讀誦修行〔……〕皆得成就無量無邊功德聚. (권中. T25, 789b)	復次若人受持此論觀察修行, 若一日一夜, 所有功德無量無邊, 不可得說. (Ⅴ勸修利益分)
諸佛希有總持法 不可称量深句義 從尊者聞及廣說 廻此福德施群生 (권下. T25, 797b)	諸佛甚深廣大義 我今隨分總持說 廻此功德如法性 普利一切衆生界 (廻向偈)

또한 확실히 『대승기신론』의 소재인지는 알 수 없지만, 본 론은 이 외에도 "無有形相", "六塵境界"처럼 『대승기신론』과 공통된 어휘를 가지고 있다.

❙『入楞伽經』(延昌 2년〔513〕 역23))

『입능가경入楞伽經』(*Laṅkāvatāra-sūtra*)은 여래장사상을 특징으로 하는 중기 대승경전이다. 본 경에서 확실히 『대승기신론』의 소재가 된 부분은 다음과 같다.

『入楞伽經』	『大乘起信論』
法門體. (권2. T16, 524b)	心眞如者, 卽是一法界大總相法門體. (Ⅲ解釋分, 顯示正義)
起執著心, 離如實空. (권1. T16, 517a)	一者如實空. (Ⅲ解釋分, 顯示正義) ※ 竹村牧男[1993: 163]의 지적에 의거함.
具足無漏熏習法故名爲不空. (권8. T16, 559c)	二者如實不空. 以有自體具足無漏性功德故. (Ⅲ解釋分, 顯示正義) 二者因熏習鏡. 謂如實不空. 〔……〕智體不動具足無漏熏衆生故. (Ⅲ解釋分, 顯示正義) ※ 두 번째 구절은 竹村牧男[1993: 229]의 지적에 의거함.
大慧, 若如來藏阿梨耶識名爲無者, 離阿梨耶識, 無生無滅. 一切凡夫及諸聖人依彼阿梨耶識故有生有滅. (권7. T16, 556c-557a)	心生滅者, 依如來藏, 故有生滅心. (Ⅲ解釋分, 顯示正義) ※ 竹村牧男[1993: 166]의 지적에 의거함.
非一亦非異　如水中洪波 如是七識種　共於心和合 (권9. T16, 574b)	所謂不生不滅與生滅和合, 非一非異, 名爲阿梨耶識. (Ⅲ解釋分, 顯示正義)
業相識. (권2. T16, 522a)	業識. (Ⅲ解釋分, 顯示正義)
轉相識. (권2. T16, 521c-522a) 轉識. (권4. T16, 538c)	轉識. (Ⅲ解釋分, 顯示正義)
智相識. (권2. T16, 522a)	智識. (Ⅲ解釋分, 顯示正義)
相續識. (권2. T16, 522a)	相續識. (Ⅲ解釋分, 顯示正義) ※ 望月信亨[1938: 151]의 지적에 의거함.
分別自心境界. (권2. T16, 522b)	分別自心. (Ⅲ解釋分, 顯示正義)
心中不見心. (권10. T16, 583c)	心不見心. (Ⅲ解釋分, 顯示正義)
心生種種生 心滅種種滅 (권9. T16, 568c)	以心生則種種法生, 心滅則種種法滅故. (Ⅲ解釋分, 顯示正義) ※ 竹村牧男[1993: 269]의 지적에 의거함.

分別事識. (권2. T16, 522a)	分別事識. (Ⅲ解釋分, 顯示正義)
大慧, 相續滅者, 相續因滅, 則相續滅, 因滅緣滅, 則相續滅. 大慧, 所謂依法依緣. 言依法者, 謂無始戲論妄想熏習. 言依緣者, 謂自心識見境界分別. (권2. T16, 522a)	此二種生滅依於無明熏習而有. 所謂依因依緣. 依因者, 不覺義故. 依緣者, 妄作境界義故. (Ⅲ解釋分, 顯示正義)
而自相阿梨耶識不滅. 是故大慧, 諸識自相滅. 自相滅者, 業相滅. 若自相滅者, 阿梨耶識應滅. (권2. T16, 522a)	所言滅者, 唯心相滅, 非心體滅. (Ⅲ解釋分, 顯示正義)
復次大慧, 諸聲聞辟支佛畏生死妄想苦, 而求涅槃. 不知世間涅槃無差別故. (권2. T16, 526b) 大慧, 菩薩摩訶薩一闡提常不入涅槃. 何以故. 以能善知一切諸法本來涅槃, 是故不入涅槃. (권2. T16, 527b)	法我見者, 依二乘鈍根故, 如來但爲說人無我, 以說不究竟, 見有五陰生滅之法, 怖畏生死, 妄取涅槃. 云何對治. 以五陰法自性不生則無有滅本來涅槃故. (Ⅲ解釋分, 對治邪執) 以信知一切法從本已來自涅槃故. (Ⅲ解釋分, 分別發趣道相)
觀諸世間無一可樂. (권8. T16, 562b) 大慧, <u>一切有身</u>皆是無常磨滅之法. 非無身法. (권7. T16, 558c)	應觀世間一切有身悉皆不淨種種穢汚無一可樂. (Ⅳ修行信心分, 修行)

또한 확실히 『대승기신론』의 소재인지는 알 수 없지만, 본 경은 이 외에도 **"境界相"**, **"境界之相"**, **"差別之相"**, **"智慧觀察"** 처럼 『대승기신론』과 공통된 어휘를 가지고 있다.

『深密解脫經』 (延昌 3년〔514〕 역[24])

『심밀해탈경深密解脫經』(*Saṃdhinirmocana-sūtra*. 『해심밀경解深密經』)은 유식파의 대승 경전이다. 본 경에서 확실히 『대승기신론』의 소재가 된 부분은 다음과 같다.

『深密解脫經』	『大乘起信論』
彌勒, 非奢摩他, 是<u>隨順奢摩他</u>. 是故我說名爲隨順信奢摩他. (권3. T16, 674c) 世尊, 有幾種<u>奢摩他觀</u>. 〔……〕彌勒, 惟有一種<u>奢摩他觀</u>. 所謂無分別觀. (권3. T16, 674b)	<u>隨順奢摩他觀</u>義故. (Ⅳ修行信心分, 修行) ※ 竹村牧男[1993: 465-467]의 지적에 의거함.

彌勒, 我說彼觀非毘婆舍那. 名隨順信毘婆舍那. (권3. T16, 674b) 世尊, 可有幾種毘婆舍那觀. 〔……〕彌勒, 惟有一種. 所謂差別觀. (권3. T16, 674b)	隨順毘鉢舍那觀義故. (Ⅳ修行信心分, 修行) ※ 竹村牧男[1993: 465-467]의 지적에 의거함.
彌勒, 若菩薩心沈沒, 沈沒相疑, 思惟於法, 生歡喜心, 是名取相奢摩他. (권3. T16, 676a)	復次若人唯修於止, 則心沈沒, 或起懈怠, 不樂衆善, 遠離大悲. (Ⅳ修行信心分, 修行)

또한 확실히 『대승기신론』의 소재인지는 알 수 없지만, 본 경은 이 외에도 "一切染法", "諸一切境界相/一切境界之相", "自然修行", "等同一味", "狹劣心"처럼 『대승기신론』과 공통된 어휘를 가지고 있다.

▎『勝思惟梵天所問經』(神龜 원년〔518〕 역[25])

『승사유범천소문경勝思惟梵天所問經』(*Brahmaviśeṣacinti-paripṛcchā*)은 공성사상을 특징으로 하는 중기 대승경전이다. 본 경에서 확실히 『대승기신론』의 소재가 된 부분은 다음과 같다.

『勝思惟梵天所問經』	『大乘起信論』
愚癡是實際. 法性無癡相故. (권2. T15, 71c)	以隨順法性離癡障故. (Ⅲ解釋分, 分別發趣道相)
瞋恚是實際. 法性無瞋相故. (권2. T15, 71c)	以知法性無苦離瞋惱故, 隨順修行羼提波羅蜜. (Ⅲ解釋分, 分別發趣道相)

▎『大薩遮尼乾子所說經』(正光 원년〔520〕 역[26])

『대살차니건자소설경大薩遮尼乾子所說經』(*Bodhisattvagocaropāyaviṣayavikurvaṇanirdeśa-sūtra*)은 여래장사상을 특징으로 하는 중기 대승경전이다. 본 경에서 확실히 『대승기신론』의 소재가 된 부분은 다음과 같다.

『大薩遮尼乾子所說經』	『大乘起信論』
大王當知, 一切煩惱諸垢藏中有如來性湛然滿足, 如石中金, 如木中火, 〔……〕. (권9. T9, 359ab)	如木中火性是火正因, 若無人知不假方便, 能自燒木, 無有是處, 衆生亦爾, 雖有正因熏習之力, 若不遇諸佛菩薩善知識等以之爲緣, 能自斷煩惱入涅槃者, 則無是處. (Ⅲ解釋分, 顯示正義)

또한 확실히 『대승기신론』의 소재인지는 알 수 없지만, 본 경은 이 외에도 "根欲性", "狹劣心", "如來甚深境界" 처럼 『대승기신론』과 공통된 어휘를 가지고 있다.

▌『佛說不增不減經』(正光 년간[520~525] 역27))

『불설부증불감경佛說不增不減經』(*Anūnatvāpūrṇatvanirdeśa-parivarta*)은 여래장사상을 특징으로 하는 중기 대승경전이다. 본 경에서 확실히 『대승기신론』의 소재가 된 부분은 다음과 같다.

『佛說不增不減經』	『大乘起信論』
舍利弗, 一切愚癡凡夫不如實知一法界故, 不如實見一法界故, 起邪見心, 謂衆生界增, 衆生界減. (T16, 466b)	心眞如者卽是一法界大總相法門體. (Ⅲ解釋分, 顯示正義) 所言不覺義者, 謂不如實知眞如法一故, 不覺心起而有其念. (Ⅲ解釋分, 顯示正義)
如來藏本際不相應體及煩惱纏不淸淨法. (T16, 467b)	所言空者, 從本已來一切染法不相應故. (Ⅲ解釋分, 顯示正義) ※ 高崎直道[1990a]의 지적에 의거함.
如來藏本際相應體及淸淨法. (T16, 467b)	所言不空者, 已顯法體空無妄故, 卽是眞心常恒不變淨法滿足, 故名不空. (Ⅲ解釋分, 顯示正義) ※ 高崎直道[1990a]의 지적에 의거함.
唯有諸佛如來智慧, 乃能觀察知見此義. 舍利弗, 一切聲聞緣覺所有智慧, 於此義中, 唯可仰信, 不能如實知見觀察. (T16, 467a)	是故衆生但應仰信, 不應誹謗. (Ⅴ勸修利益分)

❙『妙法蓮華經憂波提舍』(역출년 불명[28])

『묘법연화경우파제사妙法蓮華經憂波提舍』(*Saddharmapuṇḍarīkopadeśa*)는 『묘법연화경妙法蓮華經』에 대한 유식파 바수반두의 주석서이다. 본 론에서 확실히 『대승기신론』의 소재가 된 부분은 다음과 같다.

『妙法蓮華經憂波提舍』	『大乘起信論』
諸佛如來平等法身. (권下. T26, 7c) 〔참고: 勒那摩提 역〕 諸佛如來平等法身. (T26, 17a)	如來平等法身. (Ⅲ解釋分, 顯示正義)
從兜率天中退沒, 乃至示現入涅槃故. (권下. T26, 5b) 〔참고: 勒那摩提 역〕 從兜率天退, 乃至示現入涅槃故. (T26, 15a)	所謂①從兜率天退, ②入胎, ③住胎, ④出胎, ⑤出家, ⑥成道, ⑦轉法輪, ⑧入於涅槃. (Ⅲ解釋分, 分別發趣道相)
未入初地菩薩正位. (권下. T26, 10a) 〔참고: 勒那摩提 역〕 未入初地菩薩位. (T26, 19b)	未入正位. (Ⅲ解釋分, 分別發趣道相)
佛道長遠, 我於無量無邊劫中行菩薩行, 久受勤苦. (권下. T26, 6c) 〔참고: 勒那摩提 역〕 我無量無邊劫行菩薩行. (T26, 16a)	無量無邊阿僧祇劫勤苦難行乃得涅槃. (Ⅲ解釋分, 分別發趣道相)
以諸衆生於大乘中其心怯弱不能生信〔……〕. (권上. T26, 3a) 〔참고: 勒那摩提 역〕 衆於大乘中心怯弱不能生信故, 〔……〕. (T26, 12c)	復次衆生初學是法, 欲求正信, 其心怯弱〔……〕. (Ⅳ修行信心分, 修行)

『대승기신론』의 소재로서 전용되었던 『묘법연화경우파제사』의 텍스트는 대개 늑나마제 역의 개정판인 보리유지 역이지만, 아주 약간은 늑나마제 역과 합치되는 것도 있음을 알 수 있다.

『彌勒菩薩所問經論』 (역출년 불명)

『미륵보살소문경론彌勒菩薩所問經論』(원제목 불명)은 『미륵보살소문경彌勒菩薩所問經』에 대한 유식파의 주석서이다(저자 불명). 본 론에서 확실히 『대승기신론』의 소재가 된 부분은 다음과 같다.

『彌勒菩薩所問經論』	『大乘起信論』
世諦境界. (권7. T26, 262c)	世諦境界. (Ⅲ解釋分, 顯示正義)
彌勒, 發菩提心有七種因. 何等爲七. 一者諸佛教化, 發菩提心. 二者見法欲滅, 發菩提心. 三者於諸衆生, 起大慈悲, 發菩提心. 四者菩薩教化, 發菩提心. 五者因布施故, 發菩提心. 六者學他發菩提心. 七者聞說如來三十二相八十種好, 發菩提心. (권2에 인용된 『法印經』. T26, 240b)	①諸佛菩薩教令發心, ②或以大悲故能自發心, ③或因正法欲滅, 以護法因緣, 能自發心. (Ⅲ解釋分, 分別發趣道相) 所謂④見佛色相而發其心, ⑤或因供養衆僧而發其心, ⑥或因二乘之人教令發心, ⑦或學他發心. (Ⅲ解釋分, 分別發趣道相)
然後餘貪等煩惱漸漸微薄. (권2. T26, 238c. "餘"는 저본에 "除"로 되어 있으나 三本宮本에 의거 교정)	所有煩惱漸漸微薄. (Ⅳ修行信心分, 修行)

이 중, "世諦境界"라는 어휘는 분명 인도찬술 한역불교문헌 중 『미륵보살소문경론』에서만 나타난다. 본 론이 인용하고 있는 『법인경法印經』은 소위 『여래지인경如來智印經』이지만, 『대승기신론』은 남조에서 한역된 유송劉宋 시대의 실역失譯 『불설여래지인경佛說如來智印經』보다도 『미륵보살소문경』에 인용된 『법인경』에 부합된다.

『十二因緣論』 (역출년 불명)

『십이인연론十二因緣論』(원제목 불명)은 십이연기에 대한 중관파 정의淨意(Śuddhamati?)의 주석서이다. 본 론 가운에 확실히 『대승기신론』의 소재가 된 부분은 다음과 같다.

『十二因緣論』	『大乘起信論』
一切身心等苦. (T32, 481c)	一切身心等苦. (Ⅲ解釋分, 顯示正義)

"一切身心等苦"라는 어휘는 확실히 인도찬술 한역불교문헌 중 『십이인연론』에서만 나타난다.

또한 『대승기신론』의 소재가 됐는지 확실하지는 않지만, 『대승기신론』과 공통되는 어휘를 확인할 수 있는 경론은 다음과 같다.

▌『佛說法集經』 (延昌 4년[515] 역[29])

『불설법집경佛說法集經』(*Dharmasaṃgīti-sūtra*)은 유식파의 대승경전이다. 본 경과 『대승기신론』은 "眞如平等", "六塵境界", "一切世間最高大身", "心行差別"과 같은 어휘를 공유하고 있다.[30]

▌『大寶積經論』 (역출년 불명)

『대보적경론大寶積經論』(원제목 불명)은 『보적경寶積經』(현존 『대보적경大寶積經』「가섭품迦葉品」)에 대한 유식파의 주석서이다(저자 불명). 본 론과 『대승기신론』은 "名利恭敬／名聞利養恭敬", "慚愧悔過", "憂悔"와 같은 어휘를 공유하고 있다.

3) 동위(東魏)·비목지선(毘目智仙) 역

▌『業成就論』 (興和 3년[541] 역[31])

『업성취론業成就論』(*Karmasiddhi-prakaraṇa*. 『성업론成業論』)은 유식파 바수반두의 저작이다. 본 론에서 확실히 『대승기신론』의 소재가 된 부분은 다음과 같다.

『業成就論』	『大乘起信論』
雖復經百劫 而<u>業常不失</u>	觀一切法<u>因緣和合業果不失</u>.

得因緣和合 爾時果報熟 (T31, 778c)	(Ⅲ解釋分, 分別發趣道相) 而復卽念因緣和合善惡之業苦樂等報不失不壞. (Ⅳ修行信心分, 修行)

4) 동위東魏 · 반야류지般若流支 역

▎『奮迅王問經』(興和 4년〔542〕 역[32])

『분신왕문경奮迅王問經』(*Vikurvaṇarājaparipṛcchā*)은 보살의 신통변화를 주제로 한 중기 대승경전이다. 본 경에서 확실히 『대승기신론』의 소재가 된 부분은 다음과 같다.

『奮迅王問經』	『大乘起信論』
爲菩薩衆不廣說法. 何以故. 彼衆一切少聞多解. 以利根故. (권下. T13, 948a)	或有衆生, 亦以自力, 少聞而多解者. (Ⅰ因緣分)

▎『正法念處經』(興和 4년〔542〕 – 武定 원년〔543〕 역[33])

『정법념처경正法念處經』(*Saddharmasmṛtyupasthāna-sūtra*)은 업業사상을 특징으로 하는 중기 대승경전이다. 본 경에서 확실히 『대승기신론』의 소재가 된 부분은 다음과 같다.

『正法念處經』	『大乘起信論』
業繫苦. (권17. T17, 102a)	業繫苦相. (Ⅲ解釋分, 顯示正義) 業繫苦. (Ⅲ解釋分, 顯示正義)

“業繫苦”라는 어휘는 확실히 인도 찬술 한역불전문헌 중 『정법념처경』에서만 나타난다.

또한 확실히 『대승기신론』의 소재인지는 알 수 없지만, 본 경은 이 외에도 “隨順觀察”처럼 『대승기신론』과 공통된 어휘를 가지고 있다.

▎『唯識論』(역출년 불명)

『유식론唯識論』(*Vijñaptimātratāsiddhi*. 『유식이십론唯識二十論』)은 유식파 바수반두의 저작이다. 본 론에서 확실히 『대승기신론』의 소재가 된 부분은 다음과 같다.

『唯識論』	『大乘起信論』
唯有內心, 無外境界. (T31, 66a; 69b)	是正念者, 當知唯心, 無外境界. (Ⅳ修行信心分, 修行)

▎특히 담림曇林에 대해

또한 같은 원위元魏 시대의 한역이라 해도 보리유지 역이 직역투인 것에 반해 비목지선 역과 반야류지 역은 일관되게 4자성구四字成句를 쓰고 있다. 비목선다 역과 반야류지 역은 모두 담림曇林(5~6세기경)이 필수筆受하였으므로, 4자성구는 담림의 문체가 지니는 특징이라고 생각된다. 실제로 보리유지 역 중 담림이 참가한 『묘법연화경우파제사』는 선행하는 늑나마제 역과 동일한 논서를 가능한 한 4자성구로 고쳐 쓴 것이다. 그러므로 비목지선 역과 반야류지 역이 『대승기신론』의 소재가 되었다는 것은 바로 담림의 문체가 『대승기신론』의 소재가 되었다는 것이다. 실제로 담림의 『비야사문경번역지기毘耶娑問經飜譯之記』에는 『대승기신론』과 공통되는 용법이 보인다.

曇林『毘耶娑問經飜譯之記』	『大乘起信論』
菩薩方便, <u>攝化衆生, 必以大悲</u>, 引邪從正. (T12, 223b)	復次眞如用者, 所謂諸佛如來本在因地, <u>發大慈悲</u>, 修諸波羅蜜, <u>攝化衆生</u>〔……〕. (Ⅲ解釋分, 顯示正義) 一者行根本方便. 〔……〕起於大悲, 修諸福德, <u>攝化衆生</u>, 不住涅槃. (Ⅲ解釋分, 分別發趣道相)

이 중, **"攝化"**는 『대승기신론』 이전의 한역 문헌에서는 거의 쓰이지 않았던 표현이며, **"攝化衆生"**은 『대승기신론』 이전의 한역 문헌에 단 한 사례도 나타나지 않는다.

흥미로운 것은, 이시이 코세이石井公成가 지적한 것처럼[34] 『대승기신론』에는 4자성구로 쓰인 부분과 그렇지 않은 부분이 혼재한다는 점이다. 필자는 이 중 4자성구로 쓰인 부분이 비목지선 역과 반야류지 역의 문체(요컨대 담림의 문체)에 영향을 받은 부분일 수 있다고 생각한다. 실제로 비목지선 역과 반야류지 역이 『대승기신론』의 소재가 된 부분은 『대승기신론』에서 4자성구로 쓰인 부분에 집중되어 있다.

한 가지 더 흥미로운 것은, 역시 이시이 코세이가 지적한 것처럼[35] 담림이 편찬했다고 알려진[36] 선종禪宗의 초조 보리달마菩提達摩의 강의록 「이입사행二入四行」(6세기 전반)에 『대승기신론』과 유사한 부분이 보인다는 점이다.

「二入四行」	『大乘起信論』
法體無慳, 於身命財, 行檀捨施, 心無悋惜. (柳田聖山[1969: 32])	以知法性體無慳貪故, 隨順修行檀波羅蜜. (Ⅲ解釋分, 分別發趣道相)

이것들이 우연일 리는 없다. 필자는 담림이 『대승기신론』 찬술에 관여했다고까지는 생각하지 않지만, 『대승기신론』이 그와 비교적 가까운 곳에서 찬술되었다는 것을 의심하지 않는다. 아무튼 『대승기신론』에 담림의 문장과 접점이 있다는 것은 『대승기신론』 북조인 찬술설을 뒷받침한다.

5. 원위元魏 보리유지菩提流支의 저작과 강의록

▎북위北魏 · 보리유지菩提流支 『金剛仙論』(天平 2년[534] 성립[37])

『금강선론金剛仙論』은 보리유지 역 『금강반야바라밀경론』에 대한 보리유지 일문의 강의록이다. 본 론에서 확실히 『대승기신론』의 소재가 된 부분은 다음과 같다.

『金剛仙論』	『大乘起信論』
一者體大. 明大乘之體苞含萬德出生五乘因果. 故名體大也. (권1. T25, 805a)	一者體大. 謂一切法眞如平等不增減故. (Ⅱ立義分) ※ 望月信亨[1938: 116]의 지적에 의거함.

二者大人所乘. 明菩薩大士乘此地行趣於佛果也. (권1. T25, 805a)	一切諸佛本所乘故. 一切菩薩皆乘此法到如來地故. (Ⅱ立義分)
又此菩薩得一體悲成故, 取一切衆生如自己身. (권2. T25, 806a)	以取一切衆生如己身故, 而亦不取衆生相. (Ⅲ解釋分, 顯示正義)
解知一切衆生即是我身, 然凡聖雖異而眞如平等. (권2. T25, 804c)	謂如實知一切衆生及與己身眞如平等. (Ⅲ解釋分, 顯示正義)
報佛妙色無量相好莊嚴身. (권2. T25, 811a) 名爲報佛, 有無量相好者. (권9. T25, 864b)	二者依於業識, 謂諸菩薩從初發意乃至菩薩究竟地心所見者, 名爲報身. 身有無量色, 色有無量相, 相有無量好. (Ⅲ解釋分, 顯示正義)
須彌山王喩中, 明報身佛由行者修行因緣萬德圓滿, 以色相莊嚴體非有爲有漏, 湛然常住. (권8. T25, 855a) 法報二佛湛然常住, 無去無來. (권9. T25, 867a)	復次初發意菩薩所見者, 以深信眞如法故, 少分而見. 知彼色相莊嚴等事無來無去, 離於分齊, 唯依心現, 不離眞如. (Ⅲ解釋分, 顯示正義)
疑者聞“十二入一切法空”, 便謂“眞如佛性無爲之法亦皆性空故空, 同虛空龜毛兎角等無”. 爲對治此疑故, 答云「亦非無明(法?)相」. 今言“一切法空者”, 有爲之法無體相故空. 然眞如佛性法萬德圓滿, 體是妙有湛然常住, 非是空法. (권3. T25, 813c-814a)	二者聞『修多羅』說「世間諸法畢竟體空, 乃至涅槃眞如之法亦畢竟空. 從本已來自空, 離一切相」, 以不知爲破著故, 卽謂“眞如涅槃之性唯是其空”. 云何對治. 明眞如法身自體不空具足無量性功德故. (Ⅲ解釋分, 對治邪執) ※ 竹村牧男[1993: 399-400]의 지적에 의거함.
疑者聞“眞如是有體相不空”,便謂“還同色等有爲之有”, 又云“若有, 應同色香味觸有爲之有. 若無, 應同性空兎角等無”. 此名爲相. 對此疑故, 答云「無相」. 明眞如法體妙有妙無, 語眞妙, 雖有不同前色等法有, 雖無不同兎角等無. (권3. T25, 814a)	三者聞『修多羅』說「如來之藏無有增減, 體備一切功德之法」, 以不解故, 卽謂“如來之藏有色心法自相差別”. 云何對治. 以唯依眞如義說故. 因生滅染義示現說差別故. (Ⅲ解釋分, 對治邪執) ※ 竹村牧男[1993: 400]의 지적에 의거함.
如七種發菩提心人, 前三種人多是不退, 後四種人或退不退. 若遇諸佛菩薩善知識, 則不退轉. 若不遇善知識, 退菩提心, 轉入外凡二乘之地. (권1. T25, 803b)	如是等發心悉皆不定. 遇惡因緣, 或便退失, 墮二乘地. (Ⅲ解釋分, 分別發趣道相) ※ 竹村牧男[1993: 413]의 지적에 의거함.
是以『寶鬘論』中, 有人間(問?)龍樹菩薩云「『地持經』中, 道『性地菩薩退墮阿鼻地獄』, 此義云何」. 龍樹菩薩答言「『地持經』雖云『性地菩薩墮於地獄』, 我不敢作如是說」. 〔……〕解云. 『地持經』中道「入」者,	如『修多羅』中, 或說「有退墮惡趣」者, 非其實退. 但爲初學菩薩未入正位而懈怠者恐怖勇猛故. (Ⅲ解釋分, 分別發趣道相)

催怖地前菩薩, 令其生懼速證初地. 非謂"實入阿鼻地獄". (권1. T25, 803b)	※ 望月信亨[1938: 186]의 지적에 의거함.
明諸佛旣成道已本願力故隨衆生感, 自然應身遍十方界, 敎化衆生, 不待作意, 方有去來也. (권10. T25, 867a)	諸佛如來法身平等, 遍一切處, 無有作意, 故說自然, 但依衆生心現. (Ⅲ解釋分, 分別發趣道相)

특히 주목해야 할 것은 『금강선론』이 인용하고 있는 『보만론寶鬘論』이라는 문헌의 설이 『대승기신론』에서도 전용되고 있다는 점이다. 도선道宣 『대당내전록大唐內典錄』 권10(T55, 336a), 『사분율산번보궐행사초四分律刪繁補闕行事鈔』 서문(T40, 3c)에 의하면 『보만론』은 중국찬술의 위론僞論이다 『대승기신론』에 『보만론』이 전용되어 있다는 것은 『대승기신론』의 북조인 찬술설을 뒷받침한다.

또한 확실히 『대승기신론』의 소재인지는 알 수 없지만, 이외에도 "能說之人", "自相可說", "唯一眞如", "深伏煩惱" 등의 어휘는 남북조까지 존재했던 경론 중 오직 『금강선론』과 『대승기신론』에서만 나타난다.

▌북위北魏 · 보리유지菩提流支 『入楞伽經疏』 (성립년 불명)

『입능가경소入楞伽經疏』(일문逸文)는 보리유지 역 『입능가경』에 대한 보리유지의 강의록이다. 본 주석서에서 확실히 『대승기신론』의 소재가 된 부분은 다음과 같다.

『入楞伽經疏』	『大乘起信論』
留支『疏』二云"六識分別六塵, 各各事別, 不能總緣, 故名分別事識". (珍海 『八識義章硏習抄』 권上. T70, 653b)	復次言意識者, 卽此相續識, 依諸凡夫取著轉深, 計我我所, 種種妄執, 隨事攀緣, 分別六塵, 名爲意識. 亦名分離識. 又復說名分別事識. 此識依見愛煩惱增長義故. (Ⅲ解釋分, 顯示正義) ※ 竹村牧男[1993: 279]의 지적에 의거함.

특히 "分別六塵"이라는 어휘는 다른 한역 불교문헌에는 나타나지 않는다.

본 주석서는 극히 적은 일문 혹은 언급을 매개로 이해할 수밖에 없지만, 그중에는 내용상 『대승기신론』과 병행하고 있는 부분도 보인다. 『승만사자후일승대방편방광경』의 다음 부분이다.

> **세존이시어, 여래장如來藏은 유위有爲라는 특징의 영역을 벗어나, 상주하고 항구하며 청량하고 불변합니다.**
>
> saṃskṛtalakṣaṇaviṣayavyativṛtto Bhagavaṃs tathāgatagarbho nityo dhruvaḥ śivaḥ śāśvataḥ (RGV 46, 3-4)

여기에서는 중생에게 존재하는 여래장('여래의 태아')은 유위('만들어진 것')가 아니다 – 무위無爲('만들어진 것이 아닌 것')이다 – 라 설해진다.

『입능가경』은 여래장을 설할 때 『승만사자후일승대방편방광경』을 언급하고 있기에, 분명히 이 경의 영향하에 있다고 할 수 있다. 다만 『입능가경』에서 설해진 여래장은 무위가 아니라 유위이다. 범본 『입능가경』에 다음과 같은 부분이다.

> **또한, 여래장이라는 이름으로 불리는 알라야식이 전[의]轉依하기 전에는 일곱 가지 전식轉識의 [궁극적인] 소멸은 없다.**
>
> aparāvṛtte ca tathāgatagarbhaśabdasaṃśabdita ālayavijñāne nāsti saptānāṃ pravṛttivijñānānāṃ nirodhaḥ. (LAS 221, 12-13)

여기에서, 여래장은 전[의]('[기반을] 전환함')되어야 할 알라야식과 동일시되고 있다. 어떤 것이든 전환될 수 있는 것은 무위가 아니라 유위이다. 범어에서는 여래장(tathāgatagarbha)이라는 말이 특별히 유위나 무위를 의미하지 않기 때문에 어느 쪽이든 한정시키지 않고 사용할 수 있다. 『승만사자후일승대방편방광경』에서 여래장은 무위, 『입능가경』에서 여래장은 유위인 것이다.[38]

그런데 이 문구는 보리유지 역 『입능가경』에서 다음과 같이 번역되어 있다.

> **여래장식如來藏識은 알라야식 중에 없다. 그렇기 때문에 일곱 가지 식識은 생멸을 지니**

지만, 여래장식은 불생불멸이다.

如來藏識不在阿梨耶識中. 是故七種識有生有滅, 如來藏識不生不滅. (T16, 556c)

범본『입능가경』에서는 여래장은 알라야식으로 전의해야 할 것 – 다시 말해 유위 – 였지만, 보리유지 역『입능가경』에서는 알라야식은 생멸이 있는 것 – 다시 말해 유위 – 이고, 여래장은 불생불멸한 것 – 다시 말해 무위 – 이다. 아마도 보리유지는『승만사자후대방편방광경』에 여래장을 무위라고 한 것에 준하여『입능가경』에서도 여래장을 무위로 바꾸었다고 생각된다.[39]

그런데 이 보리유지 역『입능가경』에서는 알라야식은 일곱 가지 식識에 포함되어 있는 것처럼 보인다. 그러나 통상적인 유식파의 문헌에서 알라야식은 제8식이 아닌가.

이 문제에 관해 일본 승려 친카이珍海(1091~1152)는 이 문장에 대한 보리유지『입능가경소』의 해석을 다음과 같이 소개하고 있다.

그런데, 저 "(여래장식은) 알라야식 중에 있지 않다"는 문구에 대해, 만약 보리유지에 의한다면, 알라야식이라는 이름은 제7식과 제8식에 공통된다. 그러므로 [이 문구는 통상적인 유식파 문헌에서 알라야식이 제8식인 것과] 다르지 않다.

爾彼「不在梨耶識」文, 若依流支, 阿梨耶名通七八識. 故不相違.
(珍海『八識義章研習抄』권上. T70, 650c)

즉 보리유지는 불생불멸의 제8알라야식(여래장식)과 생멸하는 제7알라야식 두 가지를 알라야식으로 부른 것이다.

그런데,『대승기신론』에 다음과 같은 구절이 있다.

즉, 불생불멸[인 여래장]과 생멸[인 마음]이 결합하여 하나인 것도 아니고 다르지도 않은 것이 알라야식이라 불린다.

所謂不生不滅與生滅和合, 非一非異, 名爲阿梨耶識. (Ⅲ解釋分, 顯示正義)

여기에서 불생불멸과 생멸의 두 가지가 결합된 것을 알라야식이라 부른다 함은, 보리유지가 불생불멸의 제8알라야식(여래장식)과 생멸하는 제7알라야식의 두 가지를 알라야식이라 부른 것에 부합한다.

▌북위北魏 · 보리유지菩提流支 『唯識論』, 『法界性論』

『유식론唯識論』, 『법계성론法界性論』은 보리유지의 저작이다. 이 두 논서는 극히 적은 일문 혹은 언급을 매개로 이해할 수밖에 없지만, 그중에는 내용상 『대승기신론』과 병행하고 있는 부분도 보인다.

이들 두 논서에서는 『대승장엄경론송大乘莊嚴經論頌』에 기반한 이심설二心說이 설해지고 있다. 『대승장엄경론송』 XIII.19와 그에 대한 『대승장엄경론大乘莊嚴經論』의 해석은 다음과 같다.

> 또한 항상 마음(citta)은 본성적으로 청정하며, 그것(마음)은 외래적인 과오에 의해 염오되어 있다고 간주된다. 법성심法性心 이외에 다른 마음이 본성적으로 청정하다는 것은 인정되지 않는다.
>
> matam ca cittaṃ prakṛtiprabhāsvaraṃ sadā tad āgantukadoṣadūṣitam |
> na dharmatācittam ṛte 'nyacetasaḥ prabhāsvaratvaṃ prakṛtau vidhīyate ||

> 또한 법성심 이외에, 다른, 의타기依他起를 특징으로 하는 마음이 본성적으로 청정하다는 것은 인정되지 않는다. 그 때문에 마음의 진여眞如만이 여기에서는 [본성적으로 청정한] 마음이라고 이해되어야 한다.
>
> na ca dharmatācittād ṛte 'nyasya cetasaḥ paratantralakṣaṇasya prakṛtiprabhāsvaratvaṃ vidhīyate. tasmāc cittatathataivātra cittaṃ veditavyam. (MSABh 88, 17-18)

여기에서는 경전에서 자성청정심自性清淨心이 설해지는 경우, 유가사瑜伽師는 그것을 통상적인 마음(의타기성依他起性)으로 이해하지 않고 법성심法性心(dharmatācitta),

즉 '마음의 진여(cittatathatā. 원성실성圓成實性)'으로 이해한다고 말한다.

그러므로 여기에서는 이심설二心說이 설해지고 있음을 알 수 있다. 유가사는 통상적인 마음과 마음의 진여라는 두 가지를 모두 '마음'이라 부른다는 것이다.

그런데 원측圓測『해심밀경소解深密經疏』에 다음과 같은 문구가 있다. (문구 중 "菩提留支"는 보리유지菩提流支를 가리킴)

> 첫째로, 보리유지菩提留支의 『유식론唯識論』은 [다음과 같이] 말한다.
>
> 두 종류의 마음이 확립되어 있다.
>
> 첫째는 법성심法性心(dharmatācitta)이니, 진여眞如를 본연의 상태로 한다. 이것은 곧 마음에 있어 진여가 자성自性이기 때문에 그것(진여)을 [법성]심이라고 부르는 것이다. 그러므로 [진여는 통상적인 마음과 같이] 능연能緣("인식주체")은 아니다.
>
> 둘째는 상응심相應心(sasaṃprayogaṃ cittam. "결합을 수반하는 마음")이니, 신信이나 탐貪 등의 심소心所와 상응("결합")한다.
>
> 해설. [진여라는 말은] 다만 의[意]에 있어서의 자성을 해설한 것이기 때문에, 또한 식識에 있어서의 자성[을 해설한 것이기] 때문에, [진여는 법성심이라 불릴 뿐 아니라 법성]의法性意 혹은 [법성]식法性識이라고도 불린다. 이치상 차이는 없다.
>
> 一菩提留支『唯識論』云.
>
> 立二種心.
>
> 一法性心, 眞如爲體. 此卽眞如心之性故, 名之爲心. 而非能緣.
>
> 二相應心. 與信貪等心所相應. 解云. 唯釋意之性故, 識之性故, 亦名意識. 於理無違.
>
> (권3. Z1.34.4, 360b)

여기에서는 보리유지 『유식론』이 법성심과 상응심을 설한다고 말해진다. 법성심은 분명 전술한 『대승장엄경론송』에 근거한 것이다. 상응심은 아마도 바수반두의 『유식이십론』에 근거하고 있을 것이다.40)

그러므로 여기에서도 이심설二心說이 설해짐을 알 수 있다. 유가사 중 한 명으로서, 보리유지는 통상적인 마음과 마음의 진여라는 두 가지를 마음이라고 부르는 것이다.

다음으로, 지주智周의 『범망경소梵網經疏』에 다음과 같은 내용이 있다.

또한 불성佛性은 두 종류가 있다.

첫째는 응연상불성凝然常佛性('정적이고 항상적인 불성')이다. 즉 『불성론佛性論』이 "리불성理佛性"('진리로서의 불성')"이라 부르는 것이 그것이다. 『법계성론法界性論』이 "진실리심眞實理心"('진실한 진리로서의 마음')이라 부르는 것이 그것이다. 이 『[범망]경梵網經』과 『대반열반경大般涅槃經』이 모두 「모든 중생에게는 다 불성이 있다」고 한 것이 그것이다.

둘째는 수연불성隨緣佛性('조건을 따르는 불성')이다. 즉, 『불성론』이 "행불성行佛性" ('여러 行(saṃskārās. '여러 형성체')으로서의 불성')이라 부르는 것이 그것이다. 『법계성론』이 "려지심慮知心"('인식으로서의 마음')이라 부르는 것이 그것이다. 이 『[범망]경』에서 "모든 색色('물질')과 심心이란 [순서대로, 다섯] 근根(indriya. '감각기관')과 마음이니, 모두 불성이라는 계戒에 포함되어 있다."고 한 것이 그것이다.

又佛性有二義.

一凝然常佛性. 卽如『佛性論』名「理佛性」者是也. 如『法性論』名「眞實理心」是也. 此『經』及『涅槃經』同云「一切衆生皆有佛性」者是也.

二隨緣佛性. 卽如『佛性論』名「行佛性」者是. 如『法界性論』名「慮知心」者是. 此『經』云「一切色心是情是心皆入佛性戒中」者是. (권2. Z1.60.2, 161ab)

여기에서는 보리유지 『법계성론』이 진실리심과 려지심을 설한다고 말한다. 『법계성론』에서 진실리심과 려지심은 차례대로 전술한 『유식론』의 법성심과 상응심에 합치됨은 명백하다.

그러므로 여기에서도 이심설이 설해지고 있음을 알 수 있다. 유가사 중 한 명으로서, 보리유지는 통상적인 마음과 마음의 진여라는 두 가지를 마음이라고 부르는 것이다.

그런데 『대승기신론』에 다음과 같은 구절이 있다.

올바른 주장의 제시란, 다만 하나의 마음이라는 법法에 관하여 두 가지의 관점이 있다. "둘이란 무엇인가"라 한다면

첫째는 "마음이 곧 진여"라는 관점,

둘째는 "마음이 곧 생멸"이라는 관점이다.

顯示正義者, 依一心法, 有二種門. 云何爲二.

一者心眞如門,

二者心生滅門. (Ⅲ解釋分, 顯示正義)

여기에서 생멸과 진여라는 두 가지를 마음이라 한 것은 보리유지가 통상적인 마음과 마음의 진여 두 가지를 마음이라 한 것에 부합한다.

▍교리집성문헌 Stein 4303

교리집성문헌 Stein 4303(원제목 불명)은 돈황출토 지론종地論宗 문헌 중 하나이다. 당 문헌에 다음과 같은 구절이 있다.

[보리유지] 삼장三藏의 이해에 의하면, 법신불法身佛은 지금에도 과거에도 항상 고요하니 수습되는 것도 없고 얻어지는 것도 없이 그 자체로서 먼저 성립해 있다. 십지十地의 보살은 부처를 화작化作할 수 있으며, 내지는 종성지種姓地의 보살도 여덟 가지 형상에 의해 성도成道할 수 있다. 그러므로 응신불應身佛도 먼저 성립해 있음을 안다. 보신불報身佛은 스스로의 수행이 완전해짐에 의거하므로, 반드시 금강유정金剛喩定보다 후에 있다.

依三藏解, 法佛古今常湛然, 無修無得, 體成在先. 十地菩薩能化作佛, 乃至種性菩薩亦能八相成道. 故知應佛亦在先成. 報佛據自行成滿, 要在金剛已後. (『第一集』 p.237)

여기에서 "三藏"이 보리유지를 가리킨다는 것은 Stein 4303이 설명하는 법신이 『금강선론』에서 설명하는 법신에 부합한다는 점에서 알 수 있다. 『금강선론』에 다음과 같은 구절이 있다.

첫째, 법신불은 지금에도 과거에도 항상 고요하니 그 자체로서 완전하여 수습되거나 얻어지는 법法이 아니다.

一法身佛, 古今湛然, 體性圓滿, 非修得法. (권8. T25, 858c)

Stein 4303에 나타난 "삼장"의 이해에서 특히 흥미로운 것은 십지十地보다 전 단계인 종성지種姓地의 보살도 여덟 가지 형상에 의해 성도成道할 수 있다는 설이다. 필자가 확인한 한, 인도불교문헌에서 이러한 설은 찾을 수 없다.

그런데 마찬가지로 십지보다 이전 단계인 신성취발심信成就發心의 보살에 대해 『대승기신론』은 다음과 같이 말한다.

보살은 이러한 [직심直心, 심심深心, 대비심大悲心이라는 세 가지] 마음을 발하기 때문에, 적게나마 법신法身을 보게 된다. 법신을 봄에 의해, 저들[이 세운] 서원의 힘에 의해, 여덟 가지 형상을 시현하여 중생을 이익되게 할 수 있다.

菩薩發是心故, 則得少分見於法身. 以見法身故, 隨其願力, 能現八種, 利益衆生. (Ⅲ解釋分, 分別發趣道相)

여기에서 신성취발심信成就發心 보살이 여덟 가지 형상을 시현하여 중생을 이익되게 할 수 있다고 설한 것은 보리유지가 종성지의 보살도 여덟 가지의 형상에 의해 성도할 수 있다고 설한 것에 부합된다.

6. 마치며

본 장에서 규명한 것은 아래와 같다.

1) 『대승기신론』은 요진姚秦부터 동위東魏까지 북조에 존재했던 여러 한문불교문헌 – 위경, 위론, 외국인의 강의록을 포함한 – 을 소재로 하고 있다.

2) 가장 많이 소재가 되었던 것은 북위北魏 보리유지菩提流支 역이다. 그 외에도 사상적으로 보리유지의 저작이나 강의록과 유사성이 눈에 띄며, 표현상으로는 동

위東魏 담림曇林의 문장과 접점이 보인다.

3) 북조에 존재했던 여러 한문불교문헌이 『대승기신론』의 소재가 되었다는 것은 『대승기신론』 북조인 찬술설을 입증한다.

주

1) 鳩摩羅什 역 『大智度論』(권100. T25, 756c).

2) 僧祐 『出三藏記集』(권2. T55, 10c).

3) 『十住毘婆沙論』을 나가르주나에 귀속시키는 전승이 인도에 실재하였다는 것은 사마타데바(Śamathadeva)의 『구사론주우빠이까(俱舍論註-, *Abhidharmakośopāyikā*)』)에 의해 확인된다. 요시후미 혼조(本庄良文)[2014: 328-331]를 참조하라.

4) 시즈타니 마사오(靜谷正雄)[1970]를 참조하라.

5) 僧肇 『長阿含經序』(僧祐 『出三藏記集』 권9. T55, 63c).

6) 僧祐 『菩薩善戒菩薩地持二經記』(僧祐 『出三藏記集』 권9. T55, 63a).

7) 慧皎 『高僧傳』, 「曇無讖傳」(권2. T50, 336b).

8) 僧祐 『出三藏記集』(권2. T55, 11c).

9) 후지타 코사츠(藤田宏達)[1970: 62-96]를 참조하라.

10) 僧祐 『出三藏記集』(권2. T55, 12c).

11) 僧祐 『出三藏記集』(권2. T55, 12c).

12) 費長房 『歷代三寶紀』(권11. T49, 98b).

13) 北齊의 石刻經에 대한 개관은 기리야 세이이치(桐谷征一)[2001]에 의거한 「北齊期成立石刻經內容一覽」을 참조하라.

14) 『佛說仁王般若波羅蜜經』이 위경이라는 것은 이에 대한 연구사를 담고 있는 후나야마 도루(船山徹)[1996]를 참조하라. 후나야마는 北魏의 승관제도나 불교통제가 본 경에 반영되어 있다는 것과 『大般涅槃經集解』에 인용되어 있는 僧宗(438~496)의 설이 당 경에 의거하고 있음을 근거로 다음과 같이 서술하고 있다.

> 어쨌든 간에, 이와 같은 北魏佛教와의 관계에 더해 490년경에 僧宗이 『仁王經』을 알고 있었던 것과 『瓔珞本業經』과의 관계도 고려하여 종합적으로 판단한다면, 결론적으로 『仁王經』의 성립 시기는 452년부터 30년 정도의 사이라고 추측하는 것이 현재의 연구상황에서는 적당하다고 말할 수 있다. (船山徹[1996])

15) 가시와기 히로오(柏木弘雄)는 다음과 같이 서술하고 있다.

> 이 부분을 『기신론』의 역출 시, 또는 역출 직후에 삽입된 구절이라고 간주하는 것도 가능하다. (柏木弘雄[1981: 151])

16) 『菩薩瓔珞本業經』이 위경이라는 것에 대해서는 사토 테츠에이(佐藤哲英)[1981] 제1편 제5장 및 후나야마 도루[1996]를 참조하라. 후나야마는 본 경이 南朝의 二諦說, 頓悟說, 『大般涅槃經集解』에 인용되어 있는 寶亮(444~509)의 설과 공통성을 가지고 있다는 점을 근거로 다음과 같이 서술

하고 있다.

『瓔珞本業經』이 6세기 北朝에서 중시되기 이전에 南朝에 알려져 있었다는 것은 확실하며, 게다가 南朝의 교학과 공통성을 가지고 있는 이상, 대략 480~500년경에 南朝에서 성립하였을 가능성을 상정할 수 있다고 생각한다. (船山徹[1996])

17) 이에 대해서는 아라마키 노리토시(荒牧典俊)에게 가르침을 받았다(개인적 교류).

18) 『觀藥王藥上二菩薩經』이 위경이라는 것은 츠키노와 겐류(月輪賢隆)[1971: 86-111]를 참조하라.

19) 『發菩提心經論』이 위론이라는 것은 오오타케 스스무(大竹晋)[2013] 제2부의 付章을 참조하라. 또한 여기에서는 『發菩提心經論』 현존 최고(最古)의 인용 사례로서 隋의 智顗・灌頂 『摩訶止觀』(권3下. T46, 31c)에서의 인용사례를 들었으나, 그보다 더 이른 시기의 인용사례로서 西魏에서 저술된 돈황출토문헌 『大乘五門實相論』의 인용사례가 추가되어야 한다. (편의상 번역은 생략)

『發菩提心經論』	『大乘五門實相論』
諸佛子, 譬如菩薩仰書虛空, 悉寫如來十二部經……. (권下. T32, 516a)	『經』云「有人出世, 書虛空作十二部經」. (『續集』, p. 516)

20) 智顗・灌頂 『摩訶止觀』(권3下. T46, 31b).

21) 崔光 『十地經論序』(권9. T26, 123b).

22) 費長房 『歷代三寶紀』(권9. T49, 86a).

23) 費長房 『歷代三寶紀』(권9. T49, 85c).

24) 費長房 『歷代三寶紀』(권9. T49, 85c).

25) 費長房 『歷代三寶紀』(권9. T49, 85c).

26) 費長房 『歷代三寶紀』(권9. T49, 85c).

27) 費長房 『歷代三寶紀』(권9. T49, 85c).

28) 이와 관련하여 첨언할 것은 傅增湘(1872~1949) 舊藏書였던 돈황사본 散0697에 대한 것이다("散"은 王重民 『敦煌遺書總目索引』에서 北京, Stein, Pelliot 이외의 소규모 컬렉션에 붙인 번호). 傅增湘의 舊藏書는 1947년에 北平 도서관에 매각되었으므로 散0697은 베이징이나 타이페이의 국가도서관에 소장되어 있을 가능성이 높지만, 현재 『國家圖書館藏敦煌遺書』나 『敦煌卷子』로는 그것을 확인할 수 없다. 다만 散0697의 전반부는 『妙法蓮華經』「方便品」, 후반부는 『妙法蓮華經憂波提舍』이며, 『妙法蓮華經憂波提舍』에는 다음과 같은 北魏의 識語가 있었다고 전한다.

위대한 魏의 永安 원년, 干支는 戊申의 12월 洛陽의 永寧寺에서 번역하였다.
[譯場에서] 필수한 이는 僧辯이다.

大魏永安元年歲次戊申十二月, 洛陽永寧寺譯.
執筆人比丘僧辯. (이케다 온池田温[1990: 114-115])

또한 이에 이어서 다음과 같은 唐의 識語가 있다고 전한다.

[이것은] 東魏의 大乘經論本이니 [나는] 開元 5년, 干支는 己巳(丁巳?)의 3월 14일에 서사하였다.

東魏大乘經論本, 開元五年歲次己巳三月十四寫. (池田温[1990: 289])

이 모두를 신뢰한다면, 散0697은 唐의 開元 5년(717)에 필사된 사본이며, 그때에 祖本이었던 北魏의 永安 원년(528)의 識語도 필사한 것이 된다.
散0697에 의하면, 『妙法蓮華經憂波提舍』는 洛陽의 永寧寺에서 僧辯이 필수한 것이다. 그런데 費長房 『歷代三寶紀』(권9. T49, 86ab)에 의하면 勒那摩提 역 『妙法蓮華經論優婆提舍』는 侍中 崔光이 필수하였고, 그 개정판인 菩提流支 역 『妙法蓮華經憂波提舍』는 曇林이 필수하였다. 즉, 散0697의 정보는 『歷代三寶紀』의 정보와 합치되지 않는다는 것이다.
현 단계에서 散0697을 볼 수 없으므로 판단을 내릴 수는 없지만, 일반적으로 고서상인으로부터 매입한 개인소장 돈황사본 중에는 출처가 의심스러운 것이 많다. 종종 사본 자체가 날조되었거나 혹은 고서상인이 識語를 가필하는 경우도 있다. 예를 들어 李盛鐸(1889~1937)의 舊藏書였던 돈황사본 『無量壽經』(大谷大學 소장)에 첨부된 北魏의 神瑞 2년(415)이라는 識語에 대해서는 그것이 근대에 가필된 것임을 藤田宏達[1970: 77-96]가 상세히 설명하였다. 그러므로 散0697의 정보에 대해서도 현 시점에서는 그것을 맹신하지 않는 쪽이 현명하다.
(이상 散0697에 대해서는 사이토 토모히로齋藤智寬와의 개인적 교류에 많은 빚을 지고 있다. 기록하여 감사를 표한다.)

29) 費長房 『歷代三寶紀』(권9. T49, 85c).

30) 『佛說法集經』과 『大乘起信論』이 어휘를 공유하고 있다는 것은 이미 이시이 코세이(石井公成)[2001]에서 지적되었다. 다만 필자는 『佛說法集經』이 직접 『大乘起信論』의 소재가 되었다고는 생각하지 않는다.

31) 曇林 『業成就論飜譯之記』(T31, 777b).

32) 曇林 『奮迅王問經飜譯之記』(T13, 935b).

33) 曇林 『正法念處經敍』(T17, 1ab).

34) 이시이 코세이는 다음과 같이 서술하고 있다.

후반의 修行信心分과 勸修利益分은 4자구를 지향하는 성격이 강하고, 그 이외의 부분은 읽기 어려운 직역투이며, 직역투의 문장 중에 예외적으로 4자구가 이어지는 부분은 이해하기 쉽게 설하기 위한 비유, 그것도 부적절한 비유나 중국적 해석을 생각나게 하는 부분이다. (石井公成[2001])

35) 이시이 코세이는 다음과 같이 서술하고 있다.

그런데, 필자는 「二入四行論」은 『起信論』의 영향을 받지 않았다고 생각하므로, 이 유사성에 대해서는 이후의 조사에 맡기는 수밖에 없다. (石井公成[2001])

36) 唐 淨覺(7~8세기) 『楞伽師資記』(T85, 1284c; 1285b) 등의 전승에 의거함.

37) 『金剛仙論』 권5, 권6, 권9. (T25, 827c; 836b; 860a).

38) 이에 관련하여 주목해야 할 것은 玄奘(602~664)의 高弟, 基(632~682)의 설이다. 『妙法蓮華經玄

贊』에 다음과 같은 내용이 있다.

그런데, 佛性은 두 가지이다.
첫째는 理佛性('진리로서의 佛性')이다. 『勝鬘師子吼一乘大方便方廣經』에서 설해진 如來藏이 그것이다.
둘째는 行佛性('諸行[*saṃskārās]으로서의 佛性')이다. 『入楞伽經』에서 설한 如來藏이 그것이다.

然性有二.
一理性. 『勝鬘』所說如來藏是.
二行性. 『楞伽』所說如來藏是. (권1本. T34, 656a)

行佛性이란 『瑜伽師地論』 「本地分」 중 「菩薩地」 種姓品 및 그 이역본인 『菩薩善戒經』 「戒品」, 『菩薩地持論』 「戒品」에서 설해진 보살의 本性住種姓을 가리킨다. 『妙法蓮華經玄贊』에 다음과 같은 내용이 있다.

저 『[菩薩善戒]經』과 『[菩薩地持]論』은 "性種姓이란 시작도 없이 法爾("자연법칙")으로서 六處殊勝("특수한 상태의 六處")가 전전하여 연속됨이다"라 말한다. 그것은 行佛性으로서 종성이 있는 것이다.

彼『經』『論』云「性種姓者, 無始法爾, 六處殊勝, 展轉相續」. 此依行性有種姓也. (권1本. T34, 656ab)

『瑜伽師地論』, 『菩薩善戒經』, 『菩薩地持經』에 다음과 같은 내용이 나온다. (번역은 범문에서)

이 중 本性住種姓란 보살들의 六處殊勝인 것이다. 그것은, 전전하면서 전래되어 시작이 없는 때로부터의 것이며 法爾로서 얻어진다는, 그와 같은 것이다.

tatra prakṛtisthaṃ gotraṃ yad bodhisattvānāṃ ṣaḍāyatanaviśeṣaḥ. sa tādṛśaḥ paraṃparāgato 'nādikāliko dharmatāpratilabdhaḥ (BoBh 2, 5-6)

性種性者, 是菩薩六入殊勝, 展轉相續, 無始法爾. (권1. T30, 888b)
言本性者, 陰界六入, 次第相續, 無始無終, 法性自爾. (권1. T30, 962c)

그러므로, 基는 『勝鬘師子吼一乘大方便方廣經』의 如來藏은 無爲, 『入楞伽經』의 如來藏은 有爲로 서술하고 있음을 알 수 있다.

39) 범본 『入楞伽經』에서 如來藏이 有爲인 것과는 달리, 菩提流支 역 『入楞伽經』에서 如來藏을 無爲로 바꾸었다는 것에 대해서는 菩提流支 역 『入楞伽經』의 다른 부분도 주의를 끈다. 당 경에 다음과 같은 내용이 있다. (번역은 범문에서. 이하 동일)

다음으로, 마하마띠여, 如來藏은 경험된 苦樂의 원인을 수반하며 일어난다.

tathāgatagarbhaḥ punar mahāmate anubhūtasukhaduḥkhahetusahitaḥ pravartate. (LAS 236, 5-6)

大慧, 如來藏不受苦樂, 非生死因. 餘法者共生共滅. (권8. T16, 559c)

여기에서는, 범본 『入楞伽經』에서 如來藏이 苦樂의 원인을 수반하며 유전하는 것 – 즉 有爲 – 임에 반해 菩提流支 역 『入楞伽經』에서는 如來藏은 苦樂을 받지 않는 것 – 즉 無爲 – 이며 다른 法(七轉識)

이 일어나거나 소멸한다고 변경하였다.
또한 당 경에 다음과 같은 내용이 있다.

다음으로, 마하마띠여, 如來藏은 涅槃과 苦樂의 원인을 지니고 윤회한다.

tathāgatagarbhaḥ punar mahāmate saṃsarati nirvāṇasukhaduḥkhahetukaḥ. (LAS 242, 4-5)

大慧, 如來藏世間不生不死, 不來不去, 常恒淸涼不變. 復次大慧, 依如來藏故有世間涅槃苦樂之因. (권8. T16, 560c)

여기에서는, 범본 『入楞伽經』에서 如來藏이 涅槃과 苦樂의 원인을 지니고 윤회하는 것 – 즉 有爲 – 임에 반해 菩提流支 역 『入楞伽經』에서는 如來藏은 윤회하지 않는 것 – 즉 無爲 – 이며, 어디까지나 如來藏에 의지하여 (如來藏과는 별개로) 涅槃과 苦樂의 원인이 있다고 변경하였다.
이상과 같이 菩提流支는 『入楞伽經』에서 如來藏을 有爲에서 無爲로 변경하였음을 알 수 있다.
다만 변경하지 않은 부분도 있다. 당 경에 다음과 같은 내용이 있다.

마하마띠여, 如來藏은 善과 不善의 원인을 가지고서 모든 生과 趣를 짓는 자이면서 무용수와 같이 액난의 趣에 我와 我所를 떠난 채, 일어난다.

tathāgatagarbho mahāmate kuśalākuśalahetukaḥ sarvajanmagatikartā pravartate naṭavad gatisaṃkaṭa ātmātmīyavarjitaḥ. (LAS 220, 9-11)

大慧, 如來之藏是善不善因, 故能與六道作生死因緣. 譬如伎兒出種種伎. (권7. T16, 556b)

여기에서는 범본 『入楞伽經』에서 如來藏이 善[法]과 不善[法]의 원인을 가진 채로 일어나는 것 – 즉 有爲 – 임과 마찬가지로 菩提流支 역 『入楞伽經』에서도 如來藏이 그와 같이 설해지고 있다.
즉, 菩提流支는 『入楞伽經』에서 如來藏을 有爲에서 無爲로 변경하였으나, 완전히 바꾸지는 못한 것이다. 아마도 변경해야 할 부분이 너무 많아 고치지 못한 것이라고 생각된다.
또한 『大乘起信論』은 『入楞伽經』에 의거하면서도 菩提流支와 마찬가지로 如來藏을 일관되게 無爲로 간주하고 있다. 예를 들어 당 론에 다음과 같은 부분이다.

"마음이 곧 生滅"이란, 如來藏에 의거한 후에 생멸하는 마음이 있는 것이다.

心生滅者, 依如來藏故有生滅心. (Ⅲ解釋分, 顯示正義)

여기에서는, 如來藏은 분명히 생멸하지 않는 것 – 즉 無爲 – 이다. 이 외에도 예를 들어 당 론에 Ⅲ解釋分, 對治邪執의 문답에서는 如來藏이 眞如 – 즉 無爲 – 임을 반복해서 설하고 있다.

『大乘起信論』이 『入楞伽經』에 다대하게 의거하고 있음에도 如來藏을 有爲가 아닌 無爲라고 간주하는 것은 『大乘起信論』이 범본 『入楞伽經』을 직접 참조하지 않고 菩提流支 역 『入楞伽經』을 참조하고 있기 때문이다. 그러나 菩提流支가 『入楞伽經』에서 如來藏을 有爲에서 無爲로 변경하고자 하였으나 완전히 바꾸지는 못했음에도 불구하고 『大乘起信論』은 如來藏을 일관되게 無爲로 보고 있다. 이것은 『大乘起信論』의 작자가 菩提流支의 의도를 잘 이해하고 있었던 인물이라는 것을 시사한다.

40) 『唯識二十論』에 다음과 같은 구절이 있다.

『[十地]經』에서 「오오, 승리자의 자식이여, 三界에 속한 것은 마음 뿐입니다.」라 하였다. 心과 意와

識과 了別이란 동의어이다. [『十地經』] 여기에서의 마음은 결합을 수반한 [마음]이 의도되었다.

> cittamātraṃ bho jinaputrā yad uta traidhātukam iti sūtrāt. cittaṃ mano vijñānaṃ vijñaptiś ceti paryāyāḥ. cittam atra sasaṃprayogam abhipretam. (VV 3, 2-3)

또한, 이와 관련하여 주의해야 할 것은 이 菩提流支『唯識論』의 일문이 현존하는 般若流支 역 『唯識論』(『唯識二十論』)의 다음과 같은 문구와 매우 유사하다는 것이다.

> 마음은 두 종류이다. 둘이란 무엇인가 하면, 첫째는 相應心("결합을 수반한 마음"), 둘째는 不相應心("결합을 수반하지 않는 마음")이다.
> 相應心이란, 즉 모든 煩惱結使, 受, 想, 行 등의 心所와 相應("결합")한 것이다. 그렇기 때문에 「心과 意와 識과 了別이란 동의어이다」 라고 말한 것이다.
> 不相應心이란 즉 勝義諦이고 常住이며 不變이고 自性清淨心이다. 그 때문에 「三界는 허망하며, 다만 一心이 지은 것에 지나지 않는다」 고 말한 것이다.
>
> 心有二種. 何等爲二. 一者, 相應心. 二者, 不相應心.
> 相應心者, 所謂一切煩惱結使受想行等諸心相應. 以是故言「心意與識及了別等, 義一名異」故.
> 不相應心者, 所謂第一義諦常住不變自性清淨心. 故言「三界虛妄, 但是一心作」. (T31, 64b)

이 두 가지 『唯識論』 사이의 관계는 명확하지 않다. 우이 하쿠주(宇井伯壽)[1953: 91]는 두 가지 『唯識論』을 동일시하고 圓測 『解深密經疏』에서 『唯識論』이 菩提流支에 귀속된 이상, 般若流支 역 『唯識論』은 사실 菩提流支 역이라고 추측하였다. 그러나 하나후사 미츠요시(華房光壽)[1991]는 경록과 역어를 조사하여, 이를 바탕으로 般若流支 역 『唯識論』은 역시 般若流支의 번역이 맞다고 결론 내렸다. 般若流支 역 『唯識論』은 일관되게 4자구로 구성되어 있지만, 이러한 성격은 菩提流支 역에서는 확인되지 않고 般若流支 역에서 확인되는 특징이다. 이를 통해서도 하나후사 미츠요시[1991]의 결론이 지지된다. 애초에 두 『唯識論』의 어휘가 다른 이상, 두 가지를 동일시하는 것은 불가능하다. 두 『唯識論』 사이에 관계는 명확하지 않지만, 서로 다른 별개의 문헌이었다고 생각한다.

제2장

『대승기신론』에 나타난 북조불교설

제2장

『대승기신론』에 나타난 북조불교설

1. 시작하며

제1장에서는 『대승기신론』의 소재가 된 북조시대 여러 한문불교문헌 - 위경, 위론, 외국인 강의록을 포함한 - 을 정리하고, 그에 의거해 『대승기신론』 북조인 찬술설을 제시하였다.

그러나 『대승기신론』 인도인 찬술설을 지지하는 사람들은 이렇게 말할지도 모른다: "『대승기신론』은 북조시대 여러 한문불교문헌의 한어漢語 표현을 참고하여 한역되었을 뿐, 반드시 북조시대 여러 한문불교문헌이 『대승기신론』의 소재가 되었다고는 단언할 수 없다"고.

그렇기에 제2장에서는 『대승기신론』에 포함된 북조불교설 - 『대승기신론』 성립 전 북위北魏 낙양기洛陽期로 소급되는 - 을 정리하여 『대승기신론』 인도인 찬술설을 부정하고 북조인 찬술설을 보강하고자 한다.

2. 오온五蘊을 색심色心으로 보는 설

인도불교에서는 중생을 구성하고 있는 법法인 5온五蘊(색色, 수受, 상想, 행行, 식識)은 명색名色이라는 두 가지로 집약된다. 예를 들어 『잡아함경雜阿含經』 298경(현장 역 『연기경緣起經』)에 다음과 같은 내용이 있다.

명색名色이란 무엇인가. 색色이 아닌 온蘊은 네 가지가 있다. 수온受蘊, 상온想蘊, 행온行蘊, 식온識蘊이다. 색온色蘊이란 무엇인가. 무엇이든 색인 것 전부, 그것은 4대종四大種과 4대종으로 만들어진 것이다. 이것이 색이다. 앞의 것(수온, 상온, 행온, 식온)은 명名이다. 이 두 가지가 명색이다.

nāmarūpam katamat. catvāro 'rūpiṇaḥ skandhāḥ. vedanāskandhaḥ saṃjñāskandhaḥ saṃskāraskandho vijñānaskandhaḥ. rūpaskandhaḥ katamat. yat kiñcid rūpaṃ sarvaṃ tac catvāri mahābhūtāni catvāri ca mahābhūtāny upādāya itīdaṃ ca rūpam. pūrvakaṃ ca nāma. tad ubhayaṃ nāmarūpam. (Nid 159-160. [Sūtra 16])

성문승聲聞乘에서도, 예를 들어 설일체유부說一切有部의 상가바드라(Saṃghabhadra) 저『아비달마순정리론阿毗達磨順正理論』에 다음과 같은 내용이 있다.

명색名色이란 무엇인가. 오온五蘊이다.

名色者何. 謂卽五蘊. (권11. T29, 397b)

대승大乘에서도 예를 들어『대반열반경大般涅槃經』에 다음과 같은 내용이 있다.

나(석존)는「4대종은 색色이라 하며, 4온(수, 상, 행, 식)은 명名이라 한다」고 말한다.

我言「四大名色, 四陰名名」. (권34. T12, 568a)

이상은 4온(수, 상, 행, 식)을 명으로 일괄하는 설이다.

그런데『대반열반경』에서 5온을 논할 때,『대반열반경집해大般涅槃經集解』가 소개하는 남조의 승량僧亮(즉 도량道亮. 400~468경[1])은 5온을 색심色心이라는 두 가지로 집약한다.

승량은 말한다. 앞에서는 색色을 들고, 지금은 심心을 든 것이다. 심을 열거하여 4온(수, 상, 행, 식)이라 한다.

僧亮曰. 上擧色, 今擧心. 歷心稱四陰也. (권62. T37, 570c)

이것은 4온(수, 상, 행, 식)을 심으로 일괄하는 설이다. 이 설은 남북조에서 불교의 기초학으로서 배워 온 하리발만(Harivarman)의 『성실론成實論』이 수, 상, 행을 심(식識)의 특수한 상태로 본 것에서 유래한 듯하다. 당 론에 다음과 같은 내용이 있다.

수와 상과 행이란 모두 심의 특수한 상태를 가리키는 명칭이다.

受想行等皆心差別名. (권5, 立無數品. T32, 274c)

5온을 색과 심으로 집약하는 이 설은 남조에서 시작되어 북조에도 널리 퍼진 것 같다.[2)] 원위元魏에서 성립한 돈황출토 교리집성문헌 Pelliot chinois 2183에 다음과 같은 내용이 있다.

온은 별개로 같지 않으므로, 다섯 가지를 설립한다. 이 다섯(5온)에 대해서는 대별하여 두 가지가 있다. 첫째는 색, 둘째는 심이다.

陰別不同, 所以立五. 就此五中, 大判有二. 一者是色, 二者是心. (『第一集』 pp.79-80)

Pelliot chinois 2183은 『성실론』, 『대반열반경』에 기초한 강요서로, 보리유지 역의 영향이 전혀 나타나지 않기 때문에 아마도 보리유지가 중국에 들어온 시기(508) 전인 북위 낙양기 교리를 반영하고 있다고 생각된다.

그런데 『대승기신론』에서도 오온은 색과 심으로 집약된다. 당 론에 다음과 같은 부분이다.

즉 5온을 추구하면 색과 심이다.

所謂推求五陰, 色之與心. (Ⅲ解釋分, 顯示正義)

『성실론』은 수, 상, 행을 심의 특수한 상태로 간주했지만, 그에 따라 5온을 색과 심으로 집약하지는 않았다(명색名色으로 집약하였다). 5온을 색심色心으로 집약하게 된 것은 어디까지나 남북조시대 중국에서부터였던 것이다.

정리하면, 인도불교에서는 5온은 명과 색으로 집약되었지만, 남조불교를 계승한 북조불교에서는 북위 낙양기 이래 5온이 색과 심으로 집약되어 있었다. 『대승기신론』이 5온을 색심으로 이해하는 것은 『대승기신론』 북조인 찬술설을 입증한다.

3. 심心을 무명無明으로 보는 설

『승만사자후일승대방편방광경』에서는 모든 번뇌를 두 가지로 나누고 있다. 주지住地(*vāsabhūmi. '잠재적 상태')인 번뇌와 기起(*samutthāna. '현재적 상태')인 번뇌이다. 당 경에 다음과 같은 내용이 있다. (번역은 티베트역에서. 한역은 구나발타라求那跋陀羅 역. 이하 동일)

> 세존이시어, 번뇌들은 두 종류이니, 주지인 번뇌와 기인 번뇌입니다.
>
> bcom ldan 'das nyon mongs pa dag ni rnam pa gnyis te | gnas kyi sa'i nyon mongs pa rnams dang | kun nas ldang ba'i nyon mongs pa rnams so || (ŚSS 84, 2-4)
>
> 煩惱有二種. 何等爲二. 謂住地煩惱, 及起煩惱. (T12, 220a)

주지번뇌는 네 가지로 나뉜다. 견일처주지見一處住地(*dṛṣṭyekasthavāsabhūmi. "見('사견邪見')에만 속하는 것의 잠재적 상태"), 욕애주지欲愛住地(*kāmarāgasthavāsa-bhūmi. "欲愛('욕계에 대한 애愛')에 속하는 것의 잠재적 상태"), 색애주지色愛住地(*rūparāgasthavāsabhūmi. "色愛('색계에 대한 애愛')에 속하는 것의 잠재적 상태"), 유애주지有愛住地(*bhavarāgasthavāsabhūmi. "有愛('존재에 대한 애愛')에 속하는 것의 잠재적 상태")이다. 이것들이 기번뇌 전부를 일으킨다. 당 경에 다음과 같은 내용이 있다.

세존이시어, 주지住地도 네 종류이니, "넷이란 무엇인가"라 한다면, 구체적으로 견일처주지見一處住地, 욕애주지欲愛住地, 색애주지色愛住地, 유애주지有愛住地입니다. 세존이시어, 이러한 사주지四住地가 기번뇌起煩惱 전부를 일으킵니다.

bcom ldan 'das gnas kyi sa yang rnam pa bzhi ste | bzhi gang zhe na | 'di ltar lta ba gcig la gnas pa'i gnas kyi sa dang | 'dod pa'i 'dod chags la gnas pa'i gnas kyi sa dang | gzugs kyi 'dod chags la gnas pa'i gnas kyi sa dang | srid pa'i 'dod chags la gnas pa'i gnas kyi sa ste | bcom ldan 'das gnas kyi sa bzhi po de dag gis nyon mongs pa kun nas ldang ba thams cad skyed lags so || (ŚSS 84, 4-9)

住地有四種. 何等爲四. 謂見一處住地, 欲愛住地, 色愛住地, 有愛住地. 此四種住地生一切起煩惱. (T12, 220a)

즉, "주지"와 "기"는 각각 유식설에서의 종자種子(bīja. '잠재적 상태')와 현행現行(samudācāra. '현재적 상태')에 해당한다. "住地"에서 "住(*vāsa)"는 종자의 별명인 습기習氣(*vāsanā)와 같은 어근에서 유래한다.

그런데 이러한 주지번뇌는 마음 위에서(마음과 별도로) 축적되고 있을 뿐이고, 기번뇌가 (심소법心所法으로서) 비로소 마음과 결합한다. 당 경에 다음과 같은 내용이다.

세존이시어, 기起라는 것, 그것은 순간적이며, 마음의 찰나(즉, 찰나적인 마음)와 결합하는 것입니다.

bcom ldan 'das kun nas ldang ba gang lags pa de dag ni skad cig pa ste | sems kyi skad cig pa dang mtshungs par ldan pa lags so || (ŚSS 100, 3-4)

世尊, 於此起煩惱刹那, 心刹那相應. (T12, 220b)

유식설에서도 번뇌의 종자는 마음 위에서(마음과 별도로) 축적되고 있을 뿐이고 번뇌의 현행이(심소법으로서) 비로소 마음과 결합한다.

또한 당 경에서는 이상의 논의와는 별도로 모든 번뇌의 기저로서 무명주지無明住

地도 설하고 있다. 이 무명주지도 마음의 위에서(마음과 별도로) 축적되고 있을 뿐 마음과 결합하지 않는다. 당 경에 다음과 같은 부분이다.

> 세존이시어, 시작이 없는 때로부터의 무명주지는 마음과 결합하지 않는 것입니다.
>
> bcom ldan 'das ma rig pa'i gnas kyi sa thog ma ma mchis pa'i dus nas mchis pa ni sems dang mi ldan pa lags so || (ŚSS 100, 6-7)
>
> 世尊, 心不相應無始無明住地. (T12, 220b)

정리하면, 주지번뇌는 마음 위에서(마음과 별도로) 축적되고 있으며, 기번뇌는 (심소법으로서) 마음과 결합해 있다. "주지"와 "기"는 각각 유식설에서 종자와 현행에 해당한다.

이상이 『승만사자후일승대방편방광경』의 번뇌설이다. 그런데 북조에서는 이 설이 크게 오해되었다.

당 경에서 주지번뇌는 마음 위에서(마음과 별도로) 축적되고 있으며, 기번뇌는 (심소유법으로서) 마음과 결합해 있다. 그러나 북조에서는 주지번뇌 중 앞의 네 가지 주지번뇌는 (심소법으로서) 마음과 결합해 있는 견見이나 애愛 등이며 무명주지번뇌는 마음이라고 오해하였다. 북조에서는 무명주지번뇌는 "즉심卽心의 혹惑"('그 자체로 마음인 번뇌')이라 부르며 전의 네 가지 주지번뇌와 기번뇌는 "이심異心의 혹惑"('마음과 다른 번뇌')이라 부른다. 북위 낙양기에서 성립한 돈황출토 교리집성문헌 Pelliot chinois 2908에 다음과 같은 내용이 있다.

> 혹('번뇌')에 대해 말하면 [혹의] 명칭은 모래 수만큼 많지만, 요약하면 다만 즉심('그 자체로 마음인 것')인지 이심('마음과 다른 것')인지의 구별이 있을 뿐이다.
>
> [질문] 혹의 일어남起을 논할 때, 마음을 따르지 않는 [혹은] 없다. 즉심이 아니라면 무엇인가. 즉심이라면 그 자체로 문제가 없지만, 이심은 대체 무엇인가. [대답] 혹이 마음을 떠나지 않는다는 것은 진실로 이치가 있다. 먼저 즉심이라는 것은 다만 무지한

마음에 다름 아니니, [마음 중에는] 지해知解와 혹이 동거하고 있고 체體('본연의 상태')로서 [오온五蘊 중에] 상想과 식識을 겸하고 있으며, 또한 탐貪과 진瞋[이라는 이심의 혹] 하부에 항상 존재하기 때문에 즉심이라 부른다. 이심을 말하면, 다만 무지[한 마음]뿐 아니라 그곳에서 다시 [마음과] 다른 지해를 일으킴이다. 작의作意에 의해 소연所緣에 애착하는 것, 그것을 탐이라 부른다. 념念을 일으키는 것에 분노하는 것, 그것을 진이라 부른다. 탐과 잔은 각각 마음과는 별개이며 견見과 만慢도 각각 마음과 별개이기 때문에 "이심"이라고 한다.

즉심의 혹은 [생겨날 때에] 다시 작의를 필요로 하지 않으며 [무지한 마음이라는] 본래의 명칭에 머무는 것이므로 무명주지라 규정한다.

이심의 번뇌는 [생겨날 때에] 작의를 필요로 하므로, 견고함과 유연함의 구별이 있고 범부와 성인의 구별이 있다. 견고한 혹은 [범부의] 망정妄情에서 나오는 것이니, 견이 주체가 되어 다른 모든 번뇌를 일으키지만 한번 공空이라는 이치를 체험한다면 [다른 모든 번뇌와] 함께 곧바로 제거된다. 그러므로 견일처주지라 규정한다. 유연한 혹은 성인의 마음에 의해 일어나는 것이니, 생겨나는 것에 [횟수적으로] 증감이 있고 끊어버리는 것에 [시간적으로] 전후가 있다. 사유도思惟道(bhāvanāmārga, 수도修道) 중 사사四使(탐貪 · 진瞋 · 의癡 · 만慢)의 생김과 끊음은 [성인의] 종류에 호응한다. 애愛는 수생受生을 윤택하게 만들 수 있으므로 공능이 증장하고 작용이 드러나니, [삼계三界라는] 상하의 승강에 따라 [욕애 · 색애 · 유애라는] 세 가지 주지가 된다. 그러므로 삼계에서 범부와 성인은 모두 4주지가 된다. 앞의 [번뇌]가 후의 [번뇌]를 낳을 수 있는 것을 지地라 규정하며 [번뇌가] 동류이며 변하지 않는 것을 주住라 부른다.

> 惑而言之, 名有塵沙, 擧綱收要, 唯有卽異之別.
>
> 論惑之起, 莫不由心. 非卽如何. 卽義可爾, 異復云何. 解言. 惑不離心, 實有此理. 始言卽者, 直守不知之心, 解惑俱有, 體通想識, 復遍貪瞋, 故言卽也. 語異之◇(談?), 不但不知, 乃更生異解. 作意愛緣, 名之爲貪. 起念怒物, 目之曰瞋. 染恚各別心, 見慢各別意, 故言異也.
>
> 卽心之惑, 更無作意, 仍守本名, 故爲無明住地.
>
> 異心煩惱, 由開作意, 有堅柔之殊, 凡聖之別. 堅執之惑, 出自妄情, 以見爲主, 生餘煩惱, 一會空理, 相與頓遣, 是以爲見一處住地. 輕柔之患, 起由聖心, 生有增微, 斷有前

後. 思惟四使, 生斷應類. 以愛能潤生, 功長用顯, 上下階降, 爲三住地. 故三界凡聖, 合爲四住. 前能生後爲地, 同類不移曰住. (『第一集』 p.178)

여기에서는 분명 무명주지번뇌가 "즉심의 혹"이라고 규정되며, 사주지번뇌와 기번뇌가 모두 "이심의 혹"으로 규정되고 있다. 오온五蘊 중 상想과 식識이 일괄적으로 "마음"으로 규정되고 있음도 알 수 있다. 그 내용은 다음과 같다.

見一處住地	: 見道所斷惑(貪・瞋・癡・慢・疑・見)
欲愛住地·色愛住地·有愛住地	: 愛
無明住地	: 心
起	: 修道所斷惑(貪・瞋・癡・慢)

효문제孝文帝(재위 471~499)부터 선무제宣武帝(재위 499~515) 시기까지 북위의 도유나都維那를 역임했던 혜맹惠猛은, "이심의 혹"은 제6지까지 끊어지며 "즉심의 혹"은 제7지부터 끊어진다고 생각하였다. 교리집성문헌(Pelliot chinois 2908)에 다음과 같다.

만약 작고하신 혜맹 도유나의 이해에 따르면, 범부의 식識과 상想과 수受 중의 무명은 까닭이 있어 끊어지지 않는다. 어째서 그러한가 하면, [아래에] 밝히고자 한다. 범부의 [수 · 상 · 식이라는] 세 가지 마음 중의 무명은 미세하기 때문에 삼계를 넘어선 제7지第七地 이상의 승해勝解를 방해한다. 그러므로 제7지 이상에서야 비로소 이 세 가지 마음 중 즉심의 무명을 끊어버리는 것이다. 제6지 이하에서는 즉심의 무명이 있다 해도 [그것을] 완전히 끊지 못하고 다만 행온行蘊 중 이심의 혹을 끊을 뿐이다.

若依故猛都解時, 凡夫識想受中無明, 由故不斷. 何以故然. 欲明凡夫三心中無明細, 故障三界外七地以上勝解. 是以七住以上, 方斷此三心中卽心無明. 在六住以下, 雖有卽心無明, 一向不斷, 但斷行陰中異心惑. (『第一集』 p.180)

여기에서는 오온 중 수受 · 상想 · 식識이 일괄적으로 마음이라고 규정되고 있음을 알 수 있다.

이상에서 본 것처럼, 북위 낙양기에는 번뇌를 "이심의 혹"과 "즉심의 혹"으로 나누었던 것이다. "이심의 혹"은 견見이나 애愛 등의 심소법이며, "즉심의 혹"은 무명으로서 마음 그 자체이다.

『대승기신론』에서도 이 "이심의 혹", "즉심의 혹"이라는 두 개념을 계승하고 있다. 당 론에서는 "惑"이라는 용어 대신 "念"이라는 용어가 사용되고 있다.

먼저 "이심의 혹"에 해당하는 것을 제시한다. 『대승기신론』에 다음과 같은 내용이 있다.

> [념念과] 결합되어 있다고 말해지는 것은, 곧 심心과 념은 법法('범주')으로서 다르며, [대상인] 잡염과 청정은 별개라 하더라도 [심과, 심과는 다른 념이 대상을] 아는 것이나 반연하는 것은 같다는 것이다.
>
> 言相應義者, 謂心念法異, 依染淨差別而知相緣相同故. (Ⅲ解釋分, 顯示正義)

다음으로 "즉심의 혹"에 해당하는 것을 제시한다. 『대승기신론』에 다음과 같은 내용이 있다.

> [념과] 결합되어 있지 않다는 것은, 즉, 바로 심 그 자체가 불각不覺("아직 깨닫지 못한 것"=念)인 것이어서 [심과 념은] 항상 다르지 않으며, [심 그리고 심과는 다른 념은 대상을] 아는 것이나 반연하는 것은 같지 않다는 것이다.
>
> 不相應義者, 謂卽心不覺常無別異, 不同知相緣相故. (Ⅲ解釋分, 顯示正義)

또한 "이심의 혹"에 해당하는 것은 제7지까지 끊어지며 "즉심의 혹"에 해당하는 것은 제8지부터 끊어진다고 생각한다. 『대승기신론』에 다음과 같은 내용이다.

> 염심染心은 여섯 가지이다. "여섯이란 무엇인가"라 한다면,

첫째는 집착이라는, [념念과] 결합되어 있는 염[심]이다. 이승二乘의 해탈과 [보살의] 신상응지信相應地(신성취발심信成就發心)에서 떠나기 때문이다.

둘째는 [념과의 결합이] 중단되지 않는 상태라는, [념과] 결합되어 있는 염[심]이다. 신상응지(신성취발심)에서 [후술할 네 가지의] 가행加行("대처")를 수학함에 의해 점차 버릴 수 있으며 정심지淨心地(초지)를 얻은 후 완전히 떠나기 때문이다.

셋째는 분별하는 지智라는 [념과] 결합되어 있는 염[심]이다. 구계지具戒地(제2지)에서 점차 떠나가 마침내 무상방편지無相方便地(제7지)에서 최종적으로 떠나기 때문이다.

넷째는 색色을 현현한다는, [념과] 결합되어 있지 않은 염[심]이다. 색자재지色自在地(제8지)에서 떠날 수 있기 때문이다.

다섯째는 보려고 하는 심心이라는, [념과] 결합되어 있지 않은 염[심]이다. 심자재지心自在地(제9지)에서 떠날 수 있기 때문이다.

여섯째는, 근본적인 업業이라는, [념과] 결합되어 있지 않은 염[심]이다. 보살지菩薩地의 궁극에서 여래지如來地에 들어가 떠날 수 있기 때문이다.

染心者有六種. 云何爲六.

一者執相應染. 依二乘解脫及信相應地遠離故.

二者不斷相應染. 依信相應地修學方便漸漸能捨, 得淨心地究竟離故.

三者分別智相應染. 依具戒地漸離, 乃至無相方便地究竟離故.

四者現色不相應染. 依色自在地能離故.

五者能見心不相應染. 依心自在地能離故.

六者根本業不相應染. 依菩薩盡地得入如來地能離故. (Ⅲ解釋分, 顯示正義)

북조불교에서 "즉심의 혹"은 무명이며 마음 그 자체였다. 『대승기신론』에서도 마음 그 자체(정확히 말하면, 마음에 있는 불생불멸의 차원과 생멸의 차원 중 생멸의 차원)을 무명으로 간주하고 있다. 당 론에 다음과 같은 내용이다.

모든 심식心識의 특징은 다 무명이지만〔……〕.

以一切心識之相皆是無明〔……〕. (Ⅲ解釋分, 顯示正義)

세간의 모든 대상은 어느 것이든 중생의 무명이라는 허망한 심心에 의거하여 성립할 수 있다고 알아야 한다.

當知世間一切境界皆依衆生無明妄心而得住持. (Ⅲ解釋分, 顯示正義)

정리하면, 인도불교에서 번뇌는 마음과 결합해 있는 것일 뿐이지만, 북조불교에서는 북위 낙양기 이후 번뇌는 마음과 결합해 있는 것과 마음 그 자체라는 두 가지로 나뉘었고 그중 마음 그 자체가 무명으로 간주되었다. 『대승기신론』에서 마음이 무명이라고 보는 것은 『대승기신론』의 북조인 찬술설을 입증한다.

4. 쌍운도雙運道에서 지止와 관觀의 대상을 별개로 보는 설

인도불교의 유식설에서는 견도見道(darśanamārga, '[진리를] 보는 도道')에서 지止와 관觀이 한순간 동시에 일어난다고 설한다. 그러므로 견도는 쌍운도雙運道(yuga-naddhamārga. '[지와 관의] 쌍방이 엮여있는 도道')라고도 불린다.

쌍운도에서 지와 관은 동일한 대상을 사유한다. 구체적으로는 지도 관도 먼저 유식唯識을 사유하고 후에 진여眞如를 사유한다. 『해심밀경解深密經』에 다음과 같은 내용이 있다. (번역은 티베트역에서. 한역은 보리유지 역)

[질문] 어떠한 경우에 지止와 관觀의 두 가지가 함께 되어 평등하게 쌍운雙運하는 것입니까. [대답] 심일경성心一境性('마음을 한 점에 집중하는 것')에서 작의作意할 때이다.

ji tsam gyis na zhi gnas dang lhag mthong gnyis 'dres par 'gyur te mnyam par zung du 'jug pa lags | bka' stsal pa | gang gi tshe sems rtse gcig pa nyid la yid la byed pa'o | (SNS VIII. 9)

彌勒菩薩言. 世尊, 云何菩薩奢摩他毘婆舍那二法和合一時修行. 佛言. 彌勒, 若菩薩觀心一心, 如是奢摩他毘婆舍那一時修行. (권3. T16, 675a)

[질문] 심일경성이라 무엇입니까. [대답] 삼마지三摩地(*samādhi. '명상')의 소행所行

(*gocara. '대상')이다. 그 영상에 대해 "이것은 유식이다"라 관찰하고, 그것을 관찰한 후 진여에 대해서 작의하는 것이다.

sems rtse gcig pa nyid gang lags | ting nge 'dzin gyi spyod yul gzugs brnyan de la 'di ni rnam par rig pa tsam yin no zhes bya bar rtogs te | de rtogs nas de bzhin nyid du yid la byed pa gang yin pa'o || (SNS VIII. 9)

彌勒菩薩言. 世尊, 何者是心而言一心. 佛言. 彌勒, 所謂觀彼三昧境像, 覺知是心, 覺知是心已, 修眞如觀. 彌勒, 是名一心. (권3. T16, 675a)

그런데 이 쌍운도는 『십지경론十地經論』에서도 설해지고 있다. 『십지경』과 그것을 주석한 『십지경론』에 다음과 같은 내용이 있다. (번역은 각각 범문과 티베트역에서)

그는 한순간도 도道를 일으키는 것에서 벗어나려 하지 않는다. 일으키는 것에서 벗어나려 하지 않는다. 그는 걷고 있을 때에도 서 있을 때에도 앉아 있을 때에도 누워 있을 때에도 꿈속에 있을 때에도 이와 같이 지혜를 일으키는 것에 결부되어 있다.

sa ekakṣaṇam api mārgābhinirhārān na vyuttiṣṭhate sa gacchann apy evaṃ jñānābhinirhārayukto bhavati, tiṣṭhann api niṣaṇṇo 'pi śayano 'pi svapnāntaragato 'pi. (DBhS 116, 12-14)

是菩薩起於道時, 一念心不捨. 是菩薩修行智慧, 來時亦起, 去時亦起, 住時亦起, 坐時亦起, 臥時亦起, 乃至睡夢, 皆能起道. (권9. T26, 175a)

여기에서는, 한순간에 지관의 도를 현전시킴에 의해 [지와 관] 모두가 동시에 일어난다고 알려져야 한다.

de la skad cig gcig la zhi gnas dang lhag mthong gi lam mngon sum du byed pas gnyis cig car 'byung bar rig par bya'o || (P no. 5494, Ngi 267b2)

是中一念中奢摩他毘婆舍那二行, 雙現前故. (권9. T26, 175b)

『대승기신론』에서는, 이 『십지경론』을 답습하는 형태로 쌍운도가 설해지고 있다. 『대승기신론』의 다음과 같은 내용이다.

> 걷고 있을 때에도 멈춰 있을 때에도 누워 있을 때에도 일어나 있을 때에도 모두 지止와 관觀을 함께 행해야 한다.
>
> 若行若住若臥若起, 皆應止觀俱行. (Ⅳ修行信心分, 修行)

앞서 확인한 것처럼, 인도불교의 유식설에서 쌍운도는 지와 관이 동일 대상을 사유하는 것이었다. 구체적으로는 지도 관도 먼저 유식을 사유하고, 후에 진여를 사유한다.

그런데 『대승기신론』은 쌍운도에서 지와 관은 별개의 대상을 사유하는 것이다. 구체적으로는 지가 먼저 유심唯心(유식)을 사유하고, 그 후에 진여를 사유하는 것과는 달리 관은 계속 유위법有爲法을 사유한다. 『대승기신론』의 다음 내용이다.

> 그리고 다음으로, 만약 사람이 다만 지止만을 수습한다면 마음이 가라앉거나 권태를 일으켜 여러 선善을 바라지 않고 대비大悲에서 멀어져 버릴 것이다. 그렇기 때문에 관觀을 수습한다. 관을 수습한다는 것은, 모든 세간적인 유위법이 오랫동안은 머물지 않음을, 곧 무너지는 것을, 모든 마음의 활동이 순간마다 생겨나고 사라지는 것을, 그 때문에 고苦라는 것을 관찰해야 한다.
>
> 復次若人唯修於止, 則心沈沒, 或起懈怠, 不樂衆善, 遠離大悲. 是故修觀. 修習觀者, 當觀一切世間有爲之法, 無得久停, 須臾變壞, 一切心行, 念念生滅, 以是故苦. (Ⅳ修行信心分, 修行)

즉 『대승기신론』은 진여와 유위법을 동일 순간에 사유함을 중시하고 있는 것이다.

여기에서 주목해야 할 것은 북조에서 공空과 유有를 동일 순간에 관조하는 것(공유쌍조空有雙照)이 중시되었다는 점이다. 북위 낙양기에 성립한 돈황출토 교리집성 문헌 Pelliot chinois 2908에 다음과 같은 내용이 있다.

만약 관행觀行을 논하는 경우라면, 초지에서 제6지까지에서는 공空과 유有를 순차적으로 관조한다. 제7지에서 역시 [공과 유를] 순차적으로 관조하지만, 때에 따라 [공과 유에] 동시에 들어간다. 제8지 이상에서는 공과 유를 동시에 관조하니, 처음부터 순차적으로는 관조하지 않는다.

若論觀行, 從初地至六地空有第觀. 七地雖復第觀, 時復入雙. 八地以上空有雙照, 初無第觀. (『第一集』 p.132)

초지에서 제6지까지에서는 한순간에 이제二諦 둘 모두를 소연所緣으로 할 수 없다. 제7지의 보살은 마음을 북돋으면 둘 모두를 [소연으로 할 수 있지만] 유예한다면 한 쪽뿐이다. 제8지 이상에서는 모든 때에 이제二諦 둘 모두를 관조한다.

始從初地終至六地不能一念雙緣二諦. 七地菩薩厲心則雙, 容予則隻. 八地以上一切時中雙照二諦. (『第一集』 p.167)

『대승기신론』에서 진여와 유위법을 동일 순간에 사유함이 중시된 것은 진여를 사유하는 것만으로는 대비大悲가 일어나지 않기 때문이었다. 북조에서 공과 유를 동일 순간에 관조함空有雙照이 중시된 것도, 공을 관조하는 것만으로는 대비가 일어나지 않기 때문이다. 사실 교리집성문헌 Pelliot chinois 2908의 기술은 『대지도론大智度論』을 전거로 하고 있다. 『대지도론』에 다음과 같은 내용이 있다.

마치 제7지의 보살이 제법을 공空, 무소유無所有, 불생不生, 불멸不滅이라 관찰하고, 그렇게 관찰한 후 세계 전체에 대해 마음이 집착되지 않고, 6바라밀을 내려놓아 열반에 들어가는 것 같이 되는 것이다. 마치 사람이 꿈 속에서 뗏목을 만들어 대하를 건너는 중에 손발이 피곤하고, 꺼리는 생각을 일으켜, 물길 한가운데에서 꿈에서 깨어나 스스로 "건너야 할 강이 어디 있는가"라 중얼거리며, 그때에 노력하는 마음을 모두 내려놓아 버리는 것처럼, 그처럼 보살도 제7지에 서서 무생법인無生法忍을 얻고, 마음의 활동을 멈추어 버리고, 열반에 들어가고자 한다. 그때 모든 방향에 계신 부처님들께서 다 광명을 놓아 보살의 몸을 비추고 오른손으로 그의 머리를 어루만지시며 말씀하신다. "좋은 집안의 자식이여, 이러한 마음을 일으키지 말라. 그대는 '중생을 제도

하겠다'라는 그대의 본원本願을 생각해 내야 한다. 그대는 공空을 알지만, 중생은 알지 못한다. 그대는 여러 공덕을 모으고 중생을 교화하며 [저들과] 함께 열반에 들어가야 한다. 그대는 아직 금색의 몸이나 32상과 80종호, 무량한 광명, 32업을 얻지 못했다. 그대는 지금 겨우 무생법문無生法門 단 하나를 얻었을 뿐이다. 그것만으로 크게 기뻐해서는 안 된다." 그때, 보살은 여러 부처님의 가르침을 듣고 다시 본심(본원)을 일으켜, 6바라밀을 수행하고 중생을 제도하는 것이다.

> 如七住菩薩觀諸法空無所有不生不滅, 如是觀已, 於一切世界中心不著, 欲放捨六波羅蜜入涅槃. 譬如人夢中作筏, 渡大河水, 手足疲勞, 生患厭想, 在中流中, 夢覺已自念言, 「何許有河, 而可渡者」, 是時勤心都放, 菩薩亦如是, 立七住中, 得無生法忍, 心行皆止, 欲入涅槃. 爾時十方諸佛皆放光明, 照菩薩身, 以右手摩其頭, 語言. 「善男子, 勿生此心. 汝當念汝本願欲度衆生. 汝雖知空, 衆生不解. 汝當集諸功德教化衆生共入涅槃. 汝未得金色身三十二相八十種隨形好無量光明三十二業. 汝今始得一無生法門. 莫便大喜」. 是時菩薩聞諸佛教誨, 還生本心, 行六波羅蜜, 以度衆生. (권10. T25, 132ab)

즉 제7지의 보살은 제법을 공空이라고 관찰한 결과 집착이 없어져 그대로 열반에 들어가 버리고자 하기 때문에, 부처는 그러한 보살을 만류하여 중생제도로 향하게 한다(이 보살의 위기를 전통적으로 '칠지침공七地沈空의 난'이라 한다). 북조에서는 이 『대지도론』의 기술에 의거하여 다만 공을 관조하는 것이 아니라 공과 유有를 동일 순간에 관조하는 것空有雙照을 중시하였다. 『대승기신론』에서 진여와 유위법을 동일 순간에 사유함이 중시되었던 것도 이러한 북조의 설을 계승한 것이라고 생각된다.

정리하면, 북조에서는 북위 낙양기 이래 공과 유를 동일 순간에 관조하는 것空有雙照이 중시되었다. 『대승기신론』에서 쌍운도에서 지止가 진여(즉 '공')를, 관觀이 유위법(즉 '유')을 동일 순간에 사유함을 중시하였다는 것은 『대승기신론』의 북조인 찬술설을 입증한다.

5. 대승大乘의 말뜻을 삼대三大로 보는 설

인도불교에서, 『유가사지론瑜伽師地論』「본지분本地分」 중 「보살지菩薩地」 보리분품菩提分品은 대승大乘의 말뜻을 칠대七大로 분류하고 있다. 남북조에서 유통되었던 담무참曇無讖 역 『보살지지경菩薩地持經』에 의하면, 법대法大, 심대心大, 해대解大, 정심대淨心大, 중구대衆具大, 시대時大, 득대得大가 그것이다.

『대승기신론』에서는 대승의 말뜻을 삼대三大로 분류하고 있다. 체대體大, 상대相大, 용대用大가 그것이다. 이것은 앞의 칠대와 전혀 겹치지 않는다. 그러므로 삼대가 인도불교에서 유래했는지가 문제가 되는 것이다.

체體, 상相, 용用이라는 세 가지로 이루어진 구조는 북조에서 성립한 돈황출토 교리집성문헌 Stein 613이나 Stein 4303에서 사용되고 있음이 지적되었다.[3] 또한 이들에 대응하는 범어에 대해서는 범본 『입능가경入楞伽經』의 「게송품偈頌品」 제25게를 근거로 하여 순서대로 bhāva, lakṣaṇa, kriyā가 추측되었다.[4] 『입능가경』에 다음과 같은 내용이 있다. (번역은 범문에서. 한역은 보리유지 역)

> 나는, 체體('본연의 상태')에 의해서는, 용用('작용')에 의해서는, 상相('모습')에 의해서는 열반하지 않는다. 분별의 원인인 식識이 소멸한 경우, 나는 마침내 열반한다.
>
> nāhaṃ nirvāmi bhāvena kriyayā lakṣaṇena ca |
> vikalpahetuvijñāne nivṛtte nirvṛto hy aham || (LAS 127, 8-9; Saghātaka 25)
>
> 我不取涅槃 亦不捨作相
> 轉滅虛妄心 故言得涅槃 (권4. T16, 538c)
>
> 我不入涅槃 不滅諸相業
> 滅諸分別識 此是我涅槃 (권10. T16, 565c)

다만 정말로 체, 상, 용이 순서대로 bhāva, lakṣaṇa, kriyā의 번역인지에 대해서는 의문도 가지게 된다. 왜냐하면 북조 보리유지가 한역한 『입능가경』에서는 bhāva, lakṣaṇa, kriyā는 차례대로 체, 상, 용으로 번역되지 않았기 때문이다. (전술한 한역

참조)

그러므로 체대體大, 상대相大, 용대用大에 대해서, 그것들이 범본『입능가경』을 전거로 하지 않는다는 가능성도 생각할 수 있다.

여기에서 주목해야 할 것은 북조에서『대승기신론』이 등장하기 전에 남조에서 "마하반야摩訶般若('大智')"의 말뜻으로서 십대十大와 오대五大가 주장되었고, 거기에 체대와 용대가 포함되어 있었다는 것이다. 혜균慧均『대품유의大品遊意』(『대승사론현의기大乘四論玄義記』「반야의般若義」[5]) (7세기 초두 성립[6])에 다음과 같은 내용이 있다.

이러한 대大의 말뜻을 밝힘에 대해서는 두 가지 학파가 있다.

초제사招提師(초제사招提寺 혜염慧琰)은 장엄莊嚴(장엄사莊嚴寺 승민僧旻)의 주장을 조술祖述하여 "대大의 말뜻은 열 가지이다. 첫째는 경대境大, 둘째는 인대人大, 셋째는 체대體大, 넷째는 용대用大, 다섯째는 인대因大, 여섯째는 과대果大, 일곱째는 도대導大, 여덟째는 익대益大, 아홉째는 단결대斷結大, 열째는 멸죄대滅罪大이다. ① 승의勝義('최고 [지혜]의 대상')이라는 대상은 법계法界에 편만하기 때문에 경대境大라 불린다. ② 그 법境大을 체험하는 자는 인대人大라 불린다. 그러므로『십이문론十二門論』에서 '관세음觀世音이나 대세지大勢至 등이라는 대사大士에 의해 태워지는 것[乘]이기 때문에 대라 한다'[7]고 말한 것이다. ③ 실상반야實相般若는 모든 수행의 근본이며 모든 종류[의 수행]을 받아들이기 때문에 체대體라 불린다. 모든 꽃은 색이 다르다 해도 모두 [색온色蘊이라는] 하나의 온蘊을 구성하며, 모든 종류[의 수행]은 체體('본연의 상태')로서 다르다 해도 모두 반야般若에 귀일歸一하는 것이다. ④ 반야는 승의인 공성空性을 관조할 수 있어, 그 용用('작용')은 가장 뛰어나기 때문에 용대用大라 불린다. 앞의 구절(①②③)은 다만 지혜의 주체를 말했을 뿐이고, 이 구절(④)은 [지혜의] 작용을 따로 내었을 뿐이다. ⑤ 보살이 모든 수행을 수습함을 인대라 부른다. ⑥ 원인이 광대한 이상, [원인에 의해] 얻어지는 것(결과)은 더욱 광대하기 때문에 과대라 불린다. ⑦ 이승二乘이 말한 것은 다만 세 가지에 머물지만, 보살은 두루 모든 수행을 이끌기[導] 때문에 도대라 불린다. ⑧ 모든 종류[의 수행]을 이끄는 이상, 이익이 가장 뛰어나기 때문에 이익대利益大라 불린다. ⑨ 이승은 다만 정사正使('현재적 상태의 번뇌')인 견혹見惑과 사혹思惑만을 끊을 뿐 습기習氣('잠재적 상태')인 무명無明에는 힘이 미치지 않는다. 오직 보살만이 모두를 끊기 때문에 단결대라 불린다. 그러므로 『대품경大品經』에서 '찰나와 결합되어 있는 지혜에 의해 무량한 번뇌와 습기를 끊는다'[8]고 말한 것이다. ⑩ 이승은 다만 경죄輕罪를 없앨 뿐 4중죄와 5역죄에는 힘이 미치지 않는다. 그러므로 『아함경阿含經』에서 '아사세왕阿闍世王은 박국지옥拍毱地獄에 떨어진다'[9]고 말한 것이다. 보살은 곧바로 [4중죄와 5역죄를] 없애기 때문에 멸죄대라 불린다. 『대품』에서 '만약 이 경전을 듣는다면, 곧 악창惡瘡과 나병癩病을 없앨 것이다'[10]라고 말하였다. 『석론釋論(『대지도론』)』 제59권 「석법칭품釋法稱品」에서 '악창과 나병이란 곧 4중죄와 5역죄이다'[11]라고 말한다. 그러므로 『[아사세왕]경阿闍世王經』에 '아사세왕은 죄를 소멸하였다'고 한 것은 그것을 말한다"고 하였다.

용광龍光(용광사龍光寺 승작僧綽)은 개선開善(개선사開善寺 지장智藏)의 주장을 조술하여 "대大는 여섯 가지이다. 인人, 경境, 체體, 용用, 인因, 과果이다. 후반의 도導나 멸죄滅罪 등의 네 가지는 용대에 포함된다."고 하였다.

> 明此大義有兩家.
>
> 招提涅槃(-涅槃?)師述莊嚴義云"大義有十種. 一境, 二人, 三體, 四用, 五因, 六果, 七導, 八利益, 九斷結, 十滅罪也. 第一義境遍法界, 故名境大. 會此法者, 名爲人大. 故『十二門論』云「世音大勢等大士所乘故, 故名爲大」也. 實相般若是萬行之本, 容受萬品, 名爲體大. 所謂百華異色, 皆成一陰, 萬品體殊, 皆歸波若. 波若能照第一義空, 此用最勝, 故名爲用大. 上句直謂智能, 此句作用爲異耳. 菩薩修萬行, 名爲因大. 因旣廣大, 所得彌博, 故名爲果大. 二乘所道唯止於三, 菩薩遍導萬行, 故名導大. 旣導萬品, 利功最勝, 故名利益大. 二乘唯斷正使見諦思, 不及習氣無明. 唯菩薩兼斷, 故名斷結大. 故『大品經』云「一念相應慧, 斷無量煩惱及習」也. 二乘唯滅輕罪, 不及四重五逆. 故『阿含經』云「阿闍世王墮毱地獄」也. 菩薩頓滅, 故名滅罪大. 『大品』云「若聞此『經』, 卽滅惡創癩病」. 『釋論』第五十九卷釋法稱品云「惡創癩病者, 謂四重五逆」也. 故『經』云「世王滅罪」謂此也".
>
> 龍光述開善義云"大有六種. 人, 境, 體, 用, 因, 果也. 後導與滅罪等四攝入用大中也". (T33, 63bc)

즉, 남조의 장엄사 승민(467~527)은 십대十大를 주장하였고 개선사 지장(458~522)

은 육대六大를 주장하였는데, 모두 그 가운데 체대體大와 용대用大가 포함되어 있었다는 것이다.

또한 길장吉藏『대품경의소大品經義疏』(開皇 15년[595] 성립)에 다음과 같은 내용이 있다.

> ["마하반야"의] 마하摩訶는 대大로 번역된다. [질문] 대는 몇 가지인가? [대답] 여러 해석이 있다.
>
> 초제자(초제사 혜염)는 열 가지 대가 있음을 밝혔다. 첫째는 경대境大이다. 진제眞諦라 하는, 무상無相의 대상이니, 진여眞如나 법성法性이라 불린다. 법성은 모든 곳에 편만해 있다. 그러므로 경전에서 "법성을 내는 하나의 법은 없다"12)고 말한다. 그러므로 대로 규정되는 것이다. 진여란 모든 것이 진여일 뿐이다. 그러므로 개선(개선사 지장)은 "영겁동안 진여를 배웠지만, 지금에야 천하에 유포되어 편만해 있는 진여는 다만 항아리의 진여에 다름 아님을 깨달았다"고 말한다. 둘째는 인대人大이다. 이 법般若은 위대한 사람의 법이다. 이 법을 수행할 수 있기 때문에 [위대한 사람인 것]이다. 그러므로 인대人大라 부른다. 셋째는 체대體大이다. 이것은 어떠한 법인가 하면 상相을 잊은 지혜를 말하니, 반야般若이다. 그러므로 대라 규정한다. 넷째는 용대用大이다. 다섯째는 인대因大이다. 모든 수행 중 반야가 가장 크고, 6바라밀 중 반야가 가장 크다. 그러므로 인대이다. 여섯째 과대果大란 이 법般若은 큰 과보를 얻을 수 있는 것이다. 일곱째는 도대導大이다. [이 법般若은] 모든 수행을 이끌어 불과佛果에 도달시킬 수 있는 것이다. 여덟째는 리과대離過大이다. [이 법般若이] 4중죄와 5역죄를 없앨 수 있음을 말한 것이다. 아홉째는 역용대力用大이다. [이 법般若이] 인천오승人天五乘을 출생시킬 수 있음을 말한 것이다. 열째는 교대教大이다. 이 경전은 삼승三乘을 공통적으로 가르치는 것이다.
>
> 다음으로, 초제 후에 어떤 이는 십대十大가 너무 많음을 싫어하여, 때문에 오대五大로 개작하였다. 오대란 첫째 경대境大, 둘째는 체대體大, 셋째는 용대用大, 넷째는 인대因大, 다섯째는 과대果大이다. [그 사람은] 앞의 십대가 이 오대를 벗어나지 않음을 밝혔다. 다섯이라 하는 것은, 인대人大는 만약 인因의 단계에 있는 사람이라면 인에 포함되며, 과果의 단계에 있는 사람이라면 과에 포함되는 이상, 어째서 별도로 설립할 필요

가 있겠는가. 인대人大의 용력力用 등은 결국 인因과 과果에 포함되는 이상, 열 가지를 필요로 하지 않는다.

다음으로 영관靈觀 법사가 있었다. 지론사地論師 중 우수한 사람이지만, 경전을 손에 들고 동양東陽(현재의 절강성浙江省 동양시東陽市)에 이르러 후에 도都(건강建康. 현재의 강소성江蘇省 남경시南京市)의 풍락사豐樂寺로 돌아가 흥황興皇 법사(법랑法朗. 507~581)에 의탁하여 임시로 사흘 동안 머물며 강의하였다. 그를 본 사람은 "그는 영관과 다르지 않은가?"라 의심하였다. "그는 영관이라는 이름을 사칭한 것 아닌가?"라고 두려워하였다. 그의 스승(영관)이 그것을 알고 웃으며 "다르다고 한다면 누구인가"라 말하였다. 『화엄경華嚴經』, 『대집경大集經』, 『열반경涅槃經』, 『대품경大品經』이라는 네 가지의 해석에 이르러 네 가지 대大를 밝혔다. 만약 『열반경』이라면 과과대果果大이다. 『화엄경華嚴經』이라면 과대果大이다. 『대집경大集經』이라면 과과과이대果果果二大(=果果大+果大)이다. 『반야경般若經』이라면 다만 공空에 대한 지혜일 뿐이다. 이것은 인대因大이다.

[이상,] 전부 세 학파의 해석이 있다.

> 摩訶飜爲大. 問. 大有幾種. 解釋不同.
>
> 招提師明有十種大. 一者境大. 卽是眞諦無相境, 亦名如法性. 法性遍一切處, 故『經』云「無有一法出法性者」. 所以爲大也. 如者一切皆如耳. 故開善云"曠劫學於如, 今得如提流天下遍只是瓶處如"也. 二者人大. 此法是大人法. 行(能?)行此法故. 故名爲人大也. 三者體大. 此是何法. 謂忘相知(智?)卽是般若. 故爲大. 四者用大. 五因大. 萬行中般若最大, 六度中般若最大. 故是因大. 六果大者, 此法能得大果報也. 七者導大. 能導一切萬行到佛果. 八者離過大. 謂寂(能?)滅四重五逆. 九力用大. 謂能出生人天五乘. 十者教大. 此『經』通教三乘也.
>
> 次招提後, 人嫌十大太多, 故作五大. 五大者, 一境大, 二體大, 三用大, 四因大, 五果大. 明前十大不出此五大. 言五者, 人大者, 若是因人則屬因攝, 果人則屬果攝, 何須別立. 人大力用等終是因果所攝, 不須十也.
>
> 次有靈觀法師, 是地論師中好, 手經至東陽, 後還都豊樂寺, 歸興皇法師, 假停三日講. 看之人疑其非是靈觀觀(-觀?), 恐其偸得靈觀之名. 彼師旣知, 玄(笑?)云"若言非者, 但(是?)雖(誰?)者也". 主(至?)釋『華嚴』『大集』『涅槃』『大品』四, 餘(則?)明四

種大. 若是『涅槃』, 卽是果果大. 『華嚴』是果大. 『大集』具(是?)果果(+果?)二大. 『般若』但是空慧, 此是因大.

都有三家解釋. (권1. Z1.38.1, 9d-10b)

혜균이 든 이익대利益大와 단결대斷結大 대신에 길장은 용력대力用大와 교대敎大를 들고, 혜균이 멸죄대滅罪大라 한 것을 길장은 리과대離過大로 부른다. 혜균이 알고 있었던 장엄사 승민의 십대十大와 길장이 알고 있었던 조체사 혜염의 십대는 약간 달랐던 듯하다. 다만 길장이 든 초제사 혜염의 십대 중에도 역시 체대體大와 용대用大가 포함되어 있다.

그러므로 체대와 용대는 북조에서 『대승기신론』이 등장하기 이전에 이미 남조에서 장엄사 승민(467~527)이나 초제사 혜염(5~6세기 전반경[13])에 의해 주장되었음을 알 수 있다.

남조에서는 "마하반야摩訶般若('대지大智')"의 말뜻으로서 체대와 용대가 주장되었지만, 북조에서는 보리유지 일문의 강의록 『금강선론金剛仙論』(天平2년[535] 성립[14])에 이르러 "대승大乘"의 말뜻으로서 체대를 주장하였던 듯하다. 『금강선론』의 다음과 같은 내용이다.

첫째는 체體('본연의 상태')가 큰 것이다. 대승의 체가 모든 공덕을 담고 오승五乘의 인과因果를 출생시킨다는 것을 밝힌다. 그러므로 체가 크다고 하는 것이다.

一者體大. 明大乘之體苞含萬德出生五乘因果. 故名體大也. (권1. T25, 805a)

북조의 체대體大는 남조의 체대에 영향을 받은 것이라고 생각된다. 6세기 초두에 북조의 사람들이 남조의 장엄사 승민이나 개선사 지장, 초제사 혜염 등 『성실론成實論』 연구자들의 학설을 흡수한 것은 드문 일이 아니다.

또한 북조에서는 돈황출토 교리집성문헌 Stein 613이나 Stein 4303에 이르러 체體, 상相, 용用이라는 세 가지로 이루어진 구조가 나타나게 되었던 듯하다.[15] 예를 들어 Stein 4303에 다음과 같은 내용이 있다.

법[신]法身을 논하는 것은 진리를 염두에 두고 체體를 표하는 것이다.
보[신]報身을 말하는 것은 공덕을 염두에 두고 상相을 표하는 것이다.
응[신]應身을 논하는 것은 연緣을 따름에 의해 용用을 변별하는 것이다.

論法, 就理以彰體. 語報, 據德彰相. 論應, 隨緣辯用. (『第一集』 p.233)

체, 상, 용이라는 세 가지로 이루어진 구조가 어떻게 나타났는지는 현 시점에서 명확하지 않다. 앞서 소개한 대로 범본 『입능가경』 「게송품」 제25게가 전거일 수도 있지만 확정적이지는 않다.

덧붙여, 『금강선론』에서는 체, 상, 용이라는 세 가지로 이루어진 구조가 나타나지 않으며 체, 용의 둘로 이루어진 구조가 종종 사용되고 있다. 『금강선론』에 다음과 같은 내용이 있다.

색色('물질')을 특징으로 하는 몸은 보[신]報身과 응[신]應身에서 용用을 나타낸다. 진여眞如인 법신法身은 설령 모든 공덕이 원만하다 해도 다만 체體를 염두에 두고서만 논해지기 때문에 색色을 특징으로 하는 용이 없다.

色相之身顯用於報應. 眞如法身雖萬德圓滿, 但據體而論, 故無色相之用也.

(권8. T25, 856ab)

앞서 Stein 4303에서는 법신法身, 보신報身, 응신應身이 차례대로 체, 상, 용에 배당되어 있지만, 이 『금강선론』에서는 법신이 체, 보신과 응신이 용에 배당되어 있다. 특히 Stein 4303에서 보신이 상에 배당되어 있음과 달리 『금강선론』에서 보신은 일관되게 용에 배당된다. 『금강선론』에 다음과 같은 내용이 있다.

부처의 수행과 단혹斷惑을 계기로 하여 곧바로 본성이 용用을 나타내는 것을 보신불報身佛이라 부른다.

以佛修行斷惑因緣, 卽本有之性現用名爲報佛. (권4. T25, 827a)

곧바로 본성이 현현하게 되어 용用을 나타내는 것을 보신불報身佛이라 부른다.

即顯本有之性現用名報佛. (권5. T25, 828a)

『대승기신론』에서는 법신은 진여 자신의 체상體相(즉, 체體16))에 배당되며, 보신과 응신은 진여의 용用에 배당된다. 이러한 배당은 『금강선론』의 해석과 일치한다. 『대승기신론』에 다음과 같은 내용이 있다.

그리고 다음으로, 그리고 다음으로, 진여眞如 자신의 체상('본연의 상태')이란, 〔……〕 여래장如來藏이라 불리며, 여래의 법신法身이라고도 불린다.

그리고 다음으로 진여의 용('작용')이란, 〔……〕 이 용('작용')은 두 가지이다. "둘이란 무엇인가"라 한다면, 첫째, 〔……〕 응신應身이라 한다.〔……〕 둘째, 〔……〕 보신報身이라 한다.

復次眞如自體相者……名爲如來藏, 亦名如來法身.

復次眞如用者……此用有二種. 云何爲二. 一者……名爲應身. ……二者……名爲報身. (Ⅲ解釋分)

그러므로 순서적으로 보자면, 먼저 체體, 상相, 용用이라는 세 가지로 이루어진 구조를 사용하지 않고 부처의 삼신三身을 체와 용이라는 두 가지로 이루어진 구조에 배당하는 『금강선론』이 지어졌고, 그 후에 체, 상, 용이라는 세 가지로 이루어진 구조를 사용하면서도 부처의 삼신을 체와 용이라는 두 가지로 이루어진 구조에 배당하는 『대승기신론』이 지어졌으며, 그 후에 체, 상, 용이라는 세 가지로 이루어진 구조를 사용하면서 부처의 삼신을 체, 상, 용이라는 세 가지로 이루어진 구조에 배당하는 Stein 4303이 지어졌다고 생각된다.

정리하면, 남조에서 장엄사 승민이나 개선사 지장, 초제사 혜염이 주장했던 체대體大, 용대用大는, 북조에서 『금강선론』이 주장하였던 체대를 근거로 하면서, 마찬가지로 북조에서 후에 Stein 613이나 Stein 4303이 게재하였던 체, 상, 용이라는 세 가지로 이루어진 구조를 받아들여 『대승기신론』에서 체대, 상대相大, 용대라는 삼대三大가 되었다. 『대승기신론』에서 대승大乘의 말뜻을 삼대로 보는 것은 『대승기신론』

의 북조인 찬술설을 입증한다.

6. 마치며

본 장에서 규명한 것은 아래와 같다.

1)『대승기신론』에는 당 론이 성립하기 이전, 북위 낙양기로 소급하는 아래의 북조불교설이 포함되어 있다.

2) 오온五蘊을 색심色心으로 보는 것은 남조에서『성실론成實論』에 입각해 전개되어 북조에 계승되었던 설이다.

3) 마음을 무명無明으로 보는 설은 북조에서『승만사자후일승대방편방광경』에 입각해 전개되었던 설이다.

4) 쌍운도雙運道에서 지止와 관觀의 대상을 다르게 보는 설은 불교에서『대지도론大智度論』에 입각해 전개되었던 설이다.

5) 대승大乘의 말뜻을 삼대三大로 보는 설은, 남조에서 마하반야摩訶般若의 말뜻으로서 체대體大와 용대用大를 설한 것에서 시작되어 북조에서 체體, 상相, 용用 설해진 것을 받아들여 정리한 설이다.

6) 이상과 같이 남북조의 불교이론이『대승기신론』에 포함되어 있다는 것은『대승기신론』의 북조인 찬술설을 입증한다.

주

1) 僧亮이 慧皎 찬 『高僧傳』 권7에 수록되어 있는 道亮이라는 것에 대해서는 후세 고카쿠(布施浩岳)[1942: 232-241]를 참조하라.

2) 또한 남조불교와 북조불교 쌍방을 이어받은 智顗 · 灌頂(538~597)의 강의록 『摩訶止觀』에 다음과 같은 내용이 있다.

   色은 色蘊이며, 心은 四蘊(受, 想, 行, 識)이다.

      色卽色陰, 心卽四陰. (권9下. 125c)

3) 아라마키 노리토시(荒牧典俊)[2000]를 참조하라.

4) 다케무라 마키오(竹村牧男)[1993: 112]를 참조하라.

5) 吉藏에 귀속되는 『大品遊意』가 실제로는 慧均 『大乘四論玄義記』 「般若義」 라는 것에 대해서는 이토 다카도시(伊藤隆壽)[1974] [1975]를 참조하라.

6) 『大乘四論玄義記』가 7세기 초엽에 백제에서 찬술되었다는 것에 대해서는 최연식[2010]을 참조하라.

7) 鳩摩羅什 역 『十二門論』.

   또한, 觀世音菩薩, 大勢至菩薩, 文殊師利菩薩, 彌勒菩薩 등 이러한 여러 大士(諸摩訶薩)에 의해 태워지는 것[乘]이기 때문에 그렇기 때문에 크다[大]고 불린다.

      又觀世音, 得大勢, 文殊師利, 彌勒菩薩等, 是諸大士之所乘故, 故名爲大. (T30, 159c)

8) 鳩摩羅什 역 『摩訶般若波羅蜜經』. (번역은 범문에서)

   찰나와 결합된 지혜에 의해 一切種智性("모든 형상을 아는 자라는 것")을 얻을 것이다. 그에 있어서는, 그 상태에서 모든 習氣의 연속인 일체의 번뇌가 깨질 것이다.

   ekakṣaṇasamāyuktayā (corr. : ekalakṣaṇasamāyuktayā) prajñayā sarvākārajñatām anuprāpsyati. tasya tatrāvasthāyāṃ sarvavāsanānusaṃdhikleśāḥ prahāsyante. (PVSPP V 137, 23-24)

      以一念相應慧, 得一切種智. 爾時, 一切煩惱習永盡. (권22. 「道樹品」. T25, 653a)

9) 瞿曇僧伽提婆 역 『增一阿含經』.

   여래께서 말씀하셨다. "왕께서는 부모를 잡아 살해하였습니다. 이 죄스러운 근본을 따라 阿鼻地獄에 들어가 한 겁을 지내야 했습니다. 하지만 때를 구하여 여래가 있는 곳에서 잘못을 뉘우쳤으므로, 이제 拍毬地獄에 태어날 것이고, 그곳에서 명이 다한 후에 四天王에 태어날 것이고, 돌고 돌아 他化自在天에 태어날 것이고, 다시 四王天에 태어날 것이고, 20겁 동안 三惡趣에 떨어지지 않고 天과 人 사이에서 윤회할 것이며, 최후의 몸을 받을 때에는 두터운 신앙으로 출가하여 도를 닦아 除惡辟支佛라 불리며 세상에 출현할 것입니다."

      如來言. 「王取父王害之. 緣此罪本, 當入阿鼻地獄中, 經歷一劫. 然復尋時, 改過於如來所, 今當生拍毬地獄中, 於彼命終, 當生四天王中, 展轉生他化自在天中, 還復次來生四王天中, 二十

劫中不墮三惡趣, 流轉天人之中, 最後受身, 以信堅固, 出家學道, 名曰除惡辟支佛, 出現於世」. (권32. T2, 726b)

10)鳩摩羅什 역『摩訶般若波羅蜜經』. (번역은 범문에서)

세존이시어, 누구라도 갖가지 병에 걸릴 여자들과 남자들, 저들의 몸에도 이 큰 마니보주를 맞혔다면, 저들에 대해서도 그러한 모든 병은 진정됨으로 향할 것입니다.

ye 'pi bhagavan striyo vā puruṣā vā nānāvyādhiparigatā bhavanti teṣām api kāye tan mahāmaṇiratnaṃ sthāpyeta, teṣām api sarve te vyādhaya upaśamaṃ gaccheyuḥ. (PVSPP II-III 93, 23-25)

若有癩瘡惡腫, 以寶著身上, 病卽除愈. (권10. 「法稱品」. T8, 291c)

11)鳩摩羅什 역『大智度論』.

마치 사람의 욕창이나 종기에 보주를 보인다면 곧바로 낫는 것처럼, 그처럼 般若波羅蜜多에 대해서도, 나병과 같은 5역죄 등은 般若波羅蜜多를 얻는다면 곧바로 소멸한다.

如人癩瘡癰腫, 以寶珠示之, 卽時除愈, 般若亦如是, 五逆癩罪等, 得般若, 卽時消滅. (권59. T25, 478c)

12)鳩摩羅什 역『摩訶般若波羅蜜經』. (번역은 범문에서)

그리고 또, 샤리뿌뜨라여, 般若波羅蜜多에서 행동하고 있는 菩薩摩訶薩은 法界와 다른 어떤 것도 보지 않는다.

punar aparaṃ Śāriputra bodhisattvo mahāsattvaḥ prajñāpāramitāyāṃ caran na kiñcid dharmadhātor vyatiriktaṃ samanupaśyati. (PVSPP I-1 77, 26-27)

復次舍利弗, 菩薩摩訶薩行般若波羅蜜時, 不見有法出法性者. (권1. 「習應品」. T8, 224bc)

13)慧琰의 생몰년은 불분명하지만, 道宣『廣弘明集』권16에 梁의 簡文帝(재위 549~551)가 慧琰에게 보낸 서간「與慧琰法師書」가 게재되어 있고,『續高僧傳』권6「僧遷傳」에 僧遷(495~573)이 慧琰의 「禪品義」를 비평하고, 慧琰이 그에 따라 수정하였음이 게재되어 있다. 그러므로 慧琰은 대략 5세기부터 6세기 전반경의 인물로 추측된다.

14)『金剛仙論』권5, 권6, 권7(T25, 827c; 836b; 860a).

15)또한 Stein 613에서는 體, 相, 用, 名이라는 네 가지로 이루어진 구조가, Stein 4303에서는 名, 相, 用, 體라는 네 가지로 이루어진 구조가 나타난다.

16)『大乘起信論』에서는 "眞如熏習"이 "自體相熏習"과 "用熏習"으로 분류되어 있고, 또한 이 두 가지가 "此體用熏習"이라 불리기 때문에 "體相"은 "體와 相"이 아니라 "體"의 동의어이다. 실제로 "自體相"은 菩提流支 역『入楞伽經』에서 svabhāva("自性")의 번역으로 사용되고 있기에 "體相" 이 "體와 相"은 아님을 알 수 있다(권2, 권3, 권4, 권7, 권9. T16, 524b; 529a; 538b; 538c; 557c; 558a; 575a. LAS 51, 6; 74, 14-16; 126, 7; 128, 8; 227, 9; 229, 6; Saghātaka 415).

제3장

『대승기신론』에 나타난 독특한 설

제3장

『대승기신론』에 나타난 독특한 설

1. 시작하며

제1장에서는 『대승기신론』의 소재가 된 북조시대 여러 한문 불교문헌－위경, 위론, 외국인 강의록을 포함한－을 정리하고, 그에 의거해 『대승기신론』 북조인 찬술설을 제시하였다.

제2장에서는 『대승기신론』에 포함된 북조불교설－『대승기신론』 성립 전 북위北魏 낙양기洛陽期로 소급되는－을 정리하여 『대승기신론』 인도인 찬술설을 부정하고 북조인 찬술설을 보강하였다.

또한, 이외에도 인도불교에서는 결코 가능하지 않았던 몇 가지 독특한 설이 『대승기신론』에 포함되어 있다. 이러한 것들은 북조시대 여러 한역불교문헌의 난해함에 기인한 것으로, 결국 『대승기신론』 인도인 찬술설에 대한 반증이 된다.

그러므로 제3장에서는 『대승기신론』에 포함된 몇 가지 독특한 설－인도불교에 대한 오해인－을 정리하고, 그에 의해 『대승기신론』 북조인 찬술설을 더욱 보강하고자 한다.

2. 일체법을 진여眞如로 보는 설

인도불교의 유식설에서는 설령 모든 법이 여러 언어표현에 의해 형용된다 하더라도, 그와 같은 언어표현은 모두 가설적인 것이어서 모든 법에는 언어표현 그대로의 자성自性(svabhāva. '독자적인 본연의 상태')이 있을 수 없다. 오히려 "모든 법에는 언어로 표현될 수 없는 자성이 있는 것" – 그것이 진여眞如(tathatā. '그대로의 진실')라 불린다. 『유가사지론瑜伽師地論』「본지분本地分」의 「보살지菩薩地」 진실의품眞實義品에 다음과 같은 내용이 있다. (번역은 범문에서. 한역은 담무참曇無讖 역. 이하 동일)

이 중, 어떠한 도리에 의해서 "모든 법에는 언어로 표현될 수 없는 자성自性이 있음"이 통찰되어야 하는가. 제법에 대한 자상自相의 가설, 즉 '색色' 혹은 '수受' 혹은 전술한 것처럼, '열반涅槃'에 이르기까지, 그것은 가설에 지나지 않는다고 알려져야 한다. [모든 법에는 언어로 표현되는 그대로의] 자성이 있지 않다.

tatra kayā yuktyā nirabhilāpyasvabhāvatā sarvadharmāṇāṃ pratyavagantavyā. yeyaṃ svalakṣaṇaprajñaptir dharmāṇāṃ yad uta rūpam iti vā vedaneti vā pūrvavadantato yāvan nirvāṇam iti vā prajñaptimātram eva tad veditavyam. na svabhāvaḥ. (BoBh 30, 1-4)

云何知一切法離於言說. 此施設假名自相諸法, 所謂色受想行識乃至涅槃, 當知假名. 無有自性. (권2. T30, 894a)

또한, "[모든 법에는] 언어로 표현될 수 없는 자성이 있다는 것"이라는 있는 그대로의 진여眞如를 있는 그대로 아는 것이다.

yathābhūtāñ (corr. : yathābhūtañ) ca tathatāṃ nirabhilāpyasvabhāvatāṃ yathābhūtaṃ prajānāti. (BoBh 32, 21)

如實如如, 離言說自性, 如實知. (권2. T30, 894c)

여기에서 "모든 법에는 언어로 표현될 수 없는 자성이 있는 것"이 진여라고 설해진다. 즉 진여란 일체제법에 공통된 속성이다.[1]

그런데 『대승기신론』에서는 일체법이 언어로 표현될 수 없기 때문에 진여라고 설해진다. 『대승기신론』에 다음과 같은 내용이다.

그렇기 때문에 모든 법法은 본래부터 언어표현을 특징으로 하는 것을 멀리 떠나 있고, 음소音素를 특징으로 하는 것을 멀리 떠나 있으며, 마음의 소연所緣을 특징으로 하는 것을 멀리 떠나 있는, 절대로 일정하며 무변하며, 변화시킬 수 없는 다만 하나의 마음일 뿐이다. 그러므로 진여眞如라 불린다.

是故一切法從本已來離言說相, 離名字相, 離心緣相, 畢竟平等, 無有變異, 不可破壞, 唯是一心, 故名眞如. (Ⅲ解釋分, 顯示正義)

이 진여라는 체體는 배제되어야 할 것을 가지고 있지 않다. 모든 법은 다 참되기〔眞〕 때문이다. 또한 [이 진여라는 체는] 더해야 할 것을 가지고 있지 않다. 모든 법은 다 같기〔如〕 때문이다. 모든 법은 설해질 수 없으며 생각되어질 수도 없기 때문에 진여라 불림을 알아야 한다.

此眞如體無有可遣. 以一切法悉皆眞故. 亦無可立. 以一切法皆同如故. 當知一切法不可說不可念故名爲眞如. (Ⅲ解釋分, 顯示正義)

인도불교의 유식설에서는 모든 법에 공통된 속성이 진여이지만, 『대승기신론』에서는 모든 법이 진여인 것이다.

그렇기에 『대승기신론』에서 일체법의 구별은 념念에 의한 것에 지나지 않으며 념을 없애 버린다면 모든 법은 단일한 진여이다. 『대승기신론』에 다음과 같은 내용이 있다.

모든 법法은 다만 그저 허망한 념念에 의해서만 구별이 있다. 만약 심념(心念=念)을 없애 버린다면 모든 대상[의 구별]은 없다.

一切諸法唯依妄念而有差別. 若離心念, 則無一切境界之相. (Ⅲ解釋分, 顯示正義)

즉, [진여는] 모든 법의 구별을 멀리 떠나 있는 것이다. [진여에서는, 구별을 생각하는] 허망한 심념(心念=念)이 없기 때문이다.

謂離一切法差別之相. 以無虛妄心念故. (Ⅲ解釋分, 顯示正義)

『대승기신론』에서 념念을 없애버리는 것은 지관止觀 중 지止에 의해 달성된다. 인도불교의 유식설에서 지는 모든 법에 대해 마음을 정지시키는 것이지만,[2)] 『대승기신론』에서 지는 모든 법을 폐지하는(즉 진여로 삼는) 것이다. 『대승기신론』에 다음과 같은 내용이 있다.

> 지止라 하는 것은, 즉, 모든 대상을 폐지하는 것이다.
>
> 所言止者, 謂止一切境界相. (Ⅳ修行信心分, 修行)

이것은 비근한 사례로 말하면 다음과 같다. –

먼저, 인도불교의 유식설에서는 마음이라는 영화관에서, 마음이라는 스크린에, 마음이라는 영사기가, 일체법이라는 영화를 상영한다. 그 영화에 대해 온갖 언어표현을 퍼붓고 떠드는 것이 념이라는 어리석은 관객이다. 념을 없앤다면 일체법이라는 영화를 편안히 감상할 수 있지만, 일체법이라는 영화는 끝나지는 않는다. 그것이 부처의 마음 상태이다.

다음으로 『대승기신론』에 따르면, 마음이라는 영화관에서, 진여라는 스크린에, 념이라는 영사기가, 일체법이라는 영화를 상영한다. 념을 없앤다면 일체법이라는 영화가 끝나고, 진여라는 순백의 스크린만 남는다. 그것이 부처의 마음 상태이다.

인도불교의 유식설에서 모든 법은 언어표현을 떠나 있다해도, 이러한 법에는 구별이 있다. 그런데 『대승기신론』에서 모든 법이 언어표현을 떠나 있는 이상, 모든 법에는 구별이 없다(즉, 하나의 진여이다). 『대승기신론』에서는 담무참 역 『보살지지경菩薩地持經』의 난해함 때문에 『유가사지론』 「본지분」 중 「보살지」의 원의가 오해되었던 것이다.

정리하면, 인도불교의 유식설에서는 "모든 법에는 언어로 표현되지 않는 자성이 있다"가 진여이다. 『대승기신론』에서 "모든 법은 언어로 표현되지 않기 때문에 진여이다"라고 오해한 것은 『대승기신론』 인도인 찬술설에 대한 반증이 된다.

3. 의意를 다섯 가지로 보는 설

인도불교의 유식설에서는, 초기불교 이래 전통적인 6식(안식眼識, 이식耳識, 비식鼻識, 설식舌識, 신식身識, 의식意識)에 염오의染汚意와 알라야식을 더한 8식설이 설해졌다. 다만 염오의와 알라야식은 동시에 추가된 것이 아니라 먼저 알라야식이 추가된 이후 염오의가 추가된 것이다. 염오의가 추가되기 전에는 유식설은 염오의가 제외된 7식설이었다. 유식설이 7식설이었던 시기의 문헌으로는 『해심밀경解深密經』, 『대보적경론大寶積經論』이 있다.3) 또한 염오의가 추가되었다 해도, 그 성격이 명확하지 않았던 시기의 문헌으로는 『입능가경入楞伽經』이 있다.

『해심밀경』, 『대보적경론』, 『입능가경』을 한역한 북조의 보리유지菩提流支는 7식설을 대신해 8식설이 우세를 점해가던 바로 그 시기의 인물이었다. 도기道基(?-577-637) 『섭대승론장攝大乘論章』에 의하면, 보리유지 자신은 7식설을 주장했다고 전해진다.4)

인도불교에서는 본래 심心, 의意, 식識이라는 세 개념이 모두 6식을 의미하는 동의어로 간주되었지만, 7식설에서는 심, 의, 식이 동의어로 간주됨과 동시에, 심心만이 알라야식이라고 보기도 하였다. 또한 8식설에서는 심, 의, 식이 동의어로 간주됨과 동시에, 심心은 알라야식, 의意는 염오의, 식識은 6식으로 보기도 하였다. 보리유지는 7식설을 주장하였기 때문에 심만을 알라야식으로 간주하는 데 그치고, 의는 염오의로 보지 않았음이 틀림없다.5)

심, 의, 식에 대해서, 『입능가경』에 다음과 같은 내용이 있다. (번역은 범문에서. 한역은 보리유지 역)

> 심心은 알라야식이다. 의意는 사량思量을 본연의 상태로 하는 것이다. 여러 대상을 파악하기 위한 것, 그것이 실로 식識이라 불린다.
>
> cittam ālayavijñānaṃ mano yan manyanātmakam |
>
> gṛhṇāti viṣayān yena vijñānaṃ hi tad ucyate || (LAS Saghātaka 102)
>
> 本識但是心 意能念境界
>
> 能取諸境界 故我說惟心 (권9. T16, 567c)

여기에서는 심, 의, 식이 동의어가 아니라, 심만이 알라야식, 의와 식은 모두 알라야식과 구분되는 것으로 간주된다. 다만 해당 부분의 보리유지 역에서 넷째 구 "그것이 실로 식이라 불린다"가 "**故我說惟心**"라고 부적절하게 번역된 탓에 원의를 이해하기 어렵게 되었다.

그런데 『대승기신론』에 다음과 같은 내용이 있다.

> **[심心이라는] 알라야식을 염두에 두고 ① 무명無明, 그리고 [무명에 의해] 불각不覺인 채로 [심이] 일어나는 것과 ② [심이] 보는 것과 ③ [대상이] 현현하는 것과 ④ 대상을 파악하는 것과 ⑤ 념念을 일으킴의 연속이 있다고 설해진다. 그러므로 [그러한(①부터 ⑤까지) 것이] 의意라고 설해지는 것이다.**
>
> **以依阿梨耶識說有無明不覺而起能見能現能取境界, 起念相續, 故說爲意.**
>
> **(III解釋分, 顯示正義)**

여기에서 의는 심, 즉 알라야식(정확히 말하면 알라야식에 있는 불생불멸의 차원과 생멸의 차원 중 생멸의 차원)가 동일시된다.

주의해야 할 것은 의에 관한 『대승기신론』의 표현 "**能取境界**"가 전술한 보리유지 역 『입능가경』의 표현 "**能取諸境界**"와 일치한다는 점이다. 이것은 『대승기신론』의 작자가 전술한 보리유지 역 『입능가경』의 문구 "**本識但是心 意能念境界 能取諸境界 故我說惟心**"을 "알라야식은 다만 심心에 지나지 않는다. 의意는 대상을 념할 수 있으며 대상을 파악할 수 있다. 그러므로 나는 [알라야식이] 다만 심에 지나지 않는다고 설한다"라고 오해했음을 보여준다. 이러한 오해에서는 분명 의와 심(알라야식)이 동일시되고 있는 것이다.

그런데 『대승기신론』에서는 전게 부분과 마찬가지로 의를 ①부터 ⑤까지의 다섯 가지로 나눈 후, 이 다섯 가지의 의 각각에 명칭을 부여한다.

① 업식業識

② 전식轉識

③ 현식現識

④ 지식智識

⑤ 상속식相續識

여기에서 ① 업식은 움직이기 시작한 심心, ② 전식은 그 움직임에 의거하여 볼 수 있게 되는 심, ③ 현식은 보여져야 할 대상을 현현하는 심, ④ 지식은 그 대상에 대해 염오된 법과 청정한 법을 분별하는 심, ⑤ 상속식은 념念과의 결합이 연속되고 있는 심을 의미한다.

그런데 여기에 중대한 의문이 있다. 이러한 다섯 가지 의意에 대해서는, 차례로 구나발타라求那跋陀羅 역 『능가아발다라보경楞伽阿跋多羅寶經』과 보리유지 역 『입능가경』에 **"業相識" "轉相識" "現識" "智相識" "相續識"**이라는 유사한 표현이 나타난다. 그러나 그것들은 범본의 의거하는 한 『대승기신론』에서 말한 다섯 가지 의와는 완전히 다른 의미이다. 구나발타라 역과 보리유지 역의 다음 구절이다. (**"現識"**만 구나발타라 역, 나머지는 보리유지 역)

業相識. (권2, T16, 522a)

karmalakṣaṇa. (LAS 37, 13)

【梵】 업業이라는 특징.

轉相識. (권2, T16, 521c-522a)

pravṛttilakṣaṇa. (LAS 37, 13)

【梵】 활동이라는 특징.

現識. (권1, T16, 483a)

khyātivijñāna. (LAS 37, 16)

【梵】 현현하는 식識.

智相識. (권2, T16, 522a)

jātilakṣaṇa. (LAS 37, 13)

【梵】 동류라는 특징.

相續識. (권2, T16, 522a)

vijñānaprabandha. (LAS 39, 3-4)

【梵】 식識의 연속.

범문의 문맥과 인도의 주석을 참고한다면, pravṛttilakṣaṇa('활동이라는 특징')는 일곱 전식轉識, karmalakṣaṇa('업이라는 특징')는 일곱 전식의 작용, jātilakṣaṇa('동류라는 특징')는 알라야식을 의미한다.6) 또한 범문의 문맥에 의거한다면 khyāti-vijñāna('현현하는 식')는 6경六境(색, 성, 향, 미, 촉, 법)의 현현, vijñānaprabandha('식의 연속')는 (이교도들이 인정하는) 6식의 연속을 의미한다.

분명히 『대승기신론』의 작자는 『입능가경』의 범문을 알지 못한 채로 구나발타라 역과 보리유지 역의 한문을 오해한 것이다.7)

정리하면, 인도불교에서는 『입능가경』에서 의意는 업상식業相識, 전상식轉相識, 현식現識, 지상식智相識, 상속식相續識과 무관하다. 『대승기신론』에서는 의가 업식業識, 전식轉識, 현식, 지식智識, 상속식이라는 다섯 가지 의意의 의미라고 오해된 것은 『대승기신론』 인도인 찬술설의 반증이 된다.

4. 훈습熏習을 훈熏으로 보는 설

인도불교의 유식설에서는 마치 꽃과 참깨를 함께 두고, 꽃을 참깨에 침투시켜 꽃향기를 지닌 참깨기름을 만드는 것처럼 어떤 법을 다른 법에 침투시키는(paribhāvayati) 것이 설해진다.

침투하는 법이 유위법有爲法(생멸하는 법)인 경우, 마치 꽃이 참깨에 향기를 남기듯이, 침투하는 법은 침투되는 법에 습기習氣(vāsanā. '잔향')를 남긴다. 아상가

(Asaṅga)의 『섭대승론攝大乘論』에 다음과 같은 내용이 있다. (번역은 티베트역에서. 한역은 불타선다 역)

> [질문] 습기習氣라 말해지는 그것은 무엇인가. 습기라는 그 말로 말하고자 하는 것은 무엇인가. [대답] 그 법과 함께 생멸하는 것에 의거하여, 그것(그 법)이 [미래에 다시금] 생겨나기 위한 계기가 되는 것. —그것이 바로 [습기라는 말로] 말하고자 하는 것이다. 예를 들어 참깨알마다 꽃이 침투한다면, 설령 참깨와 꽃이 함께 생멸한다 해도, 참깨알은 그것(꽃)의 향기를 다시 내기 위한 계기가 된다. 또한….
>
> bag chags zhes bya ba 'di ci zhig | bag chags zhes brjod pa 'di'i brjod par bya ba ni ci zhe na | chos de dang lhan cig 'byung ba dang | 'gag pa la brten nas de 'byung ba'i rgyu mtshan nyid gang yin pa de ni brjod par bya ba ste | dper na til dag la me tog gis bsgos pa til dang me tog lhan cig 'byung zhing 'gags kyang til rnams de'i dri gzhan 'byung ba'i rgyu mtshan nyid du 'byung ba dang | (MSg I.15)
>
> 何者是習, 而以習名說, 此有何義. 依彼法同生滅故, 所有彼生相事, 此是說. 所謂如華薰胡麻, 同生滅胡麻, 故生彼香因事故生. (권上. T31, 98b)

침투하는 법이 무위법無爲法(생멸하지 않는 법)인 경우, 침투하는 법은 침투되는 법에 습기를 남기지 않는다. 보리유지 일문의 강의록 『금강선론金剛仙論』에 다음과 같은 내용이 있다.

> 또한 하나의 해석이 있다. 경전은 무기無記('백지상태')가 아니다. 왜냐하면, 이 경전이라는 교[법]은 [선한] 진여眞如라는 증법(證法, adhigamadharma)에서 나오니, 그것의 일부이다. 이 [선한] 진여라는 증법에 의해 훈습되기 때문에 교[법]은 무기가 아닌 것이며, 그것(선한 불과佛果)의 원인됨이 있다. 마치 수마나꽃(Sumanaka)과 담복꽃(Campaka)에 의해 참깨를 훈습하고, 후에 [참깨를] 압착하여 기름을 얻으니, [그 기름을] 수마나유須摩那油나 담복유薝蔔油라 부르는 것과 같이, 그처럼 이 교[법]은 증법에 의해 훈습되고 있기 때문에 무기가 아니다.

又一解. 經非是無記. 何以故. 以此經教從眞如證法中來, 是其一分. 爲此眞如證法所熏, 故言教非是無記, 有其因義. 如以須摩那華及薝蔔華, 勳(熏?)胡麻子, 後押得油, 名須摩那油及薝蔔油, 此言教亦如是, 爲證法所熏, 非是無記.

(권9. T25, 860c. "熏"은 저본에 "勳"으로 되어 있으나 甲本에 의거 교정)

『섭대승론』에서는 침투하는 법이 유위법이었지만 『금강선론』에서는 침투하는 법이 무위법인 진여眞如이다.8) 『섭대승론』에서는 습기習氣가 말해지고 있지만 『금강선론』에서는 습기를 언급하지 않는 것은 진여가 습기(종자)를 지니지 않기 때문이다.

『섭대승론』이나 『금강선론』의 한문에서 알 수 있는 것처럼, 북조에서는 '침투'가 "熏(훈)"으로 한역되었다. 『금강선론』에서는 진여의 "熏"이 설해지고 있는 것이다.

그런데 『대승기신론』에 다음과 같은 내용이 있다.

훈습熏習이라는 것은, 마치 세간의 의복에는 실제로 향기가 없지만, 누군가 향기를 [의복에] 훈습하였기 때문에 [의복에] 향기가 있는 것과 같이, 그처럼 이 경우도, 진여眞如라는 청정한 법에는 실제로 염오됨이 없지만, 다만 무명無明을 [진여에] 훈습하기 때문에 [허망한 마음과 허망한 대상에] 염오라는 특징이 있는 것이다. 무명이라는 잡염법雜染法에는 실제로 청정한 작용이 없지만, 다만 진여를 [무명에] 훈습하기 때문에 [허망한 마음과 허망한 대상에] 청정한 용用('작용')이 있는 것이다.

熏習義者, 如世間衣服實無於香, 若人以香而熏習故則有香氣, 此亦如是, 眞如淨法實無於染, 但以無明而熏習故則有染相, 無明染法實無淨業, 但以眞如而熏習故則有淨用. (Ⅲ解釋分, 顯示正義)

여기에서 설해지고 있는 진여의 "훈습"은 『금강선론』에서 설해진 진여의 "熏"과 같다. "이 [선한] 진여라는 증법에 의해 훈습되기 때문에 교[법]은 무기無記가 아니"라는 『금강선론』의 논리와 "다만 진여를 [무명에] 훈습하기 때문에 [허망한 마음과 허망한 대상에] 청정한 용用('작용')이 있다"는 『대승기신론』의 논리가 동일하다는 것은 분명하다.

다만, 여기에서 주의해야 할 것은 『대승기신론』에서 진여의 **"熏"**이 아닌 진여의 **"熏習"**이라는 표현을 쓰고 있다는 점이다.

대저 『대승기신론』에서는 네 가지의 훈습을 설한다.

① **진여훈습**眞如熏習

② **무명훈습**無明熏習

③ **망심훈습**妄心熏習

④ **망경계훈습**妄境界熏習

이 중 ① 진여훈습은 앞서 확인한 것처럼 진여의 '침투'를 의미한다. 나머지 ② 무명훈습, ③ 망심훈습, ④ 망경계훈습도 『대승기신론』에서는 분명히 ○○의 '침투'를 의미한다.

그런데 여기에서 중대한 의문이 생긴다. ① 진여훈습, ② 무명훈습, ③ 망심훈습, ④ 망경계훈습에 대해, 보리유지역 『입능가경』에서는 **"無漏熏習"**, **"無明熏習"**, **"虛妄心分別熏習"**, **"戱論境界熏習"**이라는 유사한 표현이 있다. 그런데 이러한 네 가지 훈습은 모두 범본에서 '습기'를 의미하며 '침투'를 의미하지 않는 것이다. 『입능가경』의 다음과 같은 구절이다.

無漏熏習 (권8, T16, 559c)

anāsravavāsanā. (LAS 235, 17-236, 1)

【梵】 무루(無漏)인 습기.

無明熏習. (권2. T16, 526c)

vāsanakleśa. (LAS 63, 11)

【梵】 번뇌의 습기.

虛妄心分別熏習. (권3. T16, 532a)

vikalpāśayavāsanā. (LAS 92, 15-16)

【梵】 분별의락分別意樂의 습기.

戱論境界熏習. (권3. T16, 527c)

prapañcaviṣayavāsanā. (LAS 69, 1)

【梵】 희론의 대상의 습기.

이 중 무루훈습에 대해 『입능가경』에 다음과 같은 내용이 있다. (번역은 범본에서. 한역은 보리유지 역)

다음으로, 마하마띠여, 여래장如來藏이라 불리며 의意를 수반하고 있는 알라야식은, 전식轉識의 여러 습기에 의해서는 순간적이며, 무루無漏인 여러 습기에 의해서는 순간적이지 않다.

punar Mahāmate ālayavijñānaṃ tathāgatagarbhasaṃśabditaṃ manaḥsahitaṃ pravṛttivijñānavāsanābhiḥ kṣaṇikam anāsravavāsanābhir akṣaṇikam. (LAS 235, 15-236, 1)

大慧, 言刹尼迦者, 名之爲空. 阿梨耶識名如來藏, 無共意, 轉識熏習故, 名爲空, 具足無漏熏習法故名爲不空. (권8. T16, 559c)

『입능가경』에서 "무루훈습"은 '무루인 습기'라는 의미에 다름 아니다. 그런데 『대승기신론』은 『입능가경』의 "무루훈습"을 '무루[법]의 훈습'이라는 의미로 오해하여 『금강선론』에서 말한 진여의 "熏"과 같이 진여의 '침투'로 보았다. 당 론에 다음과 같은 내용이 있다.

둘째는 [각覺이] 원인이 된 훈습이라는 거울이다. 즉, [각이] 사실 그대로 공空('텅 빔')이 아니라는 것이다. 모든 세간의 대상은 모조리 [각의] 안에 나타나지만, [각은] 나가지도 들어가지도 않고 잃지도 않고 무너지지도 않는, 항상 그저 하나의 마음 그대로이다. 모든 법은 곧 진실한 본성이기 때문이다. 또한 [각은] 모든 잡염법雜染法이 오염시킬 수 없는 것이다. 지혜라는 체體('본성')는 움직임이 없는 것으로, 무루無漏를 갖추고 있으며 중생에게 훈습하기 때문이다.

二者因熏習鏡. 謂如實不空. 一切世間境界悉於中現, 不出不入, 不失不壞, 常住一心. 以一切法卽眞實性故. 又一切染法所不能染. 智體不動具足無漏熏衆生故. (III解釋分, 顯示正義)

보리유지 역『입능가경』에서 "具足無漏熏習法故名爲不空"이라는 표현과『대승기신론』에서 "如實不空[……]具足無漏熏衆生故"라는 표현을 비교한다면,『대승기신론』이『입능가경』의 문구를 활용하면서도 그 의미를 오해하고 있음이 분명하다.

보리유지 역에서 "熏"은 '침투'(paribhāvayati, paribhāvita, etc.)를, "熏習"은 '습기'(vāsanā)를 의미하고 있기에 서로 구분되는 개념이다.『대승기신론』의 저자는 그러한 구별을 이해하지 못한 상태로 "熏"뿐 아니라 "熏習"까지도 침투를 의미하는 것으로 오해했던 것이다.

"熏習"은 '습기'를 의미하는 명사로서 보리유지가『입능가경』에서 새롭게 사용하기 시작한 용어이다. 그런데『대승기신론』의 이러한 오해 때문에 후대의 중국불교에서는 "熏習"이 '습기'를 의미하는 명사로서만이 아니라 '침투'를 의미하는 동사로서도 사용되어 버렸다.

정리하면, 인도불교에서는 "熏"과 "熏習"이 구분되고 있다.『대승기신론』에서 "熏習"이 "熏"이라고 오해했던 것은『대승기신론』인도인 찬술설에 대한 반증이 된다.

5. 전세의 업장業障이 현세에 남아 있다고 보는 설

인도불교에서는 업장業障을 5무간업五無間業으로 규정한다. 성문승聲聞乘에서는, 예를 들어 설일체유부說一切有部 논사 까띠야야니뿌뜨라(Kātyāyanīputra)의『아비달마발지론阿毘達磨發智論』에 다음과 같은 내용이 있다.

업장이란 무엇인가. 5무간업이다.

云何業障. 謂五無間業. (권11. T26, 973a)

대승大乘에서는, 예를 들어 『대반열반경大般涅槃經』에 다음과 같은 내용이 있다.

업장이란 5무간죄라는 병과 같은 무거운 악惡이다.

業障者, 五無間罪, 重惡之病. (권11. T12, 428c)

5무간업이란, 어머니를 살해하는 것, 아버지를 살해하는 것, 아라한을 살해하는 것, 부처의 몸에 고의로 피를 내게 하는 것, 승가僧伽(saṃgha. '출가자 교단')를 분열시키는 것이라는 다섯 가지 업이다. 이러한 다섯 가지 업은 그러한 죄를 지은 이가 죽고 나서 시간적 간극이 없이 곧바로 지옥으로 떨어지는 것으로 귀결되기 때문에 무간업無間業(ānantaryāṇi karmāṇi. '시간적 간극이 없는 업')이라 불린다.

그런데 업장은 죽은 후에 곧바로 지옥에 떨어지는 것으로 귀결되므로, 전세의 업장이(지옥에 떨어지는 결과를 내지 않은 채로) 현세에까지 남아 있을 수는 없다.

그런데 『대승기신론』에서는 전세의 업장이 현세에 남아 있다고 설해진다. 당 론에 다음과 같은 내용이 있다.

그리고 다음으로, 만약 사람이 설령 믿음을 수행한다고 해도, 전세로부터의 많은 중죄인 악한 업장業障이 있는 탓에 마구니와 여러 귀신에게 괴롭혀지거나 세간적인 일에 이끌려 다니거나 병고에 괴로워하거나 하는 이와 같은 많은 장애가 있다면, 그 때문에 밤낮 여섯 번 여러 부처를 예배하고, 정성껏 참회하며, 권청勸請하고, 수희隨喜하며, [선근善根을] 깨달음으로 회향廻向하는 데에 용맹하게 정진해야 한다. 항상 그만두지 않는다면 모든 [업]장을 벗어날 수 있고 선근이 증가하기 때문이다.

復次若人雖修行信心, 以從先世來多有重罪惡業障故, 爲魔邪諸鬼之所惱亂, 或爲世間事務種種牽纏, 或爲病苦所惱, 有如是等衆多障礙, 是故應當勇猛精勤晝夜六時禮拜諸佛誠心懺悔勸請隨喜廻向菩提. 常不休廢, 得免諸障, 善根增長故. (Ⅳ修行信心分, 修行)

여기에서, 참회懺悔, 권청勸請, 수희隨喜, 회향廻向에 의해 업장을 제거함이 설해지고 있는 것은 『십주비바사론十住毘婆沙論』「분별공덕품分別功德品」에 근거한 것이다. 그러나 『십주비바사론』에서는 전세의 업장이 이생에 남아있다고는 설하지 않는다.

인도불교에서는 지옥으로 떨어진다는 한 번의 결실을 맺어 성도聖道를 방해하는 5무간업을 업장이라고 하지만, 『대승기신론』에서는 마구니나 귀신들이 괴롭히거나 세간적인 일에 휘둘리는 것, 병고에 고통받는 것으로 다양하게 결실을 맺어 믿음을 방해하는 악업惡業을 업장이라 한다. 『대승기신론』에서 업장의 내용이 오해되고 있는 것이다.

정리하면, 인도불교에서는 전세의 업장은 현세에 남지 않는다. 『대승기신론』에서는 전세의 업장이 현세에 남아있다고 오해되었다. 『대승기신론』에서 전세의 업장이 현세에 남아 있다고 오해한 것은 『대승기신론』 인도인 찬술설에 대한 반증이 된다.9)

6. 아유월치阿惟越致를 믿음에서 물러나지 않는 것으로 보는 설

인도불교, 특히 대승大乘에서 이 위없고 올바르며 완전한 깨달음(anuttarā samyaksaṃbodhiḥ. **阿耨多羅三藐三菩提**)에 대해 물러나지 않는 것(avaivartikatā, etc. **阿惟越致, 阿鞞跋致, 阿毘跋致**)이 요청되고 있다.

예를 들어 『불설무량수경佛說無量壽經』에서는 극락세계에 태어난 자들이 이 위없고 올바르며 완전한 깨달음에 대해 물러나지 않음에 안주한다고 설해진다. 당 경에 다음과 같은 내용이 있다. (번역은 범문에서. 한역은 강승개康僧鎧 역)

> 어떤 중생들이, 저 무량광無量光 여래의 명칭을 듣고, 또한 들은 후에 적어도 한 번이라도 맑고 깨끗함에 수반되는 마음을 일으키는 것을 증상의락增上意樂에 의해 일으킨다면, 저들 모두는 이 위없고 올바르며 완전한 깨달음에서 물러나지 않음에 안주하는 것이다.
>
> ye kecit sattvās tasyāmitābhasya tathāgatasya nāmadheyaṁ śṛṇvanti,

śrutvā cāntaśa ekacittotpādam apy adhyāśayena prasādasahagatam utpādayanti, sarve te 'vaivarttikatāyāṃ saṃtiṣṭhante 'nuttarāyāḥ samyaksaṃbodheḥ. (SV 42, 4-8)

諸有衆生聞其名號, 信心歡喜, 乃至一念至心廻向願生彼國, 卽得往生, 住不退轉.

(권下. T12, 272b)

그런데 강승개 역『불설무량수경』에서는 극락세계에 태어나는 자들이 무엇에 대해 물러나지 않는가를 명확히 설하지 않는다. (바로 앞의 한역을 참조하라)

그 때문에『대승기신론』에서는 극락세계에 태어나는 자들이 믿음에서 물러나지 않는다고 오해되고 있다. 당 론에 다음과 같은 내용이 있다.

> 일곱째는 [무량수불無量壽佛에] 전념專念한다는 방편('수단')에 의해 [무량수]불 앞에 태어나 확정적으로 믿음에서 물러나지 않음을 보여주기 위함이다.
>
> 七者爲示專念方便生於佛前必定不退信心故. (I 因緣分)

믿음에서 물러나지 않는다는 사유는 인도불교에서 그 사례를 찾을 수 없는 것이지만,『대승기신론』에서는 이러한 사유가 중심적인 역할을 하고 있다. 당 론에 다음과 같은 내용이 있다.

> 셋째는 선근善根이 성숙한 중생을 대승大乘이라는 법에 대해 물러나지 않을 수 있도록 하기 위함이다.
>
> 三者爲令善根成熟衆生於摩訶衍法堪任不退信故. (I 因緣分)

여기에서는, 선근이 성숙한 중생이 믿음에서 물러나지 않게 된다고 설하고 있다.

이와 관련하여 주의해야 할 것은 보리유지 역『금강반야바라밀경론金剛般若波羅蜜經論』에 인용된『금강반야바라밀경金剛般若波羅蜜經』과 그에 대한 보리유지 일문의 강의록『금강선론金剛仙論』이다. 당 경과 론에 다음과 같은 내용이 있다. (경전의 번역은

범문에서)

> 그러나 또한, 수보리여, 이러한, 이와 같은 방식의 경전의 구절들이 설해질 때에, 예를 들어 다만 한 번이라고 해도 마음을 고요하고 깨끗하게 함을 얻은 이들이라면, 저 모든 보살마하살은 많은 백천의 여러 부처를 섬긴 적이 있는 자, 많은 백천의 제불 아래 선근을 심은 적이 있는 자일 것이다.
>
> api tu khalu punaḥ subhūte anekabuddhaśatasahasraparyupāsitā anekabuddhaśatasahasrāvaropitakuśalamūlās te bodhisattvā mahāsattvā bhaviṣyanti, ya imeṣv evaṃrūpeṣu sūtrāntapadeṣu bhāṣyamāṇeṣu ekacittaprasādam api pratilapsyante. (VChPP 31, 6-10)
>
> 須菩提, 已於無量百千萬諸佛所修行供養, 無量百千萬諸佛所種諸善根, 聞是修多羅, 乃至一念能生淨信. (권上. T25, 783a)

> 그런데 이 일순간의 믿음은 결정적으로 물러서지 않는 것, 의심이라는 탁함이 없는 것이므로 [비록 일순간이라 하더라도] 역시 "깨끗한 믿음淨信"이라고 불리는 것이다. 하물며 장시간[의 信]에 대해서는 [이것이 "깨끗한 믿음"이라 불린다는 것을] 말할 것도 없다.
>
> 然此一念信, 決定不退, 無有疑濁, 尙得名爲「淨信」, 況多時也. (권3. T25, 813a)

여기에서는 과거 여러 부처의 밑에서 선근을 심은 적이 있는 중생이 확정적으로 물러나지 않는다는 믿음을 얻게 될 것이라고 설해진다. "선근이 성숙한 중생이 믿음에서 물러나지 않는다"는 『대승기신론』의 사유방식과 "과거 여러 부처의 아래에서 선근을 섬었던 적이 있는 중생이 확정적으로 물러나지 않는다는 믿음을 얻게 될 것이다"라는 『금강선론』의 사유방식은 분명 같은 것이다.[10]

『대승기신론』에서도 『금강선론』과 마찬가지로 여러 부처의 아래에서 선근을 심을 수 있다면 믿음에서 물러나지 않는다고 생각되고 있는 것이다. 극락세계에 태어난 자는 무량수불의 아래에서 선근을 심을 수 있다. 그렇기 때문에 『대승기신론』에서 극락세계에 태어난 자들이 믿음에서 물러나지 않는다고 오해되었던 것이다.

정리하면, 인도불교에서 '물러나지 않음阿惟越致'은 이 위없고 올바르며 완전한 깨달음에 대해 물러나지 않는 것이다. 『대승기신론』에서 '물러나지 않음'을 믿음에서 물러나지 않는 것이라 오해한 것은 『대승기신론』 인도인 찬술설에 대한 반증이 된다.

7. 정정취正定聚를 믿음에서 물러나지 않는 자로 보는 설

인도불교에서는 수행자가 열반을 얻는다고 확정된 단계를 정성리생正性離生(samyaktvaniyāma. '올바름으로 확정된 것')이라 한다. 정성正性(samyaktva. '올바름')이란 열반을 가리킨다.[11]

정성리생은 성문승 중 설일체유부說一切有部에서 (예류預流 중) 법지인法智忍이지만,[12] 대승에서는 (10지 중) 초지初地이다. 『십지경十地經』의 「초지初地」와 『해심밀경』 「분별유가품分別瑜伽品」에 다음과 같은 내용이 있다. (번역은 차례대로 범문과 티베트역에서. 한문은 보리유지 역 『십지경론十地經論』, 『심밀해탈경深密解脫經』)

> 발심發心을 낸 것과 동시에, 보살은 이생지異生地를 뛰어넘은 자가 되고, 보살의 [정성]리생正性離生에 들어간 자가 되며, 여래의 집안에서 태어난 자가 되고, 온갖 종성種姓에 관한 화제에 의해 비난받지 않는 사람이 되며, 온갖 세간의 환경을 피한 자가 되고, 세간을 뛰어넘은 환경에 들어간 자가 되며, 보살의 법성法性(=種姓)에 안주한 자가 되고, 보살의 상태에 잘 안주한 자가 되며, [과거, 현재, 미래라는] 삼세三世에 동등함을 증득한 자가 되고, 완전한 깨달음을 궁극으로 하는 자로서, 여래의 가계로 확정된 자가 된다. 그대들, 승리자의 자식들이여, 이와 같은 형태의 여러 속성에 안주하는 보살은 움직임이 없는 방식으로 환희歡喜라고 하는 보살지(= 初地)에 안주하는 자가 된다.
>
> yena cittotpādena sahotpannena bodhisattvo 'tikrānto bhavati pṛthagjñānabhūmim, avakrānto bhavati bodhisattvaniyāmam, jāto bhavati tathāgatakule, anavadyo bhavati sarvajātivādena, vyāvṛto bhavati sarvalokagatibhyaḥ, avakrānto bhavati lokottarāṃ gatim, sthito bhavati bodhisattvadharmatāyām, suvyavasthito bhavati bodhisattvāvasthāne,

samatānugato bhavati tryadhve (corr. : tryadhva-), tathāgatavaṃśaniyato bhavati saṃbodhiparāyaṇaḥ. evaṃrūpadharmavyavasthito bhavanto jinaputrā bodhisattvaḥ pramuditāyāṃ bodhisattvabhūmau vyavasthito bhavaty acalanayogena. (DBhS 16, 8-14)

菩薩生如是心, 卽時過凡夫地, 入菩薩位, 生在佛家, 種姓尊貴, 無可譏嫌, 過一切世間道, 入出世間道, 住菩薩法中, 住在菩薩正處, 入三世眞如法中, 如來種中, 畢定究竟阿耨多羅三藐三菩提. 菩薩住如是法, 名住菩薩歡喜地. 以不動法故. (권2. T26, 135b)

그것(=見道)을 얻음으로써, 보살은 정성리생正性離生에 들어간 자가 되고, 여래의 가문에 태어난 자가 되며, 초지初地를 얻은 자, 그 외의 이익을 향유하는 자가 된다.

de thob pas byang chub sems dpa' yang dag pa nyid skyon med pa la zhugs pa yin | de bzhin gshegs pa'i rigs su skyes pa yin | sa dang po thob pa dang | sa de'i phan yon yang nyams su myong ba yin no || (SNS VIII, 36)

菩薩得彼見道智已, 名定聚菩薩, 生在佛家, 受用初地利益歡喜. (권3, T16, 679a)

정성리생에 들어간 자들의 집단은 정정취正定聚(samyaktvaniyato rāśiḥ. '올바름으로 확정된 그룹')라 불린다. 예를 들어 『불설무량수경』(의 한역)에 다음과 같은 내용이 있다. (번역은 범문에서. 한역은 강승개 역)

그리고 다음으로, 아난다여, 그 불국토에서는 어떤 중생들이 태어나 있고, 태어나고 있으며, 태어날 것이지만, 그들 모두는 열반에 이르기까지 올바름으로 확정되어 있는 것이다.

tasmin khalu punar Ānanda buddhakṣetre ye sattvā upapannā utpadyanta upapatsyante, sarve te niyatāḥ samyaktve yāvan nirvāṇāt. (SV 40, 18-20)

阿難, 其有衆生生彼國者, 皆悉住於正定之聚. (권下. T12, 272b)

인도불교에서 정정취는 법지인보다 후의 성문聲聞 혹은 초지보다 후의 보살이다.

그런데 『대승기신론』에서 정정취는 초지 전의, 믿음에서 물러나지 않는 보살이라고 오해되었다. 동 론에 다음과 같은 내용이 있다.

> 이상과 같이 믿음의 원만함에 기초해 발심에 이른 자가 정정취에 들어가 [믿음에서] 절대로 물러나지 않는 것을 "여래의 종성種姓에 안주하고, 올바른 원인과 결합해 있다"고 한다.
>
> 如是信心成就得發心者, 入正定聚, 畢竟不退, 名住如來種中正因相應.
>
> (III解釋分, 分別發趣道相)

이 문구는 『대승기신론』에서 세 종류의 발심 중 신성취발심信成就發心에 대한 문구이다. 신성취발심은 초지 이전 믿음의 확정 단계를 의미하며, 초지 이전 승해勝解에 기반한 수행 단계인 해행발심解行發心이나 초지 이후 증득의 단계인 증발심證發心보다 아득히 전 단계에 위치한다.

그리하여, 그 후의 중국불교에서는 『대승기신론』의 이러한 오해 때문에 정청취를 초지보다 이전 믿음에서 물러나지 않는 자라고 여겨지게 되었다.13)

정리하면, 인도불교에서는 정정취는 법지인法智忍보다 후의 성문聲聞, 혹은 초지보다 후의 보살이다. 『대승기신론』에서 정정취가 믿음에서 물러나지 않는자로 오해되었던 것은 『대승기신론』 인도인 찬술설에 대한 반증이 된다.

8. 마치며

본 장에서 규명한 것은 아래와 같다.

1) 『대승기신론』은 당 론의 소재가 되는 북조시대의 한역불교문헌의 난해함 때문에 인도불교에서 절대로 가능하지 않은 이하와 같은 독특한 설을 담고 있다.
2) 모든 법을 진여眞如로 보는 설은 담무참 역 『보살지지경』에 대한 오해이다.
3) 의意를 다섯 가지로 보는 설은 구나발타라 역 『능가아발다라보경』과 보리유지 역 『입능가경』에 대한 오해이다.

4) "熏習"을 "熏"으로 보는 설은 보리유지 역 『입능가경』에 대한 오해이다.
5) 전세의 업장이 현세에 남아 있다고 보는 설은 한역불교문헌 전반에서 논의된 업장에 대한 오해이다.
6) 아유월치阿惟越致를 믿음에서 물러나지 않는 것이라고 본 설은 강승개 역 『불설무량수경』에 대한 오해이다.
7) 정정취正定聚를 믿음에서 물러나지 않는 자로 본 설은 강승개 역 『불설무량수경』에 대한 오해이다.
8) 이상과 같은 독특한 설이 『대승기신론』에 포함되어 있는 것은 『대승기신론』 인도인 찬술설에 대한 반증이 된다.

주

1) "모든 법에는 언어로 표현될 수 없는 自性이 있는 것"은 "모든 법에는 언어로 표현되는 그대로의 자성이 없다"고 바꾸어 말할 수 있다. 또한 여기에서 "자성"을 동의어인 "我(ātman)"로 전환시킨다면, "모든 법에는 언어로 표현되는 그대로의 我가 없다는 것"이라고 바꾸어 말할 수 있다. 그 때문에 『瑜伽師地論』보다 후의 바수반두의 『五蘊論』에서 眞如는 "모든 법에 我가 없는 것"으로 정의된다. 『五蘊論』에 다음과 같은 내용이 있다.

   眞如란 무엇인가. 諸法의 法性("규정")이며, [諸法에] 我가 없는 것이다.

   tathatā katamā. yā dharmāṇāṃ dharmatā dharmanairātmyam. (PS 19, 7)

   여기에서도, 진여가 제법에 공통된 속성임을 주의해야 한다.

2) 예를 들어 『瑜伽師地論』「本地分」 중 「菩薩地」 力種姓品에 다음과 같은 내용이다.

   여기에서 止란 무엇인가. 즉 보살은 여덟 가지의 생각에 잘 도달함으로써, "언어로 표현되지 않은 그저 사물일 뿐인, 그저 대상일 뿐인 所緣"에 마음을 엮고, 모든 희론을 벗어나고 모든 동요를 벗어난 想과 作意에 의해 모든 所緣을 勝解하면서 내적으로 定의 표적으로 마음을 정주시키고, 안주시키며, 마침내는 전일하게 하고 等持("균등하게 지킴")하는 것이다. 그것이 止라 불린다.

   tatra śamathaḥ katamaḥ. yathāpi tad bodhisattvaḥ aṣṭākārāyāś cintāyāḥ (corr. : vintāyāḥ) susamāptatvān nirabhilāpye vastumātre 'rthamātre ālambane cittam upanibadhya sarvaprapañcāpagatena sarvacittapariplavāpagatena saṃjñāmanasikāreṇa sarvālambanāny adhimucyamānaḥ adhyātmaṃ (corr. : adhyātma) samādhinimitteṣu (corr. : -nirmitteṣu) cittaṃ saṃsthāpayati avasthāpayati vistareṇa yāvad ekotīkaroti samādhatte. ayam ucyate śamathaḥ. (BoBh 77, 5-9)

   止者, 謂菩薩八種正思善正眞實, 離言說法, 若事若義, 係心緣中, 遠離一切虛僞輕躁及諸憶想, 緣中解脫, 係心安立內三昧相, 廣說乃至一心. 是名爲止. (권3. T30, 905b)

3) 『解深密經』에 다음과 같은 내용이 있다. (번역은 티베트역에서. 한역은 菩提流支 역)

   위샬라마띠여, 이 아다나식에 의지해 안주하여, 六識身, 구체적으로는 眼識, 耳識, 鼻識, 舌識, 身識, 意識이 일어나는 것이다.

   blo gros yangs pa len pa'i rnam par shes pa de la rten cing gnas nas rnam par shes pa'i tshogs drug po 'di lta ste | mig gi rnam par shes pa dang | rna ba dang sna dang lce dang lus dang yid kyi rnam par shes pa dag 'byung ngo || (SNS V. 4)

   廣慧, 依彼阿陀那識, 能生六種識. 所謂眼耳鼻舌身意識身. (권1. T16, 669a)

   여기에서는 六識과 아다나식(알라야식의 별명)이 설해지고 있을 뿐 染污意는 설해지지 않는다. 또한 『大寶積經』「迦葉品」의 문구 "思가 아니고, 意가 아니고 識이 아니다"에 대해 『大寶積經論』에 다음과 같은 내용이 있다. (번역은 티베트역에서. 한역은 菩提流支 역)

   "思가 없다"란 다름 아닌 業의 형성이 [없다는 것]이다. (*karmābhisaṃskāra eva).
   "意가 없다"란 그 心所(思)에 의해 침투되는 것이 [없다는 것]이다. (*yat tena caitasikena

paribhāvitam).
"識이 없다"란 그것(思)의 異熟이 [없는 것]이다. (*tasya vipākaḥ).

> **sems [pa] med** ces bya ba ni las mngon par 'du byed pa nyid do || **yid med** ces bya ba ni gang sems las byung ba des yongs su bsgos pa'o || **rnam par shes pa med** ces bya ba ni de'i rnam par smin pa'o || (CKP 121)

> 「無心數」者, 唯造業行故.「無意」者, 若非思量所說故.「無識」者, 是報. (권2. T26, 217a)

여기에서 "思"는 業, "意"는 業에 의해 침투되는 것, "心"은 業의 異熟이라고 설해진다. 業에 의해 침투되는 것이란, 業의 種子(=習氣, '잠재적 상태')를 지닌 것이다. 業의 異熟이란, 그 業의 결과이다. 요컨대 『大寶積經論』에서 "意"는 一切種子(sarvabījaka. '모든 種子를 지닌 것'). "識"은 異熟識(vipākavijñāna. '결과로서의 識')이라 간주되는 것이다. 잘 알려진 것처럼 一切種子와 異熟識은 알라야식의 두 측면이다. 『大寶積經論』에서 染污意는 설해지지 않는다.

4) 『攝大乘論章』의 일문(逸文)에 다음과 같은 내용이 있다.

> 『攝論章』 제1은 말한다. 만약 小乘에 의하면, 아비달마문헌과 『成實論』에서는 다만 6식이 설해질 뿐이다. 첫째는 眼識, 둘째는 耳識, 셋째는 鼻識, 넷째는 舌識, 다섯째는 身識, 여섯째는 意識이다. 일곱째 아다나식과 여덟째 알라야식과 아홉째인 淨識(阿摩羅識)은 설해지지 않는다. 일곱째와 여덟째는 본연의 상태가 미세하며 아홉째는 淨識은 심원한 法空性이므로, 그 때문에 小乘에서는 이러한 세 가지가 설해지지 않는 것이다. 만약 大乘에 의하면, 曇無讖三藏과 鳩摩羅什法師은 小乘과 마찬가지로 다만 6식을 설하였을 뿐이다. 菩提流支三藏은 다만 7식을 설하였을 뿐이다. 아다나식을 더해서 일곱째로 규정하였지만, 여덟째도 아홉째도 없었다. 혹은 8식을 설한 법사들도 있었다. 예를 들어 伏陀扇多三藏은 다만 8식만을 설하였다. 알라야식을 더하였지만 최고의 無垢淨識에는 닿지 못했다. 혹은 9식 모두를 설한 법사도 있다. 예를 들어 眞諦三藏은 『楞伽經』에서 "8, 9종의 心"이라 한 것을 인용하고, 또한 『十七地論』이 "九品心"을 확정적으로 설한 것을 인용하여 [그것들을] 증거로 삼았다. 그 이후 논쟁이 지금에 이르기까지 그치지 않았고, 결국 후대로 하여금 결정을 내릴 길이 없게 하였다. 〈已上〉

> 『攝論章』第一云. 若依小乘, 毘曇『成實』但說六識. 一眼識, 二耳識, 三鼻識, 四舌識, 五身識, 六意識. 不說第七陀那第八梨耶第九淨識. 以第七第八體性微細第九淨識甚深法空, 是〔故〕小乘不說此三. 若依大乘, 有三藏曇無讖及羅什法師, 同小乘中, 但說六識. 流支三藏唯說七識. 加陀那識而爲第七, 非八非九. 有諸法師, 或說八識. 如伏陀扇多三藏但說八識. 加阿梨耶識, 不在第一無垢淨識. 或有法師, 具說九識. 如眞諦三藏引『楞伽經』「八九種々心」, 又引『十七地論』決定說「九品心」, 以爲證驗. 自後諍論于今不息. 遂令後代取決莫由. 〈已上〉(凝然『華嚴孔目章發悟記』권16. DBZ122, 388b)

善珠(723~797) 등의 『記』에 道基 선생의 『攝大乘論章』을 인용하여 [다음과 같이] 말한다. 後魏의 菩提流支三藏에 이르러서는, 다만 7식을 설하였을 뿐이다. 구체적으로 말하면 眼識〈乃至〉알라야식〈일곱째 식이다〉이다. 여덟째 알라야식은 그 본연의 상태로서는 心識이 아니다. [여덟째 알라야식은] 空性이기 때문이다. 〈乃至〉저 後魏의 때에 이르러, 勒那摩提와 伏陀扇多라는 두 분의 三藏은 8식이 있다고 설하였다. 구체적으로 말하면 眼識부터 알라야식까지이다. 알라야식은 사려하지 않으면서 [대상을] 알고, 활동하지 않으면서 [대상을] 관조한다. 예를 들어 맑은 겨울에 모든 형상이 한꺼번에 나타나는 것처럼, 대상은 마음 속에 나타나게 되지만 [그것들은] 외계에 있는 대상은 아니다. 〈云云〉

珠等記中, 引道基師『攝論章』云. 至於後魏, 流支三藏但說七識. 謂眼識〈乃至〉阿陀那〈第七識也〉. 第八梨耶, 體非心識. 是空理故. 〈乃至〉卽其魏世, 勒那伏陀二三藏說有八識. 謂從眼識至阿梨耶. 梨耶識者, 不慮而知, 不動而照. 譬如明鏡萬像俱現, 境來現心, 非是外境. 〈云云〉
(眞興『唯識義私記』 권4末. T71, 359c–360a)

5) 아마도 菩提流支 자신은 직접 번역한 『大寶積經論』(상게)을 따라 意를 알라야식의 두 측면 중 하나인 一切種子(sarvabījaka. '모든 種子를 지닌 것')로 보았던 것은 아닐까.

6) 즈냐나스리바드라(Jñānaśrībhadra)의 『入楞伽經註』(Laṅkāvatāra-vṛtti)에 다음과 같은 내용이 있다.

[『入楞伽經』에서] "識은 세 가지이니, 활동이라는 특징[의 識], 業이라는 특징[의 識], 동류라는 특징[의 識]이다"라고 말해진다. 그것들은 [다음과 같다]. 色 등이라고 하는 여섯 대상으로서의 현현에 대해 활동하는 眼 등의 識인 것, 그것들이 轉識이다. 그 직후(*tadanantara) [轉識의] 앎의 작용(*jñānakriyā)이 수행하는 것, 그것이 "業이라는 특징"이다. 편만한 알라야식인 것이 "동류라는 특징"이다.

rnam par shes pa ni rnam pa gsum ste | 'jug pa'i mtshan nyid dang | las kyi mtshan nyid dang | rigs kyi mtshan nyid do zhes pa ste | de dag ni gzugs la sogs pa'i yul du snang ba rnams la mig la sogs pa'i rnam par shes pa gang 'jug pa de dag 'jug pa'i rnam par shes pa rnams so || gang de ma thag pa'i shes pa bya ba'i nan tan pa de ni **las kyi mtshan nyid** pa'o || gang khyab pa po kun gzhi rnam par shes pa ni **rigs kyi mtshan nyid** de | (P no. 5519, Ni 78a3-4)

"業이라는 특징"은 轉識이다. "동류라는 특징"은 알라야식으로 확립된다.

las kyi mtshan nyid ni 'jug pa'i rnam par shes pa'o || rigs kyi mtshan nyid ni kun gzhi rnam par shes par bsgrubs pa'o || (P no. 5519, Ni 93b7-8)

경문에서는 알라야식과 일곱 轉識의 관계가 바다와 파도의 관계에 비유되고 있지만, 求那跋陀羅 역 『楞伽阿跋多羅寶經』 권1(T16, 484c)에서는 범문(LAS 47, 12)의 taraṅgavṛttisādharmyam("파도가 일어나는 것과 같이")을 "業相猶波浪"("業이라는 특징은 파도와 같이")으로 번역하였다. 이것은 求那跋陀羅가 즈냐나스리바드라와 마찬가지로 "業이라는 특징"을 일곱 轉識으로 보고 있음을 보여준다. 또한 『入楞伽經註』에 대해서는 기무라 세이지(木村誠司)[2007]를 참조하여 도움을 받았다.

7) 다만 『大乘起信論』에서 業識이 알라야식으로 규정된 것은 菩提流支 『入楞伽經疏』에서 『入楞伽經』의 "業이라는 특징"(karmalakṣaṇa)이 제7식으로서의 알라야식으로 규정된 것과 관계되어 있을지도 모른다. 『入楞伽經』(LAS 46, 17)에서 "心에 의해 業이 집적된다"(cittena cīyate karma)는 문구에 대해 珍海 『八識義章研習抄』에 다음과 같은 내용이 있다.

또한 제7식은 "業이라는 특징의 識"이라고 설해진다. "[心에 의해] 業이 집적된다"는 표현은 바로 이것("業이라는 특징의 識")의 내용에 해당한다. 그러므로 菩提流支는 "心에 의해 業이 집적된다"는 『入楞伽經』의 문구에 의해 "業이라는 특징의 識"을 해석하고 있다. 즉 "心에 의해 業이 집적된다"는 문구를 주석하여 "['心'이란] 제7식이다"라 한 것이다.

又說第七名「業相識」. 採集業稱正當此義. 故菩提留支既以「心能集諸業」之文解「業相識」. 即釋「心能集諸業」文, 云第七識. (권中. T70, 666a)

菩提流支 『入楞伽經疏』에서 제7식과 제8식이 알라야식으로 규정된 것에 대해서는 본서 제2부 제1장 제5절의 『入楞伽經疏』 부분을 보라.
다만 菩提流支의 『入楞伽經疏』에서 "業이라는 특징"은 이미 일어난 業을 집적한 것인 一切種子(sarvabījaka. '모든 種子를 지니고 있는 것')로서의 알라야식을 의미하는 반면, 『대승기신론』에서 "業識"은 이것에서 業을 일으키는 識을 의미한다는 것은 주의해야 한다. 여기서 『대승기신론』이 菩提流支의 『入楞伽經疏』에 직접 의거하였다고는 생각되지 않는다.

8) 眞如(無爲法)가 침투한다는 사유방식은 드문 것이지만, 인도불교에서 이와 같은 사유방식이 꼭 불가능하다고만은 생각할 수 없다. 예를 들어 『二萬五千頌般若波羅蜜多』에 다음과 같은 내용이 있다.

如來의 유골이 般若波羅蜜多에 의해 침투되어 있음에 따라, 그것들(如來의 유골)은 공양을 획득한다.

prajñāpāramitāparibhāvitāni tathāgataśarīrāṇi yena tāni pūjaṃ labhante. (PVSPP II-III 87, 24-88, 6)

이 부분에서 般若波羅蜜多가 침투한다고 말해지지만, 다른 부분에서는 般若波羅蜜多는 無爲라 말해진다. 『二萬五千頌般若波羅蜜多』에 다음과 같은 내용이 있다.

다음으로, 이 세상에서, 수부띠여, 보살마하살은 無爲인 般若波羅蜜多에서 배운 후, 一切智者性에 도달하게 되는 것이다. 결코 [有爲인] 이분법적 방법으로 [도달하는 것]은 아니다.

iha punaḥ subhūte bodhisattvo mahāsattvo 'saṃskṛtāyāṃ prajñāpāramitāyāṃ śikṣitvā sarvākārajñatām anuprāpsyati, na punar dvayayogena. (PVSPP V 129, 6-8)

그러므로 인도불교에서 眞如(無爲法)가 침투한다는 사유방식이 반드시 불가능하지는 않다고 생각된다.

9) 또한 梁代(507~557)의 失譯 『阿彌陀鼓音聲王陀羅尼經』에 다름과 같은 내용이 있다. (번역은 티베트역에서)

비구들이여. 비구든, 비구니든, 우바새든, 우바이든, 각자 저 阿彌陀(無量壽) 世尊·如來의 명호를 수지한다면, 그자에게는 불에 겁박당하는 일이 없고, 물에 겁박당하는 일이 없고, 독에 겁박당하는 일이 없고, 무기에 겁박당하는 일이 없고, 야차에 겁박당하는 일이 없고, 나찰에 겁박당하는 일이 없다. 누구든지 전[생의 業의] 과보가 있는 자를 예외로 한다.

dge slong dag dge slong pha'am | dge slong ma'am | dge bsnyen pha'am | dge bsnyen ma'ang la la bcom ldan 'das de bzhin gshegs pa tshe dpag med de'i mtshan yang dag par 'dzin pa de la | me'i 'jigs pa mi 'byung | chu'i 'jigs pa mi 'byung | dug gi 'jigs pa mi 'byung | mtshon cha'i 'jigs pa mi 'byung | gnod sbyin gyi 'jigs mi 'byung | srin po'i 'jigs mi 'byung | sngon gyi rnam par smin pa ni gang la yang ma gtogs so || (P no. 363, Ba 5-7)

若有四衆, 受持讀誦彼佛名號, 乃至無有水火毒藥刀杖之怖, 亦復無有夜叉等怖. 除有過去重罪業障. (T12, 353a)

이 한역에서 「過去重罪業障」이 있는 자는 (설령 阿彌陀佛의 명호를 수지한다 해도, 예외적으로) 야차 등에 겁박당한다고 설해진다. 이것은 『大乘起信論』에서 전세의 "重罪惡業障"이 있는 자는 마구니나 귀신에게 괴롭힘을 당한다고 설하는 것과 유사하다. 다만 티베트역에서 「過去重罪業障」은 "전[세]의 과보"라 되어 있는 이상, 「過去重罪業障」은 어디까지나 한역자에 의한 변경에 지나지 않는다.
그러므로 전세의 業障이 현세에 남아 있다는 『대승기신론』의 설이 인도불교에서 확인되지는 않는다. 혹 『대승기신론』의 "重罪惡業障"은 한역 『阿彌陀鼓音聲王陀羅尼經』의 「過去重罪業障」을 소재로 하고 있는 것인지도 모르지만 양 문헌의 선후관계는 명확하지 않다.
또한 『阿彌陀鼓音聲王陀羅尼經』의 티베트역을 번역한 선행연구로서 나카미카도 게이쿄(中御門敬教)[2006]를 참조하였다.

10) 이상 『金剛般若波羅蜜經論』, 『金剛仙論』과 『大乘起信論』이 병행되고 있다는 점에서, 『大乘起信論』에서 주제가 되고 있는 '믿음[信]'이 범어 prasāda에 해당된다는 것을 알 수 있다. 여기에서 『大乘起信論』 전체에 걸쳐 다양하게 사용되고 있는 '信'의 유의어를 분류하면 다음과 같다.

【信】【信心】【淨信】 당 용어들은 『大乘起信論』에서 일관되게 완전히 동의어로 사용되고 있다. 전술한 것처럼 菩提流支 역 『金剛般若波羅蜜經論』에 의거하는 한, prasāda에 해당된다.
또한 "信相應地"(III解釋分, 顯示正義)라는 표현에 주의해야 한다. "信相應地"는 소위 adhimukticaryābhūmi("勝解行地"), 즉 『大乘起信論』에서 "解行發心"의 단계라고 생각하기 쉽다. 그러나 『大乘起信論』에서 "依信相應地, 修學方便"이라 설해지고 있는 "方便"은 당 론에서 "信成就發心" 단계의 "行根本方便", "能止方便", "發起善根增長方便", "大願平等方便"이라는 네 가지 方便을 가리킨다. 따라서 "信相應地"는 "解行發心"보다 전의 "信成就發心" 단계라고 생각해야 하므로 "信相應地"의 "信"은 prasāda에 해당한다.

【正信】 "從初正信"(III解釋分, 顯示正義), "從初正信已來"(III解釋分, 分別發趣道相)라는 방식으로 사용된다. 이 "正信"은 "信成就發心"에 이르러 비로소 확립되는 정식적인 "信", "信心", "淨信"으로, prasāda에 해당한다.
또한 菩提流支 역에서 "正信"은 prasāda와 adhimukti, 그리고 기타 용어에 대한 역어로도 사용된다. 菩提流支 역 『十地經論』에 다음과 같은 부분이 있다.

"正信" (권2. T26, 132b) yid ches pa. (P no. 5494, Ngi 156b7)
"生正信故" (권2. T26, 132b) saṃprasādanārtham. (DBhS 14, 6)
"令生正信" (권2. T26, 133c) dad par mdzad par bzhed nas. (P no. 5494, Ngi 161a2)
"令[……]生正信" (권3. T26, 145a) 'dun par byed. (P no. 5494, Ngi 197a7)
"令正信" (권5. T26, 156a) gzud pa. (P no. 5494, Ngi 225a5)

菩提流支 역 『深密解脫經』에 다음과 같은 부분이 있다.

"能生正信" (권2. T16, 671c) mos par byed (SNS VII, 13)

【信根】 "有法能起摩訶衍信根"(논서의 서두)이라는 방식으로 사용된다. "信根"은 분명히 śraddhendriya에 해당하므로, 이 "信"은 śraddhā에 해당한다. śraddhā는 prasāda의 동의어이다.

예를 들어 바수반두 『阿毘達磨俱舍論』 「根品」(AKBh 55, 6)에 "信은 마음을 깨끗하게 하는 것이다(śraddhā cetasaḥ prasādaḥ)"라 되어 있다.

【深信】 "深信眞如法"(Ⅲ解釋分, 顯示正義)이라는 방식으로 사용된다. 菩提流支 역 『十地經論』에 의거하는 한, "深信"은 adhimukti('勝解')에 해당한다. 당론에 다음과 같은 부분이 있다.

"深信" (권1. T26, 128b) adhimucya. (DBhS 9, 4)
"深信" (권3. T26, 138b) adhimukti. (DBhS 19, 5)

【解】 "解行發心"(Ⅲ解釋分, 分別發趣道相)이라는 방식으로 사용된다. "解行"은 분명 adhimukticaryā('勝解行')에 해당되기 때문에 이때 "解"는 adhimukti('勝解')에 해당된다.

【深解】 "解行發心"에서 "於眞如法中, 深解現前"이라는 방식으로 사용된다. "深信", "解"와 마찬가지로 adhimukti('勝解')에 대응함을 알 수 있다.

11) 正性이 涅槃을 가리킨다는 것에 대해서는 사쿠라베 하지메(櫻部建) · 오다니 노부치요(小谷信千代)[1999: 158]를 참조하라.

12) 聲聞乘 중 說一切有部에서 正性離生이 法智忍이라는 것에 대해서는 櫻部建 · 小谷信千代[1999: 158]를 참조하라.

13) 玄奘(602~664)의 高弟, 基(632~682)는 예외이다. 『妙法蓮華經玄贊』에 다음과 같이 되어 있다.

그런데 『瑜伽師地論』에 의하면 正定聚는 반드시 初地에 들어가 있는 자이다.

然依『瑜伽』, 正定聚者要入初地. (권10本. T34, 852c)

제4장

『대승기신론』의 성립과 전파

제4장

『대승기신론』의 성립과 전파

1. 시작하며

제1장에서는 『대승기신론』의 소재가 된 북조시대 여러 한문불교문헌－위경, 위론, 외국인 강의록을 포함한－을 정리하고, 그에 의거해 『대승기신론』 북조인 찬술설을 제시하였다.

제2장에서는 『대승기신론』에 포함된 북조불교설－『대승기신론』 성립 전 북위北魏 낙양기洛陽期로 소급되는－을 정리하여 『대승기신론』 인도인 찬술설을 부정하고 북조인 찬술설을 보강하였다.

제3장에서는 『대승기신론』에 포함된 몇 가지 독특한 설－인도불교에 대한 오해인－을 정리하고, 그에 의해 『대승기신론』 북조인 찬술설을 더욱 보강하였다.

그러므로 실증적으로는, 『대승기신론』은 인도인이 찬술한 것이 아니라 중국 북조에서 북조인이 찬술한 것이라고 생각된다. 그러나 전통적으로는, 『대승기신론』이 인도인 마명馬鳴이 찬술한 것을 인도인 진제眞諦가 한역하였다고 생각되어 왔다.

대체 『대승기신론』은 언제 북조에서 성립하였고, 언제 마명에게 가탁되었으며, 언제 남조로 전파되었고, 언제 진제에게 가탁되었을까. 제4장에서는 현재 이용 가능한 자료의 범위 내에서 이 질문에 대답해보고자 한다.

2. 북조北朝에서의 성립과 마명馬鳴에의 가탁

『대승기신론』은 언제 북조에서 성립하였고, 언제 마명에게 가탁되었는가.

이 문제에서 먼저, 언제 북조에서 성립되었는지를 검토한다. 대저 남북조에서는 북위北魏가 북조를 제패하고, 동위東魏와 서위西魏로 분열되어, 동위가 북제北齊에, 서위가 북주北周에 선양하고, 북주가 북제를 병합한 후 북주에서 발생한 수隋가 중국을 통일하여 남북조시대가 끝나게 된다. 북위에서 동위, 서위까지는 원元씨 왕조였기 때문에 원위元魏라 불린다.

『대승기신론』은 적어도 동위 반야류지般若流支 역(538~543)까지를 분명히 소재로 삼고 있기 때문에 성립의 상한선은 대략 543년경이다.

또한 『대승기신론』은 적어도 북주 무제武帝(재위기간 560~578)의 폐불 개시(574)까지는 확실히 북제에 유통되고 있었으므로, 성립의 하한선은 대략 574년경이다. 『대승기신론』이 무제의 폐불 개시까지 확실히 유통되었다는 것은 두 가지 이유를 통해 알 수 있다. 첫째는 『속고승전續高僧傳』「담연전曇延傳」이다. 이에 따르면 북주의 담연曇延(516~588)이 무제의 폐불 이전 『대반열반경의소大般涅槃經義疏』를 찬술했을 때 당시 뛰어난 이들이 그에 선행하는 북제의 혜원慧遠 『대반열반경의기大般涅槃經義記』(현존)와 비교했는데[1] 그 『대반열반경의기』에 『대승기신론』이 인용되어 있다.[2] 둘째는 『속고승전』의 「담천전曇遷傳」이다. 이에 따르면 북제의 담천曇遷(542~607)은 북주가 북제를 병합하고(577) 그에 따라 예전 북제 지역에도 폐불이 행해졌을 때(578)보다 먼저 북제 임여산林慮山의 황화곡黃花谷에 은둔하며 복수의 경론을 연구하였는데, 그 복수의 경론 가운데 『대승기신론』이 포함되어 있다.[3]

이상을 정리하면, 『대승기신론』은 문헌적 증거에 의거하는 한 동위 혹은 그를 계승한 북제에서 543년경부터 574년경 사이에 성립되었다고 생각할 수 있다.[4]

또한 이상은 어디까지나 문헌적 증거에 의한 이야기이다. 정황적 증거를 고려한다면 아마도 『대승기신론』 성립시기의 폭은 좀 더 좁혀질 수 있을 것이다. 정황적 증거로서 고려해야 할 것은, 『대승기신론』에 북조에서 위세를 떨친 지론종地論宗으로부터의 교리적 영향을 찾아볼 수 없다는 점이다. 백제 혜균慧均 『대승사론현의기大

乘四論玄義記』에 『대승기신론』을 지론종이 만들어 낸 위론이라고 지적하고 있는 것은 이미 서론에서 소개한 대로이다. 그러나 실제로 『대승기신론』에 담겨 있는 교리는 지론종의 교리보다도 지론종의 원류인 보리유지菩提流支(?-508-535-?)의 저작이나 강의록에 담긴 교리나 보리유지가 중국에 들어오기(508) 이전 북위 낙양기 교리에 더 가깝다. 『대승기신론』은 지론종의 교리가 형성되기 전 보리유지나 반야류지의 주변에 있었던 북조인에 의해 지어졌고, 지론종의 교리가 형성된 후 비로소 지론종에 의해 인용되었던 것이라고 생각된다. 이 점에서, 필자는 『대승기신론』 지론종 찬술설을 반대한다.

보리유지의 번역사업은 동위 천평(天平) 2년(535), 반야류지의 번역사업은 동위 무평武平 원년(543)까지 이루어졌으며, 그 이후는 동위가 북제에 선양(550)한 후 천보天保 7년(556)에 북제로 들어온 나련제야사那連提耶舍(490~589)가 이듬해인 천보 8년에 번역을 시작하기 전까지는 번역사업이 없었다. 그처럼 번역사업이 없던 기간에 보리유지나 반야류지 등의 인도인이 전한 가르침을 벗어나, 중국인 독자의 사고에 입각하여 지론종의 교리가 형성되었던 것이다. 지론종의 교리적 영향이 보이지 않는 『대승기신론』은 북제 이전, 늦어도 동위 말기에는 성립되었던 것이 아닌가.

이상을 정리하면 『대승기신론』은 정황적 증거를 고려할 때 동위에서 543~549년 사이에 성립했다고 생각된다.[5)]

다음으로, 『대승기신론』이 언제 마명에게 가탁되었는지를 검토한다.

『대승기신론』은 혜원 『대반열반경의기』에서 "馬鳴(마명)"의 론으로서 인용되어 담연 『대승기신론의소大乘起信論義疏』의 서두에서도 "馬鳴大士(마명대사)"의 론으로서 설명되고 있기 때문에, 늦어도 무제의 폐불 개시(574) 전에 북조에서 마명의 저작으로 유통되었을 것으로 생각된다. 그런데 마명에의 가탁은 『대승기신론』의 저자가 직접 한 것인가, 그렇지 않다면 이후의 사람들에 의해 행해진 것인가.

여기에서 주목할 것은 근년 일본의 나나츠데라일체경七寺一切經, 고쇼우지일체경興聖寺一切經, 마츠노오샤일체경松尾社一切經 등에서 발견된 소위 사본계寫本系 『마명보살전馬鳴菩薩傳』이다. 이 사본계 『마명보살전』은 당대唐代 문헌에서 인용 혹은 언급된 『마명보살전』과 상당히 합치되지만, 고려대장경 및 송, 원, 명판 대장경을 거쳐 다이쇼 대장경에 수록된 구마라집鳩摩羅什 역 『마명보살전』과는 매우 다르다. 당대唐代에 유통되었던(아마도 남북조시대부터 유통되었던) 『마명보살전』은 오직 이 사본계 『마명보살전』이었다고 여겨지고 있다.6) 사본계 당 전傳에 다음과 같은 내용이 있다.

> [마명이 여러 논서를 지었던] 이때는 정법기正法期의 끝에 가까웠지만, 사람들의 마음이 아직 정상적이었다. [세존을] 직접 뵈었을 때의 기세는 부족하였지만, 말씀에 의해 깨달은 예는 수두룩하였다. 마명은 이러한 이유로 진리 외의 번거로운 문구를 생략하고 문의文意 외에 화려한 표현을 제거하였던 것이다.
>
> 是時雖近正法之末, 而人心猶得. 目擊之勢不足, 而文言之悟有餘. 馬鳴所以略煩文於理外, 簡華辭於意表. (落合俊典〔編〕 [2000: 269])

여기에서는 마명의 여러 논서가 “번거로운 문구”를 생략하여 쓰여졌음을 서술하고 있다. 이와 관련해서 떠오르는 것이 『대승기신론』의 다음과 같은 기술이다.

> 또한 자세한 논에 문장이 많은 것을 번거롭게 여기고, 비록 적은 글이라도 많은 내용을 담고 있는 총지總持(다라니)를 마음속으로 즐기고 이해할 수 있는 중생도 있다. 이리하여 이 론은 여래의 광대하고 심원한 법의 무한한 내용을 포섭하기 위하여 있는 것이다.
>
> 自有衆生, 復以廣論文多爲煩, 心樂總持少文而攝多義, 能取解者. 如是此論爲欲總攝如來廣大深法無邊義故. (Ⅰ因緣分)

여기에서는 『대승기신론』이 “문장이 많음을 번거롭게 여기는” 중생을 위해서 쓰여졌다고 서술하고 있다. 사본계 『마명보살전』과 『대승기신론』 사이의 유사성을 읽어내야 하지 않을까.

『대승기신론』은 한 사람에 의해 지어진 것이 아니라 복수의 인물들에 의해 지어졌을 수도 있다. 그러나 어쨌든 이 문구를 썼던 인물은 사본계 『마명보살전』을 염두에 두고, 여러 간략한 논서를 지은 저자로서 알려진 마명에게 간략한 『대승기신론』

을 가탁한 것은 아닐까. 만약 그러하다면, 마명에의 가탁은『대승기신론』의 성립시기에 저자 자신에 의해서 행해졌다고 생각할 수 있을 것이다.

3. 남조南朝에서의 전파와 진제眞諦에의 가탁

『대승기신론』은 언제 남조에 전파되기 시작했고, 언제 진제眞諦에게 가탁되었는가.

이 문제에 대해 참고가 된 것은 이케다 마사노리가 소개한 쿄우쇼오쿠杏雨書屋 소장 돈황문헌『대승기신론소大乘起信論疏(가제, 羽333V. 이하 "행우서옥본杏雨書屋本"으로 약칭)이다. 그전까지『대승기신론』에 대한 현존 최고最古의 주석서는 담연의『대승기신론소』로 알려져 있었는데, 이케다는 담연이 행우서옥본에 의거하였음을 지적하고 행우서옥본이야말로『대승기신론』에 대한 가장 오래된 주석서임을 보고하였다.7)

또한 이케다는 행우서옥본이『대승기신론』외의 문헌으로서는 진제 역『섭대승론석攝大乘論釋』과 진제 찬『구식장九識章』8)만을 인용한다는 것, 또한 진제 역『불성론佛性論』을 이용하고 있다는 것을 지적하고, 행우서옥본이 남조에서 진제의 학계에 가까운 인물에 의해 지어졌을 가능성이 높음을 보고하였다.

이케다는 행우서옥본의 찬술연대로서 진제 역『섭대승론석』역출(564) 이후, 담연의 몰년(588) 이전을 제시하였다. 행우서옥본의 존재는 적어도 그 시기 즈음에는『대승기신론』이 남조에서 진제의 학계에 가까운 인물에 의해 연구되었음을 시사하는 것이다.

당연히『대승기신론』이 북조에서 남조로 반입되어 진제의 학계에 가까운 인물의 손에 들어갔을 것으로 생각되는데, 당시 북조의 불교문헌이 남조로 전해져 진제 등의 그룹에까지 유입되는 일이 드물지는 않았던 듯하다. 구체적으로 말하면 다음과 같은 사례이다.

1) 진제 역『대승유식론大乘唯識論』의 후기에 의하면 진제의 제자 혜개慧愷(518~568)는 원래 보리유지 역(실제로는 반야류지 역)『유식론唯識論』을 알고 있었으며, 나

아가 563년에 진제에게 그것을 중역해 줄 것을 청하였다.[9]

2) 도선道宣 『속고승전』 「법태전法泰傳」에 의하면, 진제의 제자 지교智敫(?~600)는 약년에 북조 출신의 사문이었던 법명法明으로부터 보리유지 역 『금강반야바라밀경론金剛般若波羅蜜經論』을 배웠다.[10]

3) 진제는 자신의 저서 『인왕반야소仁王般若疏』에서 북조 지론종의 3교판(별교別教, 통교通教, 통종通宗)을 자신의 설로서 활용하고 있다.[11]

아마도 『대승기신론』도 북조의 불교문헌 중 하나로서 남조에 전해져, 진제 등의 그룹으로 유입되었다고 생각된다.

또한 이미 연구자들에 의해 거듭 지적되었던 것처럼, 일문逸文으로 전하는 진제의 몇 가지 저작에서는 『대승기신론』 특유의 "본각本覺"이라는 술어가 사용되었다. 구체적으로는 다음과 같은 사례가 있다.

1 **『구식장九識章』** (太淸 3년〔549〕 성립[12])

진제삼장眞諦三藏은 『결정장론決定藏論』에 의해 9식설을 주장하였다. 「구식품九識品」에서 설해진 것과 같다.〔……〕

제9 아마라식阿摩羅識은 이 땅에서 무구식無垢識이라 불리며, 진여眞如를 그 본연의 상태로 한다. 하나의 진여에서 두 가지 뜻이 있다. 첫째는 소연所緣인 경境으로, 진여, 실제實際 등으로 불린다. 둘째는 능연能緣이라는 뜻으로 무구식이라 불리며, 본각本覺이라고도 불린다.

상세히는 『구식장』이 『결정장론』 「구식품」을 인용하는 가운데 설해진 것과 같다.

眞諦三藏依『決定藏論』, 立九識義. 如九識品說. 〔……〕

第九阿摩羅識, 此云無垢識, 眞如爲體. 於一眞如, 有其二義. 一所緣境, 名爲眞如及實際等. 二能緣義, 名無垢識, 亦名本覺.

具如『九識章』引『決定藏論』九識品中說. (圓測 『解深密經疏』 권3. Z1.34.4, 360bc)

2 **『인왕반야소仁王般若疏』**(太清 3년〔549〕 성립[13])

만약 『본기本記』(『인왕반야소』)에 의한다면〔……〕. 해설. 본각本覺은 거꾸로 스스로를 관조한다. 제9식이며, 『대지도론大智度論』의 제일의실담第一義悉檀이다.

若依『本記』, 〔……〕. 解云. 本覺反照自體. 第九識卽『智度論』第一義悉檀.

(圓測 『仁王經疏』 권上末. T33, 380b)

3 **『구사론소俱舍論疏』**(성립년 불명)

태어남〔生〕이란 일찍이 아무것도 없었던 채로 [지금] 일어나는 것이다. 머묾〔住〕이란 연속이다. 소멸이란 그것(연속)을 단절하는 것이다. 머묾에서 달라짐〔異〕이란 연속에서 전후의 차이라는 것이 인정된다.[14]

jātir apūrvo bhāvaḥ sthitiḥ prabandho vyayas taducchedaḥ |
sthityanyathātvam iṣṭaṃ prabandhapūrvāparaviśeṣa iti || (AKBh 77, 13-14)

非曾有名生 住相續無常
相續斷住異 相續前後異 (眞諦 역 『阿毘達磨俱舍釋論』 권4. T29, 186a)

진제 선생의 『본소本疏』(『구사론소』)는 말한다. 〔……〕 두 번째 게송은 미래의 본각本覺이 현재의 것을 일으키게 함을 생生이라 부른다. [주住, 이異, 멸滅이라는] 나머지 세 가지 상相은 앞[의 첫 번째 게송]과 마찬가지로 역시 앞의 산문에서 연속체에 네 가지 상이 있다는 주장을 입증하고 있다.

眞諦師『本疏』云. 〔……〕第三(頭註云三疑二)頌明未來本覺現在令有名生. 余三相同前, 亦證前長行相續四相義. (神泰 『俱舍論疏』 권5. Z.1.83.4, 335d)[15]

이러한 사례에 나타난 "본각"도 『대승기신론』이 북조의 불교문헌 중 하나로서 남조에 전해져 진제 등의 일파에 유입되어 사용되는 데에 이르렀던 것으로 생각된다.

또한 지금은 비장방費長房 『역대삼보기歷代三寶紀』를 따라 『구식장』, 『인왕반야소』의 성립시기를 549년으로 기록하였는데, 만약 그것이 사실이라면 『구식장』과 『인왕반야소』에 『대승기신론』 특유의 "본각"이라는 용어가 사용되고 있는 이상, 『대승기신론』은 549년까지는 남조에 전해진 것이 된다. 이에 따르면 앞서 필자가 문헌상 543년경에서 574년경 사이로 추측하였던 『대승기신론』의 성립시기도, 543년경에서 549년경 사이로 한정시킬 수 있게 된다. 거기까지 『역대삼보기』를 신뢰할 수 있는지 모르겠지만, 다만 『대승기신론』의 성립시기를 543경부터 549년 사이로 한정하는 것은 앞서 필자가 정황적 증거에 의해 『대승기신론』의 성립시기를 543년경부터 549년경 사이로 추정한 것과 모순되지 않는다.

또한 주목해야 할 것은 진제가 『대승기신론』에 주석을 하였다는 기록이 있다는 점이다. 『역대삼보기』에서 열거하고 있는 진제의 역서 중에 다음과 같은 것이 있다.

> 『기신론소起信論疏』 2권 〈태청(太清) 4년(550=大寶 원년)에 세상에 나왔다〉
> 『起信論疏』二卷〈太清四年出〉. (권11. T49, 99a)

이제까지 밝힌 것처럼 『대승기신론』은 위론으로 진제가 번역한 것이 아니지만, 설령 그렇다 해도 진제가 위론 『대승기신론』을 주석하였다는 것까지 부정할 수는 없다. 왜냐하면 진제는 『불설인왕반야바라밀경佛說仁王般若波羅蜜經』 또한 주석하였기 때문이다(전술한 진제의 『인왕반야소』를 보라).

북조에서 성립한 위경 『불설인왕반야바라밀경』이 남조에 전해져 진제가 그것을 주석하였고, 그 때문에 후대에 진제가 『불설인왕반야바라밀경』을 번역하였다는 전설이 퍼지게 되었다. 그와 마찬가지로, 북조에서 성립한 위론 『대승기신론』도 남조에 전해져 진제가 그것을 주석하였고, 그 때문에 후대에 진제가 『대승기신론』을 번역하는 전설이 퍼지게 되었던 것은 아닐까.

어쨌든 만약 진제가 550년에 『기신론소』를 저술하였다는 『역대삼보기』의 기술이 사실이라면 『대승기신론』이 진제 역으로 가탁되었던 것은 550년 이후가 된다.[16]

4. 마치며

본 장에서 규명한 것은 아래와 같다.

1) 『대승기신론』은 문헌적 증거에 의하면 북조 동위 혹은 그것을 계승한 북제에서 543년경부터 574년경 사이에 성립하였다고 생각된다. 혹은 『대승기신론』 중에 지론종의 영향이 보이지 않는다는 정황적 증거에 의하면 그 범위는 조금 더 한정되어 동위에서 543년경부터 549년 사이에 성립했다고 생각된다.

2) 사본계 『마명보살전』과 『대승기신론』의 유사성을 고려한다며 마명에의 가탁은 『대승기신론』의 성립시기, 저자 자신에 의해 행해진 것으로 생각된다.

3) 진제가 549년에 『구식장』, 『인왕반야소』를 지었다는 비장방 『역대삼보기』의 기술을 고려한다면, 『구식장』과 『인왕반야소』에 『대승기신론』 특유의 "본각"이라는 용어가 사용되는 이상, 『대승기신론』은 549년까지 남조에 전해졌을 것으로 생각된다.

4) 진제가 550년에 『기신론소』를 지었다는 『역대삼보기』의 기술을 고려한다면, 『대승기신론』은 550년 이후에 진제 역으로 가탁되었다고 생각된다.

주

1) 道宣『續高僧傳』「曇延傳」에 다음과 같은 내용이 있다.

[曇延에 의해] 지어진『大般涅槃經義疏』는 그것(그의 강의내용)을 세상 사람들에게 소상히 밝혔다. 당시의 뛰어난 이들이 모여 논의하고 [『大般涅槃經義疏』를] 慧遠이 지은 것(『大般涅槃經義記』)과 비교하였다. 慧遠의 것은 문장이 잘 맞고 타당하여 세간 사람들은 정말로 더할 것이 없었다. 그러나 대강을 표시하고 귀감으로서 앞서 나아가는 것은 曇延 쪽이 그(慧遠)를 멀리 넘어서 있었다.

所著文疏, 詳之于世. 時諸英達, 僉議用比遠公所製. 遠乃文句愜當, 世實罕加. 而標擧宏綱, 通鏡長鶩, 則延過之久矣. (권8. T50, 488b)

2) 慧遠『大般涅槃經義記』에 다음과 같은 구절이 있다. (번역은 생략)

如馬鳴說……. (권1上. T37, 614b)
如馬鳴說……. (권8. T37, 823c)
馬鳴論中說……. (권8. T37, 824a)
如馬鳴說……. (권9. T37, 864b)

3) 道宣『續高僧傳』「曇遷傳」에 다음과 같은 내용이 있다.

마침내 林慮山의 黃花谷에 있는 淨國寺에 몸을 숨기고, 채식하며 깊이 사유하고 일신을 佛道에 맡겼다. 질문하러 오는 자가 있다면 곧 자세히 설하였다.『大方廣佛華嚴經』,『十地經論』,『維摩詰所說經』,『入楞伽經』,『菩薩地持經』,『大乘起信論』등에 대해 모두 그 심원한 곳을 궁구하였다.

遂竄形林慮山黃花谷中淨國寺, 蔬素覃思, 委身以道. 有來請問, 乍爲弘宣. 研精『華嚴』『十地』『維摩』『楞伽』『地持』『起信』等, 咸究其深賾. (권18. T50, 572a)

4) 또한 이와 관련하여 첨언할 것은, 모치즈키 신코(望月信亨)의 다음과 같은 주장이다.

뿐만 아니라 또한, 南岳 慧思가 지은『法華經安樂行義』에는 "甚深如來藏, 畢竟無衰老, 是名摩訶衍"이라 쓰여 있는데, 이것은 분명히 如來藏을 칭하여 摩訶衍이라 이름붙인 것이다. 慧思는 陳 大建 7년(575)에 입적한 사람이니, 그리하여 이 글은 말할 것도 없이 입적 이전에 지은 것이기 때문에『起信論』의 전거가 되었다고 보아도 아무런 문제가 없을 것이다. 慧思의 저서 중『起信論』의 일은 한마디도 쓰여 있지 않지만, 그가 지은『安樂行義』의 설이『起信論』에서 얻어졌다고 생각하는 것은 아마도 그럴 수 없을 것이다. 어쨌든 당시 이러한 종류의 논설이 행해졌음은 분명하기 때문에『起信論』의 작자는 이러한 논지를 이어 다만 그것에 체계성을 부여했음에 지나지 않는다고 인정되는 것이다. (望月信亨[1938: 제3편 116-117]. 또한 다른 부분에도 동일한 취지의 발언이 있다. 望月信亨[1938: 제2편 83-84])

여기에서는 北朝에서 東魏부터 北齊에 걸쳐 수행했던 慧思(515~577)의 저작『法華經安樂行義』중에『大乘起信論』에 선행하는 사상이 확인된다고 주장하고 있다.
그러나 이것은 모치즈키의 오독이다. 우선『法華經安樂行義』의 이 부분은 求那跋陀羅 역『央掘魔羅經』에 의거하고 있다. 당 경에 다음과 같은 부분이다. (번역은 티베트역에서)

그리고 다음으로, "如來는 常인 것 중 최고의 것이다"라고 개시한 것, 그것은 八支聖道이니, 如來에 대해서 ① "위대하다"고 듣고 받아들인 것만으로 涅槃에 나아가기 위한 道를 얻는 것이다. 如

來에 대해서 ② "常(*nitya)이다" ③ "恒(*dhruva)이다" ④ "不變(*śāśvata)한 것 중 최고의 것이다" ⑤ "청량하게 된 것(*śītībhūta)이다" ⑥ "지극히 적정한 부처이다" ⑦ "如來는 法身이다" ⑧ "如來藏에는 늙음이 없다"라는 것이 八支라고 알아야 한다.

gzhan yang de bzhin gshegs pa rtag pa'i mchog go zhes rab tu ston pa de ni 'phags pa'i lam yan lag brgyad pa yin te | de bzhin gshegs pa'i che ba thos shing rnam par reg pa tsam gyis mya ngan las 'da' bar bgro ba'i lam yang dag par 'thob bo || de bzhin gshegs pa'i rtag pa ther zug g-yung drung gi mchog bsil bar gyur pa | shis pa ni sangs rgyas te | de bzhin gshegs pa ni chos kyi sku'o || de bzhin gshegs pa'i snying po'i rga ba med pa'o zhes bya ba 'di ni yan lag brgyad po yin par rig par bya'o || (P no. 879, Tsu 176a3-5)

大乘八聖道 聞說如來常 經耳因緣力 終到涅槃城
如來常及恒 第一不變易 清淨極寂靜 正覺妙法身
甚深如來藏 畢竟無衰老 是則摩訶衍 具足八聖道 (권3. T2, 532ab)

이 중, 마지막 한 게송에 기반하여 『法華經安樂行義』에 다음과 같은 내용이 있다.

"심연한 如來藏에는 절대로 늙음이 없다." 이것이 大乘에서 如來의 八正道라 불린다.

*甚深如來藏 畢竟無衰老 是名摩訶衍 如來八正道

(*저본에 "湛"으로 되어 있으나 甲本에 의거 수정. T46, 698b)

즉 모치즈키는 『法華經安樂行義』이 "如來藏"을 "摩訶衍(大乘)"이라 이름 붙였다고 읽었지만, 그것은 오독이다. 『法華經安樂行義』에 『大乘起信論』에 선행하는 사상이 확인되는 것은 아니다.

5) 道宣 『續高僧傳』 「慧遠傳」에 慧遠이 최초기에 東魏의 수도 鄴에서 『十地經論』을 강의하였다는 것이 전해진다. 당 傳에 다음과 같은 내용이다.

7년간 鄴에 체류하며 먼저 『十地經論』을 강의한 것으로 한번에 명성을 얻어, 사람들이 다른 강의의 자리를 한산하게 만들어 버렸다.

七夏在鄴, 創講『十地』, 一擧榮問, 衆傾餘席. (권8. T50, 491c)

오카모토 잇페이(岡本一平)에 의하면 "7년"의 마지막 해에 대해서 545년, 552년, 549년이라는 세 가지 설이 있었고(오카모토는 549년을 선택한다), 그 시기부터 강의내용을 토대로 찬술한 것이 慧遠 『十地義記』이다. 그 『十地義記』에서는 『大乘起信論』이 인용되고 있다. 그러므로 『十地義記』에 『大乘起信論』의 인용이 상당히 나중에 추가된 것이 아닌 한, 『大乘起信論』은 늦어도 552년까지는 東魏에 유포되어 있었던 것이 된다. 이것을 알게 된 것은 岡本一平[2017]의 덕분이다.

6) 상세한 것은 오치아이 토시노리(落合俊典)[編][2000] 수록 「馬鳴菩薩傳」을 보라.

7) 상세한 것은 이케다 마사노리(池田將則)[2012]를 보라.

8) 杏雨書屋本에 인용된 『九識章』의 逸文으로 다음과 같은 것이 있다.

만약 三藏法師(眞諦)의 『九識章』 안에서라면 [알라야식은] 無沒識이라 불린다. [알라야식은] 시작이 없는 때로부터의 善과 惡 등 세 가지 성질의 種子를 지니고 있으며 원인이 되어 없어지지 않고, 결과를 얻음은 확실하며, 失沒함이 없기 때문에 無沒이라 불리는 것이다.

> 若三藏法師『九識章』內, 名無沒識. 以能攝持無始善惡三性種子, 爲因不亡, 得果必然, 無有失沒, 名無沒也. (羽333V, 43-44. 池田將則[2012: 122])

여기에서는 眞諦가 알라야식을 無沒識이라 부른다고 기록되어 있다. 隋唐의 불교에서는 종종 眞諦가 無沒識을 설하였음이 언급되고 있지만(상세한 것은 宇井伯壽[1933]를 참조), 杏雨書屋本이 출현함에 따라 그 전거가 『九識章』이었다는 것이 밝혀졌다. 眞諦에 의하면 알라야식은 특히 결과를 失沒시키지 않는다는 점에서 無沒識이라 불리는 것이다.

필자는 無沒識의 無沒이 正量部의 無失(不失. avipraṇāśa)과 같다고 생각하고 있다. 眞諦 역『隨相論』에 다음과 같은 내용이 있다.

> 만약 正量部에 의한다면 色("물질")은 순간마다 소멸하는 것이 아니라 잠시 동안 머무는 경우가 있다. [식물의] 種子가 아직 싹을 틔우지 않았을 때는 한 알의 種子에 지나지 않는다. 만약 당면한 것에 한해 결과를 낳는 것을 논한다면 [種子는] 바로 싹이라는 결과를 낳는다. 만약 연속을 염두에 둔다면 [種子에서는 싹뿐 아니라] 역시 줄기나 이파리 등을 낳음이 있다. 그 이후의 것도 모두 그것과 마찬가지이다. 業은 그렇지 않다. 業은 자체로 소멸하지만 無失이라는 法이 있어 그것(業)의 결과를 지니고, 잃어버리지 않는다.
>
> 若正量部, 色不念念滅, 有暫住義. 種子未生牙時, 只是一種子耳. 若當分論生果, 正生牙果. 若約相續, 亦有生莖葉等義. 後去類皆如此. 業則不爾. 業雖自滅, 有無失法在, 攝其果, 令不失. (T32, 161c)
>
> 만약 正量部에 의한다면 戒에 의한 善이 생긴다. 이 善業은 無失이라는 法과 함께 생겨난다. 저들(正量部)은 [業의 결과를] 작업할 수 있는 業을 설하지 않는다. [業의] 본체는 생겨나서 [그 순간에] 곧바로 소멸해버리는 것이다. 無失이라는 法은 소멸해버리지 않으며 그 결과를 지니되 잃어버리지 않는다. 無失이라는 法은 순간마다 소멸해 버리는 法이 아니라 때를 기다린 후에 소멸하는 法이다, 그것(無失)에는 잠시 동안 머무름이 있다. [業의] 결과가 생기는 때를 기다린 후, 그것(無失)의 본체가 비로소 소멸한다.
>
> 若正量部, 戒善生. 此善業與無失法俱生. 其不說有業能業. 體生卽謝滅. 無失法不滅, 攝業果, 令不失. 無失法非念念滅法, 是待時滅法. 其有暫住義. 待果生時, 其體方謝. (T32, 161c-162a)

正量部 출신이었던 眞諦는 大乘의 알라야식이 正量部의 無失(不失. avipraṇāśa)와 같은 기능을 지니고 있다고 생각하고, 알라야식을 無沒識(avipraṇāśavijñāna)이라 불렀다고 추측된다.
또한 필자의 추측과 비슷한 논의로서 吉藏(549~623)이 『中觀論疏』(大業 4년[608] 성립)에서 다음과 같이 서술한 것도 주목된다.

> 正量部은 小乘이지만, 알라야식인 不失이라는 法은 大乘이다. 알라야식은 無沒識이라 번역된다. '無'는 '不'의 이명이다. '沒'은 '失'의 별명이다. 그러므로 알라야식은 不失이라는 法과 같다.
>
> 正量是小乘, 阿梨耶不失法是大乘. 阿梨耶飜爲無沒識. 無是不之異名, 沒是失之別目. 故梨耶猶是不失法. (권8本. T42, 119a)

일찍이 유우키 레이몬(結城令聞)[1935: 529-531(n.8)]은 無沒識의 無沒이 無覆無記(nivṛtāvyākṛta)의 '無覆'에 대한 古譯이라고 추측하였지만 (가토 세이신加藤精神도 같은 의견이라는 것이

부기되어 있다), 유우키의 추측은 근거가 없으므로 수용할 수 없다. 게다가 無覆無記의 古譯은 不陰沒無記이다.
근대의 학계에서는 『九識章』을 眞諦의 저작이 아닌 후대 중국인의 저작이라고 억측하는 이들이 종종 보인다. 필자는 예전부터 이와 같은 억측이 횡행해짐을 우려하여 먼저 『九識章』이 眞諦의 저작임을 충분한 사례를 들어 증명하였다.(大竹晋[2012]) 이번에 杏雨書屋本이 발견됨에 의해 『九識章』이 南朝에서 이른 시기에 眞諦의 저작으로서 유통되었음이 확인되었는데, 필자는 그것을 진심으로 기쁘게 생각하고 있다. 억측을 횡행하던 연구자들에게 재차 자중하기를 촉구한다.

9) 眞諦 역 『大乘唯識論』의 후기에 다음과 같은 구절이 있다.

菩提留支法師는 앞서 北地에서 『唯識論』을 번역하였다. 慧愷는 陳의 天嘉 4년(563), 癸未干支의 1월 16일 廣州(현재의 廣東省 廣州市)의 制旨寺에서 三藏法師 枸羅那他(Kulanātha)에게 이 론을 중역하기를 청하였다.

菩提留支法師先於北翻出『唯識論』. 慧愷以陳天嘉四年歲次癸未正月十六日, 於廣州制旨寺, 請三藏法師枸羅那他, 重譯此論. (T31, 73c)

10) 道宣 『續高僧傳』 「法泰傳」에 다음과 같은 내용이 있다.

당시, 循州(현재의 廣東省 惠州市)의 平等寺의 사문, 智敫라는 자가 있었다. 젊은 시절 延祚寺의 道와 緣이라는 두 스승에게 『成實論』을 듣고 北地의 사문 法明 아래로 가 『金剛般若論』을 듣고, 다시 希와 堅이라는 두 大德 아래로 가 『毘婆沙論』과 『中論』을 듣고, 모두 깊고 상세하게 宗旨를 연찬하였다.

時有循州平等寺沙門智敫者. 弱年聽延祚寺道緣二師『成實』, 并往北土沙門法明聽『金剛般若論』, 又往希堅二德聽『婆沙』『中論』, 皆洞涉精至, 研覈宗旨. (권1. T50, 431c)

11) 圓測 『仁王經疏』에 다음과 같은 내용이 있다.

『本記』(『仁王般若疏』)에 의하면 [다음과 같이] 말한다. "세 종류의 三假("세 가지의 가설된 것")가 있다. ① 別教에서는 因에 의해 이루어진 것 등[이 三假]이다. [즉] 『成實論』의 宗旨에서는 因에 의해 생긴 것과 緣에 의해 이루어진 것과 연속하고 있느 것이 三假이다. ② 通教에서는 名과 受 등[이 三假]이다. 『大品般若經』 등에서 "法假", "受假", "名假"가 말해지는 것이다. ③ 通宗은 지금의 내용 그대로이니 〈『解深密經』 등의 三性과 三無性이다.〉 첫째는 眞實性("圓成實性"), 둘째는 依他性("依他起性"), 셋째는 名字性("遍計所執性")이다. "法假"는 眞實性인 法이다. "受假"는 허망한 상태를 지닌 依他性이라는 心으로, 눈앞의 대상을 수납한다. "名假"는 모든 언어의 모습이니, 『大品般若經』[의 "名假"]와 합치한다. "三空"이란 三假의 空함이니, 三無自性이라 한다."

依『本記』云"三種三假. 別教因成等. 『成實論』宗, 因生緣成相續三假也. 通教名受等. 『大品』等云「法假」「受假」「名假」也. 通宗如今義〈『解深密』等三性三無性也〉, 一眞實, 二依他, 三名字. 「法假」則眞實之法. 「受假」則妄相依他之心, 受納前境. 「名假」則一切名相, 與『大品』相應. 「三空」卽三假空, 名爲三無自性". (권上本. T33, 367bc)

『大品般若經』(『摩訶般若波羅蜜經』, 『二萬五千頌般若波羅蜜多』)에서 "法假"와 "受假"와 "名假"에 대해 당 경에 다음과 같은 내용이 있다. (번역은 범문에서)

이와 같이, 실로, 수부띠여, 般若波羅蜜多에서 행동하고 있는 菩薩摩訶薩은 명칭이라는 계약이 가설된 것임에 대해, 가르침이 가설된 것임에 대해 法이 가설된 것임에 대해 배워야 한다.

evaṃ hi subhūte bodhisattvena mahāsattvena prajñāpāramitāyāṃ caratā nāmasaṃketaprajñaptyām avavādaprajñaptyāṃ dharmaprajñaptyāṃ ca śikṣitavyam. (PVSPP I 114, 20-22)

如是, 須菩提. 菩薩摩訶薩行般若波羅蜜, 名假施設, 受假施設, 法假施設, 如是應當學. (권2. T8, 231a)

12) 費長房『歷代三寶紀』에 다음과 같은 구절이 있다.

『九識義記』 2권〈太清 3년에 新吳(현재 江蘇省 無錫市 新吳區)의 美業寺에서 세상에 나왔다〉

『九識義記』二卷〈太清三年, 於新吳美業寺出〉. (권11. T49, 99a)

13) 費長房『歷代三寶紀』에 다음과 같은 구절이 있다.

『仁王般若疏』 6권 〈太清3년에 세상에 나왔다.〉

『仁王般若疏』六卷〈太清三年出〉. (권11. T49, 99a)

14) 선행역으로서 사쿠라베 하지메(櫻部建)[1969: 337]를 참조하였다.

15) 眞諦『俱舍論疏』에서 "本覺"이 설해지고 있는 것에 대해서는 일찍이 후나야마 도루(船山徹)가 반장으로 있었던 「眞諦三藏とその時代(진제삼장과 그 시대)」 연구반(京都大學人文科學硏究所)의 일원으로서 연구반의 인원들과 함께 『俱舍論疏』 逸文을 강독할 때에 알게 되었다(2008년 4월). 당시 『俱舍論疏』 逸文을 수집한 것은 나수 요시히코(那須良彦)였다. 나수를 비롯하여 과거 연구반의 인원들에게 감사를 올린다.

16) 또한, 費長房『歷代三寶紀』에 眞諦가 太清 4년(550)에 『起信論疏』를 지었다는 기록과는 달리 智愷의 「『大乘起信論』序」에서는 智愷 등이 假黃鉞大將軍인 蕭勃(?~559)와 함께 承聖 3년(554) 9월 10일에 衡州 始興郡 建興寺에서 眞諦에게 청하여 론 1권을 역출하게 하였다고 기록하고 있다.

智愷의 서문이 위작이라는 것은 모치즈키 신코에 의해 지적된 이래 학계에서 널리 인정되고 있다. 다만 첸인커(陳寅恪)[1948]는 智愷의 서문을 위작으로 보면서도 여전히 智愷의 서문에는 당시 남조의 정세를 잘 알고 있지 않았다면 쓸 수 없는 역사적 사실이 포함되어 있음을 지적하였다. 그 지적은 크게 다음과 같다.

① 『陳書』권9. 列傳 제3의 「歐陽頠傳」에서는 梁의 元帝가 始興郡을 東衡州로 명명한 것이 기록되어 있다.

② 唐의 徐堅 등이 지은 『初學記』 권23에서는 江總(519~594)이 始興郡에 있었던 慧愷(智愷)를 만났을 때 지은 시 「江總經始興廣果寺題愷法師山房詩」가 수록되어 있다.

③ 『陳書』 권27, 列傳 제21, 「江總傳」에서는 蕭勃이 江總의 아홉 번째 장인이었음이 기록되어 있다.

④ 『資治通鑑』 권169, 梁紀 제21에는 蕭勃이 承聖 3년 9월에 始興郡으로 거처를 옮겼음이 기록

되어 있다.

⑤ 『梁書』 권5, 本紀 제5의 「元帝紀」에서는 太淸 3년(549)에 世祖(元帝)를 侍中, 假黃鉞, 大都督中外諸軍, 司徒로 하였음이 기록되어 있다. 이것은 智愷의 서문에서 蕭勃의 호칭, 假黃鉞大將軍의 전거이다.

이상이 첸인커의 지적이다. 다만 설령 智愷의 서문에 이상과 같은 역사적 사실이 반영되어 있다 해도, 우리는 『대승기신론』이 承聖 3년(554)에 眞諦가 번역했다는 것까지를 역사적 사실로 인정할 수는 없다.

智愷의 서문은 初唐 즈음의 사본이다. 돈황출토 『大乘起信論』(Pelliot chinois 2200)에 이미 첨부되어 있었으므로, 그것이 과거 남조의 정세를 잘 알고 있었던 남조계의 인물에 의해 위작되었다고도 충분히 생각할 수 있다. 아마도 북조에서 전래되었던 『大乘起信論』에 眞諦가 주석 『起信論疏』를 지음에 따라 남조에서 『大乘起信論』이 眞諦의 번역으로 간주되기 시작하여, 그것이 나중에 남조계의 인물이 智愷의 서문을 위작하게 된 계기가 되었던 것은 아닐까.

결론

결론

1. 시작하며

본 연구에서 필자는 『대승기신론』이 북조시대 현존했었던 여러 한문 불교문헌 - 위경, 위론, 외국인 외국인 강의록을 포함한 - 으로 만들어진 패치워크라는 것, 몇 가지 북조 불교의 교설 - 『대승기신론』 성립 이전의 북위北魏 낙양기洛陽期로 소급되는 - 을 담고 있다는 것, 몇 가지 독특한 설 - 인도불교에 대한 오해인 - 을 담고 있다는 것을 지적하고, 그에 의거하여 북조인 찬술설이 타당하다는 것, 중국에 들어온 인도인 찬술설이 환상에 지나지 않는다는 것을 밝혔다.

본래 북조인 찬술설은 모치즈키 신코望月信亨에 의해 지론종 남도파地論宗 南道派 찬술설로 제시되었고, 다시 다케무라 마키오竹村牧男에 의해 북도파北道派와 남도파의 분열보다 전으로 거슬러 올라간 초기 지론종 찬술설로서 제시되었다. 그러나 중국으로 건너온 인도인 찬술설이 다카사키 지키도高崎直道 및 가시와기 히로오柏木弘雄에 의해 제시된 탓에, 북조인 찬술설은 그간 충분한 주목을 받지 못했다.

연구사적 맥락에서, 본 연구의 가치는 중국으로 건너온 인도인 찬술설을 부정하고 북조인 찬술설을 확정한 것에 있다.

2. 중국불교사에서 『대승기신론』의 위치

결국, 『대승기신론』이란 무엇이었는가.

한 마디로 말해 『대승기신론』이란 늑나마제勒那摩提나 보리유지菩提流支가 중국으로 건너오기 이전 북위 낙양기의 교리를 배웠던 북조의 한 인물이, 늑나마제와 보리유지가 중국에 들어온 후 그들의 한역, 보리유지의 저작 및 강의록을 새로 배워 나름대로 정리한 유가사瑜伽師 계통 여래장如來藏사상의 강요서였다.

북조에서는 본디부터 북량北涼의 담무참曇無讖(385~433)이 번역한 『대반열반경大般涅槃經』에 의해 여래장 사상(=불성佛性 사상)이 성행하였다. 또한 북위의 늑나마제가 『구경일승보성론究竟一乘寶性論』을, 보리유지가 『입능가경入楞伽經』을 각각 번역함에 따라 유가사 계통의 여래장 사상이 인도불교의 새로운 사상으로서 전해졌지만, 『구경일승보성론』과 『입능가경』이 별도로 전해진 것에 그쳤을 뿐 『구경일승보성론』의 유가사 계통 여래장 사상과 『입능가경』의 유가사 계통 여래장 사상을 하나로 통합시키는 강요서가 전해진 것은 아니었다. 그보다도, 『구경일승보성론』과 『입능가경』은 인도불교에서 서로 무관계하게 성립하였을 뿐이기에 그와 같은 강요서는 애초에 인도에 존재하지도 않았다. 『대승기신론』의 작자는 인도불교를 한역과 보리유지의 저서 및 강의록 등에 의해 간접적으로 알았을 뿐 범문을 통해 직접적으로 다룰 수 없었던 북조인이었지만, 인도불교를 자신의 해석으로 보충하면서 『구경일승보성론』의 유가사 계통 여래장 사상과 『입능가경』의 유가사 계통 여래장 사상을 하나로 통합하는 강요서를 지었다. 그것이 『대승기신론』이다. 즉 『대승기신론』은 인도에서 하나로 통합되지 않았던 『구경일승보성론』의 유가사 계통 여래장 사상과 『입능가경』의 유가사 계통 여래장 사상이, 그러한 두 사상을 동시에 수용하였던 중국의 북조라는 특수한 상황 하에서 처음 하나로 통합된 논서로, 북조가 아니었다면 성립할 수 없었던 문헌이다. 또한 『대승기신론』의 문장 중에 중국고전에 대한 소양이 전혀 눈에 띄지 않는다는 점에서 판단할 때, 『대승기신론』의 작자는 거의 한문불전의 소양 밖에는 가지지 않았던 인물, 예를 들어 보호자 없이 어릴 적부터 사찰에서 자란 인물이 아니었을까라고 필자는 추측한다.[1]

『대승기신론』의 작자는 틀림없이 명석한 두뇌의 소유자로서, 그가 당 론에서 전개한 논리는 놀라울 정도로 일관되어 있다. 다만 그는 범본을 통해 인도불교를 직접 접할 수가 없었기에 그저 한역과 보리유지의 저작 및 강의록을 통해 간접적으로만 그것을 알게 되었다. 그러므로 주로 그가 전거로 삼고 있는 한역경론의 애매함 때문에 그의 논리는 인도불교에서 상당히 벗어나게 되었다. 다만『대승기신론』의 작자와 마찬가지로 평소 애매한 한역에 의거해서만 인도불교문헌을 알 수 있었던 사람들이『대승기신론』과 인도불교문헌 사이의 거리를 감지하기 어려웠음에 틀림없다. 그 때문에 한자문화권에서『대승기신론』은 오랫동안 인도불교문헌으로 믿어져 왔으며, 현대의 학계에서도 범문이나 티베트역을 접한 적이 없는 사람들에 의해 지금까지 인도불교문헌이라고 주장되고 있는 것이다.

그러나 사실은 그렇지 않다.『대승기신론』은 어디까지나 북조에서 유가사 계통 여래장 사상의 수용과정을 전하는 하나의 기록으로서 취급되어야 하며, 그렇게 됨에 따라 비로소 중국불교사에서 정확한 위치를 부여받게 될 것이다.

3. 통불교사에서『대승기신론』의 위치

『대승기신론』이 한자문화권의 사람들에게 널리 수용되었던 이유로서 중요한 점은, 당 론이 인도불교문헌의 번역이 아니라 처음부터 한자문화권의 사람들을 위해 지어진 저작이었다는 것이다. 이와 관련하여,『대승기신론』의 전후에 한자문화권의 사람들에게 널리 수용되었던 구마라집鳩摩羅什 역『성실론成實論』이나 현장玄奘 역『성유식론成唯識論』에 주목할 필요가 있다. 이 두 론도 역시 인도불교문헌의 순수한 번역이 아닌, 인도불교문헌이 한자문화권의 사람들을 위해 적절하게 편집하여 지어진 저작이었다.[2)]

아마도 타문화권의 문화는 원래의 모습대로는 충분히 수용될 수 없고, 다소의 현지화를 거쳐야 비로소 음미될 수 있는 것이리라. 유가사 계통 여래장 사상도『대승기신론』을 통해 현지화됨에 따라 비로소 한자문화권의 사람들에게 음미되어 마침내 선禪과 같은 새롭고 위대한 유가사 계통 여래장 사상을 낳게 되었던 것이다.

오늘날『대승기신론』 인도인 찬술설을 주장하는 사람들은 대부분 범문이나 티베트역에 대한 지식이 없는 한자문화권 불교의 일원이다. 그러한 사람들이『대승기신론』 중국인 찬술설을 완고하게 인정하지 않는 것은 결국, 만약 한자문화권 불교에서 중시되어 온『대승기신론』이 중국인이 지은 위론이라면 한자문화권의 불교가

거짓불교가 되어 버릴 것이라는 두려움이 있기 때문이다. 그러한 생각에는 한자문화권의 불교를 옹호하면서도 무의식 중에 한자문화권의 불교를 인도불교보다 떨어지는 것으로 생각하는, 심각한 열등감이 존재한다.

필자는 그러한 열등감은 건강하지 않다고 생각한다. 외래문화는 현지화를 통해 다시 풍부한 문화를 낳는 것이다. 선禪이 인도불교보다 풍부하지 않다고, 대체 누가 말할 수 있는가.

『대승기신론』은 그와 같이 외래문화의 현지화 과정을 전하는 하나의 기록이며, 설령 그 논리가 인도불교에서 어느 정도 어긋나 있다 해도, 통불교사에서 명예로운 위치가 부여되는 것이다.

4. 마치며

필자는 『대승기신론』 출현 이래 천오백 년이라는 긴 세월 동안 얽혀 있던 성립 문제를 최종적으로 해결하기 위해 본 연구를 완성시켰다. 직소퍼즐의 빈 공간에 조각을 끼워나가는 것처럼, 필자는 '『대승기신론』 성립 문제'라는 퍼즐의 빈 공간에 '증거'라는 조각을 끼워나갔다. 많은 북조불교문헌이 실전된 탓에 아직 채워지지 않은 조각이 있지만, 현 시점에서 찾을 수 있는 모든 조각에 의해 이 문제는 근본적으로 해결되었다고 필자는 믿고 있다.

본 연구에 종지부를 찍은 지금, 필자가 제언하고 싶은 것은 『대승기신론』 성립 문제와 같은 20세기 불교학이 해결하지 못한 문제들을 컴퓨터의 이용과 같은 21세기 불교학의 강점을 살려 앞으로 차차 해결한 후, 모두가 더 새로운 연구, 특히 논서의 전역(全譯) 연구를 개척해 나가자는 것이다.

필자는 21세기 불교학은 논서의 전역 연구를 하나의 기둥으로 삼아야 한다고 생각한다. 20세기 불교학은 정말로 위대하여, 중요한 문제들에 대해 많은 논서를 참조하여 높은 수준의 연구를 진행하였다. 그러나 논서에 인용되어 있는 선행 경, 율, 론의 출전을 찾는 작업에는 충분한 힘이 미치지 못했기 때문에, 각각의 논서에 대해서는 높은 수준의 전체번역 연구를 진행할 수 없었다(복주複註가 완비된 남전 아비담

마 논서들이나 북전 『아비달마구사론阿毘達磨俱舍論』은 예외로 한다). 이와는 달리, 21세기의 우리들이 이용하는 컴퓨터는 출전을 찾은 등의 작업에 힘을 발휘한다. 우리는 20세기의 선학들에 비해 출전을 찾기 쉬운 환경에 있기 때문에, 언제까지고 20세기의 불교학이 다룬 문제들에 대해 이삭줍기만 할 것이 아니라 개개의 논서에 대한 높은 수준의 전역 연구로 나아가야 한다. 그렇지 않다면, 20세기의 선학들을 뵐 낯이 없지 않은가. 필자도 또한 20세기의 불교학이 해결하지 못했던 문제들의 최종해결에 힘씀과 동시에 여러 논서의 전역 연구를 발표해 갈 생각이다.

필자는 복수의 전역 연구를 병행하고 있는데, 현재 최우선적으로 진행하고 있는 것은 다음의 연구이다.

▎『유식唯識 10대 논사 최승자最勝子의 연구』

최승자는 현장(602~664)이 그의 저작을 토대로 『성유식론』을 편찬한, 소위 유식 10대 논사 중 한 사람이다. 현장은 『유가사지론瑜伽師地論』에 대한 최승자의 장대한 주석서인 『유가사지론석瑜伽師地論釋』의 서두 부분을 기초로 최승자 등의 『유가사지론석』을 편찬하기도 하였다. 유식 10대 논사 중 저작이 현존하는 것은 안혜安慧, 호법護法, 최승자最勝子뿐이지만, 안혜나 호법의 저작이 성대하게 연구되었던 것과는 달리 최승자의 저작은 거의 해독이 되지 않은 채로 『서장대장경西藏大藏經』 속에 잠들어 있다. 필자는 티베트역 『유가사지론석』(『유가사지론』 「본지분本地分」 중 「오식신상응지五識身相應地」, 「의지意地」, 「유심유사지有尋有伺地」에 대응하는 부분만이 현존)을 시작으로 최승자의 전 저작을 현장 문하에서 전해진 최승자의 학설 전부나, 토번吐蕃 점령기 돈황의 법성法成(Chos grub. 9세기) 문하에서 전해진 최승자의 학설 전부와 함께 완역하고 있다. 가까운 장래에 완성을 예고하여 스스로를 채찍질하고자 한다.

마지막으로, 노익장을 과시하며 교육과 집필에 놀라운 솜씨를 발휘하고 계신 은사 다케무라 마키오 선생님께 깊은 감사를 올리고 싶다. 필자는 안타깝게도 교육자가 갖추어야 할 덕성을 결여하고 있어 그 방면에서는 불초한 제자가 될 수밖에 없었지만, 다행히도 문필가로서는 약간의 재능을 가지고 있어 그 방면에서는 스승의 뒤를 열심히 쫓고 있다. 특히 본 연구는 학생시절부터 친숙했던 『大乘起信論讀釋(대승기신론독석)』을 중심으로 하는 선생의 업적에 직접 학은을 받아 쓰여진 것이므로, 필자로서는 새삼 선생님께 진 큰 빚을 생각하지 않을 수 없다. 선생님의 건강과 장수를 기원하며, 본 연구의 끝을 대신하고자 한다.

주

1) 다케무라 마키오(竹村牧男)[1990]는 道宣『續高僧傳』「道寵傳」(권7. T50, 482c)에 地論宗 北道派의 道寵에게 과거 儒者였던 때의 제자들이 방문하여 "모두 三大를 도탑게 하고 이것의 一心을 울리니, 슬픔과 기쁨이 서로 돌고 마침내 이로써 聞奏"하였다고 하는 "三大", "一心"이『大乘起信論』의 용어라는 것에 기반하여, 道寵을『大乘起信論』의 작자라고 의심하고 있다. 그러나 과거 儒者였다가 장년에 출가한 道寵으로서는『大乘起信論』의 문장이 너무 중국의 교양인답지 않은 문장이 아닐까. 필자는 오히려 여기에서의 "三大"란『老子』제25장에 "그러므로 道大이고, 天大이고, 地大이니, 王 또한 大이다"라는 道大, 天大, 地大가 아닐까 생각하고 있다. (『續高僧傳』「僧鳳傳」(권13. T50, 526b)에 나오는 隋文帝의 칙어에 "三大는 老宗에 걸린 것이고, 兩教는 釋府에 섰다"고 하였다. "兩教"는 大乘과 小乘의 두 教를 가리킨다)

2) 과거 가마타 시게오(鎌田茂雄, 1927~2001)는 중국, 한국, 일본 각각의 불교가 근거로 하는 경전에 대해, 중국은『涅槃經』, 한국은『華嚴經』, 일본은『法華經』이라 하였다는 것을 들은 바 있는데(이시이 코세이와의 사담) 개인적으로는 그것을 지극히 옳은 말이라고 생각함과 동시에, 중국, 한국, 일본 각각의 불교가 근거로 하는 논서로 중국은『成實論』, 한국은『大乘起信論』, 일본은『成唯識論』이라 생각하고 있다.

약호

AKBh: *Abhidharmakośabhāṣya*, editied by P. Pradhan, Patna: K.P. Jayaswal Research Institute, 1975.

ANS: Jens Braarvig, *Akṣayamatinirdeśasūtra vol. 1*, Oslo: Solum Forlag, 1993.

ASBh: *Abhidharmasamuccayabhāṣya*, editied by Nathmal Tatia, Patna: K.P. Jayaswal Research Institute, 1976.

ASPP: *Aṣṭasāhasrikā Prajñāpāramitā*, edited by P.L. Vaidya, Darbhanga: The Mithila Institute, 1960.

BoBh: *Bodhisattvabhūmi*, edited by Nalinaksha Dutt, Patna: K.P. Jayaswal Research Institute, 1966.

D: Derge.

DA: *Divyāvadāna*, edited by L. Vaidya, Darbhanga: The Mithila Institute, 1959.

DBZ: 大日本佛教全書.

DBhS: *Daśabhumīśvaro nāma mahāyanasūtram*, edited by Ryūkō Kondō, Tokyo: Daijō Bukkyō Ken'yōkai, 1936.

DhS III: *Dharma-Samuccaya. Compendium de la Loi. 3ème partie. Recueil de stances extraites du Saddharma-smṛty-upasthāna-sūtra par Avalokitasimha. Chap. XIII à XXXVI, texte sanskrit édité avec la version tibétaine et les versions chinoises et traduit en français par Lin Li-Kouang. Révision de A. Bareau, J. W. de Jong et P. Demiéville avec des appendices par J. W. de Jong.* Paris: Adrien-Maisonneuve, 1973.

KP: *The Kāśyapaparivarta. Romanized Text and Facsimiles*, edited by M. I. Vorobyova-Desyatovskaya in collaboration with Seishi Karashima and. Noriyuki Kudo, Tokyo: The International Research Institute for Advanced Buddhology, Soka University, 2002.

CKP: *A commentary to the Kāçyapaparivarta*, edited by Alexander von Staël-Holstein, Peking: the National Library of Peking and the National Tsinghua University, 1933.

LAS: *Laṅkāvatārasūtra*, edited by Bunyiu Nanjio, Kyoto: Otani University Press, 1923.

MAVṬ: *Madhyāntavibhāgaṭīkā*, edited by Susumu Yamaguchi, Nagoya: Hajinkaku, 1934.

MSg: *Mahāyānasaṃgrāha*, in: 長尾雅人[1982].

MSABh: *Mahāyānasūtrālaṃkārabhāṣya*, edited by Sylvain Lévi, Paris: Librairie Honoré Champion, 1911.

Nid: *Nidānasaṃyukta*, in: Chandrabhāl Tripāṭhī, *Fünfundzwanzig Sūtras des Nidānasaṃyukta*, Berlin: Akademie-Verlag, 1962.

P: Peking.

PS: *Vasubandhu's Pañcaskandhaka*, critically edited by Li Xuezhu and Ernst Steinkellner with a contribution by Toru Tomabechi, Beijing-Vienna: China Tibetology Publishing House and Austrian Academy of Sciences Press, 2008.

PVSPP I-1: *Pañcaviṃśatisāhasrikā Prajñāpāramitā* I-1, edited by Takayasu Kimura, Tokyo: Sankibo Busshorin, 2007.

PVSPP IV: *Pañcaviṃśatisāhasrikā Prajñāpāramitā* IV, edited by Takayasu Kimura, Tokyo: Sankibo Busshorin, 1990.

PVSPP V: *Pañcaviṃśatisāhasrikā Prajñāpāramitā* V, edited by Takayasu Kimura, Tokyo: Sankibo Busshorin, 1992.

PVSPP VI-VIII: *Pañcaviṃśatisāhasrikā Prajñāpāramitā* VI-VIII, edited by Takayasu Kimura, Tokyo: Sankibo Busshorin, 2006.

RGV: *Ratnagotravibhāga*, edited by Edward H. Johnston, Patna: Bihar Research Society, 1950.

SDhAN: *Sarvadharmāpravṛttinirdeśa*, edited by Jens Braarvig, in: *Buddhist Manuscripts in the Schøyen Collection I*, edited by Jens Braarvig, Jens-Uwe Hartmann, Kazunobu Matsuda, Lore Sander, Oslo: Hermes Publishing, 2000.

SNS: *Saṃdhinirmocana-sūtra*, edited by Étienne Lamotte, Paris: Adrien-Maisonneuve, 1935.

SPS: *Saddharmapuṇḍarīka-sūtra*, edited by Hendrik Kern and Bunyiu Nanjio, St. Pétersbourg: Imprimerie de l'Académie Impériale des Sciences, 1908-1912.

ŚPhS: Konrad Meisig, *Das Śrāmaṇyaphala-Sūtra: synoptische Übersetzung und Glossar der chinesischen Fassungen verglichen mit dem Sanskrit und Pāli*, Wiesbaden: Otto Harrassowitz, 1987.

SŚPP

ŚSS: *Śrīmālādevīsiṃhanāda-sūtra*, in: 寶幢會編『藏・漢・和三譯合璧勝鬘經・寶月童子所問經』京都, 興教書院, 1940.

T: 大正新修大藏經.

VKN: *Vimalakīrtinirdeśa*, edited by Study group on Buddhist Sanskrit literature, Institute for comprehensive studies of Buddhism, Taisho University, Tokyo 2006.

VV: *Viṃśatikāvṛtti, in: Vijñaptimātratāsiddhi: Deux traités de Vasubandhu; Viṁśatikā (La vingtaine) accompagnée d'une explication en prose; et Triṁśikā (La trentaine) avec le commentaire de Sthiramati*, edited by Sylvain Lévi, Paris: H. Champion, 1925.

Z: 大日本續藏經

『第一集』: 青木隆, 方廣錩, 池田將則, 石井公成, 山口弘江『藏外地論宗文獻集成』, 서울, 도서출판 씨아이알, 2012.

『續集』: 青木隆, 荒牧典俊, 池田將則, 金天鶴, 李相旻, 山口弘江『藏外地論宗文獻集成續集』, 서울, 도서출판 씨아이알, 2013.

참고문헌

國際佛教學大學院大學付屬圖書館[2015]『大正藏·敦煌出土佛典對照目錄　暫定第3版』, 東京, 國際佛教學大學院大學付屬圖書館.

금강대학교 불교문화연구소(책임집필자 池田將則)[2017]「テクスト譯註」, 금강대학교불교문화연구소(편), 『敦煌寫本『大乘起信論疏』の研究』, 東京, 國書刊行會.

長尾雅人[1982]『攝大乘論 和譯と注解 上』, 東京, 講談社.

中川善教編[1956]『大乘起信論――併科·校異』, 高野山, 高野山大學出版部.

中御門敬教[2006]　「〈阿彌陀鼓音聲王陀羅尼經〉の研究――阿彌陀佛信仰の密教への展開――」, 『佛教大學總合研究所紀要別冊　淨土教典籍の研究』, 京都, 佛教大學總合研究所.

松田和信[1995]「『解深密經』における菩薩十地の梵文資料――『瑜伽論』「攝決擇分」のカトマンドゥ斷片より――」, 『佛教大學總合研究所紀要』 2, 京都, 佛教大學總合研究所.

望月信亨[1938]『講述 大乘起信論』, 東京, 富山房, 富山房百科文庫.

櫻部建, 小谷信千代[1999]『俱舍論の原典解明 賢聖品』, 京都, 法藏館.

櫻部建[1969]『俱舍論の研究 界·根品』, 京都, 法藏館.

佐藤哲英[1981]『續·天台大師の研究』, 京都, 百華苑.

靜谷正雄[1970]「三品經と舍利弗悔過經――原始大乘における悔過法の一資料――」, 『印度學佛教學研究』 19·1, 東京, 日本印度學佛教學會.

荒牧典俊[2000]「北朝後半期佛教思想史序說」, 荒牧典俊(編著), 『北朝·隋·唐 中國佛教思想史』, 京都, 法藏館.

柳田聖山[1969]『禪の語錄1 達摩の語錄』, 東京, 筑摩書房.

大竹晋[2012] 「眞諦『九識章』をめぐって」, 船山徹(編) 『眞諦三藏研究論集』, 京都, 京都大學人文科學研究所.

大竹晋[2013]『元魏漢譯ヴァスバンドゥ釋經論群の研究』, 東京, 大藏出版.

落合俊典(編)[2000] 『七寺古逸經典研究叢書 第5卷 中國日本撰述經典(其之五)·撰述書』, 東京, 大東出版社.

岡本一平[2017]「淨影寺慧遠における初期の識論」, 금강대학교 불교문화연구소(편) 『地論宗の研究』, 東京, 國書刊行會.

本庄良文[2014]『倶舍論註ウパーイカーの研究　譯註篇上』, 東京, 大藏出版.

宇井伯壽[1933]「阿黎耶識と無沒識」,『日本佛教學協會年報』4, 東京, 日本佛教學協會.

宇井伯壽[1936]『大乘起信論』, 東京, 岩波書店, 岩波文庫.

宇井伯壽[1953]『四譯對照　唯識二十論研究』, 東京, 岩波書店.

宇井伯壽 · 高崎直道[1994]『大乘起信論』, 東京, 岩波書店, 岩波文庫.

結城令聞[1935]『心意識論より見たる唯識思想史』, 東京, 東方文化學院東京研究所.

石井公成[2000]「「二入四行論」の再檢討」,『平井俊榮博士古稀記念論集　三論教學と佛教諸思想』, 東京, 春秋社.

石井公成[2001]「『大乘起信論』の成立――文體の問題および『法集經』との類似を中心として――」, 研究代表者 · 井上克人,『『大乘起信論』と法藏教學の實證的研究』, 平成十三年度～平成十五年度科學研究費補助金研究成果報告書, 課題番號13410006.

石井公成[2003]「『大乘起信論』の用語と語法の檢討――NGSMによる比較分析――」,『印度學佛教學研究』52 · 1, 東京, 日本印度學佛教學會.

石井公成[2006]「『大乘起信論』における「大乘」と「摩訶衍」」,『駒澤短期大學佛教論集』12, 東京, 駒澤短期大學佛教科研究室.

池田將則[2012]「杏雨書屋所藏敦煌文獻『大乘起信論疏』(擬題, 羽333V)について」,『불교학리뷰』12, 논산, 금강대학교 불교문화연구소.

池田將則[2017]「杏雨書屋本『大乘起信論疏』と曇延『大乘起信論義疏』」, 금강대학교 불교문화연구소(편),『敦煌寫本『大乘起信論疏』の研究』, 東京, 國書刊行會.

池田温[1990]『中國古代寫本識語集錄』, 東京, 大藏出版.

池平紀子[2000]「『占察善惡業報經』の成立と傳播について」, 吉川忠夫(편),『唐代の宗教』, 京都, 朋友書店.

伊藤隆壽[1974]「大品遊意考――構成及び引用經論等に關して――」,『曹洞宗研究員研究生研究紀要』7, 東京, 曹洞宗宗務檢察廳.

伊藤隆壽[1975]「大品遊意考(續)――經題釋を中心に――」,『駒澤大學佛教學部論集』6, 東京, 駒澤大學佛教學部.

최연식[2008](山口弘江　역)「『大乘四論玄義記』と韓國古代佛教思想の再檢討」,『東アジア佛教研究』8, 東京, 東アジア佛教研究會.

月輪賢隆[1971]『佛典の批判的研究』, 京都, 百華苑.

柏木弘雄[1968]「起信論における信成就發心について」,『印度學佛教學研究』16 · 2, 日本印度學佛教學會.

柏木弘雄[1981]『大乘起信論の研究——大乘起信論の成立に關する資料論的研究——』, 東京, 春秋社.

柏木弘雄[1991a]「公開講演　大乘起信論を軸とした佛教研究の展望」,『駒澤大學佛教學部論集』22, 東京, 駒澤大學佛教學部.

柏木弘雄[1991b]『大乘とは何か　『大乘起信論』を讀む』, 東京, 春秋社.

桐谷征一[2001]「北朝摩崖刻經と經文の簡約化」,『大崎學報』157, 東京, 立正大學佛教學會.

木村誠司[2007]「『入楞伽經』チベット二注釋書の意義」,『駒澤大學佛教學部論集』38, 東京, 駒澤大學佛教學部.

高崎直道[1974]『如來藏思想の形成』, 東京, 春秋社.

高崎直道[1986]「起信論研究の問題点　實叉難陀譯の性格をめぐって」,『印度學佛教學研究』35・1, 日本印度學佛教學會.

高崎直道[1987a]「『大乘起信論』歸敬偈考」,『東方學會創立四十周年記念　東方學論集』, 東京, 東方學會.

高崎直道[1987b]「『大乘起信論』における〈念〉について」,『東方學』73, 東方學會.

高崎直道[1989]『寶性論』, 講談社, インド古典叢書.

高崎直道[1990a]「『大乘起信論』の素材」, 平川彰(編)『如來藏と大乘起信論』, 東京, 春秋社.

高崎直道[1990b]「『大乘起信論』の眞如」,『佛教學』29, 東京, 山喜房佛書林.

高崎直道[1991]『「大乘起信論」を讀む』, 東京, 岩波書店, 岩波セミナーブックス.

高崎直道[1993a]「魏譯『入楞伽經』の「如實修行」と『起信論』」,『塚本啓祥教授還曆記念論文集　知の邂逅—佛教と科學』, 東京, 佼成出版社.

高崎直道[1993b]「『大乘起信論』の語法「依」「以」「故」等の用法をめぐって」,『早稻田大學大學院文學研究科紀要』37, 東京, 早稻田大學大學院文學研究科.

高崎直道[2009]『高崎直道著作集 第八卷　大乘起信論・楞伽經』, 東京, 春秋社.

竹村牧男[1982]「柏木弘雄著『大乘起信論の研究——大乘起信論の成立に關する資料論的研究——』」,『宗教研究』56・2, 東京, 日本宗教學會.

竹村牧男[1985]『大乘起信論讀釋』, 東京, 山喜房佛書林.

竹村牧男[1990]「地論宗と『大乘起信論』」, 平川彰(編),『如來藏と大乘起信論』, 東京, 春秋社.

竹村牧男[1993]『大乘起信論讀釋　改訂版』, 東京, 山喜房佛書林.

華房光壽[1991]「毘目智仙・瞿曇般若流支の譯經に關して」,『印度學佛教學研究』39・2, 日本印度學佛教學會.

林屋友次郎[1926] 「起信論の成立問題に就いて——特に望月博士の起信論支那撰述論に就いて——」,『宗教研究』新3・6, 東京, 日本宗教學會.

阿理生[1993] 「インド初期唯識思想と『大乘起信論』」,『印度學佛教學研究』 40・2, 東京, 日本印度學佛教學會.

船山徹[1996]「疑經『梵網經』成立の諸問題」,『佛教史學研究』39・1, 京都, 佛教史學會.

舟橋水哉[1906]『俱舍哲學』, 東京, 京華堂書店.

布施浩岳[1942]『涅槃經の研究 後篇』, 東京, 叢文閣([1973], 東京, 國書刊行會).

藤田宏達[1970]『原始淨土思想の研究』, 東京, 岩波書店.

平川彰[1973]『大乘起信論』, 東京, 大藏出版, 佛典講座.

Chen Yinque 陳寅恪[1948]「梁譯大乘起信論僞智愷序中之眞史料」,『燕京學報』第三十五期, 北京, 燕京大學.

Fang Guangchang 方廣錩, Frances Wood 吳芳思(主編)[2013]『英國國家圖書館藏敦煌遺書 15』, 桂林, 廣西師範大學出版社.

Lev. N. Menshikov 孟列夫, Qian Bocheng 錢伯城(主編)[1996]『俄藏敦煌文献⑦』, 上海, 中華佛學研究所.

Yin Shun 印順[1995]「《起信論》與扶南大乘」,『中華佛學學報』第八期, 台北, 中華仏學研究所.

Zhongguo Guojia Tushuguan 中國國家圖書館編[2011]『國家圖書館藏敦煌遺書 140』, 北京圖書館出版社.

Zhongguo Guojia Tushuguan 中國國家圖書館編[2012]『國家圖書館藏敦煌遺書 144』, 北京圖書館出版社.

색인

※ 범례
색인의 수록은 이하의 방침을 따른다.

1. 근현대의 인명, 서명, 논문명을 수록하지 않는다.
2. 전근대의 인명 중 역경자명, 경전에 언급된 불제자(佛弟子)명은 수록하지 않는다.
3. 전근대의 서적 중 『대승기신론』을 수록하지 않는다.
4. 돈황사본 중 『대승기신론』의 사본은 수록하지 않는다.
5. 상기한 범례 이외의 전근대 인명과 전근대의 서적명을 본문과 주석 모두에서 채록한다.
6. 인용된 한문에 나타난 전근대의 인명과 서적명은, 그에 대한 현대어역의 인명과 서적명으로 수록한다.

·· 인명 ··

ㄱ

ㄴ

ㄷ

ㅁ

ㅂ

· · 문헌명 · ·

ㄴ

ㄷ

ㅇ

· · 영문 · ·

저자 소개

오오타케 스스무(大竹晋)

츠쿠바 대학을 졸업하고, 현재 불전 번역가로 활동 중이다. 대표 저서로는『唯識説を中心とした初期華厳教学の研究—智厳 · 義湘から法蔵へ』,『元魏漢訳ヴァスバンドゥ釈経論群の研究』,『宗祖に訊く 日本仏教十三宗·教えの違い総わかり』,『大乗非仏説をこえて: 大乗仏教は何のためにあるのか』등이 있다.

역자 소개

이상민

고려대학교 철학과를 졸업하고, 동 대학원 동양철학 전공으로 석사와 박사 학위를 취득하였다. 현재 고려대학교 민족문화연구원 연구교수로 재직 중이다. 대표 연구로는『6세기 북조불교 연구』,「地論學派の四量説について」,「"삼법인(三法印)"과 동아시아 불교」,「누가 경전을 지었는가? 법상(法上, 490-580) 찬「교적의(教迹義)」의 경전관(觀)」등이 있다.

한문불전의 조각보

『대승기신론』 성립 문제 연구

초판인쇄 2022년 11월 22일
초판발행 2022년 11월 30일

저　　자 오오타케 스스무
역　　자 이상민
펴 낸 이 김성배
펴 낸 곳 도서출판 씨아이알

책임편집 신은미
디 자 인 박진아, 안예슬
제작책임 김문갑

등록번호 제2-3285호
등 록 일 2001년 3월 19일
주　　소 (04626) 서울특별시 중구 필동로8길 43(예장동 1-151)
전화번호 02-2275-8603(대표)
팩스번호 02-2265-9394
홈페이지 www.circom.co.kr

I S B N 979-11-6856-100-7 93220